马力 —— 著

远行记

晚清官民的海外实录

中国文史出版社

图书在版编目（CIP）数据

远行记：晚清官民的海外实录／马力著．--北京：
中国文史出版社，2022.10
ISBN 978-7-5205-3897-8

Ⅰ.①远… Ⅱ.①马… Ⅲ.①外交人员-研究-中国
-清后期 Ⅳ.①K827=52

中国版本图书馆 CIP 数据核字（2022）第 207321 号

责任编辑：刘华夏

出版发行：**中国文史出版社**

社 址：北京市海淀区西八里庄路 69 号院		邮编：100142
电 话：010-81136606 81136602 81136603 81136642（发行部）		
传 真：010-81136655		
印 装：廊坊市海涛印刷有限公司		
经 销：全国新华书店		
开 本：787mm×1092mm 1/16		
印 张：22.5		
字 数：311 千字		
版 次：2023 年 3 月北京第 1 版		
印 次：2023 年 3 月第 1 次印刷		
定 价：69.00 元		

目　录
CONTENTS

1

目　录
CONTENTS

前　记

　　中国社会在进化的长途上跋涉了多少年代，直到近世，出洋的人忽然多了起来。这中间，有派赴他国的使臣，有使团里的翻译，有商轮上的船员，有出国考察的技术人士，也有流亡海外的官吏和文人。从官方到民间，这些乘风挂帆以达异域者，成了首批开眼看世界的人，又都肩负着某种责任似的，将新鲜的见闻记录在文字里，开宗的篇章给沉黯的家山照来一抹光亮。故国的人受了这游录的感染，知道了天下。昏昏的心听见召唤那般醒觉了，蓦抬头，一面眺望天朝之外的广域，一面审视安身立命的土地，神州的新声便在胸腔深处隐隐荡响。光明到来之前，在黑暗中寻索真理的一派人物，抖擞精神，挺身时代的潮头。

航途漫漫向沧溟

谢清高是在大海上度着生涯的人。十几个春夏，他随葡萄牙商船在迢迢航路上出没风浪，远在海洋那边的岛屿和大陆，他泊岸登临。遥远的疆域中，相异的风俗、民情、土产、人事和景物，那样陌生，又那样新奇，烙刻于心底，成为抹不去的生命记忆。回想起这些，谢清高常常动情，却因双目失明无力执笔来写，便拖着病体向梅州老乡杨炳南逐一讲叙，丰饶的见识从心里闪出光来，风逐阴云一般驱除了翳蔽在眼前的暗影。杨炳南静静地听着，笔之于文，一部《海录》就这样留给了历史，廓开一条走向世界的路。

谢清高不是一个讲故事的人，他无意沾沾于情节的传奇性，不然，他的口述应当更为生动，保留清晰的历史细节。纵使这样，国人仍可从他的忆叙中初识南洋的生活景况，领受欧洲的现代气息。所载既是海行的印象，简略与零屑固属难免，而在当时的中国，这部船工的远航录，却如拂煦的风吹来，前路荒茫的人们定住神，眼光伸向未来。即便今天读它，也仿佛被他的讲述一路导引，扬帆朝着浩瀚的海面去。

仰则观象于天，用探寻的目光记住灿烂的星辰；俯则观法于地，用堪舆的脑筋定下九州的山川，是华夏先民的智慧。谢清高《海录》的出现，叫人第一次认识了中华之外的广域。南洋群岛、北印度洋、地中海诸国的形胜，破开闭塞的心界，人们的视野里，很多新的东西进来了。

记风俗。风俗最能观察一国民众生活之常，也最易触着不容藏伪的实状。谢清高讲出的，有繁有简，全是令他感受深切的情状。有些与中国相近，有些则不同，竟至不免骇异。南洋某国的水葬之俗是这番光景："有老死者，子孙亲戚送至水旁，聚而哭之，各以手抚其尸，而反掌自舐之，以示亲爱。"夫妇之爱则以火化之仪表示："更有伉俪敦笃者，夫死妇矢殉，亲戚皆劝阻，坚不从则听之。将殉，先积柴于野，置夫尸于上火之。妇则尽戴所有金银珠宝玩饰，绕火行哭，亲戚亦随哭。极恸，见尸将化，妇则随举诸饰分赠所厚，而跳入火。众皆啧啧称羡，俟火化而后去。"（《明呀喇》）明呀喇，大体说，就是孟加拉国。此种场景为中土所罕见。彼地人民的道德观约略可知。

记民情。民情最易体察出社会的状况。在暹罗国（泰国），"俗尊佛教，每日早饭，寺僧被袈裟沿门托钵。凡至一家，其家必以精饭肴蔬，合掌拜献。僧置诸钵，满则回寺奉佛"，且"颇知尊中国文字，闻客人有能作诗文者，国王多罗致之，而供其饮食"。佛陀之外，儒风南渐，自会使人感觉亲切。在新当国（其地在加里曼丹岛西部杜连河南岸），婚嫁自由带来情感的爽适："民居多板屋三层。约束女子甚严，七八岁即藏之高阁，令学针黹。十三四岁则赘婿。然必男女自相择配，非其所愿，父母不能强也。"烛影摇红之外，也演着惨烈的一幕："合婚之夜，即以所居正室为新郎卧房。女父母兄弟俱寝于前室。女若不贞，婿尝立行刺杀，或并杀其父母兄弟而去，无敢相仇者。"此段叙述，很为详明，连那亦喜亦悲的实景也能够浮想。谨守古制的嫁娶遗风，脱不掉令人窒抑的原始空气。读到这里，觉得字句罩上阴影，心头也压了一块石。在大西洋国（葡萄牙），"人死俱葬于庙中。有后来者，则择其先葬者，取其骸，弃诸庙隅，而令后至者葬其处"。素持"慎终追远"之德的中国人，不免以此为异。

记土产。土产最能表现一地的自然禀赋。谢清高录其名，颇为详备，几乎遍及各地。本底国（柬埔寨）的象牙、翡翠、箭翎、班鱼脯，暹罗国的金、银、铁、锡、鱼翅、鳆鱼、玳瑁、落花生、槟榔、胡椒、油蔻、砂仁、木兰、椰子、速香、降香、迦南香、象牙、犀角、翡翠，三巴郎国

（又名三宝垄，其地在印度尼西亚爪哇岛北岸）的沉香、海参、沙藤、燕窝、蜜蜡、冰片，小吕宋（菲律宾马尼拉）的乌木、苏木、海参，大吕宋国（西班牙）的哆啰绒、蒲桃酒、琉璃、番碱、钟表，咩哩干国（美国）的白铁、玻璃、洋参、鼻烟、羽纱、哔叽，亚咩哩隔国（特指南美洲东部的巴西）的五谷、钻石、金、铜、甘蔗、白糖……物之阜，仰赖于天灵的宠赐。

记人事。人事最切近民心。谢清高的行录中，时见人物的面影，有些记叙颇类《世说新语》那样的笔记调子。某岛国，为华人淘金之所，"乾隆中，有粤人罗方伯者，贸易于此。其人豪侠，善技击，颇得众心。是时尝有土番窃发，商贾不安其生，方伯屡率众平之。又鳄鱼暴虐，为害居民，王不能制。方伯为坛于海旁，陈列牺牲，取韩昌黎祭文宣读而焚之，鳄鱼遁去。华夷敬畏，尊为客长。死而祀之，至今血食不衰云"（《昆甸国》）。若无这百十字略述，方伯之名不彰，其事不为后人晓也。昆甸东南有戴燕国，"乾隆末，国王暴乱，粤人吴元盛因民之不悦，刺而杀之，国人奉以为主，华人皆取决焉。元盛死，子幼，妻袭其位，至今犹存"（《戴燕国》）。闽粤人多出洋经商，留下的事功兼旧迹，被谢清高格外注意，成为《海录》中的重要部分。

记景物。景物最能透出自然与人文气象。爪哇岛西北端"海中有山，层峦叠巘，崒兀峻嶒，时有火焰，引风飘忽，入夏尤盛，俗呼为火焰山"（《万丹国》）。伦敦"楼阁连绵，林木葱郁，居人富庶，匹于国都"（《英吉利国》）。简笔勾勒，亦能入妙，犹似在纸上绘出幅幅画来。

地辽疆阔，阻隔了眼界，一部《海录》改变了时人的观念，始知天朝并不独尊，更大的世界还在外面。有识者的胸襟，因之拓开。在广州禁烟的林则徐，把英国人慕瑞的《世界地理大全》编译成《四洲志》，嗣后，魏源以此为据，"钩稽贯串，创榛辟莽，前驱先路"，将百卷本《海国图志》编著出来。这部"纵三千年，圜九万里，经之纬之，左图右史"而成的地理志，述东南洋各国、大西洋欧罗巴、北洋俄罗斯、外大洋美利坚等。异域史地，一一能详。

述作《海录》时，谢清高已是一个瞽者。但眼界是灵府的门扇，门扇开启，精神之境一片光明。

沿着水路顺风航行，南海诸岛里的东沙、西沙、中沙、南沙，东洋八岛里的巴布亚新几内亚、澳大利亚、斐济、新赫布里底群岛在航途上络绎迎送，让谢清高流览了远方的风景。由于历史条件和认知能力的限囿，他没能像日后的维新派那样，由此深虑国家的现实和前景，然而他口述的讯息与逸闻，不是书上得来，而是附在人生履迹上的切身经历，又为当时社会的一般人所难提供，并以其鲜见性和真实性显示出价值，自然成为思想启蒙的精神财富。

奔劳在茫茫的海上，谢清高没有失掉乡国之思。终日相伴的是潮润的风、咸涩的水，飘悬于汪洋中的一颗心，在眺望海岸的那刻，安稳了：年久未归的游子，看到家的方向。

斌
椿

初次开眼看世界

第一次鸦片战争结束，清政府准许广州、厦门、福州、宁波和上海等五个港口对外通商，英国遂派驻领事，专理商贾事宜。面对变化的国际关系，清廷未能及时遣使出洋。直到二十多年后，受"师夷长技以自强"的洋务思想影响，枢府才组成一个级别不高的使团，由一个叫斌椿的地方官员任首席代表，出访欧洲诸国，为时约三个月。

这是近代中国首个具有官方色彩的赴欧考察团。"接奉总理衙门行知，斌椿奉命往泰西游历，饬将所过之山川形势、风土人情，详细记载，绘图贴说，带回中国，以资印证，等因。"此段即为斌椿在行旅记录《乘槎笔记》起首写明的话。

一

英国维多利亚女王曾在白金汉宫接见斌椿，请他谈谈英中风土的差异。其时，斌椿率领的带有观光色彩的使团一行并仆从六人游访英伦仅二十日，应答只能出诸大略印象。斌椿在他的《乘槎笔记》里记述了这个历史情节：

> 君主问："来此几日矣?"予答曰："来已兼旬。"又问："敝国土俗民风，与中国不同，所见究属如何?"予对曰："来已兼旬，得见伦敦屋宇器具制造精巧，甚于中国。至一切政事，好处颇多。且蒙君主

优待，得以游览胜景，实为感幸。"君主云："此次游历，惟愿回至中华，两国愈加和好。"予称谢，始出。①

这个重要时刻，此番问答，爰有善意，而时在同治五年（1866年）四月二十四日，又不禁令人生叹——两次鸦片战争已止戈戢武，在中英签署《南京条约》《天津条约》和《北京条约》的屈辱情势下，英国正凭借强力打开清帝国封闭的门户。斌椿的字句间，抱恨的情绪竟未获一丝流露。兴许因他已是年逾六十的老叟，能以静心看世事了。他的仕宦经历并不骄人，只在晋中南的襄陵县做过几年知县，视野自然受了限定。但年逾耳顺，赋闲过清逸日子的他，受聘到中国海关总税务司当了秘书，负责中文公牍的撰写，从位为上司的英国人罗伯特·赫德那里，接受过西方观念的影响。乍临异邦，更是助他廓开了心胸，而练达持重的做派，短时却是不变的。只看《乘槎笔记》那闲缓不迫的文调，就揣知字句到了他笔下，总是不肯乱写的，也便把这位老成人的心境品出了几分。

二

斌椿一身儒家气性，惯以士大夫的诗文风流自赏，本能地用天朝上国的文化心理看待外邦景象。吾虽古国，其命维新，立基于五千年文明优越感的清高甚或自足也在行止中流露。据此观察枢府官僚，这一群体的眼光有着很大的褊狭性，自以为高踞文明之巅，扬扬自得。"我圣朝德威远播，泰西各国皆喁喁慕义，通使币于天家"（清·徐继畬语），就代表了此种文化心态。认知既这样盲目，便陷入站在云间俯瞰寰宇的虚幻感中，在骤变的国际情势下，无从带领国家走向全球化。而在斌椿这里，开眼看世界，新异景象令他心动，悟出旧训"终日乾乾，与时偕行"的深意。

斌椿历游诸国，冷眼静观，有时必得记叙一下某国概略，而又往往立足于

---

① 斌椿：《乘槎笔记》，商务印书馆、中国旅游出版社2016年版，第27页。

中华本位。这种审视的主观性使外洋风物在他的内心发生转化，显示出中国意义。例如述史，时常用着帝号纪年、年号纪年等方法。他先访法国，云：

> 佛郎西地方纵约二千二百五十里，横约二千六百里。古名高卢，为野番部落。汉时隶罗马。齐梁间始建国，号曰佛郎西。唐德宗时，嗣主有文武才，创制显庸，威冠西土。数世后，国又衰乱。宋时，王路易嗣位，任贤使能，号中兴。元时，为英吉利所灭。有幼女年十六，召余烬，击退英军，恢复境土。嗣后，治乱不一。嘉庆八年，摄政官拿破仑即王位，恃其武略，吞并诸国，所向无敌，各国畏之如虎。后与英人战败被擒，英人流之荒岛，死。道光九年，国人择支属贤者路易非立嗣位，宽仁纳谏，有贤声。后二十年，国人废之，立路易拿破仑。[1]

行至伦敦，照例将英国之史简扼说出：

> 英地本三岛，孤悬大西洋海中。迤东两岛相连，长约二千余里，广四五百里。南曰英伦，北曰苏格兰。迤西别一岛，名爱尔兰，长七八百里，广半之。汉时属意大里亚，都中有罗马城。陈后主时，始自立国。唐德宗时为嘆国（按：丹麦王国之旧译名）所据。王子亚腓烈有智略，五十余载而外患平，境内大治。后为天主教所制，国势不振，嘆人灭之。越三百年，宋时，北部酋攻嘆，遂王英。嗣屡有兴废，至明嘉靖年，女主以利撒毕即位，贤明勤政，国益强。后又值女主马理，有邪行，国人斩之。至康熙年间，民招荷兰王入英即王位。王雄武有大略，由是威声大振。王殁，无子。国人招日耳曼之汉挪瓦王来英，奉以为王。乾隆时，嗣王亦贤。已而贸易五印度，富强过昔时。王卒，世子有贤声，道光十八年卒，无子，有女不慧。立兄女维

---

① 斌椿：《乘槎笔记》，商务印书馆、中国旅游出版社2016年版，第20页。

多里亚为王，即今之君主也。立时年十八，国人咸称贤。[①]

自汉迄清，历数下来，可谓千百年眼光。其言津津，所道皆是他国旧故。琴调瑟奏，觉不出哪里不允宜。除去法兰西、英吉利，此行留迹的埃及、意大利、荷兰、汉堡、丹麦、瑞典、俄国、普鲁士、比利时，以及阿拉伯（按：《汉书》谓条支国）海界，这番写法是不曾改易的。

三

奉差初往外洋之前，斌椿素好汗漫的闲游，神州山水多有领略，不惯行旅的儒弱也是没有的。此次执符充使，航至扬子江入海处，一面眺望吴淞口，一面"回忆道光戊申春，自双姑驶帆过安庆、采石、建业、石头城、燕子矶、黄天荡各处"，足见履迹之广，见识自然不同寻常。旅行家的气质既已养成，朝廷选派出使之人，他方能不畏海途险远与晕浪颠顿之苦，应试而往，往而能将新异见闻笔之于书，用的当然还是纯正的儒家笔调。述异域之游，中土西境的风物共相表里，融释了文化上的隔膜。有这样几节：

海行中，距新加坡尚有八百余里，见"山形圆，树木丛茂，如扬子江之焦山"。

到斯里兰卡，登山入古刹，"所过茂林修竹，大似山阴道上"。

渡尼罗河，登岸，骑驴十余里，至埃及古王陵，"旁竖巨石，凿佛头如浙江西湖大佛寺像，洵称巨观"。

在英国海关收税验货处，巡览各栈，看到"茶三百万箱，皆中土字号。酒一百万桶，收地窖中。窖深远，燃烛十余枝始见。酒气酝酿，其香醺人。使刘伶入其中，当云死即埋我，无须荷锸随也"。

某日，"亥刻，有大臣勒姓约往会其家。各官夫人皆至，罗绮满堂，

---

① 斌椿：《乘槎笔记》，商务印书馆、中国旅游出版社 2016 年版，第 22 页。

极人物宫室之美。女客有鼓琴者，歌声绕梁，音韵动人，疑董双成下蕊珠宫而来伦敦也"。

游赏英国博物馆，"内有恽寿平花卉册页一本；又一扇，书《留香集》古意七律三首，皆中国物也"，园周广植花树，"红白茶花，似江右产"。

身临荷兰，观看筑堤潴水工程，"用火轮法转动辘轳，以巨桶汲起，由外河达海。堤高数仞，日汲数千石，非火轮之力不能"，遂忆及家山，生发联想："江浙山居者，用竹枧引涧水灌注高田，又于山溪蓄水以春碓，皆顺水之性为之。至沿河以水车戽水，江右有牛车戽井水灌田者，乃能使之逆行以救旱，惟人劳而灌溉不广。中国现用火轮装船炮，若广其法于民田，则宇内可以无旱潦之忧矣"。

泊舟汉堡，入寓，"楼舍临湖，闳敞无比。湖宽广数百里，东西桥梁相望，楼阁围绕如大环。画船数十，往来其中。西湖六桥风景，如在目前，令人忽忆旧游"，翌日拜客，"其夫人姊妹皆善歌，能鼓琴。临行，各赠照像一，眉目秀丽，竟如其人。携之中华，恐二乔不能专美千古"。

在瑞典，"法国使臣来答拜，告知有以显微镜照壁，见各异物者"，往而面壁坐观，"术者以水一滴弹玻璃上如黍大，映两丈壁上，皆作水纹。中有虫如大蝎千百只，往来如梭织。又滴醋照壁上，作虾蟹形。其金铁矿中水，变化各种形状，奇异不能尽述。据云，皆水中本有之物，极纤细，非此镜不能见耳。然则蛮触之斗，殆非庄生寓言"。

归程中，船过埃及境，"时将夜半，有少妇凭栏望月，若有所思。法人德善以同乡故，知为麦西国商之妇，少从父在中华，今由马塞同来者。倩作歌，歌声凄婉动人，想广寒宫羽衣曲，不是过也。因思江州白司马琵琶行，有此情景，为作《长笛吟》一章"。

行船返至亚丁，又见怪石嶙峋，数十里皆不毛。苍灰的火山熔岩在他的眼睛里竟浮起浓浓画意，以为"亚丁山形，奇峭峥嵘，危峰叠嶂，如见李成画笔"。

人之典故、物之状貌、山水之神姿，随意拈取，尽谢斧凿，可说天成无迹，不落生涩牵强痕影。择例以析。

其一，镇江焦山浮于扬子江上，秀如碧玉，更有楼台错列，烟岚似水墨。江南之美，斌椿记得。

其二，从会稽郊野到诸暨枫桥，鸟鸣竹树，泉漱白石。山阴道上的清奇风景，斌椿记得。

其三，西子湖北岸，宝石山耸秀，巨岩若昂首佛陀。钱塘江畔弥散的大雄之气，斌椿记得。

其四，阿尔斯特湖摇漾的清波，映亮游子的瞳眸。潋滟的水光、空蒙的山色，还有六桥的风月，一时兜上心头。钱塘湖的粼粼波影，斌椿记得。

其五，魏晋名士刘伶，游憩竹林之下，纵酒为欢。他的啸傲避世，他的任情恣性，他的放旷不羁，他的毫无检束，斌椿记得。

其六，修炼成仙的董双成，驾鹤飞升，做了西王母的侍女。蕊宫中的蟠桃仙子姿容妖冶，轻吹玉笙，声动天上。轻倩曼妙之境，斌椿记得。

其七，恽寿平的画笔，向着苍莽峰峦、浩渺烟波挥去，幽峭冷隽，而淡彩花卉则一派清润雅逸。这位明末清初的书画家，斌椿记得。

其八，江东美女，天香国色。一对姐妹，大乔做了胸有雄略的孙策妾，小乔做了姿质风流的周瑜妻。建安的战焰升腾，染红了群雄争霸的天下。离乱断送的芳华，斌椿记得。

其九，庄子用充盈奇幻想象力的语词，画出游世的逍遥意态。飘逸的神情下，隐含着生命哲学的深味。道家的玄远言说，斌椿记得。

其十，浔浦渡头，迁谪江州的白居易秋夜送客，忽闻船上琵琶曲。嫁为贾人妇的长安歌女，拢捻抹挑，弦音如诉，无限幽愁暗恨。枫叶荻花轻摇，浸江之月生寒。唐人乐府的自悲之境，斌椿记得。

其十一，天下之山，各呈奇状。五代、宋初之时的李成，以简淡笔墨摹绘平远寒林、烟峰遥岑，极尽萧疏清旷。眼底山石如飞云，漂游于阿拉伯海上。"卷云皴"画迹，斌椿记得。

斌椿以六旬之躯蹈海踏浪，所记不见凄苦之味，而多深婉诗意，足见他是一个嗜爱本土文明的宿儒。综观上述诸节文字，可以寻出述游中的文化意义。

四

对于斌椿的出访，各国的接待还算款洽，仪貌和悦，礼意优渥，让他觉得"周挚可感"。从外交氛围上看，鉴于当时的国际格局，政治对抗的空气已随时间淡去，对方尚存发展平等的国家关系的愿望。法国相国夫人即向斌椿"询中土风俗，皆知称羡"。英国君主也希望斌椿"此次游历，惟愿回至中华，两国愈加和好"。此言过耳，斌椿能否想到：为了打开通商大门，英国政府中的政治和军事强人选择了对华战争。置身外交场合，斌椿没有提及维多利亚时代的日不落帝国加紧殖民扩张，由此带给中国的深重灾难，谈吐仅限于"旅游"的范围，并无歧出的话题。他对英国皇太子（王储）说"中华使臣，从未有至外国者，此次奉命游历，始知海外有此胜境"。胜境，不单指自然风景，还应包括人文气象，岂止建筑业、制造业"甚于中国"，更是"至一切政事，好处颇多"。在斯德哥尔摩，瑞典太坤（国主之母）于王宫迎见斌椿，态度是亲善的，说："中华人从无至此者，今得见华夏大人，同朝甚喜。"当被问及对于西洋各国印象如何时，斌椿辞令依旧："中华官从无远出重洋者，况贵国地处极北，使臣非亲到，不知有此胜境。"比利时国王及妃邀斌椿入宫，其乐融融，"王英武过人，三年前曾至中国粤东，中国大臣相待甚挚"，情分不薄，国王自会心存感念。次日，美国使臣招饮，其夫人美而贤，"且云，闻中国风俗甚嘉，极为倾慕。惜尚未亲到耳"。在轻松的心境下，斌椿得以在历游中，细察异域的方方面面。新的接触，影响了原有的认知。这些大概是重要的精神收获。

五

作为传统型的中国知识分子，斌椿对于西方社会尤为关注且印象深刻的，从《乘槎笔记》的所述看，有这样几处。

第一，教养有素。好尚是和经济发展水平相关联的。工业革命改变了人民的思想观念与行为准则。西方诸国经过工业革命的转型，讲究合度的礼仪、严格的规矩、优雅的风度、良好的习惯，以社会文明显现国家风貌的变化。

当轮船开出外洋时，斌椿注意到：

> 船客增至一百七十有奇，无余地矣。计二十七国人，言语不同者十七国。而形状服饰之诡异，亦人人殊。有颀而长者；有硕大无朋，称重二百斤者；有须鬈交而发蓬蓬者。衣裙多用各色花布，似菊部之扮演武剧，又如黄教之打鬼。惟泰西各大国，则端正文秀者多，妇女亦姿容美丽，所服轻绡细縠，尤极工丽。每起，则扶掖登船楼，偃卧长藤椅上。而夫日伺其侧，颐指气使，若婢媵然。两餐后，或掖以行百余武。倦则横两椅并卧，耳语如梁燕之呢喃，如鸳鸯之戢翼，天真烂漫，了不忌人。①

上流社会的交际场合中，着装是在特定空间里展示文明礼仪的重要形式。在法兰西相国杜大臣举办的招待会上，"各官夫人，珊珊其来，无不长裾华服，珠宝耀目，皆袒臂及胸。罗绮盈庭，烛光掩映，疑在贝阙珠宫也"。英国皇家宫廷舞会上，"武职衣红，文职衣黑，皆饰以金绣。妇人衣红绿杂色，袒肩臂及胸。珠宝钻石，项下累累成串，五色璀璨，光彩耀目"。此种景象，使深得儒家正统教育的斌椿大为瞠目，不禁从文明的价值这一角度审视西方的新世相，静心思考生产的现代化如何加速生活现实

---

① 斌椿：《乘槎笔记》，商务印书馆、中国旅游出版社2016年版，第13页。

的改变。当人文现象缤纷入眼时，做出国家对比和价值判断，体现了传统知识分子的精神自觉。文化自尊与情感倾向可能使他想起《春秋左传正义》上的话："中国有礼仪之大，故称夏；有服章之美，谓之华。"

异国之民的行为细节，斌椿也有所留意，"又西俗相见，以握手为礼"，"西人好洁，浴室厕屋皆洗涤极净"。言谈举止，仪度婉娈，跨过现代社会的门槛，道德修养正在成为人们内心的财富，无分中外。

第二，城市繁盛。科技进步、产业变革带来城市化，推进了农村人口向城市的迁移。从社会阶层结构看，原有的组成方式变异了，稳定的关系格局松动了，极大改变着都市生活的景状。初抵法国马赛，这座西濒地中海的港口城市令斌椿眼底一新："街市繁盛，楼宇皆六七层，雕栏画槛，高列云霄。至夜以煤气燃灯，光明如昼，夜游无须秉烛。闻居民五十万人，街巷相联，市肆灯火，密如繁星。他处元夕，无此盛且多也。"行程接续，他乘火轮车驶八百余里，抵临里昂，只见"灯火满街，照耀如昼，繁盛倍于马塞矣"。遍观这座工业都会的全势后，到了巴黎，又是一惊，这里"街市繁华，气局阔大，又胜于里昂。……车声辚辚，行人如蚁，皆安静无哗。夜则灯火通明如昼"。返国前夕，斌椿从比利时首都布鲁塞尔再到巴黎，恰逢法国国王庆生，"通衢安玻璃灯数百万盏"，燃放的焰火腾入云表，"空中散五色明灯，璀璨满天。灯火通宵不息。有用电气灯照耀楼台，异光射目"，犹似"东风夜放花千树，更吹落，星如雨"之境，一派喧阗景象。

所经诸国，景象悉有可赏。伦敦"城广四五十里，人烟稠密，楼宇整齐，率多四五层。街道洁净，车毂击，人肩摩，为泰西极大都会也"。海德公园内的水晶宫"皆玻璃为之，远望一片晶莹。其中造各国屋宇人物鸟兽，皆肖其国之象。……凭栏远眺，能见六十里之外。旋邀至客座，小楼三层，精彩可人，穿廊咸罩玻璃。绕廊紫藤盛开，红药、杜鹃皆大于中土，间以杂色花草，绿茵铺地，璀璨可观"。荷兰南都"街道洁净，楼宇高者四五层，颇修整。河道甚多，皆直而长，桥林繁密，民居质朴，志载非虚";北都阿姆斯特丹,虽处势低下,但是"居民修治河道,于水中立桩砌石,架木其上,筑楼阁六七层。沿河积土种树,留路二三丈余,以便车马往来。两岸雕栏彩户,倒影江中。周三十里,有河百余道,无不皆然。每河宽狭不等,各设桥梁数座,以便车行。大小舟船,处处皆通。通都计桥七百六十座。河之阔处,舸舰迷津,商货辐辏。贸易之盛,为欧土大都会"。丹麦首都哥本哈根呈现的,则是"街衢宽直,楼榭高敞"的壮观气象。瑞典行馆亦"栋宇高敞,极为壮丽"。圣彼得堡乃俄罗斯大都邑,"人烟辏集,街衢宽阔,周五十余里,楼阁高峻,宫殿辉煌,人民五十三万六千,洵足称各国都城之冠";行宫更是"殿宇高峻,铺陈华丽。园中水法三十一处,每处用铁管八十埋地中,激水上腾,高十余丈,如水晶柱,溅玉跳珠,池中满而不溢。有如玻璃罩下垂者,有如匹练悬崖者,有如珍珠帘挂于方亭四隅者,巧甲天下矣"。普鲁士国都伯尔灵"楼宇高峻,街市整齐,周三十六里,人民二十余万"。比利时之都"街市整齐,楼阁峻丽,周三十余里,户口三十万有奇"。回返巴黎的斌椿,又观市容,仍发感慨:"旧游重到,街市依然;都城壮丽,甲于西土矣。"目之所观,触动了斌椿的心。他在比利时最大的海港之城安特卫普游览时,得出"周历数处,地方繁盛"的印象,这也可视作对欧洲的总体观感。

异国风物使斌椿深铭于心的,是最为直观的建筑。他的一些直接感受来自那里的古今楼厦。虽然他并未展开形象化的描摹,只做概括性的简述,却可以看出,高峻、闳敞、整齐、洁净等词汇使用的频次最多。楼体的高大并无可惊,中国的宫殿、庙宇足够宽宏、危峻,值得看重的是修整、洁净。保持楼宇的完好,是对建筑的尊重,更是对工匠的敬仰。

第三,产业发达。生产力的飞跃,激生出巨大的产业能量,催进着日常生活的便捷化、舒适化。斌椿此次访欧,轮发上海吴淞口。所乘为法国"拉布得内"船。跨洋邮轮的设计和建造,理念先进,工艺精巧,"火轮器具居其大半"。船上设施喜人眼目:

器具精洁，肴馔丰美，皆外洋风味。晚则灯烛辉煌。两旁住屋十五间，每间各嵌玻璃灯二，大穿衣镜一。烛光照耀，入其中者，目迷五色，不啻千门万户矣。中桅以前，为火轮器具及厨屋。两旁有长巷二，每门各悬灯，为司事及贾客住屋，计四五十间。晚则到处光明。其余厨灶、厕屋，前后十余处，无不精妙。①

巨型海舶上配置的仪器、设备亦极科学：

司船者披图以考疆域，测影以计道路。前后左右暨桅中用针盘五，各二人司之，以定方向。用铅砣以量浅深。用绳板以验迟速。其余考寒燠，测风雨，以至张帆搜柁，皆精巧异常。舟行昼夜不息，饮食充备，如入市肆，如居里巷，不觉其为行路也。尤奇者，行海以淡水为要，轮船则以火灼水，借水气之力以运船，即用气化之水以供用。舟之上下四旁，皆有铜铁管贯注，数百人饮食洗濯之用，无缺乏忧也。②

若非惊了双眼，他不会在这里费去如此多的笔墨。

对于火车的描写，斌椿也是这般尽心。轮舶行过邃岸峭立的红海，夜抵苏伊士湾，泊舟而登火车，向着埃及国都开罗开驶去。他这么记着：

申刻登火轮车。前车为火轮器具，烧石炭，贮水激轮。后车以巨钩衔其尾，蝉联三四十辆，中坐男妇多寡不等。每辆如住屋一所，分为三间，间各有门。启门入，两面小炕各一，可坐八九人。炕上下贮行囊数十件。每间大窗六扇，有玻璃木槅，以障风日，启闭随人。油饰鲜明，茵褥厚软。坐卧、饮食、起立、左右望，皆可随意。次者装货物箱只。再次装驼马。摇铃三次，始开行。初犹缓缓，数武后即如

---

① 斌椿：《乘槎笔记》，商务印书馆、中国旅游出版社 2016 年版，第 8 页。
② 张德彝：《航海述奇》，商务印书馆、中国旅游出版社 2016 年版，第 65 页。

奔马不可遏。车外屋舍、树木、山冈、阡陌，皆疾驰而过，不可遏视。①

这节文字，颇具动感。写的时候，想到饱含着人类智慧的产业动能所提供的舟楫轮车之利，斌椿的心，应当在飞。

在欧洲最先考察的是法国。进入马赛的旅舍，他初识电梯，很觉新鲜："客寓楼七层，梯形如旋螺。登降苦劳，则另有小屋可容六七人，用火轮转法，可升至顶楼。"服务设施也让住客尤感方便，比如呼叫器："屋有暗消息，手一按，则柜房即知某屋唤人。传语亦然。各法奇巧，匪夷所思。"街上的一种行驶工具，类似当今的自行车，他亦感兴趣："街衢游人，有只用两轮，贯以短轴，人坐轴上，足踏机关，轮自转以当车。又有只轮贯轴，两足跨轴端，踏动其机，驰行疾于奔马。"成熟的科技手段开始在服务业和制造业中应用，生活品质大异于从前，社会进步也得以明显表现。

接下几天，斌椿"坐火轮车往看造船器具"。此刻，经历两次鸦片战争的他，领教过列强凭借炮舰推行的不平等贸易，或许能将船只的建造和资本主义国家的重商主义与殖民政策联系起来。他到各织机处，看使用机器织成出售的人物和各国君主大臣像，"嗣观用火轮织绸缎，更精捷"。他还命儿子广英等人参观法国造钱及电机寄信法。钱币用机械制造；电机寄信，是一种即时性、远距离的通信方式，"用铁线连缀不绝，陆路则架木杪，遇海则沉水中。通都大邑以及乡村镇市，线到处，皆可通信"。这一近代通信工具的发明，连通了世界，也连通了心灵。斌椿的记述，也许为而后北洋通商大臣李鸿章奏准敷设津沪电报线路，并在天津成立以盛宣怀为总办的中国电报总局，起到了某种作用。

到了英国，这个工业化程度最高、制造业体系最完备的国度，斌椿参

---

① 斌椿：《乘槎笔记》，商务印书馆、中国旅游出版社 2016 年版，第 16 页。

观的内容更为丰富。他亲自往观造钱各局，只见"金银铜三等钱，皆用火轮法，不费人力，精妙异常"，这和广英在法国看到铸币流程相近。在伦敦，斌椿"午刻往照像"。日前过巴黎，他曾拍摄此生的第一张照片，没承想这张照片竟颇有市场："市侩留底本出售，人争购之，闻一像值银钱十五枚。"出于兴趣，他未将之嗤鄙为奇技淫巧，而是认真记下法国人的这项重要发明："西洋照像法，摄人影入镜，以药汁印出纸上，千百本无不毕肖也。"他前去军器局，"遍观制造军械"；再至造轮车处阅看，"印度运来坚木，文理细腻。匠用火轮解木，非常巧捷"；又到造铁板轮和农具，以及造衣纽等处，感到工艺"皆巧极"。复临造玻璃处，"询知以海岸沙及铅与碱贮土窑中，纳巨炉烧之。倾出融如金银，入模成块"，又经一番搓、吹、烧、抢，即如水泡，如瓜瓠；若"以铁尺于火中横矸之，则平如纸矣"。在英国第二大城市曼彻斯特，斌椿重点考察了纺织业，记叙较详。在这里，"中华及印度、美国棉花皆集于此。所织之布，发于各路售卖"。他"往织布大行遍览"，五层高的大楼里，生产车间数百，工匠三千人，女多于男。运来的棉花在这里拆包，送入流水线，"由弹而纺，而织，而染，皆用火轮法"。总轮的马力，四百匹之大，机轴终日飞转，机声震耳，压过了当面说话的声音。社会化大生产的场面，超出了斌椿以往的人生常识和生命经验，开扩了他在乡村中国形成的认知视域。面对震撼心魄的生产场景，新的思维指向支配着他的情绪，纺纱、织布和印染的巧妙，亦在他的笔下展现："棉花分三路，原来泥沙掺杂，弹六七过，则白如雪，柔于绵矣。又以轮纺，由粗卷而为细丝。凡七八过，皆用小轮数百纺之。顷刻成轴，细于发矣。染处则在下层，各色俱备。入浸少时，即鲜明成色。织机万张，刻不停梭。每机二三张以一人司之。计自木棉出包时，至纺织染成，不逾晷刻，亦神速哉。"炉中燃烧的煤炭化为蒸汽动力，催着纺织机快速运转。阵阵机声中的精梳细纺，让曼彻斯特、伯明翰、利物浦这些英国北方城市，跃升为世界棉纺工业中心。

英国的第一次工业革命，兴起于棉纺织业。对于一个从农业古国走来的老年知识分子，斌椿的观览具有管中窥豹的效果。在英国本土乃至欧洲大陆上推进的从工场手工业向机器大工业过渡、从手工劳动向动力机器生产转变的产业变革，在他眼前展开浩大宏阔的场景。蒸汽时代的到来，电气时代的萌发，科学开始深刻地影响产业加工和制造，新的发明、新的技术迅速进入生产、经营、管理过程，并加速生产组织架构的规模化、系统化、集约化的形成。令人心目全新的种种机器，也许让他联想到哈格里夫斯创制的珍妮纺织机、瓦特改良的蒸汽机。从工业社会母体中孕生的充满朝气的种种，使他从当时的世界工厂看到不同社会形态显示的差异。斌椿的自我意识还是依赖中国的传统和现实的，另一个空间存在的新景致，同他认定的成规发生了抵牾甚至悖逆，这理应引起或深或浅的思考，竟至触发寻求思想对话的冲动。可惜这在他的述录中没有表现。尽管"土俗民情，纪载尤悉，笔亦足以达其所见"（清·徐继畬语），奉献的思想价值仍显不足，却包含相应的情感价值，在眼界狭窄、精神长期受着禁锢的国人那里，还是具有一定的认识意义的。

六

斌椿的游述，像是没有得着朝廷的强令，故而并无焚膏继晷的勤苦，却多放览的意态，醉心悠闲与消遣。他数次受邀游园、赏画、听乐、观剧、看马戏，均不辞谢。娱乐使他的心境宽松，精神畅适，究竟不脱士大夫的趣味，也带些审美风调。他抵法国里昂，即"往游各处花园，颇佳。珍禽奇兽，指不胜屈"。来到巴黎，"又西行七八里，为官家花园，花木繁盛，鸟兽之奇异者，难更仆数"。当晚去剧院，这是他头回坐在西洋剧场里看戏，强烈的艺术冲力刺激着他的感官："夜戌刻，戏剧至子正始散，扮演皆古时事。台之大，可容二三百人。山水楼阁，顷刻变幻。衣着鲜明，光可夺目。女优登台，多者五六十人，美丽居其半，率裸半身跳舞。剧中能作山水瀑布，日月光辉，倏而见佛像，或神女数十人自中降，祥光射人，奇妙不可思议。观者千余人，咸拍掌称赏。"曼妙的舞台效果深化了上演之剧的内涵。隔了一日，他又"夜赴戏园看驰马"。马疾驰，女演员能于马上跳跃，又能"令马人立而舞"。铁栅大若屋，栅中畜了五头狮子，"吼声震耳如铜钲。人执刀入栅与斗，燃火铳。狮子怒吼，其声惊人，观者无不咋舌"。行至英国都城伦敦，数日后"至大花园，杜鹃花高丈许，月季亦高五六尺，花朵大倍于常，红紫芬菲。闻自中土来，培养之功甚深"。是夜"至茶园观剧，神妙不测"。过了十几天，他被人请去"观驰马戏。男女各于驰骤时，作种种戏，令人拍掌叫绝"。在曼彻斯特，有人约请游园，斌椿叫随员凤仪等人往观。诸人回来后，"述知烟火花炮之奇妙，实所未闻。云此会三日一次，可谓繁华之至"。焰火之美，在荷兰也能见到："是夜亥正，乘轮船将北行。海月初升，对岸笙歌灯火，游人甚众。划小舟往观。时点放花炮，五色灿烂。有起至半空，如中国俗名'起火'者，高数十丈，化为明灯万盏，光照海水，作红绿色，真奇观也。"斌椿的字句一出，纸上光影闪烁，产生强烈的现场感。

斌椿在英国还游赏了水法："泰西多以水法为玩具，园囿通衢，随地皆有。或砌石盘，周五六尺，琢人物海兽其上，内藏水管，由他处注水，机动激射，水从人兽口中喷出，高可十余丈。水下注，即由暗沟消去，不令泛溢。"游观之时，斌椿如果想起万里之外的故国，想起圆明园西洋楼前残颓的喷泉群石柱，想起英法联军劫掠焚毁的暴行，心中该是何种滋味。

在汉堡，斌椿依旧"夜观驰马戏，女郎十五六人，演各战阵，均能于马上跳跃驰骤，巧捷异常"。他倒也乐于此，不知疲。北欧之旅中，在丹麦都城哥本哈根，"戌正，赴花园，听奏乐，观女剧。驰马跳舞，不逊于他处。有美人缟衣长裙，乘马疾驰，尤为冠群"。次日，"旋往行馆，观所陈历代君主画像、器用。……复至花园，各处台榭均鲜明，山水清幽，树林阴翳。绿阴深处，各设坐具。歌舞、驰马、秋千，诸戏具备，洵足观也"。在瑞典都城斯德哥尔摩，"午后，往公所观画，所绘人物、鸟兽、花果，俨然如生。其山水瀑布，日月光华酷肖，真绘水绘声之笔"。当晚逛大花园，苍松怪石，游目骋怀，"夜即于花园中观剧，诡异不可名状。舞女美丽，不亚他国"。仅隔一日，又于"归途观夜剧，皆著名女优，演本国昔年君王事，惜不解"。不解，演剧的美感却是真切领受到了。第二天仍意兴未消，往园亭，"国主及妃住园中"。举觞立饮时，王妃看见斌椿手执的折扇，很喜欢，扇面"系沈凤墀画采芝图，杨简侯书谢庄月赋"，斌椿讲解字画寓意后，王妃更为欣爱，"因以献妃，且咏绝句一章"。远在异邦，诗酒酬唱的雅集之乐亦不浅。行波罗的海，至芬兰都会赫尔辛基。其时芬兰已归属俄罗斯五十九年。他的视线中，"园亭颇幽胜，时值奏乐，游人甚众"，纵目海面，"天光帆影，远景极佳"，满是诗意光景。入芬兰湾，过峡口，在俄罗斯港口城市维堡泊舟，"登岸，乘马车，约行十余里至一园，山水幽深，林石苍古。登楼眺望，极揽胜之乐。楼前花卉秀丽，芍药正开。复至一园，临水筑台榭，伶人奏乐其中，间以山水之音，铿锵可听。泛小舟游于蒹葭洲岛之间"。此时隔岸楼阁在夕阳映照下，一派灿亮。

据载，斌椿使团原计划还要访问德国柏林，美国华盛顿、旧金山等地，经日本回国。但因行程太紧，为确保归期，斌椿决定提前从巴黎踏上返国的长程。

再到巴黎，距离西土东回的时日迫近，而在斌椿这位满族耆老身上，游览的兴致不减，眸光依然灼灼："申刻，游洼得不伦大园，林木深蔚，河水回环。石洞通人行，上悬瀑布，宽丈余，如匹练。戌刻，同人约观剧，演前代太子纳妃事，极水火变化之奇。"次日，又"看驰马戏，园周二里许，男女扮演各国服饰及战斗状，新奇悦目。又有猴走绳、狗驰马，皆未曾见"。离开巴黎前的这几日，斌椿多有"游生灵苑""夜看驰马戏""夜观戏法十数局""约观剧""夜观驰马戏"这样的记载。法国人耽于休闲的民性，约略体验到了。

戎具兵戟的操弄，斌椿也曾过眼。在英国伦敦，"至操兵营房。拜将军锡姓，旋看演技。勇营周十余里，兵八千名，施放枪炮，排列队伍，均整肃"；在法国巴黎，"出郭三十里至校场，看演火枪"，与他人"偕往各营房看演技勇"均排入观摩计划。总之，略观他的游程，每至一国，几乎都安排了消闲性活动。接连赏看，习以为常，他不再一一详述。

<h2 style="text-align:center">七</h2>

《乘槎笔记》的收束处，斌椿写了一段按语，综括行迹与文思。最富价值的，自然是所记载的内容："至宫室街衢之壮丽，士卒之整肃，器用之机巧，风俗之异同，亦皆据实书，无敢傅会。"考物验事，信而有征，也恰在这上面。

《乘槎笔记》的前面有三篇序，即是说，"乃付剞劂，以贻同好"之时，三人肯于出面来做弁言。一个是首任总管同文馆事务大臣、编纂《瀛环志略》这部大著的地理学家徐继畬；一个是受郭嵩焘举荐，后来到京师同文馆做了天文算学总教习的李善兰；一个是斌椿的表弟杨能格。三篇序文，皆文短而意长，尤其对斌椿以年迈之躯乘槎渡海的作为，同抱赞佩。徐序："顾华人入海舶，总苦眩晕，无敢应者。斌君友松，年已周甲，独慨然愿往。"李序："郎中斌君友松，少壮宦游，足迹半天下。一旦奉命往欧罗巴访览政教风俗，遂得游数万里之外。所历十余国，皆开辟以来，中国之人从未有至者。"杨序："余戚友松斌君，才识博达。少为文，即不屑作恒语，读者每眩其瑰奇。……今忽邀朝廷特达知，以三品冠带使海外。则洒然携一子登番舶，周历十余国，往返九万余里，雍容揖让，若履行州郡间。海外君长，咸喁喁然望风采，称中国有奇士，承迎后先，恐不得当。遂得尽览其山川城郭、宫室人物、风俗怪异之类，皆华人所未耳目之者。"将身之所至、目之所见，次第记之，刻以行世，令读其书者，好似身达之而目见之，仿佛跟随他把欧罗巴十余国疆域亲历殆遍。李善兰说："然则斌君非独一人游，率天下之人而共游之也。"诚哉斯言。

《乘槎笔记》的出现，中国第一部外交性质的游记便占了世人的心，索而寓目，如同将海国图景拉到近前细览，且于此中窥知一个异样世界。前人导夫先路，后人践其故迹，从这个意义上看，把斌椿排日撰述的访欧游记称为"不世之文章"（清·杨能格语），其言不妄。

斌椿使欧，感慨常寄于平仄。远足中的一吟一咏，可从聚而编之的《海国胜游草》和《天外归帆草》两册诗集里读到。

八

清廷遣使海外，斌椿使团可说破天荒，却带有非正式的意味。此团得以成行，担任中国海关外籍总税务司的英国人罗伯特·赫德起了重要作用。1868 年，赫德再次促请清政府派团出使欧美。刚卸下美国第十三任驻华公使之职的蒲安臣，受清政府委任，做了中国首任全权使节，率团从上海黄浦江码头登轮，驶往美国旧金山。这个外交使团富有了正式色彩。该团一行三十人，比起两年前的斌椿使团，规模大了许多。他们将履迹印上英国的伦敦、法国的巴黎、瑞典的斯德哥尔摩、普鲁士的柏林、俄罗斯的圣彼得堡，以及丹麦、荷兰等地的时候，或许会感受到斌椿等人留下的余温。

张德彝

海国奇观入笔端

《**航**海述奇》所收的，全是张德彝随使初访泰西的作品。纂为《西行日记》《法国日记》《英国日记》《荷酣丹瑞俄日记》《布比法日记》和《归程日记》六章。

鸦片战争的烽火烧红了古老的天空，西方列强凭借舰炮，轰开了中国的口岸。商埠开放，货物运抵；使馆设立，使节纷至。面对世界的大变局，清政府考虑向外派出使团，察风访俗，以资国政。虽则这个由年逾六十的赋闲之人斌椿率领的使团级别较低，规模很小，在一些人眼里，又非那么正式，但毕竟染着官方色彩，随员的擢选并不马虎。同行四员多是从同文馆出来的。同文馆是由总理衙门直接管理的洋务学堂，学习英法语言是它的主业。凤仪、张德彝、彦慧获得出洋资格，既显荣光，也是对中国第一所外语专科学校教学成果的检验。

斌椿使团从京师登程，时维同治五年（1866年）正月。张德彝年方十九。

在同文馆的三年学习，为张德彝面向世界的职业生涯打下语言根基。首回出访，让这个有志向的青年迎来人生的重要时刻。他看重这次机会，行前必有一番精神准备。他的职分本是译员，行途上，每日却不舍笔墨，矻矻而记，真不枉此次访游。《航海述奇》自序所云，出诸实情与真心：

明（按：张德彝又名张德明）膺命随使游历泰西各国，遨游十万里，遍历十六国，经三洲数岛、五海一洋。所闻见之语言文字、风土人情、草木山川、虫鱼鸟兽、奇奇怪怪，述之而若故，骇人听闻者，不知凡几。明年甫弱冠，躬此壮游，不敢云即是足为大观，而见所未见，闻所未闻；既得集录成篇，即愿以公诸共识。日来索观甚众，字句之间，不遑修饰。亦但志其实，聊为翻阅者信其奇而非妄述焉，可也。①

游而记之，他也怀有这种功夫。游记一体，最须眼光的独到与笔致的讲究，而一定学识的养成，自是不能差的。孟保给《航海述奇》作了序，里面说：

> 述奇者，吾友张在初（德明）驾部亲历海外而作也。在初性聪颖，勤涉书史，年未弱冠，慨然有四方之志。同治丙寅春，斌友松（椿）参领初使海外，在初以同文馆生奉命偕往。周历各国，阅岁而后归。归来追述见闻，考核必精，记载必详，初集成而请序于余。余读斯集，既惊其奇，而又喜其奇之不乖于正也。②

不乖于正，是要有所把持的，断断少不得见识。

欣然为张德彝助阵的，还有一个叫贵荣的人，他的序里也有相近的话：

> 翻译官德君在初，性颖悟，喜读书，目下数行，过辄不忘。左、国、史、汉，下逮庄、骚，无不毕览。尤工书，有道劲气。为人沉毅寡言，持躬恂谨，粥粥若无能，乡先生以奇器目之。丙寅春，奉皇帝诏，出使西洋。分庭抗礼，不辱君命；采风问俗，以贡天室。凡舟车所不至，人力所不通之区，罔不穷岩搜干，悉心采访。所谓乘长风破万里浪者，非其人欤！未逾年，海外归帆，蒙皇帝温旨嘉奖，是时年

---

① 张德彝：《航海述奇》，商务印书馆、中国旅游出版社2016年版，第4页。
② 同上，第1页。

方十有七也。昨以《航海述奇》一函惠赠，薰沐展阅，如读异书。其述疆域之险阻也，有如地舆志；其述川谷之高浚也，有如《山海经》；其述飞潜动植之瑰异也，有如庶物疏；其述性情嗜好语言之不同也，有如风土记。上下古今数千年，东西南朔数万里，挟卷以游，瞭如指掌，诚为宇宙间之一奇观也。[①]

时人口中，张德彝的岁数稍异，年近弱冠大体上总是不错的。正当韶秀的时光，写出有价值的文字，是要叫人服膺的。同去的凤仪、彦慧写了什么，不得知。带团的斌椿倒是有《乘槎笔记》行世。二人的游程基本一样，所述事实亦相类，表达上却各有自己的样子。互为参看，斌椿已是年高之人，叙录起来，调子平，节奏稳，恰是翁叟的娓娓之语，端严简重，已无"乘长风破万里浪"的豪荡器量，和张德彝文句间流贯的青春意气，到底有别。

一路山水盈眸，树花交翠

既为观光使团，外交使命不很艰巨。张德彝的心情自是宽畅的。初次出洋，呼吸着清鲜的空气，过眼的一切皆极新奇。《西行日记》中，看山看水，激情迸溢。

张德彝比斌椿早一天由北京登车起身，出崇文门，奔往天津。两天半的路程，或是"时鸡声茅店，月影横窗，晴雪萧萧，寒风冽冽"，或是"晓起残月无辉，晨星落落，鸡鸣四野，犬吠孤村"。冬日里，"衰草无容色，憔悴荒径中"（南朝梁·沈约《岁暮愍衰草》），行尽暮烟荒野，旅人的心上微微起了一点愁。翌日午后，张德彝随抵津的斌椿往拜中国海关总税务司英国人赫德（这次西行，由此人促成）。四日后，"早晨天金黄色，风沙扑面"，使团一行在海河岸边法租界的紫竹林教堂登上名为"行如飞"

---

① 张德彝：《航海述奇》，商务印书馆、中国旅游出版社 2016 年版，第 3 页。

的轮船。船出大沽口，入海，"烟飞雾结，万顷迷离，水天一色"。航途上，虽然风狂浪高，"窗外水声澎湃，船内人声呕哇，金铁飞鸣，杯盘乱落"，张德彝依旧兴致不减。过胶东，纵目渤海与黄海交汇处的长山列岛，只觉得"远近掩映者，但见山峰飞越于眉目之间"。抵烟台，泊芝罘山下，又感"一路山水盈眸，树花交翠，和风荡漾，心殊畅然"。至崇明县黄浦江，"进口遥见两岸翠色盈盈，浑似京华孟夏之景"。到上海，"江中小舟蚁集，细雨廉纤，岸边桃杏芙蓉，芭蕉槐柳，树交红紫，花斗芬芳，江南佳境，略识一斑也"。顺流至吴淞口，改乘法国公司轮船"拉不当内"号。越东海，水色一片深绿。"午后过鞍子岛与普陀山，瞥见众山罗列，大小不一。中有无数白鸟，甚大，往来飞腾，忽上忽下，逐船没水，毫不畏人"，这是很多乘船人都见过的海景，一派舒朗气息飘于纸上。静雅学堂、幽深府院养出的心绪，渐渐自然化了。

路经烟台时，赫德就命帮办税务司法国人德善为使团翻译官。张德彝有所记："此人白面微髭，性情温厚。"船到香港，广东帮办税务司英国人包腊也来了，为使团办理行程之事，并和德善同做翻译。张德彝说"其人白面黄须，能华言，喜趋诙谐"。他对初识的这两位洋人，加上在香港换乘的法国公司轮船"岗白鸥士"号上的数十名外国水手，印象均不坏。

及至"见西北一带连山，山下白沙大片"时，才知道已驶入安南（按：越南的古称）国界。"两岸短树葱茏，水湾曲折，港岔极多，内有海舟隐于杂树之间，海鸭成群飞舞"的景象诱着目光。当再上海途时，迎送的又是"层峦送绿，山水萦回，扁舟出没，宛如画图中游也"的南洋好景。待到抵新加坡，眼前百花争艳，耳畔群鸟呼晴，"是日天朗气清，熏风徐拂，波澜不惊，神怡心旷，荣辱顿忘，把酒临风，为之一快"，心飞扬兮浩荡，直追范仲淹《岳阳楼记》风概。入车驰驱十余里，环绕而上英人炮台，"登高而望，见山海毗连，直抵天涯"，神意似无形的羽翼，划过苍辽的海天。晴光之下，碧波映漾，山容水态，俱露喜色，欢欣、散畅的意绪折射着年轻的心境，且让丰沛的诗意流贯于笔底。

行至红海口，放出目光，便有奇山异岭、如鹰飞鸟闯入视线。东望，亚洲这边"连山叠叠"；西眺，非洲那边"枯岭童童"。船驶入苏伊士运河航道，"此地乃两洲毗连之地，东为亚细亚，西乃阿非里加，北系地中海，南即红海，及埃及国之东北界也"。身临两大洲隔水相峙的地理区位，张德彝襟怀大开，气度因之雄远。

面对烟霞境界，人心最无遮拦。一个初游外洋的青年知识分子，怔怔地戳在甲板上，直着眼睛看向天下的一角，胸间必会涌荡情感的涛澜。

在内心制造激情是山水的功能，强大的能量让人燃烧起来。哪怕飓风怒吼，哪怕卷浪若山，哪怕骤雨如注，哪怕狂涛飙起，大海中的张德彝，用迅雷烈电般的想象接受风景，身体在海风中幻化。那一刻，他是一朵飞云，他是一团火焰。

张德彝是个性情细腻的人，辞国远行，感思愈来得深。夜泊越南西贡，在船上散步，"见皓月当空，小舟飘荡，两岸蟋蟀、蟪蛄，虫声唧唧，宛如故乡中秋时景也。法人鼓琴而歌，明等亦吹弄笛箫，彼此唱和畅甚"。这是一幅行旅夜月图，怀乡的心绪浸于画面，浓得散不尽。在埃及，游而归，目光射向茂林、远岭、旷壤。"已而夕阳在山，天光翳翳，四野炊烟直上，几处钟磬齐鸣，天色暮而群鸦飞，皓月升而游人息矣。"断肠人的漂泊感犹在，略得元人小令风味。临地中海的墨西拿岛，望中"群山错列，紫翠凝眸。……见晓日升于山顶，背日之山皆紫色。南北皆山，如送如迎，有峰峭然挺拔者，有壁立如削者，有作荷叶皱者，有若出水芙蓉者，有若断云横亘者，有若晓霜凝素者。是海浪逐潮，剥食日久，自成此象。山皆匝海而立，入望皆成画本，米南宫不足拟其妙也"。斟字酌句，仿似铺纸濡毫，勾勒皴染，饶具黄公望浅绛山水意境。

异国景物之奇，激活了张德彝的语言天分，在摹画中再现风光世界，尤重语词的感性之美，倾力表现传统汉语的典雅气质。

古埃及金字塔，为世界性陵墓奇观，当然一惊张德彝眼目。他大概是最早描写金字塔的中国人之一（同行的斌椿也曾状其景致）。他以中华文化作为鉴观基点，欣赏和检视初见的一切，尤其用本国语汇摹状异域陌生景观，在语言和现实之间营造出特殊的表达效果，酿制着独有的叙述韵味。登舟渡尼罗河，"中遇小岛，上面楼阁新丽，四围高迥，台榭亭廊，回环曲折，奇花异草，红叶盈眸，宛然珠宫蕊阙，浑疑身在蓬莱第一峰矣，讯之乃埃及国王表弟之行宫也"。抵岸乘驴驰驱，一望荒沙，人迹疏绝，胡夫金字塔在焉。他这样写道：

> 后至一古埃及之王陵，其陵三尖形，周一百八十丈，高四十九丈，皆巨石叠起。相传前三千数百年建造，天下第一大工也，其次则属中国之万里长城矣。①

他和德善等人缘洞口而入，蛇形以进。石头的震动声音，使他"神魂失倚"，殊觉其险；路径弯曲，"行则趋前失后，退后迷前"，亦感眩晕。"看毕盘桓数处，四肢不克自主矣。在内约三时，出则一身冷汗矣。"体验不适，又恐力不能济，连登陵顶远眺的机会也放弃。狮身人面像的壮伟姿影却直逼过来：

> 王陵大小共三座，此大者居其中。前一大石人头，高约四丈，宽三丈许，耳目清晰。或云此古时蚩尤之头，在此已化为石矣。语殊妄诞不经，吾未之敢信。②

古埃及神话中的斯芬克斯，中国上古神话中的蚩尤，在张德彝的文字里相遇。尽管"语殊妄诞不经，吾未之敢信"，但是，古埃及文明和中华文明在交融中确立的世界性意义，提升了这节记述的精神价值。

斌椿视狮身人面像如佛："旁竖巨石，凿佛头如浙江西湖大佛寺像，洵称巨观。"在指称或拟容对象上，他和张德彝虽不相同，思想本位却是

---

① 张德彝：《航海述奇》，商务印书馆、中国旅游出版社 2016 年版，第 31 页。
② 同上，第 65 页。

一样的，抱定的皆是纯粹的中国视角。

细览新异气象，满眼风景

《法国日记》是张德彝欧游记录的开篇。十几日所见之奇，多在人文景观方面。可见他关注的重心，已经从自然风光转向社会景状。汉唐包容、开放的襟度，在这位晚清知识分子身上承续着。他看外洋，满眼是奇。想到亟待发展的家国，他急切地用眼光抓取这笔财富。

他当然以记叙心目中的奇景为主。分为几个方面。

生产之奇。抵海口马赛，张德彝在德善的相陪下，乘火轮车东行，参观造船厂。厂区很大，"其地四面数十里，内列高房百余间"。他看到所造各种轮船轮机图式，还有轮船模型，深感"其法备臻精巧"，而"其铸造一切，皆用火机，不需人力；虽千万斤铜铁，自能转运"。从中可见，不单工人的职业技能纯熟，机械之力的作用更为关键，足以体现工业化制造水平。

行抵法国京都巴黎，张德彝入住一家名为"阁朗达"的饭店。他观察店内的设施，尤其注意到细节，对服务业的发达程度和经营的专业水平，抱有较强的感受力，一一记到自己的笔下。他说这座九层建筑"均系细白石盖造，颇为整洁"；大厅"铺设华丽，外有芭蕉、洋花等盆景"；大饭厅内"夜燃灯烛共计一千八百余盏。其厅可容二千余人，壁上玻璃高皆丈许"；客房布设亦极舒适，"眠时枕与褥左右卷起，将人裹于其内，其轻软莫可言状。若当寒夜迢迢，频来好梦，人之溺于衽席者，又焉肯负此香衾哉"；店堂"其内之陈设，以及使用之器皿，精巧绝伦，更有述不胜述者"，如软椅，如圆桌，如嵌玻璃楼窗，如饰花纸四壁，如每层上楼转角之处的指示牌。为顾客提供美妙的住宿享受，是巴黎饭店秉持的理念。饭店的本质是服务，服务的产业属性一经确立，就须按照经济法则运行，这一现代性的经营意识，为处于封闭状态下的国人突破思想禁锢，无疑具有启示意义。

　　到了《英国日记》里，这类记述更显露了观察的兴奋点。在伦敦，张德彝同德善来到印造新闻纸处，参观印刷生产流程。"刷印悉用火机，板架形如北京俗谓之'忽忽悠'与'婆婆车'。"印刷机上下，各有工人送取纸张，"半刻印新闻纸二千张"。另有一架机器，"形若层楼，来往运动甚速。顶上坐一女送纸，下一女取纸，一刻可印一万二千张，每日出六万七千张，分布城内"。他在伦敦参观造炮车处，"见木房数十间，所有斧、锯、锤、铇，皆用火机自行运动。如造车轮，一日可得数十双"，"其各种炮位，皆以大块熟铁，内外镟之，纯以火机而成。其大喷炮，以铁条绕成者，法更精巧"。他在伯明翰看造针处，"处处轮机，通以水道。男女作工各二百余名，人多而力省，盖恃火机之功也。又至造铜笔处，用小火机，一时可得数千支"。往琢磨玻璃处，各种杯盘瓶罐俱极精致，而"其琢磨之法，悉用火轮"。在造铜床架处，所造之物"不用匠人雕凿之工，只需火机拔挤之法"。抵达曼彻斯特，"早乘车至织布处，女工二千余名，男工六百余名，其弹染棉花，纺线织布，悉用火机，一时可得棉线数百斤，织染洋布数十匹"。大工业生产场面，摇撼心目。又临印布处，透过"其白布织于印度，花绘印于英国"的生产环节，约略看出原材料成为终端产品的完整过程，了解资源加工和产品制造的技术关联与时空布局。工业革命催生的机械化、规模化生产手段，代替了原始的手工劳作，使英国的制造业实现了转型与飞跃；而不同国家分属于产业链的上下游，经过拓展与延伸所形成的合作关系，初现了制造业国际化分工体系的雏形。张德彝的场景化记录，反映了这一现实。

　　而后在普鲁士，张德彝行抵埃森市，寻访克虏伯家族及炮厂。他云："未初至艾森庄，地不阔，土产无多。有英人姓克名鲁卜者，好客广交，四海游士多访之。四十年前，彼业屡人也，贫乏不能自存，移居此地，因多产煤钢，乃以制炮为业，陆续聚有万人，汔可小康。此时竟成巨富，财敌两国，所造火器，可供四国之用。如布鲁斯、俄罗斯、荷兰、日本之炮,皆取给于此。"至其家,他"见其妻子,乃引观炮厂。周七十余里,工匠计二万三千余人。其炮大者长逾丈,重二万余斤,作棒锤形。自炮尾下药,尾有螺丝塞,炮腹有螺丝。铅丸长如枣形,重百余斤,皮有螺丝,暗合炮腹,是以力大。其近者可至数十里,远者可至百余里"。虽只匆匆略窥,无从详知这个著名军火帝国的发迹史,但是张德彝仍能对其先进的制造水准和生产场面留下较深印象。

技术之奇。现代运载工具里,电梯为张德彝初次见到,很有兴致地记于笔下。宿法国马赛一家名为"笛路埃得拉佩"的旅店,"如人懒上此四百八十余步石梯,梯旁一门,内有自行屋一间,可容四五人。内有消息,按则此屋自上,抬则自下;欲上第几层楼时,自能止住"。电梯之巧捷,显示了马赛这座海港城市的发达程度。

在里昂,张德彝乘坐火轮车,甚为喜爱,叹服居于车身最前的蓄火机,靠着内藏水火轮机,"以此一车而带数十辐重,行疾如飞,其力可知矣"。"车之速者日行五千余里,平时则日行二三千里而已。……西国之富强日盛,良有以也。"他似乎寻到了治理天下的根,这才叫他不吝笔墨述其构造,意在启示国人仿而效之。他观而思之,思而论之,透出不凡的见识。电报是他和斌椿都见到的。叙其架设和操作机理,张德彝的文字更详。他特别赞佩电报"一时可传信千万里"的强大功效,因为这是改变人类生活方式的伟大创造:"有送信者,先将稿付于局内,其语贵简,局内按字数计费。主信者按稿上语言,一一在字母盘上以指按之。此处随按,彼处虽千万里亦随得之,其速捷于影响。……其制造之法,大都仗电气之力。"张德彝不是科学家与发明家,他特别说明:"欲明其理,有美国才士丁韪良所译《格物入门》在,兹不赘叙。"遂给深入研究者提供了寻绎的信息。

火车和电报,是张德彝在里昂获得的最重要的见闻。对于电报,他的兴趣格外浓厚,返国前,复临巴黎,他和凤仪陪同斌椿"乘马车行八九里,至电报局。屋内置电气桌四处,字写于东,言传于西,其间不过刹那耳,虽万里亦然。登楼看电线,四角丛绕如网。据云十五分之时,可递信三四十函，绝无沉搁之误"。

在伦敦，张德彝乘坐了"地内火轮车"，此车即今日的"地铁"。世界第一条地下铁道投入运营仅三年左右，张德彝就体察了它的速度与便捷。他记道："盖英国京城地狭人稠，恐火轮车不利于行，故在地中楼下造车道，环绕通于各街巷口。"地下轨道交通，已经在十九世纪的英国运行，为解决大都市交通拥堵难题，提供了有效治理方案，在世界交通史上具有示范和引领意义。

在瑞典的斯德哥尔摩，张德彝见识了显微镜，领受了它的妙处，很有兴致地记下观看的过程和印象："后往一小馆，系以显微镜照异物映影于壁上者。屋中黑暗，西壁嵌有玻璃不甚大。观者面东壁而坐。术者以滴水放于显微镜上，向日而照，映诸对壁，则水内小虫无数，蠕蠕如鱼虾然。醋内照之有虫如蝉，千百飞舞，大皆三尺许。河水照之，有如蝎如蟹之虫，大皆三四足。"经过光学仪器的放大，微观世界的诸种生物清晰地直映眼底，极高的分辨率令他大为惊异。

民生之奇。当时的法国，已经建立起社会救济制度，张德彝云："盖外国鳏寡孤独六根不全之人，皆有安置之区。至于穷困之男女老幼，亦有作工养育之所。"照此行之，若在路边对行乞者施舍，假定被公家人撞见，便有受责的可能。

法国的婚娶之俗、丧葬之仪，跟中国别有异同。在他笔下，可以看到真实的载录，仅看着装："盖外国凡有婚娶会客喜庆之事，皆服白色。……孝服则皆青色。"人死，装殓、受礼、鸣钟过后，棺木拉埋至瘗所，"无论官民男女，皆乱葬于礼拜堂后，立一石碣云某某之墓，有功者将其生平事迹书于其上，并无邱陇，亦无烧纸祭奠等事"。中西观念之不同，反映着文化上的差歧。

商业文化对于民生，乃至社会风习的影响明显而深久。张德彝深感巴黎商业氛围的浓厚，不夜之城直似梦中的景致，把他原有的认知悄默地改变了。他说："当晚乘车街边十数里，道阔人稠，男女拥挤，路灯灿烂，星月无光，煌煌然宛一火城也。朝朝佳节，夜夜元宵，令人叹赏不置。"在这居民百万，闾巷齐整的商业都市，"花园戏馆、茶楼酒肆最多"，街旁楼房"墙则一色白石，窗则一色玻璃"，楼下商户"铺门并无望幌，所有货物皆置于窗，由外可以见内。开铺者多是须眉男子，而伙计则多袅娜佳人。若铺中一无女子，恐终年不售一物也。铺店不必卖胭脂，而主顾不愁无郭华矣，此亦风俗使然也"。购物环境的营造，也为店家看重，"每日酉刻，各铺户楼房路灯照如白昼，虽毫发无不毕见"，故而"人民皆喜夜游，入夜车马更多，至子正灯火始息"。优裕的生计对巴黎人浪漫情调的养成，起了重要作用。世界级商业都会的繁丽景象，刺激着张德彝的视觉，也震撼着精神，甚至颠覆了观念。

世相之奇。张德彝对看似寻常的街景留意察探，说明对异域的种种现实抱有敏感之心；而运用简笔描绘中外交流之初的实状，情景化的记载又来得格外真切：

甫临法国港城马赛，"是晚出店闲游，街市男女见明等系中国人，皆追随恐后，左右围观，致难动履"，

抵英国京都伦敦，"是日游人男女老幼以数千计。彼见我中国人在此，皆欣喜无极，且言从未见中土人有如此装束者，前后追随，欲言而不得"，参观礼拜堂和大学院，"又见树林中有人作乐，男女丛集，若有所待者；盖群聚于此，意在看中华人也"，

入荷兰北京安特坦（按：今译阿姆斯特丹），"又每日自晨至夕，所寓店前男女老幼云集，引颈而望。乘车出时，则皆追随前后，骈肩累迹，指话左右，盖以华人为奇观也"，

到丹麦京都盆海根（按：今译哥本哈根），游园，"时游人见华人至，皆追随恐后，嘻笑之声，一路不断"，

在瑞典京都司铎火木（按：今译斯德哥尔摩），"回寓，见窗下男女老幼，如蜂拥蚁聚，群呼'士呢司'，即瑞言中国人也"，

在芬兰京都汉兴佛（按：今译赫尔辛基），张德彝陪同斌椿乘马车回

宿处，"土民犹追随争看，瞻望咨嗟而已"，

在俄国北京彼德尔堡（按：今译圣彼得堡），"丑刻出园，车辆盈门，观者如堤。其女子见华人皆有惊讶状"，

在布鲁斯（按：今译普鲁士）京都柏二林（按：今译柏林），出旅店购买国王与王后像，"店前之男女拥看华人者，老幼约以千计。及入画铺，众皆先睹为快，冲入屋内几无隙地，主人强阻乃止。买毕，欲出不能移步。主人会意，引明向后门走。众知之，皆从铺中穿出，阍者欲闭门而不可得。众人拥出，追随瞻顾。及将入店之时，男女围拥又不得入。明乃持伞柄挥之，众始退，盖因以英语浼之再三不去故也。登楼俯视，男女老幼尚蚁聚楼下未去"，

返回法国京都巴黎，张德彝"晚登店楼，以千里镜望见各处；楼头男女，亦以千里镜看明等，且有免冠摇巾，似以礼而招者，趣甚"，

隔过一日，他"往看其国火操"，即观摩士兵打靶，"有二三商媪，见华人皆啧啧言云曰：'发何黑而长若是耶？'讶之良久"。

这些描述，活灵活现，实状当时情形，连形貌都能生动地直浮眼前。张德彝当时未必意识到民之往来对于建立国家关系的重要，却写出了欧洲人对遥远东方的生疏与好奇的心态，以及欲加了解的愿望。

由马赛去里昂，要坐火轮车。一路"田树园花，春光冉冉，高山有雪，绿水无波"。张德彝花了大量笔墨详细介绍车厢陈设，不但惊叹华丽的装饰和备全的桌凳器具，更把注意力放到小小车票上，以期测知法国社会管理水平的一斑："有官人发卖车票者。票价之贵贱，以途之远近、车之等第而分。其形长一寸，宽五分，厚二分，上印蓝字云：由某处至某处。第一、二、三等，更有铁印暗号。客人行李多者，计算分两与货并论。……登车后，有管车官将客票剪去一半，扃其车门。俟停车，该官启钥开门，收票核对，所以防宵小也。"相类的记叙，还来于在戏园的发现。张德彝在巴黎看戏，不像斌椿寄情于舞台之美，而更关注戏园的规定："听戏有卖戏票之处，有收戏票之人，彼此核对，以防蒙混"，"园规凡看

戏者，无茶酒、戒吸烟与喧哗。若唱时有彼此聚谈，则别者作'思思'之声以止之"。这些细节，是要紧的。品性的修炼、文明的养成，要依凭制度管束，借重的是道德之外的力量。

张德彝虽然年纪尚轻，但深受儒家伦常精神熏陶，尊卑意识是化入思维的。然而在巴黎，亲见的实状令他惊异，遂记下难忘的一幕："至邦内街锐武园观剧。知法君在彼看戏，并无仪仗护卫，只有十数名红衣兵耳。……又泰西王子无异庶民，数微行于市，而不知其为王子者比比矣。或有识之者，即免冠，彼亦免冠，或鞠躬答其礼。"君臣平等的政治空气，张德彝也呼吸到了。在瑞典国王的夏宫，他看到"其君臣相见，无山呼跪拜礼，只垂手免冠而已。明等相见亦如之，只不脱帽"。即使在外交场合，森严的等级氛围也是不见的。在张德彝看，此为异邦世相的一奇，比起以固化的尊卑规格为基础的秩序安排，中西观念的迥别，判然在目。

观瞻之奇。1867年巴黎世界博览会的筹备工作，张德彝看在眼里，留下了珍贵记录。文字虽然不多，却是一个中国人的耳闻目见。在法国工程处，他听说"法君欲将百里教场，改建百里楼房，作'考产厂'，又名'炫奇会'。按天下国都造楼，国之大者备楼十数间，小者五六间，再小者二三间。请天下郡国各将其土产、服色、器皿，置于其内，以便民间壮观"。这段记述，透露了两个信息：一是巴黎世博会的布展开始有了分类意识，力求涵括人类劳动所涉及的所有行业与产品，并加以系统性展示；二是在空间布局上，主展馆之外，初现了参展国的独立区域。在公园绿地上建造国家馆，成为现代世博会的基本模式。张德彝没有亲莅此届大会，而另外一位中国学子却得缘躬逢其盛，他叫王韬。

张德彝醉心于西方戏剧的绚丽场面，援笔而记。至法国首都巴黎的戏园，卷帘开戏的一刻，望向舞台，"其戏能分昼夜阴晴；日月电云，有光有影；风雷泉雨，有色有声；山海车船，楼房闾巷，花树园林，禽鱼鸟兽，层层变化，极为可观"。在瑞典首都斯德哥尔摩看戏，"戏甚精奇，所演之剧，风雷有声，雨雪有色，日月有光，电云有影，树木楼房，车船闾巷，火山冰海，远近高低，非眼能辨。其变化尤觉神妙，一人站立，转瞬之间，衣皆易去，或易一半，左身旧而右身新。又演楼阁之戏，其窗隙之处，昼则野马射入，夜则灯月照临。所有乐器，只用丝竹。男唱声洪而亮，女歌音媚而娇。并有人装禽兽者，身赤轻捷，不知人而兽兽而人矣"。布景、灯光、化妆、服装、道具、音响等造型艺术手段，制造出完美的剧场效果，是演出成功的重要技术支撑，跟中国传统舞台艺术相比，各臻其妙。

同样的观看感受，还来自巴黎马戏。他的叙述较为详细。表演区是一个圆池，他看见"有二三人持长鞭驱马。先一十三四岁女孩，身服贴身肉色绒衣，远看如赤身然，腰围翠纱裙，头戴花箍。马转如飞，彼在马上跳舞作戏"，又有女子在马上"再跃再骑，如是者八。其轻捷如蜻蜓点水，毫无沾滞痕，女技之能事备矣"。继而演出驯狮，观者为之咋舌。欣赏刺激性的表演，张德彝也算开了眼界。

巴黎的集字院、信局、文人坊、钱局、电气局，也是张德彝依次游到的，皆惊其"奇"。集字院所存，"乃天下万国古今字迹，有中国字典以及篆文、八分，又有西藏、北番、日本、回回诸部落之字，皆以铜板镌成，藏于柜内"。文人坊中的一位法国翰林，"彼读华书三十余年，识字之义，未闻字之音，且已翻出许多中国书，如《四书》《礼记》《三字经》《千字文》《平山冷燕》《玉娇梨》等书"。此人致力译介中华古籍，对于他的文化贡献，张德彝深为感佩。钱局集藏着"天下各国古今金银铜钱"，玻璃匣中盛放中国古钱。造币工艺吸引着他，铸钱处"铜片切钱，凿花雕字，皆用火机，一时可得数千"，而"洋钱质最纯净"。游过电气局，张德彝对电传打字电报机发生了兴趣，认为"惟一种机法最简便，可用于天下各国"，遂细细记下："亦系两处各用电气机，无字母盘，中接以铜线"，并悬一铜针，针在信稿上往来横行，"针过之处，字皆印出，……虽隔千万里亦然。其最捷者，莫过于此也"。另外，"此线不惟能传信文，且能传送小照，其法有非拟议所可得者"。先进的传真技术，代表了近代信息传输工具的高效性和精确性。科技发明为生活带来的便当，令初次见识者，殊觉新鲜。

作为观察对象的英国新闻业，引起张德彝的关注，并详述其运作过程："日有二百余人，在城市寻访事故，至西刻齐集，各述新闻，抄录刷印。其伦敦城内，除新闻事外，是日居民生死、男女嫁娶、远近迁移、铺店开闭，大小事故无不悉备。虽宫闱之事，亦并记之。至各国之事，惟新奇骇听者始记，余皆不录。其他新闻纸局，有托喻言者，有无稽之谈以博笑者，更有刻画人物宫室以饰观者。"该国新闻传播的概貌，可睹一斑。

英国典狱景况也列入张德彝的考察内容。他"又至英国囹圄，四面高楼，每犯净屋一间，酒食役使，一切极其优渥"。狱方甚至为犯人提供原料，令其做工，待出监时，制成的物品被换成钱币，犯人可分得一半；并且"监内七日一犒，是监禁不惟饱暖，且得获利"。这里的刑狱之事，张德彝还是心存狐疑的，因为这样一来，"在株连者固体其好生之德，而奸回者未免启其藐法之心"。毕竟，异国的司法制度也体现了人类文明的进步，"监有花园，晚间许罪人出游，只戒彼此交谈。英国刑无极刑，罪无杀罪，最重者止于绞。由此观之，刑书不必铸，酷吏不可为，饶有唐虞三代之风焉"。严刑峻法固然可畏，而牢犴里也有人性化的一面，这让他印象深刻。

张德彝的眼光也扫向英国议会，略观西方自民主兴立以来的政治现状。他乘马车至议事厅，"楼式奇巧，皆系玉石雕刻。周距二十余里，高十数丈。其第二门，禁止居民窥伺。门内如中土戏园，四面皆楼，楼下中设三极座。前有公案，左右设椅六百余张，坐各乡公举六百人。凡有国政会议，其可否悉以众论而决。其极座之三大臣，有议论不足服众者，许公举以罢其职。……楼上密坐老幼百余名，皆系城中名士在此听论者"。民主政治体制包括的讨论、妥协、多数原则，以及相应的程序、规范、习惯，都引发张德彝的思考。

眼观英国的社会现实，张德彝并非一概夸好，他有冷静的见解。譬如在人才观上，他认为"泰西取士，亦有秀才、举人、进士之名。应试者专攻一艺，或文章，或算学，或天文、地理，或术学、医道，或化学，或格物，其他或由吏部选拔，或由廷臣荐举。大概西俗好兵喜功，贵武未免贱文，此其所短者也。虽曰富强，不足多焉"。

英国的工业革命带来生产技术的进步，而环境的污染也相伴而生。张德彝自伦敦登上火轮车，"沿路造铁器之厂，一望无边。烟筒丛立，高皆数丈，黑烟冥冥，直冲霄汉，与云相接"。他说"柏名根（按：今译伯明翰）通城周三十余里，内外皆造铁器零碎物件，分运他国，一日烧煤无数，天频阴而霾雨"。至一座煤窑，"入此者身若烟薰，其气透脑，味似硫磺"。这些记述，活画出工业化进程中大气环境每况愈下和劳动状况恶劣的真状。

张德彝在柏林游园时，"适有数妓款步来前，故作许多娇媚引人态，而明等弗顾也"，并与某人发生龃龉。他因之议论："夫妓女莫多于泰西，而携妓女又莫胜于泰西；男私女而不为耻，女通男而不为羞，更有酷好男风者。又闻男子至二十岁似应宿妓，虽父母不能禁阻；男女虽各私数人，少无彼此争竞者。"感世之语，折射出看法的抵牾，反映了在两性问题上的观念差异。

从比利时返至法国，张德彝在巴黎领略了全景画之美：

> 此冈高约二丈，隐于楼内，登高凭栏眺望，漫无际涯，东西南朔，荒山万里。遥见法布鏖战，大军动处，尘土飞扬，枪炮齐发，刀戈并举，征马驰驱，山房轰裂，弃甲曳兵，东驰西突。又见山冈上下，有损坏炮车、铅丸、旗纛、金鼓、器械、甲胄等物，似兵败而遗弃者，宛然一大战场。询之，乃知通楼一幅图画也。楼顶两层玻璃，皆作悬磬形，中一布棚如伞，置画于四面。其内层玻璃系显微镜，人立冈而望，物皆突起，不知远近；而楼外阴晴，内亦如之。冈下之车

旗枪炮，真而非画，乍看则真假难辨矣，奇巧已极。①

在他看，这是艺术的奇观。法兰西和普鲁士的那场战事，在这座圆形大厅的内墙面得到立体化再现，近真的摹绘让宏阔的图景在身旁环绕，繁多的情节场景构成的史诗般长卷，把观者带入昔年的战场环境。世界美术史上的重要创作类别，丰富了张德彝的鉴赏经验。

中西之人在生活细节上的分别，也为张德彝所注意。他在比利时停车，发现"西俗最喜香水，无论男女，浴面后发内必以香水倾之，沐身后遍体必以香水抹之，以至衣带巾扇无不濯以香水，借馨香以去邪秽，因而其价腾贵"。虽然价昂，他和斌椿、包腊、德善等人还是"皆购买数瓶"，"因此地异种香水甲于他国"。他明白，在中国，洗浴后喷洒香水的人，为数应是不多的，身散芳馥之气而过市，兴许会惹来异样目光。他甫从巴黎抵达伦敦，"晚饭后，偶思整容"，这样记："洋人剃头，不以水洗而以涂胰为功，剃竣则以香水淋额，清润而洁，绰有异趣。"髭薤之事，亦有新鲜意味。约二十年后，一位叫傅云龙的中国外交官远赴美洲大陆进行社会考察。他在游录中也有相似记载："情美利加人薙发，用胰不用水也。索银半圆，而不克梳辫。"② 又曰："晡后，智利人为云龙剃头，用胰不用水，剃后洗以水，发根扑粉，此与纽约少异。香水浇发，未能辨也。"③ 字句间盈溢的生活情趣，拉近了年代距离。

与中国亲友相别时"南浦伤情""灞桥折柳"的委婉含蓄表达不同，张德彝"闻西俗或久别或远行，男女皆彼此接吻为礼，以示亲近之意，虽父母兄弟夫妻姐妹皆然，甚至至亲要友亦如之"。他将辞巴黎，启行赴马赛回国之时，领教了洋人"洒泪接吻而别"的礼俗，在卫道者眼里，那容止自然是不拘的。

---

① 张德彝：《航海述奇》，商务印书馆、中国旅游出版社 2016 年版，第 114 页。

② 傅云龙：《傅云龙游历各国图经余记·游历美利加图经余记前编下》，商务印书馆、中国旅游出版社 2016 年版，第 92 页。

③ 同上，第 141 页。

　　囿于当时的生产水平、技术条件和认知程度构成的实际环境，许多在机器与科学高度发展的今天看来本不足奇的东西，在时人眼里无疑是"奇"。无论巨细，张德彝概以记之，既为国人提供了新鲜的资讯，给封闭的故土引入最初的光亮，也开启了一扇思想之窗，为中国走向世界辟出一条精神路径。

不失赤子之情，虔心奉使

　　张德彝记泰西风俗，从中看出"奇"来。比较而言，外交活动写得略少，这或许是因出使中的事项安排造成的。虽然如此，外交上的接洽酬对还是记载了一些。选录数节：

　　晴。早，斌大人携彦智轩往拜法国首相杜隆。

——《法国日记》

　　晴。辰正，斌大人携明往拜英美二国钦差。至德善家内，其父母两妹皆见，相待甚殷。又至美里登家，其母与其姨母、妹妹皆见，亦待以茶点。

——《法国日记》

　　晴。早，斌大人携凤夔九往拜俄、丹二国钦差。

——《法国日记》

　　是日赴会者，皆系驻华之人，共七十余名。中坐者系前任香港总督、英国钦差、世袭侯爵德威四。饭毕，德侯以手击案者三，众皆悄然。彼即立起，高谈雄论，如作歌然，所言系华洋和好之意，言至肯綮，众皆以锸柄击节，云："喜尔！喜尔！喜尔！"英言"喜尔"，即华言"听"也、"此处"也。德侯话毕，众皆拱立执杯和声云："额补！额补！额补！贺来！贺来！"即华言"快哉妙哉"之意，如是者三。盖一祝大清国大皇帝万寿无疆，二祝英国君主世世修好，三祝太子致承统绪。德侯向众谈论时许。后众人依次而立，或言钦差游历，与有荣光；或言中外通商，实为便利；或夸耀两国兵马强盛，财赋充裕；亦有不言者，有代为言者。后复齐立扬觯，祝颂一番。祝毕而归。①

——《英国日记》

晴。午正往英国总理衙门，拜其总理大臣贾兰敦。并九江税务司汉南，其母与其妻其妹皆见，遂共桌而食茶点。②

——《英国日记》

戌初，乘车往赴地理会，事与前"集华会"同。是日来者，皆管地理大小官员五十余人。中坐一伯爵，姓包名令，年约六旬。饭毕，伊言令两国和好、永世勿替等语罢，广叔含代斌大人立而宣于众曰："我大清国大皇帝，特简本钦差等至此察访风俗，兼为坚结友谊，愿各君主永守和约，各安边围，实天下臣民之幸也。"言罢包腊代译英文，众皆击掌称妙，复立祝颂者三，惟时已届子正矣。③

——《英国日记》

是日有英国武将戈登来拜，其人曾在中国协同钦差大臣曾相国练常胜军剿匪立功，经钦赐提督衔，赏赐黄马褂，赏戴花翎，天语褒嘉，战绩垂史册焉。④

——《英国日记》

至子初，出正门，入右楼饮酒。内列三面长桌，人皆立而争取酒

---

① 张德彝：《航海述奇》，商务印书馆、中国旅游出版社 2016 年版，第 58—59 页。
② 同上，第 61 页。
③ 同上，第 65 页。
④ 同上。

食。明等先至正面，太子与太子妃立于案前，明等亦立，并无别礼。太子及妃问："伦敦景致比中国如何？来时一路平安否？"斌大人一一应答，且言："中国使臣从未有至贵国者，此次奉命游历，始知海外有此胜境。"言罢赴宴，寅初回寓。①

——《英国日记》

申刻，君主邀入正宫。宫前有骑马红衣者四人侍立，气象严肃。下车入正门，有乐官护卫，皆红衣白裤。遂缘梯上楼，在此少坐。后由包腊引入内门，见君主着青衣，服长裙，年逾四旬，风姿不减。后有数姝侍立，虽赤臂长裙，而环佩丁当，饶有风韵。君主立，明等亦立。问斌大人云："来此远路，尚安妥否？在本国曾住几日？"并言："两国从此和好，自应永息干戈"等语。垂问殷恳，词气温和。大人一一答之得体。是时包腊译其语而通之，君主甚喜。未刻回寓。明等见英国大臣召对时，鞠躬免冠，握君主之手而嗅之，是为敬君。②

——《英国日记》

阴。巳刻，乘马车往拜本国（按：瑞典）总理大臣，旋拜各国公使。后至其国王冬宫，楼皆花石砌就，内有王之御画。其床椅几案，多细瓷者，花卉颜色颇佳。③

——《荷酣丹瑞俄日记》

下舟入内，谒见王母，约五旬，温恭和厚。且云："华人从未有来此（按：瑞典）者，今见中土钦差大臣来此，通国乐甚。"并问所经泰西各国景象若何？斌大人答云："中华官员鲜有远涉重洋者；况贵国地近北极，非使臣亲到，不知有此胜境。"王母闻之甚喜。遂偕

---

① 张德彝：《航海述奇》，商务印书馆、中国旅游出版社 2016 年版，第 70—71 页。
② 同上，第 71 页。
③ 同上，第 87 页。

其宫官周游眺望。①

——《荷酏丹瑞俄日记》

阴。巳初往拜本国（按：俄罗斯）总理大臣，伊言："中华与俄国原系邻邦，况又通商二百余年，然中土曾无一人荣临敝国。今贵国大皇帝简派诸君来此，则我两国之友谊更当敦笃矣。"斌大人答曰："中国自古臣民，鲜有至外邦者。今大清国与欧罗巴各国互换和约，各国既有公使商民驻华，是以我国大皇帝命我等游历诸国，察访风俗，以通和好。我等既开其先，他日源源而来者，不难频临贵地矣。"②

——《荷酏丹瑞俄日记》

戌正一刻。接得总理大臣来函，请谒王后。乘车自店而北，折行半里许入王后宫。宫门高大，有路如桥，当门树以围屏。登楼至第三层，进大厅，有数员宫官伫候门外。少顷，忽闻环佩之声，群言王后至矣。寻有二女官相伴，后出。年约五旬，丰神不减。后云："寡君出征未还，昨闻中华钦差荣抵小邦（按：普鲁士），以修和好，不胜欣慰。奈大夫又行色匆匆，无计维絷，俟寡君回，必为之致意也。"言语温和，态度安稳，所言系法语，德善代译。盖泰西各国，语言数种；凡国君文武及庶民男妇，皆以善谈三四国语言为能。又西俗，国有兵事，皆国君亲督三军，或委王后临政，或留世子监国。③

——《布比法日记》

午正，往拜本国（按：比利时）总理大臣。该大臣系伯爵，姓阿名娄，年近六旬，鹤发童颜，须髯皆薙去。伊曰："敝邑僻处海外，

---

① 张德彝：《航海述奇》，商务印书馆、中国旅游出版社 2016 年版，第 89 页。
② 同上，第 95 页。
③ 同上，第 102 页。

乃蕞尔小国也，田地苦瘠，土产无多，所恃者居民远涉重洋，往来贸易。今大皇帝钦使荣临敝邑，实国之光。嗣后通商日久，两国之友谊愈笃。寡君不嗜军旅之事，亦无侵占疆土之谋，可终无干戈之动也。"斌大人将游历之意，并中外通商和好之语，缕缕言之。①

——《布比法日记》

午初，乘双马车行十五里，至地名腊魁营，系国王之避暑宫也。有锦衣护兵，列队而迎。兵见明等，皆举枪向鼻，肃步而来。下车入宫，厅设乐器，击大鼓，吹大号，声音错杂，非丝非竹，长角双铙，别成曲调。俄而大臣四员，迎入内廷，谒见其王，年约二十余，浓眉隆准，碧目乌须。西俗，男子二十留须，过五旬则薙去。时王后、王弟并四五女臣，皆侍于侧，与明等立谈。王言："为世子时，曾到上邦之广东、上海，原拟游历京师，一览中华之胜。因途次接先王凶讣，旋急回国（按：比利时），三年后乃即位，于今二载余矣。自即位后，始与中华和约。今贵国钦派大臣，辱临敝邦，实寡人之幸也。"又问："来几日矣？"曰："昔者。"曰："昔者，则我国之胜境未尽见也。"乃命总理大臣，派员引游各处云云。②

——《布比法日记》

现场性的叙写、实景化的描摹，让人物的风仪容止，跃然如见。当事人虽被时间带远，而影迹犹印在岁月中。

伦敦之游，张德彝亲眼看见流失海外的中国文物，这使他深受触动："至一处，内极广阔洁净，见上下罗列者，皆中国圆明园失去之物，置此赁卖。见有龙袍、貂褂、朝珠、太后朝珠、珠翠、玉石、古玩、诸般画轴、神像、金鸡。中天马、银鼠等衣，皆御用之物。睹之不胜恨恨，乃辞

---

① 张德彝：《航海述奇》，商务印书馆、中国旅游出版社 2016 年版，第 104—105 页。
② 同上，第 106 页。

出。"这一刻，鸦片战争的痛苦记忆，大约又搅动他的心，胸中满是悲愤了。这是青春意气，更是家国情怀。

爱而生情，张德彝的叙录中时常流露故园之思，也就不难理解。他在伦敦观赏戏法，"见其先变者多与中国相似"。他游伦敦之西的文恋行宫，见一条直道，"左右悉植以树，如隋堤之杨柳"，而"湖心矗一小岛，岛有楼房花木，名曰'华庙'。其建造规模，略如中国式"。在曼彻斯特，他来到名为"百里游"的园子，花树楼台、山水鸟兽之间，数十男女演员皆为古罗马国人服饰，令他眼前一亮的是，"末现出二华人，极高，一男一女"。大约见到故国之人，他亦觉得整场演出"变幻奇极，真目所未睹"。从曼彻斯特返至伦敦，他见到有家铺子出售一种木马，"耳有转轴，蹄有小轮。小儿跨之，以手转其机关，自然急走，曲直随意"，不禁自问："想武乡侯木牛流马之法，贻传西土耶？"当晚去听口技，觉得"正面小台，台下列座，男女皆有，宛然京华书馆也"。在哥本哈根，参观一座画阁的集奇馆，"其楼按天下国都人物分间，各备一式"。其间有北冰洋、南冰洋等未化之国生活情状的展示，已化之国更有一番生色，"如欧罗巴之英、法、俄、布、日耳曼、大吕宋等，亚细亚之诸回部、番邦、日本、琉球、安南、朝鲜、蒙古、西藏等，所有土产服物，无一不有。惟中华土产器皿较多于他国，有袍套裙衫，靴鞋帽袜，皆古制，兼有画轴、钞票、铜钱、笔墨等，不可枚记"。国粹既然这般耀目，他自然也就大有荣光。在斯德哥尔摩，"忽见中国房一所，恍如归帆故里，急趋视之。正房三间，东西配房各三间，屋内槅扇装修，悉如华式。四壁悬草书楹帖，以及山水、花卉条幅；更有许多中华器皿，如案上置珊瑚顶戴、鱼皮小刀、蓝瓷酒杯等物，询之皆运自广东"。归国前夕，身在巴黎的张德彝"至庚申换约之法国钦差大臣葛罗家"。葛罗，这位曾经指挥法军进行第二次鸦片战争，强迫清政府签订《中法天津条约》《中法北京条约》的法国公使，"其人年已六旬矣。楼房悬许多大字匾额，并福字斗方等，皆中国官员名人书赠者。又有照面四张，大皆盈尺。一系正阳门大街，一系北京大市街即东西牌楼，一系京中芳桂斋糕点铺，一系在北京所建之天主堂。又见中国官轿一乘，紫檀床一张，蟒袍补褂一袭，暨笔墨书籍等物。饭酒有中华绍兴一尊，所用之大小瓷盘、玻璃杯等，中心皆有葛罗二字"。京华旧照、诸种宝物一览在目，此时距庚申之变不过六年时光，想起圆明园的劫火和横遭抢掠的文物，张德彝的心情该是何等沉痛。远赴海外，设使乡思无此浓深，观察不会这等细，也不会叫怀恋的情感这般缠牵。

在英国又逢着端午节，他的一段表达尤其含情：

> 晴，端阳日也。早饭食水饺，炮制一如京华。值此佳节，流寓异邦，风味犹是家乡，而回首天涯茫茫者，难禁旅况矣。蒲龙艾虎，睹物思乡，奈何奈何。①

此刻，他大概遥忆起怀沙沉江的屈原，还想尝到粽子的滋味，还想看到龙舟竞赛的热闹光景。如缕的乡愁缱绻于胸，化在纸上，便是让人断肠的字句，让人走进这位游子的内心。

观奇之时，张德彝也做着思考，沉吟之际生出的意气，在字句间腾荡澎湃，这从偶发的议论中可以看出。为建立统一的德意志帝国，普鲁士的铁血宰相俾斯麦先后发动了对丹麦、奥地利、法兰西的王朝战争，成败得失让张德彝对以国家利益为核心的国际关系及其复杂性，有了较为清醒的认识。他认为："以大局观之，泰西各国无非合纵连横，时合时离，互相吞并，其势比之战国无殊。其中或王或伯，各国争雄，大抵以甲兵而谋土地耳。"评说异邦兵战，大起大落，其势滔滔，几有先秦纵横家的策论气象。

他的目光也向美国扫去，纵论其史，并对这个合众国的强势崛起表达了深刻的见解："时下国富民强，几甲泰西。前后不越六十年而竟若是，盛衰兴废之间，在天耶？抑在人耶？"设此一问，却问而不答，更能引发

---

① 张德彝：《航海述奇》，商务印书馆、中国旅游出版社 2016 年版，第 77 页。

长久的思索。此段文辞，语势奔放，气韵横逸，意度犹壮，庶几有李斯《过秦论》"雄骏宏肆"（清·姚鼐语）的风概，劲直之气、宏通之识，可与古之作者相颉颃。

张德彝的此次海外游历，为时三月余，收获皆在这册日记中。因所记之奇，回国后，撩得读者争诵称妙。从《归程日记》中可以看出，他刚至上海，往拜诸公，对方便"细询各国情形景致，皆喜闻"；回棹抵津，船进大沽口，谒见相识，"谈及泰西风土人情，众闻之喜而不寐"；返回京都，"随斌大人复命后，家人父子，晨夕聚谈，月余犹未罄其闻见之奇云"。足见他的以述奇为特色的海外行记，引起朝野的关注。

在文章家看，张德彝的叙载未免偏于琐屑，表象化的记述也失于浅显，但它的实录精神却是值得肯定的，因为保留了难得的历史资料。晚清游记的重要，恰在于这种资料价值。由于得着置身现场之便，有些事件或者细节，恐无第二人能够写得条贯详备。

张德彝一生，从事外交四十载，曾八次随使出洋，完成多部日记体游记，依次辑为《航海述奇》《再述奇》《三述奇》《四述奇》《五述奇》，以至《八述奇》，可谓悉心致力。《航海述奇》当属重要之作。

统御寰宇的强大现实力量，冲击着十九世纪的世界，封建古国的思想体系虽然陈旧，并非意味着新一代中国知识分子也执守同样固化的意识，他们的眼界不狭，他们有自己的胸怀与格局。张德彝，一个年轻的翻译，能够叙写大惊国人眼目的外洋物事，说明体悟力和鉴别力的超凡。在陌生异域的真实感受，成为思想的营养剂。随着视野的阔大、阅历的增多，他逐步练就了外交官应当具备的世界眼光、现代精神与职业器识，且为国际化的人生打下实践的基础。

暮年远渡显壮心

阴沉的天色下，郭嵩焘匆促踏上航船的一刻，心情大约是郁悒的。他的出使，躲不开那桩震动朝野的滇案。此案虽已议结，他这位公使，朝着伦敦去，还是要代表清廷向英人谢罪的，如同李鸿章在英国公使威妥玛骄慢的目光下签订《烟台条约》，被殖民者强行开埠通商一样含着丧权的大辱。

更叫郭嵩焘不快的，还有派到他身边一同履任的副使刘锡鸿。看他清瘦的脸上浮着猜不透的神情，郭嵩焘的心里便添了几分忧。二人扞格不睦，来于私怨，更来于观念的差歧。他俩或许都做好了心理准备，接续洋务派和清流派未止的较量。开放与守旧的争衡，在远离中土的英伦也不停息。那天，是光绪二年十月十七日（1876 年 12 月 2 日），上海虹口的天空，雨丝急急地倾落。

郭、刘这两个素不相能的人，同受荐疏，禀命使于英国，本是不宜的。赴行前夕，枢府忽将已派定的副使许钤身，临时调换为刘锡鸿，互为钳制的算计也是有的，亦给日后二人的交恶攻讦，竟至表奏参劾设了伏笔。朝臣的朋党相争、宫掖的派系政斗，都在这权谋上了。在其背后，挂着总理各国事务衙门大臣衔名的李鸿藻和沈桂芬费心筹商，郭嵩焘似乎感到了，欲拒却莫可奈何。

风涛颠顿，年已望六的郭嵩焘，自感"头昏眼痛，鼻端作痛尤甚，亦极狼狈矣"。这话仿佛谶词脱口，此行之始，个人仕途悲剧的一面即显出来了。

中国使团抵达伦敦的时间，是光绪二年十二月八日（1877 年 1 月 21 日）。航行五十一天，历欧亚非十八国。总理各国事务衙门奏定的《具奏出使各国大臣应随时咨送日记等件》明谕"请饬出使大臣，应将交涉事件、各国风土人情，详细记载，随时咨报"，旨在"数年以后，各国事机，中国人员可以洞悉，即办理一切，似不至漫无把握"。对于长久锁闭的中国，这批出洋的人如此做，自是"有益于国"的。郭嵩焘谨遵遣使款定，将使英的亲历之事、亲见之实，当日以识。每月集为一册，抄寄总理各国事务衙门。第一册即为两万字的海行日记，由京师同文馆冠以《使西纪程》书名刻版刊行。由此致祸，大概是他没能料到的。

祸端何来？当然在这部《使西纪程》上面。事后一看，这部航行闻见的日志，摆上刀笔吏的案头，眼睛一扫，给其发现了机会，不废深文周纳的手段，恰成了诬人于罪的上等材料。郭嵩焘不幸在编好的罗网中陷了下去。《使西纪程》横遭守旧人士诟骂，徒剩毁版的结局了。郭嵩焘故而不再向上呈送，已经呈送的亦无从刻印。后人对他在英国的外交日记，也就看不到了。

既是"咨报"，又关乎国是，使节们的记述虽出于个人之笔，却反映着现实之貌。所以那观察必是详细真确，那字句必是谨慎斟酌，决不可任情恣性地去写。郭嵩焘所抱维新的执念，未加断灭，深知逐日而记的这部海上行述，对于封锢不启的故国的意义，哪怕厄于风浪也无意撂笔。他或许能料及守旧势力的谣诼与谤讪，但那些动心的见闻，理应让朝野知晓。这是无可推卸的责任。从个人和现实世界与未来中国的关系这一角度审视《使西纪程》，郭嵩焘贡献的文本价值，蕴含多义的认知。

一是客观精神。鸦片战争给士大夫的精英层造成巨大的精神震荡和深重的情感创伤。震荡与创伤的直接后果，竟然大相径庭。一派因势而谋，应时而动，效学西方，强武备，固海防，振实业，重商贸；一派谨遵古制，严循旧章，唯故训以为是，对夷狄之技蔑而摈斥，贬为奇巧淫术，坚拒不纳。师夷者与攘夷者，分筑营垒，各自抱定的功业观，决难调和，虽然对于外侮的愤切、对于家国的殷忧或许是一样的。

列强的环伺，形成制度与文化变革的逼迫性。身为入值内廷的角色，郭嵩焘凭借较高的站位，理性地研判天下之势，思谋过后，果决地站在变法群体一边，并且认为变法的道理"推而放之而心理得，举而措之而天下安"。有了这个底，他才敢在排夷情绪激切的社会情势下，在中外矛盾尖锐的晚清世局中，直言华洋利病、夷夏优劣。为了革除秕政，笔锋尽朝着社会痛点戳去。其曰："西洋立国二千年，政教修明，具有本末；与辽、金崛起一时，倏盛倏衰，情形绝异。"在郭嵩焘看来，西洋所以强盛，厉兵讲武、船坚炮利只是"末"，重在务本，这个"本"，就是政教。朝廷有了好的养民之政、经国之谋，民自具富庶之乐，军自具折冲之威，国自具强雄之力。所谓"秉纲而目自张，执本而末自从"（晋·杨泉《物理论》），这才是附众威敌、定国安邦之道。在"世人心思耳目为数百年虚骄之议论所夺，不一考求其事实耳"的情境下，这些基于严峻现实的思考，必定与守旧观念发生激烈冲突，竟至演变为政治的对峙。

二是历史情怀。社会必经迭次更新方可向前，这才是应持的进化论，才是摆脱虚情而对历史真的负责。郭嵩焘梳理外国的发展经验，探寻本国生聚教训的路径。其曰："西洋以智力相胜，垂两千年。麦西、罗马、麦加迭为盛衰，而建国如故。近年英、法、俄、美、德诸大国角力争雄，创为万国公法，以信义相先，尤重邦交之谊。致情尽礼，质有其文，视春秋列国殆远胜之。"他既看到埃及、罗马等古国的今昔，也看到俄国、英国称雄于世的事实，所抱的慨叹是深长的："而俄罗斯尽北漠之地，由兴安岭出黑龙江，悉括其东北地以达松花江，与日本相接。英吉利起极西，通地中海以收印度诸部，尽有南洋之利，而建藩部香港，设重兵驻之。比地度力，足称二霸。"这般景况，"此岂中国高谈阔论，虚骄以自张大时哉？"他忧心家国"则亦终为其啮噬而已"。他又感喟"英人谋国之利，上下一心，宜其沛然以兴也"，冀望此番情形也能在故国出现。

宽广的国际视野、灵活的外交策略，亦是立身于新型世界的要务。在这里，郭嵩焘虽然未能提出可供践行的经邦治国宏略，而自觉地背负起历史之责的他，思考却是做过的。他上奏的《拟陈洋务疏》，"谨就今日办理洋务机宜，略具四条，可以见之施行"。对设立军机处、与西洋通商、驻扎西洋公使、办理洋务中涉外刑讼四条，即表现了远瞻的眼光。他坦言："而先务通知古今之宜，以求应变之术，熟览中外之势，以息人言之嚣，自可渐次讲求控御之方，推行富强之计。"可惜，这些皆成了日后的"罪言"。光绪四年七月二十七日，清廷以瓜期已届的名目，黜免其公使之职，郭嵩焘黯然归国返籍。出使泰西三年的人生之剧，就此收场。郭嵩焘的忘年交严复，从郭氏光绪四年十一月初九日的日记中译示《〈泰晤士报〉论郭嵩焘离任》一文，里面说："渠是第一个中国驻英之钦差，论事如其所见，所详报者皆所得于西洋而有益于中国之事。其尤可称赞，令人思其为国之苦心，在将外国实事好处切实说尽，以求入于偏疑猜嫌中国人之耳。"郭嵩焘的言语，指向矜傲自大的清帝国，着实惹恼了"徒知餍中国古昔之糟糠，而弃欧罗巴第千九百年之粱肉也"的旧势力。"夷狄之道未可施诸中国"①的妄断，反映了这一派泥古不通的人，在国际舞台上只能扮演井蛙醯鸡的角色。眼光不肯向着前方，祖宗留下的光荣，也便失掉了现实价值。

三是个人担当。郭嵩焘在朝中不占上风，他的观点和主张，没有形成控制力，但是他所奉示的思想，对于一个时代而言却具有重要的启迪意义。怀着忧悒的心情去官还乡，远宫城而近故园，那一刻，诬谗之扰是避开了，身世功名也转瞬成空。精神的相抗，令他付出巨大的人生代价。身处以官为尊的社会环境，郭嵩焘逆于世俗，嫌鄙种种伪饰，弃除一切犹疑，所显示的无畏勇气，在士大夫阶层中，无疑具有超越性。

---

① 钟叔河：《"用夏变夷"的一次失败》，《走向世界丛书·英轺私记》，岳麓书社 1986 年版，第 28 页。

郭嵩焘的出使述录，透露出显明的批判精神。

有些是忤逆中国古代思想的。重农抑商是先秦以降的基本治国之策，他却赞赏"西洋以行商为制国之本，其经理商政，整齐严密，条理秩然"，一反"农本商末"的观念，更与清廷的海禁政策相抵牾。那篇《〈泰晤士报〉论郭嵩焘离任》的时评所谓"郭有一语最中我等心坎，言：'中国大而未通。'"正可看出西方人对这位头等出使者的嗟赏。

有些是撞击中国传统意识的。途经英官管辖的锡兰岛，郭嵩焘的观感充满赞叹意味："西洋之开辟藩部，意在坐收其利。一切以智力经营，囊括席卷，而不必覆人之宗以灭其国，故无专以兵力取者，此实前古未有之局也。"西方殖民思想与华夏固有的爱友睦、崇中庸、尚仁义观念根本相违，绝少折中余地。郭氏的话虽属随感式，传进蹈矩者耳中，却似一声霹雳，势难并立。

有些是直刺中国政治现实的。论及洋情、国势、事理，郭嵩焘发出的言辞，固属大犯忌讳，曰："环顾京师，知者掩饰，不知者狂迷，竟无可以告语者。中国之无人久矣，此可为太息流涕者也。"身为维新人士，他孤独、寂寞，竟至彷徨，可想其窘苦之状。

有些是针对副使刘锡鸿的。历史关口分出两条路，思想不同的人，选定的轨迹固存歧异。对于坚执"内中国而外夷狄"① 这等一偏之见的刘副使，郭嵩焘说他"自谓能处洋务，至是亦自证所知之浅"。同在海外，对方却通着朝廷重臣、清流党领袖李鸿藻，况且心理狭量和才识短乏又是刘锡鸿的人格病处，积嫌生衅，郭嵩焘不免于构陷和潜害就是自然的了。

还有些是细节体验后的即兴感受。过广东境，在汕头、碣石之间遇英国铁甲兵船，从船人升桅而立中"彬彬然见礼让之行焉，足知彼土富强之基非苟然也"。观看德国兵官的投石超距之戏，见他们"从容嬉笑，沛然

---

① 钟叔河:《书前书后》,海南出版社1992年版,第99页。

有余",连声说"其人白皙文雅,终日读书不辍。彼土人才,可畏哉!可畏哉!"啧啧异之,不吝揄扬。

就连英国的街景,也一惊郭嵩焘眼目:"所过灯烛辉煌,光明如昼,近伦敦处尤盛。……街市灯如明星万点,车马滔滔,气成烟雾。闤阓之盛,宫室之美,殆无复加矣。"顿觉他处一切填衢盈宇者皆伏其下,于此观止矣。语多感喟,不掩欣羡之意。在清季的语境下,这番口气为天下訾议,亦非可怪。

宫斗的险恶,郭嵩焘心里当然清楚,但是为了维持国体,深陷荆丛的他只能拖着久病衰颓之躯,以拙直之语照实而记。虽则他曾说"断不敢希图以语言效用,供人指摘"(《拟陈洋务疏》),终究因言致怼,在一片诟讥声中倒下了身。晚清经世实学的终结,也从郭嵩焘这里看了出来。

对于郭嵩焘而言,暮年,既是指生理年龄,也是喻仕途生涯。此次履外遵命写成的这部日记,似乎成了他命运转折的肯綮,并且改变了人生走向。郭嵩焘究竟不是一个正当最好年纪的人了,赴任途中,三万余里海航,"多在风涛震撼之中",他深感"风雨暝冥,颠危倾险,郁热尤剧,心气痛甚。此行上海患眼珠痛,登舟而鼻准痛至二十余日,已而牙龈痛、耳痛,尽五官之用而皆受患若此,异哉!"海天茫茫,他的心境也是凄惶的,恍如领受了不吉之兆,"又苦心痛"当是真切感受。

仅就写作的技术层面说,日记的叙述程式和书写者的个人气质影响着表述节奏与情绪氛围。《使西纪程》的述录是不动声色的,平静而持重。纵使如此,今人依然能够从中看见作者内心的光芒。在风气未开的年代,他凭借历史经验和未来想象而生出的忧虑与渴望,他在精神上蠲显的意气焕发的派势,倒也破去了一些古老国度积负的旧习与痼弊。

黎庶昌

摹画西洋百般景

时间是一个伟大的导演，千年未有之大变局在近代中国艰难启幕的关口，它安排了黎庶昌的出场。

十九世纪后半期，中国社会已到了转型的前夜，清廷创设新制：向西方派遣出使大臣，持节驻扎各国，在世界拓开邦交局面。受命出洋的使节们，成为最早亲睹海外的第一批人。从大西南僻壤走出的黎庶昌，开始到广阔的世界中寻找人生舞台，先后随郭嵩焘、陈兰彬出使英、法、德和西班牙等国。在公使馆里，他的身份是三等参赞。

自 1876 年始，黎庶昌在欧洲度去五年的光阴。他说，使欧之期"惟交涉事少，时日甚觉宽闲，参赞更乏所事"，出游就成为惬乎心意的选择。所驻国之外，黎庶昌还游历了瑞士、荷兰、比利时、意大利、奥地利、葡萄牙诸国。一个以诗文继踵儒风的外交官，行走的记录自不能少，结集的时候，起了《西洋杂志》这个书名，并且标了副题：光绪初年在西班牙英法等国所见之风土民俗。

黎庶昌的职业活动，以礼节性、商务性和观览性为主，所记便在这几面展开，重要的外事交往反倒着墨不多。用今日眼光看，未免简单，却反映了中西外交初肇阶段的真实状态。他用文字把西方社会对于自己的影响带到观感里，著述虽限于个人化的视角，却是职责性的，更因其具有官方背景，所以特别值得看重。此书的初版本，早在 1900 年便刊刻出来，到了现今，行世已逾百年。

晚清旅外游记，在篇章结构上，多以行程为踪，日期为序，述载目之所观、耳之所闻，随兴杂入议论。边走边录的笔法，大概是从徐霞客那里来。黎庶昌不循老例，在体式上，他弃用时人惯爱的日记体，专作单篇之文，辑为一册，凡九十篇。做个大致划分：记闻七十五篇，述游七篇，书简五篇，地志三篇。总之是，裒汇内容相近者为一单元。这般编排，漫漫道途上搜求的材料虽然猬集而冗繁，但是经过素材提纯与分类归集，便条理不紊，各篇的要领也是不难得的。结构方式上的新，叙述风格上的变，使《西洋杂志》为中国近代游记提供了实在的文本价值。这部著述的文字光芒，衍射到欧洲的政治、经济、科技、军事、教育、文化、社会、地理诸方面，而黎庶昌又多从微观场景中撮取材料，礼俗、规制、城建、风情、饮食、会展、庆悦、娱戏……满目都是动心的光影，他看到了一个迥异于故国的天地。这个昔日的廪贡生，情动于中而形于言，文字尽显儒家气象。

虽在他乡，不忘父母之邦

黎庶昌的家乡，是贵州遵义新舟镇的沙滩村。这个小山村，后倚子午山，前临安乐江。世间的纷扰到不了这里，思想的波澜却激荡着黎庶昌，他从表兄郑珍、内兄莫友芝那里接受的儒家思想，成为深扎的精神之根。

封建王朝治下，孔子的"仁"作为正统价值观的核心，包摄了"忠"。履行"忠"道，意味着要尽心于君国，至公无私。遵行儒家道统，延续五千年文明，使其获得新的发展，并捍卫华夏民族的文化自尊，更是鸦片战争后，黎庶昌无可改变的意志。这一意志，直接影响到他的外交人生。

新疆喀什噶尔，本属中国辖地，浩罕汗国阿密尔（酋长）牙古波趁中国内乱、兵饷匮乏之际，乘势攘取，占据自立，而英国竟遣使驻节。清政府驻英公使郭嵩焘向英方表明立场：中国例应收复喀什噶尔，并非无故构兵。对于郭嵩焘的态度，黎庶昌表示"深韪其议"，指出"英国之私意，欲建喀什噶尔自成一国，为印度藩篱"。英国驻华公使威妥玛"屡向宗伯处缓颊"，就是多次跑到郭嵩焘那里替牙古波讲情，郭"因其所请，据以入奏"。在这紧要当口，黎庶昌逆料，"喀什噶尔业已破坏，万无久存之理。老湘营一军，百战不挫，必藏大功"，请求郭公使拒绝英国外交部照会，且不上奏清廷。守卫疆土、维护主权的气骨，凛凛有正义之道。而后，已经转任驻德国使馆参赞的黎庶昌，听到陕甘总督左宗棠麾下的清军收复喀什噶尔，攻灭牙古波势力的捷音后，不胜欣忭，赋诗一首志喜："轻车度幕不惊尘，矫矫将军号绝伦。回准降幡齐入汉，图书旧版复收秦。雪消葱岭鸿难度，草长蒲梢马易驯。索地陈兵君莫让，乌孙西去付行人。"《郭少宗伯咨英国外部论喀什噶尔事》这篇文字，将郭嵩焘给英国的咨文、英国的照会原样呈示，黎庶昌的叙述则以"附记"形式随在其后，犹如对历史现场做出真实还原，留下了此宗事变的故迹。

黎庶昌关注海外华工和侨民的生存，争取他们的合法权益。其时，古巴尚为西班牙殖民地，"自咸丰年间以来，闽粤匪徒拐诱本地良民数万人，贩卖至该岛佣当苦工，种种苛虐，殆非人理。海禁开后，情形渐以上闻"。同治十三年（1874 年），陈兰彬以专使身份"奉命至该岛查办，于是始有设立领事、自行保护之议"。光绪四年（1878 年），中西两国特别制定了古巴华人条约十六款，即著名的《古巴华工条款》。光绪五年（1879 年），清廷派广东人刘亮沅为首任驻古巴总领事，领事馆开设于夏湾拿（哈瓦那，这里也是华工聚居地）；又在另一城市马丹萨设分馆，调香港人陈善言为领事。清政府的外交努力到底取得成效。那些从中国贩运到大洋彼岸，整日在田间种植甘蔗、烟草、咖啡，过着非洲黑奴一般日子的契约劳工，迎来了命运的转机，他们不再受着作恶雇主的逼勒和无理合同的钳束，"今应按照条约，无论工期已满未满，概令到领事署报名注册，每人发给执照一张，并代领准单，无庸俟有满身纸以为区别，方不致授权于工主，迫胁之风，或可暂息。故每日到署领纸者，无不欢腾于色"。限制的减少、境遇的改观，意味着他们可以自由地择业或经商，重新获得做人的尊严。黎庶昌见证了古巴华侨史的变迁。为海外同胞彰法理，明道义，争取到实际利益，令他难掩满心的欣喜，兴奋地把这一历史事件如实地写下来，为古巴华侨史存下珍贵的记录。这里的所述，可从《古巴设立领事情形》一章中看出，扬眉吐气的感受，沦肌浃髓。

黎庶昌在会见、交涉、观览、联谊等外事活动中，中国情结始终萦绕于心，并时常在记叙中显露出来，虽然他的文字是内敛的、冷静的，然而只要细加品读，真纯的心识便可体味得到。

在西班牙（按：中国史籍，特别是晚清外交文献中，西班牙王国译作"日斯巴尼亚"，简称"日国"）君主的招待会上，黎庶昌入宫中客厅叙谈。厅壁上装饰着织锦花毯、玻璃长镜。他却注意到"别有一间皆蓝缎，刺绣中国人物"（《日君主宴客》）。

耶稣刑死之期，依西班牙旧俗，"君主例于此日为穷民洗足赐食，延请各国使者往观"。黎庶昌发现，"此三日内，街市例禁行车，如中国寒食不举火故事，至时车皆避匿"（《日君主行养老之礼》）。祭祀逝者，人们愿以"禁"的方式表示虔敬的心意，无分华夷。

巴黎塞纳河南岸，荣军院里的圣路易教堂安放着法兰西第一帝国皇帝拿破仑的灵柩。黎庶昌走进院中的军器库，一眼看见"门内直竖中国万斤铜炮两尊，上镌'威武制胜大将军'，咸丰六年僧亲王所制"字样。古时旗纛、军士服式、枪炮刀剑中，他的目光落在数件中国御府珍物上，并"谨记如左"。一副黄缎金顶绣龙盔甲、两柄玉如意之外，十一杆御用鸟枪中的那把虎神枪叫他格外留意，不惮烦，把刻于枪柄的《御用虎神枪记》并诗抄录下来，让同代还有后代人，依稀看见这些流失海外的国宝的真容（《拿破仑第一坟墓》）。乾隆皇帝秋狝于塞北木兰围场，策马持枪击虎的旧事已成传说，花落流年度，山坳的殪虎洞旁，那尊《虎神枪记》摩崖的残迹却还留着。这个，黎庶昌预想得到吗？

塞纳河畔的这一景，朱自清也写过，不光年代靠后，而且隔得远，笔调亦不一样，不像黎庶昌的文字用得那么省。

使英期间，黎庶昌两次赴观伦敦之东的乌里治制炮厂。第一次，看见演放重一百九十磅的鱼雷、试放三十八吨的来福大炮。第二次，观览炮式处、卷炮处、车作处、套管处、铸弹处、熔铁处、试钢处，最后来到存旧炮处，眼前忽然出现一尊中国炮，"系明代之物，一千八百五十八年在大沽口掠来者"（《乌里治制炮厂》）。异国军工企业发达的生产景象，诱着他的视线，而第二次鸦片战争中，英法联军炮轰大沽口炮台，威逼清政府与英法俄美分别签订《天津条约》的国恨，更深深地刺痛了他。这尊沉默的旧炮，是列强显示霸权的"战利品"，它的身上，披着昨日烽烟，还有抹不去的耻辱感。

当时，西方有三个最著名的制炮厂。一家是德国的，名为克虏伯（按：黎氏谓之克鲁卜）；两家是英国的：一为官办的，名为乌里治，一为私人的，名为阿母司汤。《西洋杂志》中，辑入了对后两家的述录。鸦片战争给国家与民族带来的屈辱，山一般压在黎庶昌的心头，欲强中国武备的愿望尤为急切。因而，他被异国的坚船利炮所吸引，观看得细，记载得详，期冀自己的文字能够对国家有用。这一念头，他写《巴黎阅兵》《英君主阅视兵船》《日本兵船到英》等篇时，大概也是怀着的。值得一提的是，一艘号为"清辉舰"的日本夹板船初次抵英，日本驻英公使上野景范于船上设茶会，以志庆喜。黎庶昌登船赴会，看到"其机器等件，磨洗精洁，不亚西人。日本国小，而能争胜若此，未可量也"（《日本兵船到英》）。越数年，黄海波涛上发生了甲午之战。号称亚洲第一的北洋水师，竟败于日本联合舰队。国耻很快降临：春帆楼，这个以卖河豚出名的料理店里，在伊藤博文傲慢的目光下，李鸿章代表清政府同日本明治政府签订了国格尽丧的《马关条约》。历史创伤还未结痂，无数的心又被严酷的现实撕裂了，国家再一次经受磨难。惨痛的事实验证了黎庶昌当初的忧心。茶会毕，下船时，威妥玛曾对黎庶昌说："愿贵国将来造一大船，前来敝国。"黎庶昌答道："予亦盼望如是。"（《日本兵船到英》）令人唏嘘的是，黄海大东沟海战中的日军快速巡洋舰"吉野号"，原是英国阿母司汤船厂为中国定制，海军衙门却把购舰专款用到庆贺慈禧太后六十寿诞上，此舰遂被日本倾举国财力买去。黎庶昌辞世的前四年，中日终开战端。他在英国某钢铁厂的参观记中提及的"中国所订购'扬威'、'超勇'两铁船"，连同致远号、经远号等北洋水师的装甲巡洋舰，都在吉野号等日舰的炮口下战沉。追史，怀想那些赍志而殁的先驱，可深思的东西真是太多了。

1878年，巴黎举办世界博览会，黎庶昌说"予数数往观，默志崖略，盖千百中之十一耳"。五十八个展区内，三十二个国家的展品纷然胪列：铜器、瓷器、家具、刀剑、画纸、香水、脂粉、胰皂、梳篦、锦毯、帘帐、挂灯、炉灶、布匹、领带、手套、钻石、首饰、盘盏、衾枕、绸缎、丝线、冠服、披肩、箱袋、鞍鞯、果蔬、食油、白糖、蜜饯、牛奶、针箫盒、印花布、线织筐篮、生熟皮货、豆谷籽种、渔猎之具、盛酒之器，以及山林农田物产、医药化学材料……百物杂陈，闳博广富。他感觉"入之异芬沁人，……如行万卉丛中，秾艳极矣"。在中国馆，他看见"所陈瓷器、木器为多，而其出色者以广东绣屏为最"（《巴黎大会纪略》）。内心的自豪使他意识到，随着东西方交往日益频繁，文化互融的时代正在迫近，历史转折也开始发生。世界版图上，国际关系的新变，使处于边缘地带的国度进入全球视野。

黎庶昌的欧游记历，满浸着赤子情愫，内生的写作自觉植入意识。用心书写，是在异国山川对故土做着深挚的回望与理性的辨识。在述游时，他能认识到出行的意义和记录的价值。他说过："余在欧洲三年，未尝轻离使馆。己卯秋始蒙曾侯给假游历。"（《西洋游记第四》）出游能够成行，他很感激时任驻英、法公使的曾纪泽。黎庶昌约同翻译马眉叔，就是那位著述《马氏文通》的马建忠一起游览法国。这之先，黎庶昌曾经陪着就要离任的郭嵩焘游览了瑞士："郭星使将次回国，始一往游，挈余从行。"（《西洋游记第二》）游途上，黎庶昌不能忘记遥远的乡园，心魂还在那里勾留。他以为瑞士"山水佳胜，为西洋冠"。在他眼底，湖山"连绵不断，石骨秀露，层晕分明，绝似倪云林画意"（《西洋游记第二》）。异域风景之美，饶得《江岸望山图》《林亭春霭图》和《渔庄秋霁图》奇峭简拔的神韵。看着身边的郭嵩焘，递相怜惜，悲其遭际，一时心境也是"只傍清水不染尘"了。

一行来到摩纳哥，宿友人宅，"园内蜡梅数株盛开，系从中国移植者"。又至罗马城，"道旁有时辰表一具，用水管激动机轮，尚是中国滴漏旧法"。又至榜背（庞贝）古城，"相传一千数百年前，火山迸裂所淹没者。午后从星使往探"，纵横数十条街道间，"有沐浴处，烧水气炉犹在，绝类中国盆堂"。黄帝之妻嫘祖植桑养蚕的技艺，在"土地膏腴，天时和暖，地利特胜"的意大利也有，"闻其养蚕之法与中国同，特缫丝用机器异耳"（《西洋游记第三》）。异在哪里？未备述。黎庶昌不一定知道，中意两国的蚕桑之缘，是从1859年开始结下的。意大利探险家卡斯特拉尼、摄影家贾科莫·卡内瓦来到湖州吴兴的东苕溪畔，宿于西山上的破庙里。几个月间，他们考察当地的养蚕业，并用文字和镜头记录下来，日后出版了《中国养蚕法：在湖州的实践与观察》一书。遥远的欧洲也兴起了蚕桑术，出现了丝绸工业。翌日"午刻送星使上船"，别后，黎庶昌和马建忠"所过皆悬崖绝壑，穿过之洞甚多。穷民沿山而居，零星错落，或结茅于云气之上，颇类川黔深山穷谷气象"（《西洋游记第三》）。此刻，黎庶昌一定动了乡思，恍若从四川盆地走向贵州高原，迎着劲厉的天风，啸傲于大娄山上，行吟于赤水河边。

游至比利牛斯山脉，黎庶昌纵意眺览壮阔的山景，"东南一带，大山绵延不断。山以北为法国，山以南为日国"。大西洋和地中海湿润的风中，漫坡的山毛榉、针叶树和灌木林尽染鲜翠的颜色。在一个地方，"两崖环向，略似山东烟台"。看"西崖尽处，巨石高耸，……旁则乱石横列，海潮激射，白浪如堆。又一石门宽丈许，潮头卷入，声若雷霆。从桥上观之，浪花如雪如绵，瞬息变幻"（《西洋游记第四》）。似曾相识的景色，让他觉得亲切，心情亦极畅快。

从法国西南部城市波尔多入意大利之境后，一路湖山迎送，黎庶昌乘坐火车"纡回大山之麓。……在山巅有垣堞，如中国状，踞势甚雄"（《西洋游记第四》）。遗迹弥望，他沉入自己的生命经验，想起了荒远的黔北，想起了龙岩山顶上的海龙囤：那座宋明时期的土司城堡，九个屹然的关隘雄列于苍茫暮色中，垒砌的拱券和雉堞，残留着平播之役的血痕，也俯览着茶马古道和南方丝绸之路上跋涉的行旅。

很快，黎庶昌到了"因洲渚筑成，镇市四面在水中央，其外尚有两洲环之"的卫力司（威尼斯）。他"泛舟后步游市肆，其街巷之仄，小桥之多，与苏州阊门一带相类，特房屋式稍异耳"（《西洋游记第四》）。同为水城，远隔天涯，那个瞬间，他的心底或许会泛起莼羹鲈脍之意。

某日，黎庶昌因事由马德里去巴黎，复游法国西境。"近海一带，即路佳河下流，水面宽深而浑浊，绝似上海吴淞黄浦景象。"（《西洋游记第六》）在他的感觉里，路佳河出海口与黄浦江入海口、大西洋与东海，风景不殊。两日后，他坐马车而行，见"海滨一小岛，耸峙水中，如镇江金山状，潮退时马车可至"（《西洋游记第六》）。眼前这座秀美的岛屿，宛在水中央，让他想起京口故邑，想起扬子江浪花中恰似一朵妍丽芙蓉花的金山寺。

黎庶昌从西班牙回国，经法境而北至苏格兰的格拉斯哥，复入荷兰港口，"闸门以内，河道深通，两岸平平，芦苇成丛，绝似苏州一带风景"；继而赴比利时，过通商大海口，"江面宽阔，与扬子江同"（《西洋游记第七》）。目光扫过欧洲风物，心里浮升的，却是魂牵梦萦的江南。

观览之时，黎庶昌有感于景物，也动情于人事。第一例，他和郭嵩焘、马建忠行经法国东南巨镇马赛，相邻的海口"为法国停泊兵船及造船处，闽厂学生四人在此学习制造"（《西洋游记第三》）。第二例，在马赛，黎庶昌"与船政学生魏瀚相遇于火轮车场，时将回国。予叩以所学，渠谓制造船只，创画图式，差堪自信，余则未敢言深造"（《西洋游记第四》）。此先，他俩曾在英国一家钢铁厂见过，中国订购的"扬威""超勇"两艘战船与该厂有关，"福州船政学生魏瀚在厂监工，相与指导其制铁甲之法"

（《葛美尔制钢铁厂》）。两次偶遇，在彼此的生命历程中刻下了情感印迹。第三例，在法国西部旅游，黎庶昌来到一个大海口，两边俱有炮台扼守，"江面宽阔，可容兵船数百千号。近口泊有三层铁甲兵船四艘，专为学习兵法处，往时闽厂学生数人肄业于此"（《西洋游记第六》）。这三节文字，很能说明洋务新政初兴的情势。李鸿章《选派闽厂生徒出洋习艺并酌议章程疏》《续选派闽厂生徒出洋疏》，黎庶昌大概是读过的。作为入幕曾国藩的江南大营六年，又与张裕钊、吴汝纶、薛福成并称"曾门四弟子"的他，应该也读过师尊的《拟选聪颖子弟出洋习艺疏》。这篇"疏"中，曾国藩设想，将遴荐出的幼童"送赴泰西各国书院，学习军政、船政、步算、制造诸书。约计十余年，业成而归。使西人擅长之技，中国皆能谙悉，然后可以渐图自强"。曾任闽浙总督的左宗棠，奏准成立福建船政局，船政大臣沈葆桢又在福州马尾建起船政学堂，聘请英法导师授课，且派出色学童留洋深造。这些强兵制胜之举，黎庶昌应是尽知的。亲临留学生的就教之地，感慨自然是深的。查阅福州马尾船政前学堂制造班历届毕业生名录，第一届二十一名毕业生里，魏瀚的名字排在第一，足证学业的卓异。名迹这般不凡，随材甄擢也就成为必然。身为中国第一代军舰制造专家，魏瀚深孚资望。

　　黎庶昌既不鄙薄他人，也不妄自菲薄。他没有失掉中华文明的自豪感，所到之处，所观之景，时常引发对比中的思考。他往观巴黎城西一家官设的瓷器局。这个驰名欧洲的所在，声望"犹如中国所谓宣德、成化、康熙、乾隆等窑者也"。黎庶昌的眼前，"又淡白瓶一对，仿中国样式，画彩凤杂花。别有白瓷茶钟，镂刻精致，亦中国之式，每个值三十六佛郎"。接下去，他还瞧见"又一橱存中国火炉及小瓶数件，……又一匣中国碗碟。……又一匣中国法蓝样式。……又中国塔式一座。又六匣中国古瓷"。其时，他的内心一定非常欣悦，即刻做出评判："西洋瓷器，若论作法之精，实远在中国上。所以不及中国者，特瓷质松脆，不能如徽、饶等处所产之佳也。"（《赛勿尔瓷器局》）谈及西方历法，黎庶昌说"西历不特置闰月，其闰即消纳于每月之中"，"法虽简捷，便于布算。然月份不上应天象，非敬授民时之义，不若中国之衷于至善也"（《西历不置闰月》）。可见，他对汉历置闰的做法颇为得意。黎庶昌深知，在一个农业古国，春耕、夏耘、秋获、冬藏，日升、月落、星移、斗转，皆有恒道。只有敬顺昊天，遵从自然，才能知时令之变，晓农时之劳。汉历的编算和颁行，曩为朝廷所为，故此"皇历"具有相当的权威性，递年沿袭，衍为定例。以人为本，以农为基，已成为重要的精神资源。古人智慧中蕴含的朴素的民本思想，契合了中国文化的传统。

黎庶昌潜心对中西社会做出多方面比较，区辨歧趋，力图从处于不同社会发展阶段的文化与观念的差异上探寻精神出路。这里，既持有虚心态度，也表现出文化自信。这种胸襟，超越了魏源《海国图志叙》中表明的"师夷长技以制夷"的识见，虽则魏源的主张赢得了朝野认同。

时时想着以西方之技强中华之体，取先进之法固华夏之基的黎庶昌，不是政治上的聩者、瞽者。他广开耳目，不拘系于中西，廓然远见向四海。想到多难的桑梓之地、父母之邦，他"历万变而志意愈坚"。他参观法国的印书局、织呢厂、瓷器局、电器灯局，西班牙的农务学堂，英国的钢铁厂、玻璃厂，以及巴黎的水沟、街道，笔墨尽求准确、翔实，几可为国内日后生产提供参照。他如同一个技术工人，对工艺流程了然于心，同时，发出的感慨更为由衷。初观法国的制呢之法，跟中国纺织棉布并无差异，但不同的是，"中国以人工，西人用机器；西人可为百者，中国只能为一，优劣巧拙遂殊耳！"（《布生织呢厂》）严峻的客观现实，坚定了他向西方工业化、组织化、规模化生产方式学习的决心，他要把在西方看到的军事装备、机器制造、科学技术、文化教育的实际情形告诉国人，意在尽快缩小综合国力上的差距。

对于欧洲的议会制度与政党政治，黎庶昌也极关注。国之富，在于政之善。他描述了在德国上议政院观摩议事的场面：宰相立于台边，宣诵所议之事，约二百位院绅"或赞或不赞，良久方毕"，宰相"又起立口说，或杂以谐语，众皆欢笑"，所议结果，"与众意亦多有未合也"（《德国议政院》）。在这里，"众意"是被看得很重的。而在法国议政院，他看到"当其议论之际，众绅上下来往，人声嘈杂，几如交斗，一堂毫无肃静之意，此民政之效也"（《法国议政院》）。西方民主的操作模式，尚在不尽成熟的初期，黎庶昌只是照实而记，并不置论，也无鄙薄的意思。他到英国不久，"默察该国君臣之间，礼貌未尝不尊，分际未尝不严。特其国政之权操自会堂，凡遇大事，必内外部与众辩论，众意所可，而后施行。故虽有君主之名，而实则民政之国也"（《与李勉林观察书》）。"民政"意识已经进入黎庶昌的思维。对比不同政体，权衡二者利弊，黎庶昌认为"中国君主专制之国，有事则主上独任其忧，臣下不与其祸"（《答曾侯书》）。这样的治国体制，用郭嵩焘的话说，是"中国官民之势，悬隔太甚"（《上合肥伯相书》）。黎庶昌悄默观察，沉静思索，不好明言的结论便隐伏于文字后面：截然两分的政体，各有罅隙。

瑞士的议会政治，最让黎庶昌称道。他走入该国的上下议事院，"局面稍不及他国之闳敞，而规模则同"。不同的是，"西洋民政之国，其置伯理玺天德（最高行政长官）本属画诺，然尚拥虚名。瑞士并此不置，无君臣上下之分，一切平等，视民政之国又益化焉"（《西洋游记第二》）。这也是他的理想国。

黎庶昌对西方的政党亦执己见。"西洋朋党最甚。无论何国，其各部大臣及议院绅士，皆显然判为两党，相习成风，进则俱进，退则俱退，而于国事无伤，与中国党祸绝异。"（《日国更换宰相》）相悖的权力策术引发党争，而所生的政治对抗力被框定于相应限度之内，不致使国家为激进势力粗莽灭裂。

黎庶昌心胸阔大。他以为，人类的文明成果都是中国亟须借鉴的。先进生产力是社会前进的引擎，坚拒不受，犹如昧行的愚者，只能被世界摒弃。国家若此，个人亦如是。黎庶昌往观伦敦格林里止（格林威治）观象台，"见其仪器之精，诧为未有"。仰观天象，他明白西人"始悟为地球绕日，故直以地为行星之一”的道理。他依次论太阳、水星、金星、地球、火星、木星、土星、天王星、海王星，以及日食、月食，抑制不住感喟：“此数者，在天文中为极浅近之说。西国五尺童子，大率能言之。自余至欧土数年，与罗稷臣、严幼陵、黄玉屏诸君数数讨论，始知其梗概，而得于玉屏者为尤多。志之，所以见余之陋也。”（《谈天汇志》）罗稷臣（罗丰禄）毕业于福州船政学堂，曾出任清政府驻英、德公使馆翻译，驻英、意、比三国公使，当过李鸿章的外交顾问兼翻译，是北洋水师决策层中的重臣。严幼陵（严复）亦入福州船政学堂，毕业于伦敦格林威治皇家海军学院，他把英国博物学家赫胥黎的《天演论》翻译到中国。黄玉屏（黄宗宪）随郭嵩焘出使英、法、西班牙，倾力研治数学。这三位旅欧学子，倡扬西学，各有建树。出洋之时，黎庶昌和他们仨都觉察到所具知识的浅陋，才发奋学习西方先进的科学技术，使自身从无知变有知，以兹国用。还有，与洋人交际，让黎庶昌深感不通外国语是自己的一个短处，多生滞碍。“庶昌于西洋语言文字素未通知，奉使一年，徒能窥观其大略，而无从细求。耿耿此心，用为憾事，以此益知出洋当以语言文字为先务也。”（《上沈相国书》）此话尽自肺腑出。知能力之不足，他有所愧怍，职此而已。在当时，黎庶昌的见识已经达到了一个高度，确有发蒙启滞、承旧开新的意义。

对于印过屐痕的国家，黎庶昌下过精当的评断。他说“西洋都会，街道之洁净，首推巴黎”，而商腮利赛（按：今译香榭丽舍）大街“论者推为地球上街道第一，殆非诬也”（《巴黎街道》）。法国举办世博会之日，他和郭嵩焘游观巴黎灯会，甚为激赏：“但见玉宇珠霄，无不通明透彻，真极耳目之大观矣。”（《巴黎灯会》）他对英国殊为心折，语多赞佩：“伦敦都会大于上海二十倍，街衢广阔，景物繁华，车马之声，殷殷訇訇，相属不绝。夜则万灯如昼，论者谓气局冠于欧洲，以此可以推知其国矣。”（《与李勉林观察书》）又云：出洋所历诸国，“其气象规模，以伦敦最为壮阔；而国政号令之所从出，人情之趋向，亦以英国为最整齐”（《上沈相国书》）。他说瑞士"盖其地本山国，各邦无欣羡之心，故得免兵争，而山水又为欧洲绝胜，西洋人士无不以乐土目之"（《西洋游记第二》）。他谓意大利"独其人民众多，习于懈惰，无争胜洋海之心"（《西洋游记第三》）。他见荷兰"中间河道宽阔，肆市轩敞。河岸两边皆种树，气象丰腴"，从而认定"荷兰国小而富，观其都会，未可轻也"（《西洋游记第七》），这跟在英国看见日本兵船时的感受几乎一致。

恢宏的历史场景由零碎的细节构成。追想年光，这些场景里的具体人物，一举一动、一颦一笑都留下依稀的影子，也不难在编年史中找出各自的姓名，由此衍生不寻常的语境，甚至包含中西交流史的意义。黎庶昌的记游，善于从西方生活的细致处领受异域的风俗和浸含的中国元素。上述的微观察，离不了一双求实的眼睛，更不可缺少拳拳之心。诵读，能够从中看出黎庶昌的日常活动，粗略知晓这批使西之人外交生涯的片光片影。

外交器识，实欲求益国家

儒家的入世精神，深植于黎庶昌的内心。他的一切作为，均以治事济世、匡时富国为要务，故而"经世致用"足可为训。奉使数载，黎庶昌养出了世界眼光。出于职业使命，他能够从各国关系的格局中思考国是，虽不能"武有折冲之威"，却可"文怀经国之虑"。对于处于十字路口的中国社会，他阐扬的见解便有推毂之力。

郭嵩焘因字底波澜而枉遭褫革，他黯然回国、称病返籍这事，以及"又甫出洋，屡见参案，更不敢有所陈论，自取愆尤"①的教训，对黎庶昌还是产生过负面影响的，性情亦变得内敛。他说："郭、刘两星使所撰日记，西国情事，大致綦详，足资考察。惟郭侍郎自被弹劾之后，不敢出以示人。"（《上沈相国书》）不露声色的行文，折射出内心的焦愁和忌惮，

①　郭嵩焘:《上合肥伯相书》,《晚清文选》(卷上、卷中),中国社会科学出版社 2002 年版,第 216 页。

但仍隐晦地、婉曲地表达自己的政治态度以及对事物的判断。七篇游记里，黎庶昌有意削弱了刺世意味，而在陈情中则不掩其心。他或许认定，凭实直书，是在完成一种时代性的任务。五篇书简中，这种对于政治生活的介入意识表露得尤为显明，立论也颇确当。

儒学构成的精神基底，使黎庶昌对西方文化产生抵牾，这是异质文明碰撞中须要直面的现状。黎庶昌既对西方的民主政治有所认同，也对一些国家以实力压公理、横施淫威的强权行径不以为然。在外交实践中，他尤觉同西方国家打交道，"独至一遇公事交涉，则各国俱颇自尊大，纯任国势之强弱以为是非，斯固未可尽以理喻。徒执礼义以相抵制，彼且视为漠然"（《上沈相国书》）。国家的尊荣源于自身力量，除去"理直"，国力强盛才能"气壮"，黎庶昌看清了这一点，笔下才有此段沉痛的言辞。

国家之间是由利害关系联结起来的。因此，国际政治充满不可预料的事端。凭着多年的外事经验和深刻思考，黎庶昌提出了自己的涉外主张：

> 俄罗斯虎视北方，屡欲吞并土耳其，而迟回审顾，不敢公然违盟者，徒为英所劫持耳。法于德亦未忘旧耻，纵观大势，目前尚未暇注意东方。中国诚能于此时廓开大计，与众合从，东联日本，西备俄罗斯，而于英法等大邦择交一二，结为亲与之国，内修战备以御外侮，扩充商贾以利财源，此非不足大有为于时也。[1]

——《与李勉林观察书》

黎庶昌的建言献策，眼界开阔，完全鉴于当时的国际情势。而他对中国外交策略的具体盘算，更是源于对西方各国的清醒认识。他判定，枢府中那些目光蓄然、心地褊浅、泥古而守旧的势力，偃然自是，不思变通，只会招来列强不肯休止的蚕食。他"久蓄此议"，并敢于在适当时机"力陈斯议"，愈显难能：

---

[1] 黎庶昌：《西洋杂志》，商务印书馆、中国旅游出版社2016年版，第124页。

　　窃自天津定约以来二十余年，沿江沿海要害之地，听准西人设立码头通商居住。西人之心犹以为未足，复于通商之外，增出"游历"名目，无非欲假此无限之利权，以遂其窥探内地之私计。举凡云贵、甘肃、新疆、蒙古、青海、西藏之地，中国所号为边鄙不毛者，凿险缒幽，无处不有西人踪迹。故其绘入地图，足履目验，详核可据。一旦有衅，何处可以进据，何处可利行军，其国虽远在数万里外，中土形势，莫不了如指掌。而叩之吾华士大夫，反有茫然不晓其方向者。①

　　　　　　　　　　　　　　　　　　　——《上曾侯书》

　　对于西方之人在中国任意游行，漫无限制，黎庶昌极感忧心。他看出当时的俄罗斯"与国邻接二万余里，疆场纠纷，时时多故"，况且"俄人高掌远蹠，志在得地南侵，蒙古、新疆，垂涎已久。……而中国从未有遣一介之使，涉历欧亚两洲腹地以相窥觇者"（《上曾侯书》）。此番局面下，黎庶昌忆及康熙、同治二朝没能实现的构想，提出对策：

　　窃谓俄人允还伊犁，收回故地，将来事定之日，正宜早建善后长策，商告俄廷，于出洋人员中，选派数员，酌带翻译随人，亦假游历名分，两道并发，径从俄境陆路回国，至京师销差。以两年为期，限令其从容行走，凡所经过之处，山川城郭、风土人情、道途险易、户口蕃耗、贸易盛衰、军事虚实，以及轮车、电线能否安设，一一谘访查看而记载之。可图者并图其形势而归，以备日后通商用兵有所考核，不为俄人所欺，实亦当务之急。②

　　　　　　　　　　　　　　　　　　　——《上曾侯书》

　　一番深心，全为实用。为此，黎庶昌不惜躯命，领旨踏勘，以上报国家，"如此，庶昌虽死，亦可以无朽矣"（《上曾侯书》）。意志何其坚决。

---

① 黎庶昌：《西洋杂志》，商务印书馆、中国旅游出版社2016年版，第126页。
② 同上，第127页。

照他看，此类观览和优游山水断非尽同，语多惕厉之意。隔了一年，黎庶昌再提遣派出使人员经由俄境陆路回国的建议，并且"博访周谘，搜求书籍，以为行旅之证，务使中西两道，豁然无疑"。尽了数月之力，购得英法人士的多种游记，黎庶昌因"不习洋文，不能自读"，就请使馆洋翻译"将此数书读过，择其有关行路者，先行摘出洋文，再译以华文。而西人著书，语多重复凌杂，正如散钱无串，庶昌因用己意联之，以路为经，以说为纬，各附注于本条之下"（《再上曾侯书》）。有此作为长途上的导览，差得舆图之便。此番苦心与努力，从辑入《西洋杂志》一书的《由北京出蒙古中路至俄都路程考略》《由亚细亚俄境西路至伊犁等处路程考略》《欧洲地形考略》诸篇中可以看出。

功夫下得这样深、这样细，正像他自己说的："庶昌之建此议，实欲求益国家，非苟为纸上空谈。若以为游历起见也者，则舍欧土之繁华，而趋沙漠之荒邈；释轮车之便利，而取驼马之艰辛；去使馆之舒和，而乐风沙冰雪之寒苦，虽至愚不为矣。"（《再上曾侯书》）深挚的家国情怀，促他放开胆量，"故敢罄胸臆之所素积而一发之"（《答曾侯书》），力图尽一己所能，弱化西方单向的、无度的强势。

黎庶昌体悟到，国之交在于民相亲。自郑和下西洋之后，明朝的严申海禁，清朝的一口通商，中国对外交往的路途遇到阻梗。黎庶昌描述了当时的实情。他在西班牙南境旅游，参观一座烟作楼，就是一家卷烟厂。厂中所用"悉皆妇女"，"以未曾见中国人，纷纷起立窥予"（《西洋游记第五》）；"偶一出游，则儿童妇女围绕观看，语言不通，如同面墙"（《与李勉林观察书》）。这类情形，反映出各国之间疏于往来的真实状况。意大利探险家卡斯特拉尼在《中国养蚕法：在湖州的实践与观察》中所述，很为相似："我们像是被展示给当地民众的新奇的动物，对他们来说就是一场满足好奇心的狂欢。"到了黎庶昌所处的时代，积满尘埃的门窗开启，景状为之改观："现今国家遣使四出，在外洋亦知中国之谊，意在联络邦交，渐臻融洽，迥非昔年情事可比。"（《上沈相国书》）"方今中西之气已通，难易情形，迥非汉代可比。即与康熙时，亦正事半功倍。此乃时势使然，非后人之能有胜前人也。"（《答曾侯书》）就是说，今日世界，张骞凿空西行的壮举，只可留待追忆了。黎庶昌的叙录，意在让人看到一个真实的西方。凭借写实的力量，他勾勒出历史变局中的微观世界。他要透过表层相状，让国内的人了解远在地球那一端的众生是怎样活着的。大地上的另一种陌生的场景、另一种真实的存在，由他一字一句地述载着，充溢着鲜活生动的气息，就像呈现一幅原版的图画。

黎庶昌对于人文景观特别有感。深受儒家文化熏陶的他，见到西方待客的礼仪，大概想起了《论语·颜渊》"君子敬而无失，与人恭而有礼"这话，发现了和中华文化观念相通的地方，很为着意地记下。选抄数条如次：

> 泰西之君，大抵勤于政事，亦不废游观，而仪文简略，无扈从警跸之烦，两马一车，徜徉驰骋。道旁行人见之，仅免冠为礼，其君亦举手及额以答之。或不及为礼，亦未尝介意。每出入，人人得而望见之。
>
> ——《开色遇刺》

> 法国每年必调集巴黎附近之兵，大阅一次，……众皆拍手欢呼，伯理玺天德亦于马上摘冠为礼。
>
> ——《巴黎阅兵》

> 日本夹板船初次抵英，……水手百余人，亦如英兵结束，见客至皆举手倚额示敬。
>
> ——《日本兵船到英》

> 法国名人得·赖赛朴司，……于一千八百七十九年又立一公会，建议欲开南北亚墨利加中间山脊最窄处，以通环绕地球之路。先期致书曾侯，请中国遣员入会。曾侯以余驻扎巴黎，就近伤往，即作为中国所派之员；……赖赛朴司以次唱名，皆起立点头为礼。

——《赖赛朴司议开巴纳马河道公会》

巴黎有总官学堂，……犹如中国之国子监。每岁教部尚书，必集法国之学生，每学择其超等者十人，聚会于此，给与奖赏一次，以资鼓励。……学生起，至坐前，教部尚书持得胜冠加于其首，再取书册授之，相与握手为礼。

——《巴黎官学散给奖赏》

马戏亦戏馆也，……试戏之前，或馆主、主妇先骑马出，绕行数周，与众客摘冠点头示敬。

——《马戏》

从庄饬的仪度上，能够体察到中西风情习俗的相近处。这些段落，借助具象描述，把人文细节用语言固定住，笔触细腻，可谓入微。

黎庶昌不居显位，距参定国事终隔一层，但是他那血性贲露的直述和坦言，给帷幄之臣的运筹提供了具体的认知内容，启迪了别样的外交理路。

文章不为空言，只期于世用

中国古代文论史上，是把黎庶昌归为桐城派古文写作的追随者的。郑珍《送黎莼斋表弟之武昌序》云："帆樯轮辙之间，罦然想望孔孟之所为教，程朱之所为学，以及屈宋李杜欧苏之所发为文章，必有相遇于心目间者。"笔端萦着的，全是儒家文章的正统气派，直追"学行继程、朱之后，文章介韩、欧之间"① 的桐城派创始人方苞。

方氏为文，最讲"义法"。义，言之有物，以中心思想为经；法，言之有序，以形式技巧为纬。经纬相交，才有"成体之文"。

---

① 敏泽:《中国文学理论批评史》(下),人民文学出版社 1981 年版,第 941 页。

桐城派古文家选取能阐发"义"的事例入文。黎庶昌谨守此规而不逾矩，题旨立意，尽求深隽。历史对于语言的强大依赖性，使他未敢轻率下笔。他自知撰写的是出使的文化记忆，对于耳目所接的琐闻逸事从不轻薄，只因自己的述作须建立在它们的基础之上，而愈加显出尊重的态度。尽管面对的内容是破碎的、散漫的、芜杂的，不过只要刻意梳理，就能够发现它们之间的连贯性、系统性、一致性，很有线索可寻。

黎庶昌直接面向事物本身，据实加以记述，作品洋溢着浓郁的在场写作的气质。在他看，任何疏漏和偏误都可能影响人们对事实的判断，以致造成历史的遗憾。他的笔向着使欧经历的方方面面。素材选择上深有考量，"非阐道益教、有关人伦风化者不苟作"。他的随笔式的短章，篇幅虽小，教化之力大矣哉。

外交上，随曾纪泽两次呈递法国国书、英国君主接见各国公使、英国君主接认新加坡领事敕书、古巴设立领事、公使应酬、伯理玺天德宴客等情形，一一写到。

风俗上，跳舞会、预贺生子、生子女取证与命名、婚姻立约、公主之丧、嫁女、行养老之礼等情形，一一写到。

生产上，英国的制炮厂、钢铁厂、玻璃厂，法国的印书局、织呢厂、瓷器局、电器灯局等，一一写到。

娱戏上，巴黎的戏馆、灯会、氢气球，西班牙的斗牛，以及盛于欧洲的赛船、赛马、溜冰和马戏，一一写到。

金融上，英、法、德、俄、意、奥和西班牙的钱币，一一写到。

艺术上，巴黎油画院、马得利（马德里）油画院，一一写到。

城建上，巴黎街道、水沟、骨圹和西洋园囿，一一写到。

教育上，西班牙的农务学堂也落下笔墨。

黎庶昌专意地看，用心地写，描摹的一个个具体场面连缀起来，仿似西洋风俗的绚烂图卷，万花镜一般。黎庶昌把见闻用经世之言捉住，让"亦欲探知外国情形"的朝中人士裁度参考，让寻常百姓如见陌生的脸孔，犹闻远方的话音，尽管这一切不属于自己的世界，甚或不属于自己的时代，也并不拒绝其进入内心。所以，黎庶昌恪遵将出使记录详加咨报的初旨，写得勤勉，亦向总理衙门"随时抄寄，以相质证"（《上沈相国书》）。

绝对强劲的历史惯性，在密集的文字之林中衍为奔泻的激流。黎庶昌认为书写的价值在于经世致用，他要给国人的头脑灌输一种"义"，而眼底的事实终会在阅读过程中被赋予丰富的内涵，并且长久保留其价值。

桐城派古文家最讲为文之"法"，结构条理、语言伦序，皆有筹划。方苞说："散体文惟记难撰结，论、辨、书、疏有所言之事，志、传、表、状则行谊显然，惟记无质干可立，徒具工筑兴作之程期，殿观楼台之位置，雷同铺序，使览者厌倦，甚无谓也。"（《答程夔州书》）记叙文很容易铺排，不犯"雷同铺序"之病，不使"览者厌倦"，就格外见出经营的功夫。黎庶昌所写，正是这一文体。桐城派的沾溉，自不能缺。

结构之精。精，即是明取舍，知裁节，力臻"严乃不杂"之境。黎庶昌的欧游杂录，各自成篇，短小而避烦冗之病，风调颇近随笔，纂次成集，以为体例。使欧之日，目之见、耳之闻，各成形色，可他并不简单罗列种种西洋景观，一一俱载，恣意渲染。他的书写，懂节制，不肆纵，是"收"不是"放"。他在人文的事例上细加筛择，全以"致用"为目的，可说专一其心。

行文之朴。朴，即是求雅洁，去雕饰，力臻"澄清无滓"之境。方苞的主张甚为决绝，"语录中语，魏晋六朝人藻丽俳语，汉赋中板重字法，诗歌中隽语，南、北史中佻巧语"，一概洗汰，不可入文，语言才得"清真雅正"之致。[①] 黎庶昌调遣字句，照行此道，言辞皆自本心出，无所倚傍。用语又极省俭，几无废字。表达上，他从最切身的事象、最直接的观感入手，取用纯粹的实录之法，笔墨是本分的，抑住了文人的想象。评判的色彩也尽量掩去，力求态度冷静，笔趣平实，不荡波澜，顶多泛着几丝

---

① 参见敏泽：《中国文学理论批评史》（下），人民文学出版社1981年版，第945页。

涟漪而已。恰如曾国藩所云"一切弃去，不事涂饰"（《书归震川文集后》），明显表现着桐城派的作风。

桐城派笔路，尚简而弃繁，造句用语上避忌过多，不免稍伤意趣，竟致文枯而味淡，终乏活气。对这，黎庶昌并非无感。特别在摹景上，文字求净、笔意求简固无改变，可一旦把胸襟放宽，便毫无拘谨之态，灵动天真，顿觉字字入妙：

> 入瑞士境后，山皆峻。时方大雪，积厚一二尺许，逐望弥漫，与翠柏苍松互为掩映。

——《西洋游记第二》

逸笔草草，勾勒大致状貌则可，仿佛为风物写意。桐城派古文家姚鼐《登泰山记》："及既上，苍山负雪，明烛天南，望晚日照城郭，汶水、徂徕如画，而半山居雾若带然。"同一气调。

黎庶昌状景，饶具中国写意画笔致，又因喜爱西洋油画，字面便充盈油彩的质感。桐城派古文风致和西洋艺术格调相融，气韵特显饱满。钟叔河的评价是："《巴黎油画院》诸篇，状物摹神，不在后来朱自清《欧游杂记》之下……"（《一卷西洋风俗图——黎庶昌对欧洲的记述》）"意中有景，景中有意"（宋·姜夔《姜氏诗说》）这一类的话，他是摇笔不忘的，曲意形容，栩栩如活：

> 有最出色者数幅。一画欧费尔掩（地名）瀑布，从崖跌下，纡徐委曲，奔赴注壑，两旁乱石撑挂，浪花喷激，如雾如烟。一画石山荒地，浅草迷离，山脚皆累砢细石，群雁争飞啄食，有平沙落雁之致；一巨鹰攫鱼腾起，爪目生动。一画女子衣白纱，斜坐树下，手持日照，旁有白鹅求食，萍花满地，蕉绿掩映其间，清气袭人袂。一画垂髫女子六七人，裸浴溪涧中，若闻林中飒然有声，一女子持白纱掩覆其体，一女子以手掩额，偷目窥视，余作惊怖之状。一画命妇赴茶会

归，与夫反目，掷花把于地，掩袂而泣，花皆缤纷四落，散满坐榻，其夫以手支颐，作无主状。①

——《巴黎油画院》

色彩、光影、人物、景致炫动眼目，表情可睹，气息可感，直似进到情节里面了。"此外海景、山景、月景、雪景，以及花卉等物，精妙者尚多"，黎庶昌不再着笔，而其摹绘手段，宛然可想。

观赏西班牙马德里画作：

> 一为铅笔纸画日国地名瓜达伊尔纳，岭道坡陀斜上，众松离立成林，岭以外天光微透；山凹处乌云一片映带之，时有乱鸦数点，斜飞点缀；山麓浅草乱石，绵羊十余头，放牧牧童，箕踞倚石而坐；笔墨苍润，书味盎然，王麓台、石谷之徒也。一画荷兰之阿卜姑得地，池边野鹤数群，俨然人立，水痕悠远，环带疏林，芦苇萧疏，风景幽绝。一画玻璃暖房，窗外雪痕隐约，有瑞典人母女在中：其母倚石柱而坐，后垂棕叶，旁列唐花盆；女方八九龄，发垂覆额，向母耳语，欢欣之态，溢人眉际。一画日国海口邑塞夜景，夜深人静，桅樯林立，星点灿然；时有薄云掩月，月光透入水面，跃跃欲出；天光暗淡，隐见路灯，将军马地勒司刚波司潜出马队觇贼（刚波司，现任之兵部尚书也）。②

——《马得利油画院》

黎庶昌欣赏后的一番心得，值得重视："西人作画，往往于人物山水，必求其地其人而貌肖之，不似中国人之仅写大意也。所记略得仿佛，惜乎其神妙之处皆不能传，庄生所谓以指喻指之非指者也。"（《马得利油画院》）"以指喻指之非指"见诸《庄子·齐物论》，言玄而旨幽，难窥堂

---

① 黎庶昌：《西洋杂志》，商务印书馆、中国旅游出版社 2016 年版，第 70 页。
② 同上，第 71 页。

奥。其意思之飘忽，之难于捉摸，说是漫无端崖也无妨。黎庶昌醉心的，还是意境融彻的中国画。一边是卷轴过眼，一边是援笔摹记，亦如一点一画，字字微妙，句句精奇，似蕴不可领解处。此乃化境。

方苞认为："故昌黎作记，多缘情事为波澜，永叔、介甫则别求义理以寓襟抱，柳子厚惟记山水，刻雕众形，能移人之情。"（《答程夔州书》）黎庶昌笔下，记闻，能举实事，缘情而发；书简，能据体察，析理而入；述游，能临胜境，亢奋而慨。他的挥写，不只成就了自己的名业，还促进了桐城派创作法则的光大。

笔墨气象来于胸中格局。黎庶昌的外交作为，暂不置评，他在文章上的躬蹐之劬，足可称述。

社会的嬗变被永不显形的逻辑支配着。世间曾发生的一切，都会遗留影迹，并变为史诗剧的一幕。黎庶昌清楚在世界文明的总体演进中，中国所处的历史方位，明白个人应该担负的责任。他无法容忍珍贵的史料在漫漫光阴中丢失，只剩下一个个面容模糊的人物、一个个场面苍白的片段。那样，他将陷入彻底的惶惑、彻底的迷失中。站在特定位置上的黎庶昌，抱持踔厉的精神姿态，决意依托自身的文化背景去观察陌生而新异的世相，笔之于书，使眼前的具体时空和未来天地联在一起。他决定不了历史的走向，却能让历史回到原有的状态，叫往迹在笔端归来，在书中复活。那些过往人物，争相抖落风尘，要从纸上站起来。

游记之体，有摹山水、绘胜迹、察民情、知风俗的效用。黎庶昌记载的"现实"已超越限制，被时间转化为"史实"。后人把他的撰述当成重要文献，从中寻觅通向开放的道路。黎庶昌朦胧地憧憬的那个世界终于来临，来临的同时，也送走旧的秩序。

李圭

奉令亲历世博会

环游地球是可称为壮举的。隔着迢遥的地理空间，依当时的交通和传播条件，十九世纪能成此行，更不可视为等闲。值美国建国百年的日子，李圭，这位宁波海关副税务司秘书，奉朝廷指派，随团东渡太平洋，赴费城参加世界博览会，又乘船过大西洋，游英法，经地中海、印度洋回国。日后著成《环游地球新录》。

李圭此行，路远时长。李鸿章为《环游地球新录》作序，云："是役也，水陆行八万二千三百余里，往返凡八阅月有奇。"文字上的责任，李圭自然是担着的：将世博会情况和途中所历"详细记载，带回中国，以资印证"。故而，他的游述有一种笔墨的忠实，不但博闻，尤能强记，过眼之物再多，入其笔下，也便服帖地化为行行词句，将真迹固定下来。为历史留影，这当是极要紧的。

清政府组团赴美的第一要务，全在费城世博会上。会址占地三千五百余亩，简直就是一座新建的城池。三十七国赴会展陈，无物不有，无美不具。李圭游目其中，惊得大为感喟："诚可谓萃万宝之精英，极天人之能事矣！"既然做了摘章之士，李圭很是尽责。《环游地球新录》刊行，他自为序，云："谨将会院规制情形，善法良器，分别采择，记录成篇，名为《美会纪略》。"他撰述着那里的真实景状，从"会院总略"到"各物总院"，先摹其大貌，求得概知，再朝机器院、绘画石刻院、耕种院、花果草木院、美国公家各物院、女工院、总理会务官公署顺次着笔，从会场的空间布局，到胪列的器艺造作，仔细端量，周详记录，不废观察的主动权。他斤斤于结构的完整、方位的准确，全景勾勒一笔不苟，局部描画细致入微。他抓住了记游文章的根基，失了它，全篇就立不稳。即使今日诵读这些语句，也能依其缕述绘制一幅图卷，作为盛会的导览。

李圭的观览自有选择，这选择又充溢中国气质。《凡例》中讲得明白："各物总院，首叙中国，义所当然。"足见他的落笔，繁简详略，其来有自。情绪跟景物的联系一旦建立，会把心带入游赏体验，物事的寻常性便被意义取代。

李圭"行至金银珠宝各物处，则如入宝山，万象争奇，两目尽眩矣"。其中"英国地大物博，金碧争辉"，尤为游观者瞩目，"物以瓷器为最，质白洁而工精细"。他一眼看出名堂："初西国无瓷器，乃自中国访求，回国潜心考究，始得奥妙。今则不让华制，且有过之无不及之势。"语多自豪感，又浸着难以道明的酸涩滋味。

意大利的石琢像，在西方国家中，其艺最精。石像、铜像和瓦像，制作水平的高超无可存疑。雕木器比起中国的却略逊一筹。蚕丝甚多，"而其蚕桑之法，亦得自中国，仿效而成，即用以夺中国之利，可不虑哉"。此言又带出一段深思："另有古铜器、古石器、牙器、铁器，列于绘画石刻院，皆二千年以上之物，自地内挖得者。有炉台五事、牙杆秤、香炉、铜钵、铜镜、铜石图印，悉与中国式样同。亦似有字，若钟鼎文，剥蚀不可辨。按意大利，即往昔欧洲大一统之罗马，汉书为大秦国，曾与中国通。今观各器，岂当时得自中国耶？抑仿其式而自造耶？惜字迹莫辨，不能考其来历矣。"身在异国的李圭，触物，动了乡思，一时心情，应当是骄傲的。

美国的机器制造业对社会生产的推动力之巨，震撼了李圭，他深感"美国地大人稀，凡一切动作，莫不恃机器以代人力。故其讲求之力，制造之精，他国皆不逮焉"。他亲见美国的机器造纸法：将纸料洗净、浸透、舂碎，入铁磨和水磨之，"计自入磨至告成，仅数时事耳。每日约成纸二千三百斤"，便想到在中国延续了二千余年的造纸术，"今观此法，尤觉工省事倍"。在耕种上，美国照例发挥机器的作用。观览之时，李圭产生了急迫感："方今我国内地，兵燹后多有未垦之田，因是正需此器。倘日后议垦西北旷土，尤必得购用，以代人力也。况中西地土非尽殊，而农田则为中国首务。苟力省工倍，是举国之所愿也。"西方工业化产生的能量，对农耕传统的改变同样深刻，尤其促动知识精英做出意识的改观。

重视妇女教育，也是李圭注意的一个方面。女工院"其绘图立说，指挥工匠，以及如何铺设，如何位置，皆出女手，新巧异常，……凡妇女所著各种书籍、绘画、图卷、针黹之物，并各个巧技妙法，悉萃于此"。天文、地理、格致、算学、女红、烹饪诸种书籍，分别排列，其旁执事的妇女，答客问询，娓娓不倦，"举止大方，无闺阁态，有须眉气"，他敬之，爱之。想到国内女学的坠废，不禁追怀历史："考周官有女祝、女史，汉制有内起居注。妇女之于学，往古盖有所用之矣。"他发出醒世的心音："倘得重兴女学，使皆读书明理，妇道由是而立，其才由是可用。轻视妇女之心由是可改，溺女之俗由是而自止。"搦管绘句，李圭详为记叙的虽是繁博器物，然则晓天下、明事理的载道之心，并未有一刻的消歇。

世博会甫毕，李圭又游历美国各都会，再涉大西洋，逾万里，东抵英国伦敦，继而东行出法国马赛海口，过苏伊士运河，历红海，渡印度洋，抵香港回到上海，加上数月前自上海出发，经日本越太平洋抵达美国西海岸三藩城，几乎环行地球一周。开阔眼目后的记忆与心得，结撰而成《游览随笔》《东行日记》。亲行之路、所历之境中的一切政治、风俗、言论乃至科技、展会、招商，林林总总，详略不一地收纳笔端。在费城，看监狱、习正院、疯人院、造钱局、蜡像院诸地，自谓"观夫习正院与轻重犯监狱，皆主于化人为善也"。他追想起浙江第一循良李化楠，此君在余姚做知县时，"凡获穿窬小窃，不遽加刑责。遴手艺之老成者，令教以艺。暇则亲至其处，宛转劝化，俾自悔艾。艺成，许亲族邻佑或教其艺者，具状保出，永不为非"。本国的贤良德政，恰能与异域的所见相合，便引发深深的感慨。在华盛顿，看伯理玺天德宫、养兵院、议政院、邮政局、观天台；在哈佛，谒见清政府驻美副公使容闳，看克尔司洋枪厂、织造厂、聋哑院；在纽约，看书馆、巡捕房、税关、育婴堂、绅民公会、衙门、总督署、寄藏所、大杂货店、戏馆。纽约书馆生徒，尚默识，不尚诵读，只因"盖默识则书之精义乃能融洽于心"。在这里，他殊觉"其歌诗、舒体，似有得中国乐舞之意"，赞叹"教法精详，课程简严，而不事夏楚，师徒情意洽贯"。一动一息，体察入于纤微，那种感觉是陌生的，也是熟悉的。

往游泰西第一大都会伦敦，圣保罗大教堂、议政院、电报局、税关、验茶所、验酒房、新报馆、博物院、机器会馆、奥克司芬城，依次入眼。根性登博物院里的展物牵动心情，因为"有道光年间觉生寺所制铜磬，及金玉钏、钗环簪珥、景泰瓶炉、雕木器，皆得自中国者"。造型熟稔的物件，勾起了一缕乡愁。

法国巴黎的拿波伦故宫、卢发博物院、拿波伦武功坊、生物苑、柯巴辣戏馆、马戏馆；叙述较略，不知在李圭心里，留痕是否也这般浅，这般淡。

李圭把奉使出洋的耳闻目见，载录在书里。广为采择的行记，无所畛域，无所蔑弃，意气那么豁如，襟度那么宽博，不独为清廷提供了"以资印证"的第一手材料，更深的意义在于让公众明晓了同一时间出现于异邦的新奇事物，而这正是开启认知的初始。域外文明凭借李圭的文字注入进来，使千年帝国的僵体焕出活力。充满人文意义的游述、富于思辨色彩的论说，将别国的生存智慧跟中土习尚嫁接，向依附世传礼法的道德禁忌与行为羁勒质以疑义，这对当时的国人具有开启心智、拓展视野的实际效用，当然超出单纯记录世博会的预想。

读过《环游地球新录》的人，广做转述，一双眼睛变作千万双眼睛，去看海外的天地。李圭让更多的人随着自己的视线向未来凝眸，无数眼界因之拓开，无数心怀因之激奋，精神的解放开始在封闭的古国酝酿。

何如璋

出使东瀛访政俗

一

　　晚清多艰，活在这个时代的有些人，运势难料。中国首任驻日公使何如璋，就是这样一位争议于朝野的命臣。说到身后定评，毁誉两面，他都占了。

　　诮毁，来于上。当其时，怀有虎狼之心的列强对中国宗属国的图谋，跟朝中清流党（北派）观念一致的何如璋是有所觉察的。面对日本侵凌朝鲜、琉球，法国构衅越南，沙俄窥伺中国西北的严峻局面，他受使命驱动所提出的应对之策，有强硬之概而无软弱之气，足见他可算一个承担沉重的历史责任、慨然有志于家国的人。

　　1884 年 7 月，中法战端骤起。法舰闯入马尾军港，担着福建船政大臣职衔的何如璋和福建海防大臣张佩纶，先谨遵清廷"严谕水师，不准先行开炮，违者虽胜亦斩"旨意，不乘势举兵，坐失事机；后福建水师被动应战，多艘战舰不等起锚，即被击沉于闽江口，七百余官兵殉国。马尾造船厂和海岸炮台亦遭轰毁。战败，何、张成了担罪之人。不好的名声进了官修的史书，世人耻其溃散，常将冷眼相看：

　　　　船政大臣詹事府少詹事何如璋，守厂是其专责，乃于接仗吃紧之际，遽行回省，实属畏葸无能，著开缺交部严加议处。翰林院侍讲学士张佩纶，统率兵船，与敌相持，于议和时屡请先发，及奉有允战之旨，又未能力践前言。朝廷前拨陆路援兵，张佩纶辄以陆兵敷用为词，迫省城戒严，徒事张惶，毫无定见，实属措置乖方，意气用事。本应从严惩办，姑念其力守船厂，尚属勇于任事，从宽革去三品卿衔，仍交部议处，以示薄惩。

——《清实录·光绪朝实录卷之一百九十一》

语句如同斧钺，砍杀下去，没有硬骨的人，只怕会就此倒掉。

嘉誉，来于下。何如璋的次子何士果就认为，祖上是遭诬褫革，才落得遣戍塞外的下场，"盖深以府君戍台为不平也"。身处战境的何如璋，并非畏敌如虎，"马江之战，毙法元戎，不惟无功，反以得过。府君一身之荣辱显晦所关几何，而不禁为吾国之不幸，长大息而流涕也"（《先府君子峨公行述》）。设身而思，敌酋狂妄，肇衅生戎，清廷却一味忍辱求和，防务尽虚。或曰："宗庙无主，则民不威，疆场无主，则启戎心。"远离烽烟的枢府，传令直似虚比浮词，哪里贴得上日紧的战情？这样看，马江鏖军的败责，怎能由前方将士独担？

何士果还是赞佩父亲的。何如璋将冤情都藏在肚子里，蒙着千古骂名，斥放荒寒之地，效力军台，却能写出篇长三十六卷的《管子析疑》，断非常人所能为。宦海浮沉，为臣入仕的路虽不好走，却总是有人走的，并且走出了令人钦敬的样子，尽管他是一个悲剧性的历史角色。

《使东述略》是何如璋驻日的工作记录，其中对于国际形势的洞察，表现了世界眼光和外交识见。比起芸芸并世之人，他的胸怀无疑是开广的。何如璋这样写：

窃以欧西大势，有如战国，俄犹秦也；奥与德其燕赵也；法与意其韩魏也；英则今之齐楚也；若土耳其、波斯、丹、瑞、荷、比之伦，直宋、卫耳、滕、薛耳。比年来，会盟干戈，殆无虚日。故各国讲武设防，治攻守之具，制电信以速文报，造轮路以通馈运，并心争赴，惟恐后时。而又虑国用难继也，上下一心，同力合作，开矿制器，通商惠工，不惮远涉重洋以趋利。夫以我土地之广、人民之众、物产之饶，有可为之资，值不可不为之日，若必拘成见、务苟安，谓海外之争无与我事，不及此时求自强，养士储才，整饬军备，肃吏治，固人心，务为虚憍，坐失事机，殆非所以安海内、制四方之术也。[①]

以封建分封制下的诸侯国，类比资本主义制度下的列强，虽不科学，却显示了对激变中的世界政治和经济版图的初步认识，对于封闭状态下的朝臣，实属难能。受李鸿章、沈桂芬举荐而履新的何如璋，置身广阔的国际空间，耳目所触皆为新异物事，这使其眼界放得开，洋务精神因之表露得异常彰明，但也潜含着焦虑心情。第二次鸦片战争（1856—1860）的创痛并未从心底消去，作为驻外使臣，何如璋得以从跨文化交际中审视当时的国家关系，觉得很似中国上古时代的情状，因而他以春秋战国的诸侯国做比，希图让国人据此进行客观推量，理清思路。十九世纪的世界，列强发动的战争颠覆了传统的国际秩序，在地缘政治版图发生迅速变易的情势下，当朝者亟须调整秉政方略，重构民族自信、文化传统和大国心理，使古老社稷在冷酷的国际竞争中奋起图强，延缓向半殖民地泥沼沉陷的速度，努力从严峻的民族危机中自拔。

二

自西徂东，何如璋更为关注的是出使的日本，对其两千年国史的综括，荦荦大端，一览梗概。"日本自神武创业，一姓相承，迄今二千余载"之句，上接《古事记》和《日本书纪》记载，道出该国源流。闪耀着神裔光环的神武天皇，成了开国之主，崇圣的形象，犹如天照大神在世。

何如璋的眼光投向明治维新这场政治改革运动。文明开化带来观念的新变，殖产兴业促进经济的繁荣，都给他留下深刻的印象，"尝按其图籍，访其政俗"。改革后新确立的政体，即国家政权组织形式，特别引起他的注意。略述三权分立的政权组织架构，是《使东述略》一书中极富价值的部分：

> 其官制：内设三院九省，而外以府、县、开拓使辖之。三院者：曰大政院，有大臣、议官，佐王出治，以达其政于诸省；曰大审院，掌邦法者也，内外裁判所隶之；曰元老院，掌邦议者也，上下各议员隶之。九省者：曰宫内，以掌王宫；曰外务，以理邦交；曰内务，以治邦事；曰大藏，以制邦用；曰司法，以明邦刑；曰文部，以综邦教；曰工部，以阜邦材；曰陆军、海军，以固邦防。①

此种政权机构的设置，大异于封建专制制度，是他前所未闻的。政治体系如何运作，权利资源如何配置，都是何如璋开始思考的内容。他的新观察，陶染了随使的同乡黄遵宪，黄氏所著《日本国志》，也是一册醒人耳目的专书。带有思想启蒙性质的著录，对日后的戊戌变法产生了深刻影响。

日本的国家大势，皆在何如璋胸中。官制之外，他亦论其兵制、学校、国计、疆域、国界，纵议疆域，用笔最富。对这个东亚邻国，他是持有大局观的。

在国家关系上，何如璋抱定的愿望是良善的，但也距离现实较远。他认为日本"国土孤悬，无所附着。……环视五大部洲，惟中土壤地相接，唇齿相依。果能化畛域、联辅车，则南台、澎，北肥、萨，首尾相应，呼吸可通。是由渤海以迄粤闽，数千里门户之间，外再加一屏蔽也！"联日疆土以御外侵，这种天真的设想，缺乏战略依据。地理位置和地缘政治不是同一概念，唇齿相依只是空间意义上的表述，两国的界域和利害，究竟

---

① 何如璋：《使东述略》，商务印书馆、中国旅游出版社2016年版，第15页。

固存差歧。空想注定无法实现，这已为近代历史证明。

何如璋的政治作为，还体现在具体的外交实践中。他在敦睦邦交的同时，不忘力捍国权，在华民聚居城市创建领事馆，进而收回领事裁判权便是极可称道的一例，这在《使东述略》中有所述及。

其时，各大口岸均有旅日侨胞，"横滨为日本通商大埠，交易繁盛，榷税所入，岁逾百万。华商近三千人"，营商过程中"喧嚣纠葛，措理颇难"。为不使他们的合法权益受损，国家力量的保障甚为重要。何如璋据实省察，提出设立领事的主张。"理事一官，今始创设"这话，便由他硬气地讲出。这里的理事，即为领事。议设领事之举，在他眼里"此亦事势不得不然者乎"。当时，琉球事件（1874 年）已发生三个年头，日本欲废侨居华人的留驻旧规，并剥夺中国在重要港口城市的领事裁判权。困难的状况下，何如璋依凭国际公约，和日本政府交涉事宜，经过奔走，始在横滨、长崎、神户设立领事馆，派驻领事，进而收回领事裁判权。何士果在《先府君子峨公行述》里记曰："府君据约与争，卒设三口领事官。横滨粤商多，民气甚嚣而强，狱讼尤滋。任范大守锡朋为横滨总领事官，听断明敏，当其材。吾国法权之受侮，莫甚于领事裁判权。而在国外，又不能以受于人者施之于人。惟在日本，以府君之争，而仅有此权，不幸以甲午之败，仍将此权失去也。"此乃国之憾，国之耻。何如璋没能看到这抱恨的结果——他已经辞世三年了。

明治维新改变了日本的国家形象，军国主义势力骤大，开疆拓土被视为不赏之功。日本对于清朝藩属国琉球，久有窃据之心，曾阻止琉球国向清朝进贡（1875 年），欲霸图谋已现大端。何如璋有所洞察，其身近，其感深，深为戒惕。《先府君子峨公行述》里记曰："日本志在灭球，借阻贡发端，……府君反复陈说利害，谓日人蓄志求逞，不如乘其国力未充，先发制之，以绝后患。"

对于阻贡之事，何如璋格外警觉，上书总理各国事务衙门和北洋通商大臣李鸿章，云："是事大且有关于安危利害也，某虽至愚，曷敢以轻心尝试。论国事者，百闻不如一见。某来东数月，旁观目击，渐悉情伪。前寄呈使东述略，已大概言之。"他分析时局，表述了应对之策："阻贡不已，必灭琉球。琉球既灭，次及朝鲜。否则，以我所难行，日事要求，听之乎，何以为国？拒之乎，是让一琉球，边衅究不能免。先发制人，后发为人所制，凡事皆然，防敌尤急。今日本国势未定，兵力未强，与日争衡，犹可克也。隐忍容之，养虎坐大，势将不可复制。"此番急切之心，在《使东述略》里也有流露："子曰：'足食足兵，民信之矣。'又曰：'人无远虑，必有近忧。'可勿念乎？"沉重话语，表现了以一人之肩臂，担承经国之大任的君子精神。

何如璋对家国的竭诚尽智，未能叫庸怯的执政者省悟。此后，茫茫海上难见琉球贡使的身影。不久，日本废藩置县，琉球王国改称冲绳，蒙受殖民统治。世藩之国，终遭割占。昔日臣服之邦，不隶版籍，琉球沦丧的惨痛现实压着何如璋的心，他该是何等痛苦。

深谙洋务是何如璋博取李鸿章赏识的重要原因，而使日期间发生的一切，让他淡出了当权者的视野。李鸿章谓其"虽甚英敏，于交涉事情历练未深，锋芒稍重"。评价失去光彩，奉调回国也是自然的了。四年的外交生涯终结，何如璋黯然离场。悲剧人物的标签，跟随着他的名字。

三

《使东述略》带有浓厚的行记色彩，文字依时序展开，空间虽然不断转换，记叙者的主观视角始终是确定的。整篇看去，语流直贯，文脉清通，这尚属为文的常格。何如璋腹怀诗书，记人、述史、录游，皆有好笔墨。

赴任途中，观览人文遗迹，不禁感怀昔年战事。过平户岛，他生出一段追忆，思绪遥接弘安之役：

> 元至元中，范文虎、阿塔海帅舟师十万，以高丽为向导，渡海东伐，克对马、壹歧，乘胜进攻平壶。遇风舟覆，范文虎等弃其众，乘

坚舰遁还。考地之势，盖此岛云。①

元朝东征日本，飓风吹浪，艨艟殁海，蒙古高丽联军攻取未竟，反遭杀败的史实，令人生叹。那道号为"元寇防垒"的石墙若是映入何如璋眼里，感慨当会更深。

过大阪，睹史迹而品论战国时代的政治家丰臣秀吉，何如璋用简练之笔，状其生平梗略：

> 秀吉奋迹人奴，袭织田之业，称雄东海。课列藩，筑城以自固。乃暮齿骄盈，不自量度，欲抗衡上国。暴十余万之师，西争高丽，卒为明兵所扼，力绌势穷，国为之敝。身殁未久，遂覆其宗。兵犹火也，不戢自焚，秀吉之谓乎！②

末尾之语，一针见血。臧否他国人物，是把汉代名士贾谊的政论笔法借来了。

放眺日本的自然胜境，何如璋的摹状亦浪漫多姿，风光之前，愈显潇洒才情。

东瀛的海岛景致，最触心神，故而着笔尤多。情陷微茫烟浪间，方能不厌描摹。

抵长崎港，他宛似走进浙东会稽的郊野美境："北则群岛错布，大小五六，山骨苍秀，林木森然，雨后岚翠欲滴，残冬如春夏时。沿岛徐行，恍入山阴道中，应接不暇。"出长崎，"东北远望五岛诸山，峭拔鲸涛中，郁然为碧芙蓉倒映海面"。他与驻日参赞官黄遵宪、使馆随员廖锡恩晚泊小豆岛，登岸闲眺，此时"夕阳在山，黄叶满径，梯田露积，畦芥霜余。樵牧晚归，见异邦人，聚而相语，惜不通其语言。及旋舟，桅灯光射水际矣"，俨然桃花源的仙界妙景。这般清美的文字，给真实的记录添加了一

---

① 何如璋：《使东述略》，商务印书馆、中国旅游出版社 2016 年版，第 6 页。
② 同上，第 8 页。

抹闲适的情调。

身为外交家的何如璋，文学根底不浅。溯其知识背景，使日之前，喜习科场，乡试中选举人，殿试中选进士，曾任翰林院庶吉士，亦授职编修。不乏墨义、帖经、策问、诗赋、经义等学术训练，因而叙事、论理、追史、摹景，皆有文理。马江军溃，罢职后贬谪塞外，心境落寞之际，他尚能写出《管子析疑》，便不足怪。

王

韬

岛国游情寄觞咏

一

涉历山川，绮筵对酌，与异邦朋侪相酬唱，王韬将访游东瀛的百余日观感，历历地写进《扶桑游记》这部书里。此次出游，他觉得无比畅意。他在书的自序里尝言："由此壶觞之会，文字之饮，殆无虚日。"十几字，或可道出快适心境。

王韬自幼喜爱观览。他是苏州甪直人，镇上的保圣寺，是他常常光顾的地方。流连佛刹造像而神往大千世界，他自然养成纵游天下的夙志，尝谓："余少时即有海上三神山之想，以为秦汉方士所云，蓬莱诸岛在虚无缥缈间此臆说耳，安知非即徐福所至之地，彼欲去而迷其途乎？"

只消了解王韬的身世，便可知道，他的离乡远足，却是跟避祸有关的。用他讲给日本友人的话，是"以口舌遇祸，因谗被废"。祸端，起于一封信。李秀成统率太平军攻向苏州、常州，城陷，兵锋迫临上海。供职于上海墨海书馆的王韬，情绪因眼前时局而动。1862 年初（咸丰十一年冬末），他回乡探望染疴老母，向驻扎苏州的太平军投章献策。清军占据上海，发现王韬曾呈的条陈，虽然他用了"黄畹"的化名，还是没能遮掩过去，李鸿章为之撄怒。背了"通贼"罪名的王韬，立遭清廷通缉。无奈，他在英国驻沪领事馆领事麦华陀爵士的相助下，搭乘英国"鲁纳"号邮轮逃离上海，匿迹香港。蹈浪南去，海天清旷，孤伫甲板之上，他心境哀楚，胸中悲音与万里涛声相激。此时，他正值盛年，却一发"余青衫老矣，落拓天涯，苦无知己"之叹。"以有为之才，处多故之世"① 的王韬，自恨碌碌不得志，尝以"天南遁叟"自命，寄喟遥深，足见灵魂已被浓重的漂泊感攫紧。

旅港五载，王韬任过报社主笔，译过中国古籍，写过有关香港历史的文章。1867 年 11 月，他在好友的襄助下，作为翻译助手，与回国的英国汉学家理雅格偕行，踏上旅欧的远程。法国马赛、巴黎，英国伦敦是他曾到的。外国的政治、经济呈示的别样局面，特别是中西文化存在的巨大差异，令他陷入深刻思考。对于现代文明的接受，对于中国传统社会的反视，以及新观念的萌发，使他思想中滋生改良意识，并且引起变革冲动。

1870 年春，王韬随同理雅格返回香港，仍在曾经供职的《华字日报》做主笔。这年 7 月，法国和普鲁士因争夺欧洲霸权，爆发战争。刚刚见识过欧洲情势的王韬，格外关注战事，执笔编撰《普法战纪》一书，述其始因与过程。此书在报纸连载，为李鸿章所激赏。1874 年，王韬创办《循环日报》，撰写大量政论之文，倡扬变法主张。他的著述传入日本，为文化界中力主维新的人士所瞩目。也就因此，1879 年 4 月，王韬应日本一等编修重野成斋、《报知社》主笔栗本锄云等名士之邀，做为时四个月的东瀛之游，历览东京、大阪、神户、横滨诸地风物。

此段颠顿经历，日本的雅士胜流自然晓析，愈加赞佩王韬的识见与学养。《扶桑游记》书竣，同他素有笔谈往复之雅的重野成斋为之撰序，言："盖先生抱负伟器，早岁遭变乱，寻为忌者所中，远迹韬晦，逍遥沪城，留连香港，遂西极欧洲，东抵日域。所至，纪其风土人情、山川景物之状，意到笔随，读之者如身涉其境。自古卓落不羁之士，无所施于时，则往往作汗漫游，寓意文墨，娱情花柳，以慰其抑郁无聊。"此番话，大致将王韬半生行迹道出了。平安西尾跋曰："先生长洲人，少怀济世志，尝

① ［日］冈千仞：《扶桑游记》跋，《扶桑游记》，商务印书馆、中国旅游出版社 2016 年版，第 130 页。

以言事忤当路,遂绝意仕宦,削迹远遁,以著述自娱。余始读《普法战纪》,喜其叙事之明畅,行文之爽快。及接其容,听其言,不觉叹服。不独其学问渊博,无所不赅;议论公平,不立彼我之见,信所谓通儒也。"另一位,叫冈千仞,亦作跋语:"《普法战纪》传于我邦,读之者始知有紫诠王先生;之以卓识伟论,鼓舞一世风痹,实为当世伟人矣。"评价之高,是到了顶的。

1879年4月23日(光绪五年闰三月初九日),王韬从上海出发,开始扶桑之旅。

王韬是一个文人,他的出游并无官方背景。比起朝廷的外派,这种民间"外交"另有一番意义。同王韬有过文字之交的日本友人讲:"至东瀛者,自古罕文士。先生若往,开其先声,此千载一时也。"当王韬闻催归之音,将回国时,重野成斋等邀饮饯别,素以才气自负的王韬吟道:"两国相通三千年,文士来游自我始。"口气颇大,犹有倨傲之容。也可看出,坎坷世路上,祸难殃身的愁苦感不再久压心头,倒觉"素性不乐仕进,以此反得逍遥世外,优游泉石,颐养性天,立说著书,以自表见"。偷得一段闲暇,观览岛国之胜,深得入微的体验,酷好风雅的他,心境当然殊为畅适。更因在域外遇见心灵相契的人,尤感宽慰,度过的这些日子里,方能诗思赍涌未见其竭。

东游日本,王韬花去128天,朝暮记之,所得"日记"亦为同等篇数。通览一过,游程履迹便知其大略。这些日记,有的用笔细,有的着墨粗,全凭感受与印象的浅深。观风记俗兼倡和酬答,几欲耽湎游乐而忘归。每逢得意处,他总是下笔有神,决不敢草草带过。

王韬的履迹,留在长崎、神户、大阪、西京、横滨、东京等地。一路访山问水,旧友新雨相晤,逐日所记,大宗还在诗酒流连,以及其间的唱诵上,而寓风物怀忆、世情体味于深处。特别是与群公盘桓多日,少不了一洗心尘的雅集,饶得宋人"流觞高会,不减兰亭,感怀书事,聊寄吟哦"之趣。

二

中日文化，同源异流。日本文化在形成过程中，接受了中国古代文化的深刻影响。

同王韬素有交游的日本文人，能借汉字音形作汉诗，赋诗的成熟程度，几与同时代的中国诗人工力悉敌。放眼历史，中国古代文学元素，久已植入日本作家的创作意识。奈良时代的和歌，江户时代的俳谐，平安、镰仓、室町时代的物语，都断不了与中国文学的亲缘关系。周朝诗经、汉代乐府、唐宋传奇，被日本文人奉为经典，从他们躬身请益的谦恭态度上，王韬仿佛看到了紫式部（著《源氏物语》）、清少纳言（著《枕草子》）、井原西鹤（著《日本永代藏》）、松尾芭蕉（著《芭蕉七部集》）等前辈作家端重、矜庄的历史肖像。

王韬在给日本汉学家增田贡的信中写道："阁下与弟，沧波相隔，而心契潜通，临风竦企，未面已亲，殆江郎之所谓神交者非耶！文章有神交有道，弟与阁下斯近之矣。"在这样的文化背景下，往来之间，心神的契合当是自然的。

游日之际，挚友重野成斋携众君造访，笔谈甚洽。其间，重野表示"拟将余生平著述授诸手民"，就是说，打算把王韬的作品在日本出版。王韬大为感动："呜呼！苔岑之契，金石之交，乃得之于海外，此真意想所不到者也。"重野对他说："或序先生之文，谓为今时之魏默深。默深所著《海国图志》等书，仆亦尝一再读之。其忧国之心深矣。然于海外情形，未能洞若著龟；于先生所言，不免大有径庭。窃谓默深未足以比先生也。"此言的轻重，王韬当然品得出来，内心大概也是不安的，连忙回答："当默深先生之时，与洋人交际未深，未能洞见其肺腑；然'师长'一说，实倡先声。惜昔日言之而不为，今日为之而犹徒袭皮毛也。"这番话语，表明了对于魏源的客观与尊重的态度。访游于明治维新后的日本，主张先破社会之弊，后立现代之径的王韬，视变法图强为己任，表现出中国近代知识分子的政治担当。"吾知中国不及百年，必且尽用泰西之法，而驾乎其上。"① "设我中国至此时而不一变，安能埒于欧洲诸大国，而与之比权量力也哉？"② "以中国之大，而师西国之长，集思广益，其后当未可限量。泰西各国，固谁得而颉颃之！"③ "中国一变之道，盖有不得不然者焉。不信吾言，请验诸百年之后。"④ 词锋铦利，语势雄强，一派峭健气格。他的《变法》《变法自强》《答强弱论》和《上当路论时务书》，所立文字，深蕴改良卓识，大可致用而上辅国家。

仿习西方先进的器艺技巧，固属治事救世的急务。然而，处当时之势，向内看，是要不要学；向外看，是肯不肯教。王韬以为"西人即不从而指导之，华人亦自必竭其心思材力，以专注乎此"⑤。书生意气、才士血性，折射出民族志节，其势犹可冲天。

墨川为东京名胜。初夏，王韬与栗本锄云诸人往游。登千秋楼小饮，"全江在目，轩爽宜人"。席间，一个叫龟谷省轩的日本诗人以七律一首见赠，颔联"慷慨谈兵辛弃疾，风流耽酒杜樊川"，引宋朝词家、唐代骚客的典故入诗：稼轩沙场点兵、杜牧赌酒取姬，亦为东瀛文士知道。一个气韵豪壮，一个文词清丽，诗风的异同，扶桑之士，各有取法。

王韬跟驻日公使馆参赞黄遵宪等人从报知社集于楠亭，分韵赋咏。日本汉学家石川鸿斋以七律二首见赠，前一首颔联："公超到处门为市，孙绰从来赋最工。"盛意无可推拒，王韬步韵和之，头一首颔联："杜陵老去才无用，庾信平生赋最工。"只说这两首即席诗的第四句。石川举东晋玄言诗人孙兴公与《天台山赋》之典，王韬则以北周宫体诗人庾开府与《哀

① 王韬：《变法》（上），《晚清文选》（卷上、卷中），中国社会科学出版社 2002 年版，第 516 页。
② 王韬：《变法》（中），《晚清文选》（卷上、卷中），中国社会科学出版社 2002 年版，第 518 页。
③ 王韬：《变法》（下），《晚清文选》（卷上、卷中），中国社会科学出版社 2002 年版，第 519 页。
④ 王韬：《变法自强》（下），《晚清文选》（卷上、卷中），中国社会科学出版社 2002 年版，第 524 页。
⑤ 王韬：《变法》（上），《晚清文选》（卷上、卷中），中国社会科学出版社 2002 年版，第 516 页。

江南赋》之典应和，对得妙。杜甫将眷出蜀，漂泊沅湘的病苦晚景与羁旅之愁却是不宜多言的。虽则诗圣的七古《丽人行》"柔声曼调，意态曲尽，脱胎庾子山。而沉郁顿挫，于浓胰中出奇峭，则少陵之所独"①。

王韬"以寓室太隘"而迁至重野成斋家。"斋舍清幽，花木妍绮"，没有生疏感。特别是"与卧室毗连，小楼一椽为书库，藏书数千卷"，愈令王韬欣喜，"非同魏野之移家，有异王尼之露处"，是他顿生的感受。魏野，北宋诗人，由蜀地迁居陕州，一生乐耕勤种，常于泉边林下弹琴，嗜咏平朴闲远之诗，自号草堂居士，足见不求闻达之愿。王尼，西晋人，洛阳陷落，避乱江夏，身贫无宅，与儿子夜宿牛车上，荆州饥荒，毁车，屠牛而食，肉啖尽，父子皆饿死。魏野、王尼，俱为落拓不羁之士，村居野处，不以为意。尽管是"非同"和"有异"，从古人身上，王韬还是看到了自己的影子。

他日，王韬偕重野成斋至娇语亭，遇一瞽者，"虽盲于目而能诗，又能操笔作字，兔起鹘落，满纸烟云，见其字者，不知其为瞽也，此亦唐汝询一流人欤！"唐汝询，明末清初人，五岁因病致瞽，于父兄膝上习诗，终成学问。王韬有感而赠七律："知君盲目不盲心，洗尽胸中俗虑侵；下笔烟云生丽藻，吟诗山水有清音；宁同张籍干时切，想比唐衢愤世深；亦欲向隅同一哭，世间夔旷岂能寻！"诗里涉及四位中国古人：唐人张籍长于新乐府，美刺现实，词锋直指安史之乱后的社会弊端和民生现状；唐人唐衢应进士，久而不第，寡欢，常因他人悲情字句而涕零，寄意歌诗，每多感发；夔，被舜帝命为乐官，主理乐舞之事，编创《箫韶》，千年之后，孔子在齐闻韶，赞其"尽美矣，又尽善也"；旷，春秋晋国乐师，生而无目，耳极聪，善辨音律，闻弦歌立知雅意，奏琴瑟心通神明。

暑热之日，与诸友再至墨川，饮于八百松亭，酒半，入座纵谈。几上安置笔砚，可供挥毫作字。席上，日本名士皆有诗，多引中国典故。龙川

---

① 钱基博:《中国文学史》(上)，中华书局1993年版，第317页。

诗云："白家幽思浔阳月，苏子豪情赤壁船。"直似曼声忆诵江州司马的《琵琶行》、黄州团练副使的《赤壁赋》。

日本人山本居敬遥寄一律，王韬依韵答之，颔联："江湖作客悲王粲，风雨联床忆子由。"紧附一语："予不归吴乡已十八年，舍弟子卿没于江南，亦已二十年矣。"漂泊身世和变迁家境，愈使王韬对建安七子之一的王粲在《登楼赋》中寄寓的思乡怀国之情、忧时济世之意，殊有领悟；唐宋八大家之一的苏辙，与其兄苏轼均遭贬逐，宦途迢遥，世路坎壈，聚散暌阻之际，依依离情，王韬最能体贴。

返国途中，舟抵神户，朋好赋诗赠别，王韬有感，濡毫泼墨，挥写律诗四首，有"垂死雄心王景略，一生低首谢宣城"句。自视颇高的王韬，久蓄前秦奇士王猛之志，长怀南齐诗人谢朓之情，愿把生命交付沙场与河山。他的这联诗句，可说慷慨论心。胸臆于平仄间吐露，身边众友，腹心相照，声气相投，当会大有领受。

汉诗在日本文坛享有地位，这令王韬甚觉欣慰。他感到，中国诗文是一种强力黏合剂，使两国文人的志趣、情感和心绪找到了共同的依附，并且瞩望到精神指向的终端。他为《小湫村诗钞》作序，起首即言："方今日东之以诗名者夥矣，类皆探源汉魏、取法唐宋，以自成一家，而能以奇鸣于世者实罕。"故此，他称赞这部诗集的作者"以其诗之奇鸣于当世，当必于杜之广、李之俊、韩之兀臮、郊之寒、岛之瘦、温李之秾艳、苏之放、黄之生涩槎枒、陆之温润、杨之疏逸之外，别树一帜，而自辟畦町、独立门户，此所谓诗祖也"。这节文字，饶具器局，很似一段文论，对于作序的对象，评价不低。诗作者湫村正是借鉴杜甫、李白、韩愈、苏轼、陆游等唐宋诗人的经验，才使自己获得创作上的成功。做出这番定评的同时，王韬也从日本的诗歌创作中认识到中国文学资源产生的强大作用。日本文人对于汉学的尊崇加深了王韬对于本国文化的自信。

三

异邦景象，最易触动旅愁。王韬多从一个中国文人的情感世界和文化立场出发，观察和感受日本风物。能惹乡思的人和事，多有所见，他自会笔笔记下。

一个叫后乐园的地方，建在炮兵厂内，只是"以名贤遗迹，不敢毁也"。名贤，跟中国明朝的朱舜水相关。园内"木石苍古，池水潆洄，临水一椽，即当日修史亭也。常会集诸名士于此，流觞飞羽。时，明遗老朱之瑜以避难航海来此，源光国方为水户藩侯，特以师礼事之。园之甫建，朱君实为之经营，引水成池，广袤无际，仿佛'小西湖'。池畔为山，盘旋而上，有'得仁堂'，以祀孤竹二子伯夷、叔齐者也"。朱之瑜，明末遗民，反清复明无望，遂弃离故国，出亡日本，留居二十余载，致力传授圣贤之学。源光国即德川家康之孙、水户藩第二代藩主德川光国，他倡兴庠序之教，延请浙东大儒朱之瑜为国师，传扬中国文化。"朱舜水始劝侯建学宫，规模一如中土，诸藩并起而效之。是舜水实开日本文教之先声。"日本终成文明开化之国，此君功莫大焉。

前贤之迹，让王韬动情，不禁述其事略："考朱之瑜字鲁屿，日人著曰'舜水先生'，浙江余姚县贡生。明亡，走交趾，数来日本，遂家焉，年八十余卒。源氏题其墓曰：'明征士'，从其志也。舜水为程朱之学，一时靡然风从，弟子多著名者。"王韬把这一段旧史说清楚了。水户的朱舜水外，尾张的陈元赟、纪伊的戴曼公，皆为流寓日本的明朝遗臣。忆想之际，王韬好像追随着他们凌波东渡的身影。

王韬应陆军谷干城中将之招，至其新筑之家，"亭榭轩敞，池石清幽，水畔小草疏花，点缀亦复不俗"。但是，引他注意的却是谷中将之师安井衡。此君为日本巨儒，夙夜勤瘁以观天下书，"博学多文，而尤深于经籍。生平著作等身，其已刻者，则有《左传辑释》《论语通》《管子纂诂》《息轩文稿》；余皆未付手民，藏于家。我国应敏斋方伯曾为作序，而许以必传。其及门弟子多讲道学，有儒者风"。王韬没能见到这位学者，却几生静闻咳唾而获雅识之想了。

耆儒加藤樱老持柬叩门求见，"偕其邻翁及两孙携琴而来。琴系十三弦，云是二十五弦所改。所携笙、笛，谓是隋唐遗制，竹虽旧而不裂，千年物也。翁自鼓琴，两孙一吹笙，一吹笛，悠扬呜咽，与琴声相应。所奏谓是隋唐遗曲；所弹谓是古乐，乃娥皇弹以娱虞舜者也"。裙屐青衿，恍如听见了熟悉的乡音，总会情动于中而形于言。池石花木间，弦歌飞觞之余，抽笔落墨当是可想的。

华族本多正讷遣车恭迎，载王韬至其家，同登六宜楼小坐。"正讷特出其所著《清史逸话》见示，已成三编，皆采辑我朝近时名流。"王韬感于其功，遂识跋文，曰："先生向为一国藩侯，有土地人民之责。维新以来，敝屣爵禄，浮云富贵，令其子嗣位于朝，而己则超然物外，退处于闲静寂寞之区，优游泉石，啸傲烟霞，读书于'六宜楼'中，潜心撰述。而独于我国之明贤遗哲往事轶闻，辄笔之书，以寄其景慕之思，而不以尘俗萦其虑，其乐为何如哉？虽南面王不易也。"华族，在日本社会中地位极尊，"列于藩侯，世代有爵位于朝，似春秋时世禄之家"，这一阶层人士对中国文化的接受程度较深。王韬是深佩这等世外人物的，山水林树、岩壑溪谷，任其驰纵。领受之后，情为之动，云："余自东来，日与诸文人征逐游宴，卒卒无片晷闲。今从先生静坐楼中，夏雨初过，新绿如沐，殊觉穆穆然神与俱远。"师者在，不以天涯为遥。眼观心悟，他受到很深的教益。

隔数日，本多正讷投赠律诗，颈联："问奇谁识扬雄字，献策长留贾谊篇。"诗思亦从中国西汉辞赋家扬雄、贾谊的作品中汲源。王韬对此人的敬服，又深一层。

某天随友人作深川之游。道经永代桥，从桥上南望富士山极巅芙蓉峰，只觉"天晴云净，翠黛遥浮"。楼头设酒，王韬和七律两首。后一首颔联:"神仙潦倒逃蓬岛,云雨荒唐说楚王。"这里用了八仙高步,远泛沧溟;云梦之浦,夜梦瑶姬的旧典。故国之思,缱绻于心。

王韬谒神田圣庙,举目即有感,只因"日东圣庙为明遗臣朱舜水饬匠所造,一仿明代制度"。经探悉,他了解到,在这庙里,"旧幕盛时,事孔圣礼极为隆盛。每岁春、秋二丁释菜,三百藩侯皆有献供。所奏乐器,金石咸备。维新以来,专尚西学,此事遂废。后就庙中开书籍馆,广蓄书史,日本、中华、泰西三国之书毕具,许内外士子入而纵观。开馆至今,就读者日多,迩来日至三百余人,名迹得保不朽"。开馆日浅,馆藏中土书籍暂为九万余册,在王韬眼里,虽不算夥,倒也极珍。应馆寮之请,他题七律一首,书之缣素:"夙昔同文本一家,泮宫制度似中华;极知洙泗宗风远,不独蓬莱胜地夸;百首逸书逃世外,千年秘籍出瀛涯;嫏嬛何幸身亲到,眼福于今十倍加。"感物寄兴,犹抱探源溯流之意。

王韬和重野成斋抵清华吟馆,"成斋出示《溉堂文集》,国初孙豹人所著。此集在中土甚少,不知何年流入日东也"。遂吟五古一首,有句:"出示豹人文,浑如获瑰宝;此集传者稀,兵燹后益少。"两国文化交流,随处留迹。感此,披襟临风,即席赋呈,足见一片心。

四

述录日光山之游,最见王韬文字得力处。他的游记语言,在摹景的形象性上,比起当时的他人作品,明显胜出。他的录游,是文学化的,而非止于单纯的记录,虽然同样运用着日记体。

日光山,又名晃山,是关东平原北部的一处名迹。日本人谈及山中峦壑之奇,"谓东游不至日光,斯为缺典"。关东平原素为德川氏世袭领地,风物大有可观。王韬对它的心仪和神往,多表现为亲临其址而能溯往、追古、怀人。光绪五年(1879年)六月十四日,王韬与日本诸公商定往观其胜,这也是访日游程中的重要安排。王韬故不看轻,《扶桑游记》自序里,特别点了一笔："中间偕作晃山之游，遍探山中诸名胜。"他以游踪为脉，详述游览全程，构成一篇完整的晃山游览记。同行的八位日本友人也很看重这次山游。重野成斋在《扶桑游记》序中专意提到："凡日常动止以至闻见所及，信手登录，而游晃一篇附焉。"

王韬所记，用笔甚细。行访古迹的路上，过眼风景未始不值得留意。就平素的旅行经验看，此中亦有幽胜处。王韬正是注意到了这一点，故而着意用些笔墨。"自东京至日光，不过三百七十里而遥，而中间所经名胜，亦颇不少。"先是舟行，"每逢村乡亭驿，必停舟以待客"。泛于竖川，此水"亦犹中国之运河也"，设幕府以治天下的德川氏所开凿。继行，望耸峙之丘而临鸿台故墟，凭吊号为"小赤壁"的昔年战迹，浮想关东豪族里见氏和北条氏拼死搏杀的狼烟。

抵古贺邑，谒故将军源赖政墓、先辈熊泽蕃山冢，"行野田蔓草中，零露未晞，袜履沾湿。继而路益纡折，几于排灌莽、履窄径。四围古树，苍翠扑人。经古河城址，壕垒高下，旧迹犹有可寻；然非导者为之口讲而手画，亦几不可复识矣。故侯宫殿，废为田圃，惟石基仅存。呜呼！仅十许年耳，而沧桑更易，人事变迁，可胜叹哉！"清旷凄切之象，他感受得深，也表现得真。其实，在这之先，游览东京的净土宗道场增上寺时，王韬曾被这种情绪感染，那里"即德川氏历代陵庙所在。庙中僧房不下百椽，今皆荒废。……盛极则衰，可胜慨哉！"接之，入眼的是旧堞、荒祠、古庙、幽宫，"一路长松夹道，夕阳影里，蝉声若咽"，意味尽足。充耳的是山中奔泉的腾沸声。泉流"自上奔注于下，喷雪溅珠，澎湃之声，铿訇震耳，觉心神为之顿爽"。举目，仰见葱郁松柏间，露出峥嵘宫殿——德川氏筑立的琳宇梵刹。昔年，江户幕府盛时，四方朝山者众，山上专供修行男女住宿的院坊"连甍对宇，栉比蝉联，结构之雄，世所罕俪"。大政维新发生，幕府将军把政柄交归明治天皇。王政复古告成，曾经集揽治国大权的德川氏转瞬失势，一时人迹骤稀，"主者悉撤堂房，或以其材给予贫困罹灾者"，依山楼台失掉了宏壮光景。幕府与皇室之争的惨酷，王韬为之抱叹："俯仰今昔，不禁盛衰之感。"世事变异，断非人力所能奈何。对此，文人是最易感的，王韬此段话语，发乎性情，更对自己国家的政治现实产生联想。

德川家族灵庙，为全山之胜，也是王韬最想流连的所在。参谒东照宫，以观德川家康的坟茔，晋诣满愿寺，为睹德川家光的圹壤。抽身离去的一刻，观瞻顿觉壮了许多。这也符合一般的游览心理。

满愿寺，日光山的开基者胜道上人创筑，其后岁月，又得光明院、轮王寺之名。德川氏隆兴，扩修寺刹，"金碧丹青，辉煌壮丽"，却于"明治六年遭灾，尽成灰烬，虽新经营构，而崇敞百不逮一"。寺内的大猷庙，王韬也是游过的。德川幕府第三代将军德川家光葬处在焉。低回其前，王韬，一个华夏游子，亦生钦敬之意："德川氏霸业至三世而始定，诸侯畏服，威权覃内外。故家光亦特尊，祠庙之盛，祀事之赫，盖与家康比隆云。"祖孙二人，创设和巩固了集权与分权兼存的幕藩体制，也开启了日本最后一个封建武家时代。

东照宫的排场更盛，"穷土木之奢侈，极金碧之辉耀，几于竭天下之力以奉一人"。朝鲜所献、琉球所贡的铁炉居宫亭左右。宝库藏储的祭器、珍玩，惊人眼目。"殿上榱桷梁栋，悉涂纯金"，在同游的冈千仞眼里，此等巨观"镂刻丹青，非不精美，惟近于俗而不雅，此亦宫室中别创一格也"；而在王韬看，形制则甚熟悉，他做出这番描述："楣之中间刻孔门十哲，上方为尧舜像，下方为巢由像。木柱悉白质，不加彩绘，而雕镂精绝，几于人巧极而天工错。"孔子门下的颜子、子贡、子路、子游、子夏诸弟子，占了这里的位置。日光山上，神道、佛教之外，儒教的影响也来了。王韬彼时的心情，当是兴奋的，定要记下。

宫中的德川家康，日本战国时代的雄杰，他结束了自身所处的时代，且被当成"东照神君"供奉。此君葬在宫后山上，祭悼者可由石磴盘旋而上。

山上的中禅寺，僧人胜道始建，且立碑纪事。碑文由空海法师所撰。

"空海曾入唐土，东归后，开天台一派"，天台宗即在满愿寺安家。伽蓝静仁，空海随日本遣唐使团抵长安学习密教的旧事，引得王韬遥忆。

日光山的好处，尤在瀑布，它给莽苍荒寂之野带来灵气。王韬性情豪宕，当然喜欢悬瀑激溅的壮景。虽则他在前晚偶感山中寒气，"陡患嗽疾，气喘逆不能伏枕"，"然登临之兴，弗为沮也"。清早出发，"乘竹篼而行，拟遍历山中诸名胜。凡有瀑布处，足迹无不至。瀑之最著名者曰华严瀑，曰观背瀑，曰龙头瀑，曰汤湖瀑，此在日光之东者也；曰含满瀑，曰雾降瀑，此在日光之西者也"。景状的地理方位交代得清楚，呈示出具体的空间分布。

品论四瀑高下，最显眼识，王韬所见是："华严以迂长胜，观背以幽诡胜，龙头以广大胜，汤湖以雄伟胜。"仰观匹练而有心得，此行不枉。

去看雾降瀑。山间僻道长可十五里，践之较苦："始行灌莽中，树木阴翳，交柯接叶，又经新雨之后，衣履均为沾濡。继又行崎岖乱石中，同人行者，皆履荦确而进，殊觉其艰。终则遍地皆山泉，流声潺湲起足下。涉水而行，凡数里许，乃得出险。"好景多在那边，王韬应记得王安石《游褒禅山记》里的话："而世之奇伟瑰怪非常之观，常在于险远，而人之所罕至焉。故非有志者，不能至也。"未临飞流，"已闻泉声若雷吼"。抵其前，"瀑布三道，从高下注，喧豗之声，荡摇心目"。山行逢一少年，曾跟王韬"同舟自神户来，故相识也，今亦来游此山"。知晓少年身世后，王韬殊为感伤，这样记道："问其姓，曰浅野氏，盖华族也。浅野氏旧封四十一万石，地亘山海；寻常出行，舆马拥前后，驺从千百人，旌旃如云。维新后，纳藩籍，列华族，萧散不异寒士；前后盛衰，真如黄粱一梦。"陵谷沧桑的浩叹，王韬一发，再发。思绪如怒泷，激荡心头。

游过含满瀑，他记的不是自然之象，而是石工留下的造像："当瀑处有一亭，亭之对面有一石，上有梵字，笔画模糊不可辨。或云是僧空海掷笔彼岸，遂成文字。其说荒诞，殊不可信。岸上石佛数百尊，露坐荒山中，亦殊岑寂。"处荒远之境，睹古旧之物，王韬只觉得悄怆、凄清、孤冷、落寞。

今昔之感，是一种"共情"，无论中日。冈千仞也对山寺之变深抱感喟，云："少时来游，寺刹满山，楼台凌汉。齐云落星，逊此岩峣；绀宇琳宫，罕兹华靡。逮至今日，一扫而空，荆棘漫天，蒿莱遍地，顿令人发彼黍之叹。"时异势殊，谁也没有办法。王韬深知其味，不免怅触于心，谓："此犹唐时人说骊山宫阙，不胜慨念天宝盛时也。"语意凄切，聊以呼应朋辈所言。

"日光之游，至此而毕。"山水行尽，归而记之，王韬仍有怅憾，感到"山中胜景，非笔墨所能尽。或谓'万壑争流、千岩竞秀'二语，可移以品题，然恐未足以概之也"。他尤其沉湎于历史记忆中，便把深沉的感思寓托在文字里。

明治维新后的日本，在社会形态上，舍封建主义的旧，取资本主义的新。西方思潮的进入，引发新的观念变革，推进了现代化改革运动。对此，王韬有着较为清醒、冷静的认知，甚至有些保守。他这样写道："余谓仿效西法，至今日可谓极盛；然究其实，尚属皮毛。并有不必学而学之者；亦有断不可学而学之者。又其病在行之太骤，而摹之太似也。"他以为泰西学士之言，不可盲目习之的，则应摈弃，方为具有特识。相近的观点，王韬在此前的政论文《变法》里也曾表达过：师夷之长技，以倡洋务之道时，"凡事必当实事求是，开诚布公，可者立行，不可行者始终毅然不摇。夫天下事从未有尚虚文而收实效者"[1]。在当时的世界大势下，面对"固四千年来未有之创局"[2]，他的识见切近"古今之创事，天地之变局"[3]的现实。如此精警的议论，在这部游记里，不常有。

---

[1] 王韬：《变法》（下），《晚清文选》（卷上、卷中），中国社会科学出版社 2002 年版，第 519 页。

[2] 王韬：《变法自强》（下），《晚清文选》（卷上、卷中），中国社会科学出版社 2002 年版，第 523 页。

[3] 王韬：《变法》（上），《晚清文选》（卷上、卷中），中国社会科学出版社 2002 年版，第 517 页。

五

记山水之旅、文酒之会和征逐之乐的同时，王韬的笔触还旁涉一个古老的、以歌舞表演为业的群体——艺伎，她们也充任了风景中的独特角色，成为日本社会的重要存在。诗酒唱和之时，妙龄之伎侍饮侑觞，别添一番风味。所谓"文酒跌宕，歌筵妓席，丝竹呕鸣，欣然酣畅，不复以尘事介怀"① 是也。行途之上，亦遇艳冶容态："盖驿亭多官妓，日暮多炫妆丽服，伫立道旁，以邀过客。"王韬襟度洒落，倜傥不拘，对此倒是不避的，谓"会当一游，以领略此异地烟花、殊乡风月耳"。他并不掩饰自己的想法，且有一段对谈式的论辞："日东人士疑予于知命之年尚复好色，齿高而兴不衰，岂中土名士从无不跌宕风流者乎？余笑谓之曰：'信陵君醇酒妇人，夫岂初心？鄙人之为人，狂而不失于正，乐而不伤于淫。具《国风》好色之心，而有《离骚》美人之感。光明磊落，慷慨激昂，视资财如土苴，以友朋为性命。生平无忤于人，无求于世。嗜酒好色，乃所以率性而行，流露天真也。如欲矫行饰节，以求悦于庸流，吾弗为也。王安石囚首丧面以谈诗书，而卒以亡宋；严分宜读书钤山堂十年，几与冰雪比清，而终以偾明。当其能忍之时，伪也。世但知不好色之伪君子，而不知好色之真豪杰，此真常人之见哉！'"或其本色如此。冈千仞在《扶桑游记》跋语里，亦曾引述过王韬的话："《国风》好色而不淫，《离骚》寄缱绻于美人，骚人韵士，何尝一日忘怀于此乎！"自视这般高，又这样敢言，实乃丝毫不加自讳。在王韬身上，怀儿女之情，而不减风云之志。

芳原乃东京的平康巷，"大道两旁皆高楼，银烛光摇，冰弦响彻，歌舞之欢，连宵达旦。春间樱花开时，游人颇盛。七月放灯，八月陈舞，三千粉黛，无不各斗婵娟，争妍竞丽。或以妓馆之废兴，系江都之盛衰；盖都会繁华，自古然矣"。王韬的组诗《芳原新咏》，以绝句诵日本诸伎。诗

---

① 　[日]冈千仞：《扶桑游记》跋，《扶桑游记》，商务印书馆、中国旅游出版社2016年版，第130页。

序中，关于东京市貌的描画，笔致炫美，倾情声色："东京为日本新都，壮丽甲他处，尤为繁华渊薮。每当重楼向夕，灯火星繁，笙歌雷沸，二分璧月，十里珠帘，遨游其间者，车如流水，马若游龙，辚辚之声，彻夜不绝，真可谓销金之窟也。烟花之盛，风月之美，以及色艺之精巧，衣服之丽都，柳桥、新桥皆所不逮。余偶从诸名士买醉红楼，看花曲里，览异乡之风景，瞻胜地之娟妍，觉海上三神山即在此间。"容色之美、气息之柔、服饰之华，夺了他的魂魄。此段言语，非酒酣耳热之时不能出也。

王韬说墨川水自西北来，"一碧濛洄，四时之景，无不相宜。宜雨宜晴，宜昼宜夜，宜雪宜月，宜于斜阳，宜于晓霭。总之，淡妆浓抹，俱有意致，而尤宜于夏夜纳凉：画舫迎花，舣船载酒，灯火万家，虫声两岸，清飙徐至，披襟当之，以徘徊于苇渚蓼汀间，几忘人世之有酷暑，不亦乐欤！"游观中，赏两岸白樱，一江墨水，望金龙山树木森茂，郁然深秀。又于鸥渡之畔的梅庄品万株梅花，"槎枒林立，枝干横斜，花时不啻香雪海"。茶亭啜茗、楼头酣饮，即兴对景赋诗。宴罢，王韬等人携歌伎泛舟墨川，其时暮霭衔山，新月挂柳，"噫！此何异范蠡一舸载西施也"，恰露出十足的得意。

游宴的欢情中，对于艺伎，王韬每每带着骚人韵士的眼光做着清赏："须臾，歌妓八人至，小铁亦在其中。柳婵花娇，粉白黛绿，几令人目为之眩。诸妓中以可依绿为冠，虽雏发未燥，而容华玉映，艳倾一时。其颀身玉立、媚眼流波者，则阿滨也。珠喉乍啭、响遏行云者，则阿清也。有谷哈那者，年仅十五龄，如流莺之出谷，作飞燕之依人，献媚争妍，并皆佳妙，固属柳桥一时之秀。"此番形容，恰在颠倒淋漓时。

王韬曾与人作日本第一花柳街——吉原（王按：吉原亦曰芳原，东京之平康里也）之游，亲观烟花粉黛的景况。在匾题"留佩处"的茶寮，王韬见到日人佐田相示的《芳原图》。从画中领略芳原风艳："乃知色妓凡七百余人，艺妓亦二百余人。……先于茶屋中开绮筵，招艺妓。歌舞既终，管弦亦歇，更阑烛炧，客意告倦。艺妓乃导之娼楼，择其美者，解淳于髡之襦，而荐宓妃之枕焉。"言下难掩贪爱之意。

诸人小集于神明町长门酒楼。"是日呼四艺妓来，清癯绰约、善解人意者，则桃予也；丰腴秀硕而作飞燕依人者，则美吉、若吉也；年齿尚稚而意态流逸者，则信吉也。歌舞并陈，管弦迭奏，备极其乐。石川鸿斋论东方美人各地不同，三都妇女：东京者躯短而腰纤；大阪多丰硕修整；西京则玉立颀身，曲眉丰颊，大抵由水土使然也。"红颜于眼底含情顾影，惹得微醺人醉心这等品评。

次日，游毕诸庙，小宴于新桥酒楼，尽为同一风调："是夕所招歌妓四人：一曰玉八，清癯娴雅；一曰清吉，澹远秀丽；一曰小三，跌宕风流；一曰小兼，丰腴温润。"贪享花月，清景可画。

距京十许里，飞鸟山在焉。"山水清淑，风景明媚，为近京名胜所。……其地多樱花，春时满山烂漫，游人颇盛。山前后尤多枫树，秋晚着霜，绚然如锦。酒楼曰'扇亭'，正当一山之胜。"瀺瀺飞瀑声，愈衬出景致的清幽。逸乐是少不了的："招二艺妓来，一曰小稻，一曰小今。小稻绮龄玉貌，绰约宜人；小今暮齿衰容，情甚可悯。酒楼女子曰阿雅，亦复宛转如人意。离东京仅十里，而艺妓衣装质朴，意志亦诚实，殊有田舍风，是亦可异。"态度体贴，似看不出轻亵。

王韬作根津之游。"根津亦妓馆荟萃处，繁华不及芳原，要居其次。色妓三百人，艺妓二十人。所至一家曰八幡屋，其外一池泓然，而巨楼阁环之，为根津妓馆巨擘。"入此花丛，他酡颜如蕊，意态若痴，口占一绝："繁星万点夜灯开，有客驱车访艳来；三百名花谁第一，宵深扶醉下楼台。"

在新桥伊势楼小饮，艺伎珊珊俱至而佐酒。王韬书绝句以赠人，有"好酒好花兼好色，能书能画又能诗"一联，宛然画出一段风流态度。

王韬受邀往两国桥川长楼闲饮，"所呼艺妓三人，无一相识者。楼外波光黛色，与楼上扇影衣香相掩映，消夏之地，于此为宜"。翌日薄暮，登小舟，载酒肴，到两国桥观放烟火，"或有携妓作艳游者，拨三弦琴，咿哑作响。波光黛色，鬓影衣香，真觉会心不远"。逍遥作乐，王韬大为迷醉。

风月场走得多了，也就视若平常。王韬在一封信函中忆写片帆东溯扶桑后的所为，云："日在花天酒地中作活，几不知有人世事。日本诸文士亦解鄙意，只谈风月。"又曰："东京烟花薮泽，如芳原、柳桥，皆驱车过之，游览一周。有小紫者，诚所谓第一楼中第一人也，亦经饱看，但觉寻常。此来深入花丛中，而反如见惯司空，味同嚼蜡。释迦牟尼大彻大悟，当作如是观。"由此联想到某天，芦帘闲坐，一位雅集者出诗见贻，有"余事观风仍纪俗，高情携妓又参禅"之句，看作是对王韬扶桑游历的概观，也是据实的。

六

游罢且记胜，王韬似乎不能尽意，云："……如此好山水，而余无奇构杰作以副之，洵为有负斯游矣。"这是自谦的话，更见出游感之深。那个时代，国内的政治空气沉重窒闷，山一样压着庶黎的心。他的东游叙录，开豁世人眼目，笔底跃出一派风神、多样气象。

徐建寅

采择燧火放光焰

近代的中国，受够了列强的深重欺压。究其根底，除去政治上的原因，实业的落后也是显见的。帑库渐虚，日近竭罄，国力因之亏弱，武备因之弛懈，民生因之艰窘。维新变法者认清了时势：遵旧而不思图新，政务必不能兴，军务必不能饬，财务必不能裕。实业乃可作为政治的基础，来促成国家的发达。

"师夷长技以自强"的洋务派，识度弘远，不为故步所域，鄙夷顽固的守旧势力的浅狭之貌，把眼光投向异邦先进的制造技术，决心将其学到本国来。李鸿章看得较明白，说："窃谓西洋制造之精，实源本于测算格致之学，奇才迭出，月异日新。……若不前赴西厂观摩考索，终难探制作之源。"① 目接身亲，悉心考究，方能窥门见径，握得科技密钥。如此续派前往就学，"以储后起之秀，而备不竭之需"②，亦为理政鸿猷。清廷遂遣令一批批秀杰之士，不顾道里辽远，涉历风涛，出洋游学习艺，见识外面的世界。选调留学，遣派考察，委任出使，廓开一时局面。有远略而志虑恢大者，在内心发了誓：祖先四大发明那样的创举，有待今人的继踪，工业文明终会在东方开出成功的花。

历史的变局中，徐建寅遵时而出。他的力量也微小，也有限，却和民

---

① 李鸿章:《选派闽厂生徒出洋习艺并酌议章程疏》,《晚清文选》(卷上、卷中),中国社会科学出版社 2002 年版,第 184 页。

② 李鸿章:《续选派闽厂生徒出洋疏》,《晚清文选》(卷上、卷中),中国社会科学出版社 2002 年版,第 186 页。

族运命、家国前途攸关，扮演了文明变迁中的历史角色。故而后人每提起他，辄称道其功。

化学家、兵工学家，是徐建寅担着的两个身份标识。光绪五年（1879年）之夏，他领过朝廷所授驻德国二等参赞的职衔，搭乘"扬子"轮，出吴淞口，经香港，过西贡、新加坡、克伦巴、亚丁，进红海，穿苏伊士运河，驶入地中海，行抵西欧，对德、英、法诸国的工程技术详加考察。此行的见闻，裒录成集，便有《欧游杂录》一书的印行。

在这书里，徐建寅的考述延伸着一条清晰的线索。观察的细密性、技术的纯粹性与叙载的真实性，给当时的中国制造业提供了新鲜经验。以作借镜，其实也就是让外来的营养渗入自身的血液，使瘠瘵的肌体强健。

徐建寅的无锡同乡薛福成，认为西方诸国"以其器数之学，勃兴海外"①；又云："吾尝审泰西诸国勃兴之故，数十年来，何其良工之多也？……中国果欲发愤自强，则振百工，以预民用，其要端矣。欲劝百工，必先破去千年以来科举之学之畦畛，朝野上下，皆渐化其贱工贵士之心，是在默窥三代上圣人之用意，复稍参西法而酌用之，庶几风气自变，人才日出乎。"②薛福成设言以警世，表明的意思是：铁路之火车、江河之轮舟，以及炼钢铁、制枪炮、造钢甲、做鱼雷、研火药之工，都亟须国人向技术强者学习。

徐建寅应该是受到薛福成思想影响的。在欧洲的时日里，他着眼的正是制造技术与工艺流程。在德国柏林，放枪院中试后膛枪，查验制造枪筒的英法钢材质量；印书厂中观铸造铅字；机器厂中观汽机锅炉结构；熟铁厂中观打洋枪机件；自来水积水池前，观从远处高山引水的方法；测器院中观燥湿、阴晴、风雨、寒暑各种测器；油烛肥皂厂中观生产过程；玻璃

---

① 薛福成：《变法》，《晚清文选》（卷上、卷中），中国社会科学出版社2002年版，第287页。

② 薛福成：《振百工说》，《晚清文选》（卷上、卷中），中国社会科学出版社2002年版，第296—297页。

厂中观造瓶、灯罩与火泥罐之法；观星台上观子午仪、经纬仪、赤道仪、自记风雨寒暑等器，明了此台对于考天度、验气候、察飓风、测罗经变差的作用……这些，都是他竟日所忙的功课。汽锤厂、炼钢厂、掉铁厂、轧铁厂、铸铁厂、锅炉厂、木样厂、火砖厂、官瓷厂、仪器厂、光学器厂、电机厂、假石厂、玻器厂、煏炭厂、棉药厂、箍桶厂、制皮厂、火药厂、铅字厂、铜壳厂、砂轮厂、水雷厂、熔炼厂、淘洗厂、硫强水厂、漂白粉厂、刻石板印地图厂、皮匠坊、农器会、化学房、油画房、琢磋刀房、煤井，徐建寅均体察得细。他对于流水线的管理模式、制造环节的岗位配置、薪金的计算估定，了然在目。工序、产量、效率乃至秘法，也一一记在心上。法国里昂的染丝厂、巴黎的千里镜厂和石灰厂，英国伦敦的船池、栈房、书院、博物院与苏格兰钢厂，他也先后参观。多行业、多门类、多工种的技术考察与研习，打开了一个新的眼界，心胸因之拓宽。奠定中国近代工业的技术基底，是他的梦。

上述的记述文字，客观、平实，体现了技术眼力的专与精。他是一个化学家，柏林的格致化学器具店，他怎能不到；他是一个兵工学家，德国的毛瑟枪厂、军器博物院，都是特意关注的。在福里得里炮台的水雷库，他详看千枚鱼雷如何存储、转运、修擦，以及兵房、战垒怎样排布砌筑；在克虏伯（按：徐氏谓之克鹿卜）炮厂，车弹外光之法、炮弹加外铜箍之法、炮门嵌底磨光法，他细细地记下来。为中国代造的二十尊"十二生之炮"他也见到了，"外面俱已敷白漆"。视线触着的一刻，徐建寅的心情应该不平静。克虏伯制炮厂、西门子（按：徐氏谓之西门司）电机厂、伏耳铿造船厂这三大军工企业印下他的履迹；战舰、炮台、火炮这三大制造和工程技术进入他的述录。一切虽然充满技术性，而怀着报国热情写下它们的时候，徐建寅的心灵一定在燃烧。工业文明的燧火，放射炽烈的光焰。

《欧游杂录》的所记，有两件应该引起注意，因为这简略的几行话，竟和此后发生的甲午战事相关。

其一，十一月初一日："七点钟，订定伏耳铿造钢面铁甲船合同，价六百二十万马克。写合同款式，尽照德海部章程。"初八日："二点钟往伏耳铿厂，查验定造之雷艇钢料。"翌日参加一艘新船下水仪式，徐建寅举杯致辞，善颂厂主："今我中国拟在伏耳铿厂订造一船，足徵我国与德国交谊之厚。尤愿伏耳铿厂用心制造，成此利器，俾中国将来武备之声名扬溢四海，而以此船为始基，则该厂之声名更显。俾我侪承办其事者，亦与有荣焉。"

其二，十二月初五日："与伏耳铿厂定造第二号雷艇，价六万五千马克，另折九扣。"初九日："伏耳铿厂承造铁甲船订合同，彼此画押。"

这两艘同型的装甲战列舰建造告竣，李鸿章为之命名，一曰"定远"，一曰"镇远"。时人谓其可列于当时"地球一等之铁甲舰"之林。徐建寅无疑是协理驻德公使李凤苞经办此事的最得力者。

数年后，配备克虏伯主、副炮的"定远"号，龙旗猎猎，成为北洋水师提督丁汝昌的旗舰。黄海海战中，装甲坚厚的它，炮口指向日舰，发出第一炮。"镇定二舰，当敌如铁山；松岛旗船，死者如积。"林纾在《〈不如归〉序》中这样写，真是以慷慨之句状其勇武。

"定远""镇远""经远""来远""致远""靖远""济远""平远"等舰组成的北洋舰队，奋死迎敌。正值盛年的徐建寅，得知战况的一刻，该是何种心情？甲午之役后，奉光绪帝之旨，他到天津等地查验船械，又赴威海巡视战败情形。舰阵雄列的北洋海军，转瞬战力竭罄，光景过眼，只剩得一腔忧愤。

实业真能救得了国家吗？这不单是沉痛之问，更是历史之问。

徐建寅被湖广总督张之洞奏调至汉阳，湖北全省营务交由他总办。庚子国变，诸敌侵华，外国断了向中国供应火药。徐建寅在江汉之滨的龟山下办起钢药厂，试制无烟火药，以解近旁的枪炮厂之需。他"日手杵臼，亲自研炼"，其事告成。他也是在厂里拌药时突遭机爆药轰而殒命的。唐浩明在历史小说《张之洞》中摹绘当时场景，其句是："只见他头上血迹斑斑，半张脸被炸得已不成样子，右手右腿不知去向，就像半个血人似的躺在冰冷的洋灰地面上。"连张之洞都惊得叫了一声："天哪！"襟抱忠纯的徐建寅，和甲午之年在滔滔黄海上殉国的北洋将士，一般肝胆。

出使两年，徐建寅以技术专家的眼光，观摩他国生产工艺，把一部《欧游杂录》留在世上。笔笔记下的皆是有功用的文字。对于当时的中国，这些足可信赖的内容，具有实操意义，带来提升技术实力的可能，加快了近代工业的发展进程，并使在犹疑中开启封闭之门一角的古老帝国，在陌生的世界面前呈示新的姿态。

世事迁流。一个旧时代的人，身影飘然远去，消逝在时间的波涛中。今人能够从薄薄的书页上，看到投向现实的历史光束。

傅云龙

苦心纂绘风涛间

傅云龙是晚清出洋游历的使臣。光绪十三年（1887年）八月十七日，他从北京石大人胡同（按：今外交部街）动身，出东便门，经大兴县二闸，又越通州双桥，舟行张家湾，继入香河境，驶于北运河上，径奔天津，逾大沽口、烟台港、成山头，过佘山、吴淞口、黄浦，抵上海。数日后，船出扬子江，往日本长崎县去。自此，通往日本、美国、加拿大、古巴、秘鲁、巴西六国的航路在他的眼前延展，这中间，还要加上途经的巴拿马、厄瓜多尔、智利等国，他的屐痕留在了十一个国家的土地上。追记此行，他的起笔是："云龙游历之国六，假道之国五，而以日本始。"（《游历日本图经余记前编上》）这一走，水远山长，为时二十六个月。

一

出洋使臣须经考试得以拔擢而出。应试毕，傅云龙颇为自得，云："钦命总理各国事务王大臣考试出洋游历人员（二十一日试吏、户、礼人员，题为'海防边防论''通商口岸记'；二十二日试兵、刑、工人员，题为'铁道论''记明代以来与西洋各国交涉大略'，分考合取），云龙列名第一。"（《游历日本图经余记前编上》）有这样好的考试成绩在，就成了被朝廷看中的奇杰之士，奏派游历外洋，自会不辱使命。

傅云龙的使命，担在一杆笔上。历游各国，他在依次转换的空间中详勘细察，搜抉真确材料，以此作为图绘根基，且不废时日，倾心纂次，辑为卷第。他的撰述，一字一句、一图一画，印着风涛的影子。他说："云龙既述《游历日本国图经》三十卷、《美利加合众国图经》三十二卷、《秘鲁国图经》四卷、《巴西国图经》十卷、《英属地加纳大图经》八卷、《日斯巴尼亚属地古巴图经》二卷，凡八十六卷，或印或缮，图皆镂铜；先后进繇总理各国事务衙门王大臣察核，恭呈御览。"（《游历图经余记叙例》）这些具有舆地学意义的学术著作，包含丰富的测绘数据、自然和人文信息，并编绘成表格、地图，从研究的角度廓开了览眺海外的视野；而为各国图经配写的说明文字，皇皇十五卷，"略依史家编年体，庶其与图经相表里乎。然彼以地为主，此以日为主"（《游历图经余记叙例》），可以看作一种重要补充。风声涛影中产生的这类日记体作品，为他此次的远足留下生动珍贵的记录。将其编为一集，就有了这部《傅云龙游历各国图经余记》。所记虽不长于精密的结构和逻辑体系，叙载线索的清晰与情状的真实却是显见的，捧读，可堪回味。

奉旨而办的事，落到手上，傅云龙做得格外精心。航程甫启，他就在舱内"定《游历图经》体例"，"检点录入《余记》之事实"。胸有擘画，一路之上方能倾生命之力，眷眷于兹。在《余记》里，常见"纂《图经》""归纂《图经》至夜分""是日纂如昨""乍雨乍晴，纂倍于昨"这样的记述。他又肯于吃苦，船抵南美大陆，"舟车一停，丹铅再接，鸡未鸣即起伏案，卷非夜过半不掩也"（《游历美利加图经余记二编》）。他欲纂《古巴图经》，但"先是晕浪而卧，久之起而食而行，而耐风浪，而观图册，而补纪事诗；当智利南航时，又苦峡浪，仅仅属《余记》草；出麦哲伦峡后乃克以乘舟之铅椠补闭户之岁月；然浪高数十尺，辄辍，否则虽酷暑笔不一停也，况舟未行耶！""是日起卯初，讫亥正，稿不脱不寝也，图稿更易者再。"（《游历巴西图经余记》）就连撰述《余记》，也这般执着，"云龙于餐案纂《古巴图经余记》，始此晨夕"，"日间纂《古巴图经余记》，疲甚，独坐舟首，心目边际皆空。易时复纂"，"《古巴图经余记》毕，起卯讫亥，三餐而外无一刻息也"，"浪高十一尺，东北风紧，纸笔皆飞，不克伏案如平昔，然握册持铅无碍也"，"潮风渐微，发箧可补《余记》也"（《游历巴西图经余记》）。将沿途博访广求的资料历历研究，编之为图，是他最大的心事，也就因这，笔勤而耐劳，成了他的本分。他尝谓："夜梦初觉，自省年来每到极难处以喷醒自励，每到极险处以忍耐自安，而难不在事，险不在途远也。"（《游历美利加图经余记后编》）抱定这样的职业自觉，笔下才有"大风鼓浪，客多停餐，然云龙尚克伏案。草《炮台经验说》"的场面（《游历美利加图经余记后编》），才有"每至墨枯笔秃，力难可支，辄自责曰'期逼矣'，自是四鼓辄起伏案。旁观者曰：'何自苦乃尔！'"的景况（《游历日本图经余记后编》）。风浪逼舟，笔不肯歇，职分之外，皆因有担当，有情怀。担当既重，情怀亦深。其时，黎庶昌任职驻日公使，他对傅云龙极为赞佩，说他"以千秋著书之业，寓乎其间"。行旅奔波而不改勤苦之姿，傅云龙的做派，不见一丝敷衍官差的样子。人们好像远远地望见傅云龙跨海远行的姿影，他所建的学术功业，是以亲历风涛为代价的。

　　纂绘《图经》，多在茫茫海上做着，连带而生的《余记》，决非纯粹技术性的测方位、计里程，而是指向自然地理和人文地理层面的科学书写，断不可以"闲笔"视之。在傅云龙看，"《图经》以所游之国为范围，而《余记》则就一日之见闻，不囿一地之甄录也"（《游历图经余记叙例》）。二者有主次之分、正副之别、著微之异。但从常人的阅读感受出发，无妨认定，《余记》也是大有运筹的，更带眼光与性情："此云龙所以昼游夜记，既揭全体之大要入于《图经》，复探致远之知几著于《余记》，而不欲以浮闻杂，并不敢以肤词饰"，"俪文绮语，无所取也，以纪实为主。非稽国计，即鉴民生；非烛军政，即研学术；非测天度，即诹地险；它若山水之奇，次之，习俗之异，又次之；而风景翻新则略"（《游历图经余记叙例》）。这是傅云龙为《余记》定下的理路，即便不去读专业性和学术性极强的《图经》，着眼于《余记》，《图经》的创制始末，犹可推知。

　　奉使远渡之前，傅云龙是为撰述做过学术准备的。他把考察的重点放在两个国家上面：一是文化传统相近的日本，可资借鉴；一是经济发达的美国，可资比较。用他的话讲："所游诸国，以美利加为富国之翘楚，而不得不以日本为中外之枢纽。"（《游历日本图经余记后编》）故而，无论《图经》，还是《余记》，日美两国，他所费心神最多，落笔也最殷。

傅云龙的资料意识极强，旅途中亦未敢弛懈。经停各国，"访海上图籍""搜罗日本书图""访《草木性谱》《草木备考》《瓶史》诸书""游新桥书肆，访图籍"（《游历日本图经余记前编上》），"检点图籍""晡，雨止，游书肆，搜海图，得《寰瀛水路志》诸书"（《游历日本图经余记前编下》），"又游图书馆，是其公家藏书处。圜楼环列，立十二年矣，藏书十二万册。又游书肆搜厥图籍"（《游历英属地加纳大图经余记》），"游书肆，出银二十五圆，购阿得纳司一册，译言《五大洲舆地图说》也"（《游历美利加图经余记二编》），"游书肆，购图册"（《游历古巴图经余记》），"访巴西国图，索银四圆"（《游历巴西图经余记》），"游书坊（往还十二里，为日本二里）。获日本人所绘《万国全图》"（《游历日本图经余记后编》）等，每每见于述载。这是《余记》中颇见治学精神的文字，值得重视。

二

数字和语言，在傅云龙的笔底并显力量：一面是写实色彩，一面是诗性特征，大体上看，分别对应自然地理和人文地理。

他证明数字的力量。在美国的行旅中，记载途程甚细、甚详：

> 上火车，戌正展轮，温度仅八十有五，而车发热增，如雷如火，棉衣顿却，隐几竟夕，睫不得交。行十二里（英里四）澳库兰。又五十一里（英里十七，合前廿一）三拔布路。又九里（英里三，合前廿四）苏布兰低。又十五里（英里五，合前廿九）比诺里。又九里（英里三，合前三十二）镇库胜。又十二里（英里四，合前三十六）布土

可斯达。又十八里（英里六，合前四十二）马治宜都。又二十四里（英里八，合前五十）卑波因多。又十五里（英里五，合前五十五）根沃耳。又二十四里（英里八，合前六十三）安角库。是日行一百八十有九里，停车场十有一。[1]

——《游历美利加图经余记前编上》

一连数日，过山岭，穿隧道，又换乘轮船渡过密西西比河，所记大多如此：记方圆，记海拔，记大小，记高下，记顺次，记宽窄，记长短，记远近，仿佛笔笔离不了这些。此种文字，导览功能不小，颇为实用，而单一的句式、变化的数字，虽则似有转相缠说之嫌，但在他心底有着更重的分量。

近此笔墨的，还有《游历秘鲁图经余记上》中"游基格纳山"一节。穿行山间"隧道三十有九，或洞岩腰，或贯壑口"，他把各隧道的长度约略计之，一一罗列，文句之间尤以数字最为醒目。对于数字的强调，并且几乎用它来结构篇章，这般记游，古今恐他一人。但是，无论从地理学抑或文章学的角度审视，都显示特别的意义。

傅云龙掌握近代地理科技方法，在他的专业认知里，数字间包含语言无法表现的丰实内容，所以测计的尺尺寸寸是极要紧的。绘图制表的过程中，数字是最强大的技术工具，没有它，一切过而即失，重要的资讯来源便被阻断，就不可能完成《图经》的编绘。朝斯夕斯，念兹在兹。身在旅途，他怀觚握椠，既详算海行里程和经纬度，又时时想着为过眼的千百地物做出名称注记、说明注记、数字注记。刻意观览、细心核计而获取的第一手材料，转换为珍贵的数据与符号，这一过程，让他和世界建立起精神和情感的联系，并开始认识陌生的原始景观。

田野调查式的游历，会偶遇鲜活、生动的现实，进而扩展观察视域，

---

① 傅云龙:《傅云龙游历各国图经余记》,商务印书馆、中国旅游出版社2016年版,第72页。

丰富研究资料。傅云龙与河官历视密西西比河,问源穷流,"云龙于是述《密士昔比河工说》,载之《游历美利加图经》"(《游历美利加图经余记前编上》)。他明白事机一失,时不再来的道理,当即用文字把路遇的事例捉住。须得有极强的责任感方能做到这一步,况且那一代出使者,长路之上,每多困苦。他曾这样表现自己的体验:在美国,上轮船,"洋面无边,初航晕浪,辄不克食",乘车投逆旅,"积倦而卧,双睫一交,犹觉簸如震如,身在轮铁风日中也"(《游历美利加图经余记前编上》);在加拿大,"甚矣惫,而海关阻行李,凉不得衣,饥不得食"(《游历英属地加纳大图经余记》)。在异邦遭逢此种艰窘,还能做到实时而记,真是难矣哉。

他证明语言的力量。专业背景使傅云龙的外交记述具有较强的技术性,但他的这部《余记》,仍于专业技术性文字中杂以诗意语句。模山范水虽不是笔墨着力处,落在其上的字句却很漂亮,用在记游小品上面颇为惬当。

他描摹日本风光,笔墨极省俭,饶具写意风调,其境如画。这样的好文句,从《游历日本图经余记前编下》中可选录几节:

> 登伊豆山,少憩于江浦,又行,夕日隐山矣。

> 寓秋琴楼,松竹楚楚,可坐石枕流也,然寒甚,不似静冈之暖。

> 又游岚山山麓,水即桂川上游,其山春以樱胜,秋以枫胜,四时一碧则松也。

相近笔调在《游历美利加图经余记后编》亦能得见:

> 西北石峰断续若云,奇石乱堆,短松出罅,或欹或卧,风烈逼之故也,雪余小草辄黄。登峰游目,西南二百一十里(英里七十)见伦

司峰，南四百九十五里（英里百六十五）见白库司峰，西北三百里（英里百）见叶绿山，微独黑冈隐约而已。①

如读明人状景小品。"气韵闲旷，言词清简"这八字，是宋人沈括说出的，傅云龙的文笔深得其妙。语言的恒定性固然无法拦阻新词语在旧根基上的产生，而古代汉语特有的风神，是不因此而被掩掉的。

傅云龙虽是技术官员，比起以调弄语词为能的文人，写景手段未必稍逊。他游至美国纽约州与加拿大安大略省交界处的尼亚加拉大瀑布，"莫遑或息，遂登马车游之"，游罢留下的文字，可做一篇结构完整的游记来欣赏。他这么写着：

> 钱塘潮寻常高四五百尺耳，独八月十八日倍，故俗呼是日为潮生日；是游在浙潮数万里外，亦于是日观五大洲第一瀑布，视观钱塘潮逮耶不逮耶？方坐石骋目，照影者曰：中国游历使至此，前未之有，不留影，可乎？②
>
> ——《游历英属地加纳大图经余记》

以家乡的钱塘潮比况世界第一瀑布，傅云龙的字句自含胸襟，可说情致飞荡，笔意酣畅，语风不逊瀑布的壮势。

三

傅云龙具备中国传统文化的根底，这为谛视外域物象夯筑了认知基础，使他的海外记历于丰富的观感中显示开放的气象，透射出世界眼光，所谓"以六经为注脚，以五大洲时务为经纬，文人之文岂其匹与"（《游历日本图经余记后编》）是也。他站在中西文化的交汇点上，以现实态度关

---

① 傅云龙：《傅云龙游历各国图经余记》，商务印书馆、中国旅游出版社 2016 年版，第 181 页。
② 同上，第 100 页。

注时务，以理性精神评析物事，并认为悉力于此，当在描风物、摹景观之上，足见用心的诚挚。这在他身上，有着两方面的表现。

其一，作为外交特使，傅云龙拥有文化自信，尽管故土屡遭磨难，也未能消解一腔壮怀，而积郁愈久，蓄聚的情感愈深。何况初临海外，国际视野骤开，本能地进行中外人文景貌的比较，就是极自然的了。尤其是异域的中华元素，特别能够触动内心情愫，并发现异质文化同中华文化在初步交融中形成的关联。

初踏旅程，他登上日本邮船会社的轮船"东京丸"。乍闻日本语，有所留心："凡举方音，皆文同中国而读日本音也；……凡谓会社，为公司，皆中国人译言，非本名。"（《游历日本图经余记前编上》）日本人为他导游某大学，初识学科设立的概貌：文科、理科、法科、医科、工科，继而目验展列的机器，"分光镜、诊脉计、呼吸计、脉波计、截蚀牙器、验肺器、验息器、地震上下计，制自德意志、美利加居多，验地震法实本后汉张衡所造候风地动仪遗意，又从而研究之；论者谓创自西人，非也"（《游历日本图经余记前编上》）。游东京陆军省炮兵工场，"邸有园，为明季朱之瑜遁居处。额曰'后乐园'，署'明舜水朱之瑜题'七字。石桥卧水，林木蓊然，抚兹陈迹，如见寓公"（《游历日本图经余记前编上》），遥忆这位乘桴蹈海、避栖长崎的南明故臣在江户授徒讲学，谨庠序之教，阐扬儒学的作为，傅云龙的一字一句，很带感情，尽是追怀之思。过富士川，"渡其水，一南流，一东南流，皆里许入海，水急舟轻，两渡皆然，水涨则汪洋，类中国拒马河"（《游历日本图经余记前编下》），望水而心涌故国之思，他是一个多情的人。"又见日本秘阁金泽文库古钞本《春秋经传集解》三十卷，每纸十六行，行十二字，字宽八分半，页高尺六寸有奇，注夹行，传、经字皆列线外"（《游历日本图经余记前编下》），他披阅甚详。京都和大阪的智恩院、东寺、天满宫、鹿苑寺、桂宫、本愿寺，他也很怀兴味地游过，其间多有古籍书画的雅赏。如"据云《菩萨处胎经》为善。第一轴无书人名字，古而拙，相传唐时人写"，"又有《玉篇》第二十七卷，与滋贺县之石山寺一卷，奈良县之尊胜院二卷，皆唐写本，可珍也已。……又有《论语》之《述而》《泰伯》《卫灵》《季氏》四卷，为六百年前写本；何晏《集解》原稿，涂改处亦依写之。又有《史记》二卷，起'也在扶风，号曰后稷'，亦六百年写本。又有《庄子》写本，逾千年矣"，"寻游大德寺，……书画罗列，而宋徽宗《鸭图》、明仇英《汉宫春晓图》其卓卓者"（《游历日本图经余记前编下》），清雅去处多蕴馨德，一时似绝了烟火气。旧皇宫的清凉、紫宸诸殿也印上屐痕。"紫宸惟绘中国名臣，伊尹以次，如董仲舒、郑康成，以学与焉"（《游历日本图经余记前编下》），这令他感到亲切。游罢图书馆后的翌日，他还和黎庶昌偕游日本新宫，切实感受到故国文化的力量。

　　旅途愈长，时日愈久，傅云龙的赤子之情愈浓。在美国加利福尼亚州的公茔里，他凭吊一座坟墓。永眠在泥土之下的，是一个叫白贞烈的广东南海姑娘，被掳卖到旧金山，不肯为娼，愤而自缢。傅云龙感其气节，撰文勒石，有句："云龙游外国坟山，而贞烈孤坟相望，律陵且恶，遑论文姬女。墓而表亦宜。呜呼贞矣！呜呼烈矣！南海志其可佚乎！"（《游历美利加图经余记前编上》）千万里外，愈见其情之深，其意之切。除夕，身临中美洲之南的巴拿马，在大西洋与太平洋相隔处，他听见"夜半船钟竞鸣，有爆竹声，云来自华，有童叟欢呼声，街车达旦"（《游历古巴图经余记》），这熟悉的场景，让身在外洋的他呼吸到乡园的空气。他访游设在秘鲁的中华通惠总局，欣然题联："尝六万里艰难，权作寓公，相助当如左右手；历五十年生聚，每逢佳节，何人不起本源情。"（《游历秘鲁图经余记上》）出访海外，心念家山，末了一句，寄寓感慨。

　　感慨始终和傅云龙的游程相伴。他游观日本炮兵工厂，了解到此厂原为"明治三年，为我同治九年，移自中国香港"。日本原想仿造奥匈帝国的钢铜炮，无奈本国铁矿匮乏，便想发展煩铜火炮，"所谓煩铜者，亦称唐铜，此取法中国之一端也"（《游历日本图经余记前编下》）。在美国观看印第安人斗马，"虽近于戏，而旧俗宛然"，尤其是"有马善舞，殆亦中国古者舞马遗意欤?"(《游历美利加图经余记二编》)参访巴西博物院,一间展室"中有牙镂中华船一,长二尺许。又有矢刀,亦华制也"(《游历巴西图经余记》)。过落基山脉高峰,东风吹雨成雪,"严冬弥增,纵仅数寸,而风扬辄没车轨,可危也已。是以有拦雪栅、护轨棚之工。其栅如中国鹿角栅形,山凹溪曲宜之"(《游历美利加图经余记后编》)。在他心里,总有故国熟悉的东西触动心怀。

吃食的滋味本属寻常,只因在海外,就勾起了乡愁。过日本,朝鲜使节留他尝其国食味。有一种紫色的饯果,在傅云龙眼里"亦如中国蜜饯",高丽饭"即中国八宝饭",荞麦面"用有孔器压条,即顺天人所谓饸饹也,但此白而细耳"(《游历日本图经余记前编上》)。日本蛋糕,外形像是分截的竹子,有馅,相陪的静冈知事关口隆吉说:"此名唐馒头,为食物学华之一端。"(《游历日本图经余记前编下》)知事的儿子"负笈德清,揭来上海者且四年矣"(《游历日本图经余记前编下》),浙江德清,恰好是傅云龙的梓里,此段巧遇,颇有他乡遇熟之慨,便要特别记上一笔。中日仅为一衣带水所隔,人民往来,常矣,文化相通,久矣。傅云龙有一双善于览观的眼,更有一颗倾情体物的心。

海外华人的命运,也牵动傅云龙的感情。这一最先闯出国门的劳动群体的生计,与他痛痒相关。傅云龙从横滨出航去往美国,"其舱载广东人七百有奇。虽鲜略卖,然无资者,外国人辄自香港假银三百圆,横滨如之,行至旧金山,傥乏告贷,以二年工偿之;偿足,佣钱乃可自得"(《游历美利加图经余记前编上》)。此番困迫遭际,很令他同情。在秘鲁,他"小憩于华人会馆,曰'惠庆公司'。踵相问讯,无虑百余"。营商华人,各有遭际。一个叫徐四林的杭州人,战场被掠,到旧金山服劳力,又转此市酒糊口。一个姓李的江西人,来秘鲁贩运大米,以为能获利翻倍,没想到税负很重。傅云龙"听语未终,慨然一再"(《游历秘鲁图经余记上》)。经济上的残虐盘剥,逆天心,悖人伦,这些海外华工可说受着变相的劫夺。压抑与挣扎的生活状态,让傅云龙看见了远离故国的同胞真实的人生。

　　某日，一个叫梁文祺的华商"来自秘鲁买米而返（铺名宝芳），遂同舟焉"。傅云龙从他口中了解到清廷在异国设立领事后，对侨居海外的国人进行救助的情况："华工初困田寮，领事既置，工身尽赎。"（《游历秘鲁图经余记上》）相应的外交制度的有无，直接关乎侨胞切身权益能否得到保障。所以，多位华商乐意为傅云龙导游，"勉留一饭，随问随答，停贸者数时。据言游历官虽为学术来，然较无一华官至犹胜，否则贻诮，当何如耶？望兵轮如望岁"（《游历秘鲁图经余记下》）。去国旅居，他们对来自家乡、带有宣慰意味的使臣觉得分外亲切，这番感情当然基于现实考虑。他们告诉傅云龙："智利之役，华人死十有九，劫赀万，以未设官，弗克与西人同偿。"（《游历秘鲁图经余记下》）入美国伊利诺斯州，他察访到"其工，以炼矿、冶铁、织棉、磨粉诸局著声，中杂华工数百"（《游历美利加图经余记后编》）。在别处，见到的光景亦极相似："火车场多用华人"，某煤矿"其工八百，华人居十之七"，某机器局"居民三千，中有华人一千"（《游历美利加图经余记后编》）。他详询华人的生活细节："车中见华工廖氏，问之，据云来自煤矿，是工首也，月获佣银一百圆有奇，他工或三四十圆，或五六十圆有差。是矿日出煤二千吨，每吨直银七圆一毫七忽，华工分六毫三忽耳；碎煤减直七之一"；"同车中有华人名蔡传良，是为铁道公司华工授食者"，一段九百多英里的铁道，蔡氏公司承揽了六百英里，并已兴筑，"华工四百有奇，每日卯正起，戌正止，中间休息一时。佣赀一圆二角五分，授食之蔡氏日受银三圆，华工较埃及土工直廉而力勤，嫉者阻之，而用者初无心阻之也。于此见华工非不可用，且胜西工远甚，视量材器使何如耳"（《游历美利加图经余记后编》）。傅云龙的器局再大，也不免替他们抱怨，并且意识到，艰困的生存境遇，让华人劳工切盼国家的护佑。

　　《游历美利加图经余记后编》中有《檀香山记》，里面详述夏威夷群岛上的华人实情。柯华壶为本岛，"民二万一千有奇，华民八千二百有奇，工商参半"。其他八座小岛隔水相望。其中，道威岛上"其民五千六百有奇，华人二千四百有奇。其物产以稻蔗为主"，猕猴岛上"其民百七十有奇，华人四十有奇。其物产有薯及瓜蔬之属"，楸宜岛上"其民万二千一百有奇，华人千七百。其物产以蔗为宗"，磨罗机岛上"其民二千五百八十有奇，……华人三百五十有奇（商五十，余工）。其土硗瘠，不宜谷麦，而薯芋瓜菜时亦有也"，南宜岛上"其民三百五十有奇，华人三百有奇，农工多于商也"，嘎虎流围岛上"其民一百有奇，华人六十有奇，有工无商"，希绿岛上"其民万七千三十有奇，华人三千二百"，古哈纳岛上"其民四千有奇，华人二千七百五十有奇。综而言之，凡民六万一千六百八十有奇，凡华人二万二千四百有奇"（《游历美利加图经余记后编》）。笔笔翔实，关切利害，聊寄一番深心。侨居外邦的国人的生命景象，激起他真诚的情感回应。

其二，作为外交特使，傅云龙拥有国家自信，能够以开放的胸襟环视世界。放眼外洋，他的思维是清醒的、冷静的，但并不妨碍对于别国生产技艺的学习和文化精粹的吸取。从《游历日本图经余记前编上》和《游历日本图经余记前编下》来看，他游日本治丝工厂；游缫丝、制绒、磁器诸所；游硫曹制造会社，访察硫酸生产工序；游制铜会社，亲见催火熔铜的风器，场地虽然狭小，"然炮工厂大小炮带皆出于此，船工铜板亦然"；游纺织会社，"由棉花粗质而净，而松，而匀，而铺，而条，而缕，而分，而精，而织，皆以机器。……据云去年用中国棉千二百贯"；游研造送泥船的铁工会社，登船领略送泥至海的情景；游制燧社，燧，"即中国所谓自来火。……其料以盐酸嘉里入赤磷、沙粉、皮胶为之，磷取白骨，赤其色也，沙粉即河沙也"；又游川崎造船所、海军造船所，访兵库县炮台所等。从考察范围看，多与傅云龙的兴趣相合，亦可推知其酷好。他专于地理志，还关注机械制造，喜研兵学，《武经七书》大约是披览过的。他专程游海军兵学校，"寻视学生操演"；游横滨学校；在"游东京陆军省炮兵工场"后，游高等学校，了解到"学科凡四，曰理化，曰博物，曰文，曰女子师范，课学有程"；又游师范学校、寻常中学校、商业学校、盲哑院、高等女学校、画学校，近观日本教育的实际。

傅云龙还进行了一些外事活动：造访日本大藏省主税局、内务省卫生局，拜谒日本内阁总理、外务大臣伊藤博文，农商务大臣黑田清隆，宫内省大臣土方久元。临现场，广见闻，大开了他的眼界。

四

傅云龙的游历，是从日本国开始的。这个岛国深受中国文化精神的影响，"以彼学唐而后至于今，已一千二百年有奇，事事以中国为宗"（《游历日本图经余记前编上》），引起他浓厚的体察兴致也就是自然的了。他远游美洲而归，返途中又在日本驻留半载，继续踏访与研求。他作《游历日本图经余记后编》，劈头即云："云龙昔去日本，以光绪十四年四月十九日航太平洋前一日止，今来日本，以十五年四月二十八日航太平洋至横滨始。"复临日本，他仍潜心《图经》，俾夜作昼，孜孜矻矻。读他此间的日记，知道他埋头述写《美利加大事编年表》《中国美利加度量衡比较表》《美利加邮便系年表》《美利加电线系年表》《美利加新闻纸系地表》《美利加电学》《美利加学目》《美利加字母表》《美利加大学校表》《美利加大学校师生年表》《美利加学期表》《美利加艺文》《美利加金石》《日本图经·北海道土人表》《日本北海道屯田兵表》《日本官民地表》《日本地租表》《日本造币金银料表》《日本造币机器表》《日本货币铸发表》《日本货币出入表》《日本通商物直增减表》《中国出入日本物直表》《日本八港税关物直表》《日本银行表》《日本民立银行分类表》《日本商贾数表》《商标表》《许专卖表》《日本农表》《日本蚕丝表》《日本盐法表》《日本茶表》《酒表》《日本糖表》《淡巴菰工商表》《日本舟车表》《日本瓦斯灯表》《日本渔猎表》《日本矿表》《日本官矿售数年表》《日本民矿金属非金属表》《日本官民矿行合表》《日本计里总图草》《日本备荒表》《日本

国债表》《岁计出入表》《日本考工》《制度量衡工表》《横须贺造船所表》
《日本铁道费计里表》《铁道资本表》《日本官立铁道局费表》《民立铁道
会社费表》《日本铁道车数表》《铁道计入表》《铁道年表》《日本兵制沿
革》《日本征兵已未入伍表》《日本征兵分类表》《日本陆军分管表》《陆
军士卒生徒表》《日本预备后备士卒合表》《日本兵船表》《日本炮台表》
《日本职官旧制》《日本官制》《日本官禄表》《武官禄表》《中国交涉前
事》《往籍交际条目》《日本交际文》《中外订约通商年表》《中国流寓表》
《日本姓氏录》《日本大事编年表》《日本度量衡比较表》《日本学派源流》
《日本异字音学》《日本学校合表》《日本小学校师弟子表》《寻常师范学
校表》《日本人留学别国计费表》《公学费岁入表》《公学费岁出表》《日
本金石文》《日本印志》《日本刀剑志》《日本金石年表》《日本文征》等，
林林总总，难可备录。某日撰述《日本物产》，"是夜四鼓，笔不得休"；
又某日，撰述《日本陆军分管表》《陆军人属表》《陆军队表》《陆军士卒
生徒表》，"脱稿鸡再鸣矣"。他还把绘制的《美利加合众国总图》《英属
地加纳大图》《秘鲁国图》《巴西国图》校订毕，交出付印，所谓"重斟
一过，付之铜工"即此。将图表文字印之于纸，并非易事，"而云龙勉力，
晨昕为之，有进无退"，勤奋刻苦之态，宛然在目。行有余力，他还忙于
游工厂，游矿务学校，游铁道会社，游兵房，游炮台，游小岛，游海
港……他透视日本社会景状，以期为著录找到牢靠的事实根基。

　　此前一年，傅云龙轮发日本横滨，向美国驶去，从《游历美利加图经
余记前编上》《游历美利加图经余记前编下》《游历美利加图经余记二编》
和《游历美利加图经余记后编》看，在那里的游访，仍是多方面的。在有
限的时间里，尽可能接触各界人士，凭借微观视角增进对于美国社会的宏
观认知。矿局、铁库、船工厂、炮台、海滨要隘、毡工厂、铁道公司、养
兵院、开矿火药引工厂、瓦局、织丝厂、养老兵院、练兵场、印纸局、公
印书处、营房、华盛顿故居、绘画石刻院、蜡人院、纽约工厂、炮工厂、
铅工厂、短枪工厂、砖工厂、水师炮厂、邮政总署、海军部、银库、治丝

工厂、矿局、火车公司、修船工厂、磨电房等，皆前后亲观，尤其对制造业的技术工艺、生产流程，或详或略，悉有考述。入古巴境，有些天，他只记"考古巴地理""考古巴农与工商""夜考古巴食货""考山水"等，文字虽极简略，却仍留下逐日为考察而忙的行迹（《游历古巴图经余记》）。至秘鲁，他诹询学校，访讯兵制、兵事、兵船、兵器（《游历秘鲁图经余记上》）。至巴西，他求舆图，考经纬，访沿革、部落、形势、山水、矿泉、国系、风俗、民数、物产、矿产、农务、商略、关税、钱法、岁计、国债、政制、刑略、电线和海陆兵制、兵学，印刷局、动物园、植物园、兵器工业、铁道工业邮舍、学校等也陆续走到（《游历巴西图经余记》）。他把过眼的种种，纂之为文，绘之为图，编之为表，所涉极广。从《游历美利加图经余记后编》中，可以略知他每日的述作：《铁道枕木平均直表》《铁道枕木历年表》《轮船系年表》《轮船分部吨数表》《工厂水汽马力比较表》《农器工力汽力表》《棉工水力汽力表》《铜铁工水力汽力表》《马车运物车工厂水力汽力表》《纸工水力汽力表》《度量衡工表》《陆军炮局试验炮铜表》《铁线铜线工表》《印刷工表》《化学药物工表》《药工兼化学药料表》《电信电话器工表》《电气镀金银工表》《修房铁工表》《棉花工厂机器表》《纽约治丝分类表》《合众国兵制》《陆军选兵表》《陆军官禄表》《海军官弁表》《炮台经验说》《陆军营房表》《兵器局表》《兵船杂识》《船炮经验说》《中国使臣表》《别国使美利加表》《中国人至美利加年表》《合众国制》，等等，更仆难数，录不胜录。他的这部分日记，常常只留一两句话。用语寥寥，愈见其专意《图经》而无暇旁顾。所记虽简单至极，却又丰赡至极。傅云龙自知所制《图经》须以应用为上，罄竭心力，求详，求准，求实，恨不智尽能索。此等图文的作用，不在欣赏，然而在测绘家眼里，以实胜虚，当为最高价值了。

　　傅云龙每天所做，件件必录，详略交互，故而《余记》的有些部分更像是一部工作日志，文字中看不出悠闲之意，这是和同时代出洋文官们的述录相异的地方。两种笔致，两番心境。

西方的工程技术、产业布局，令傅云龙开阔了眼界，增长了见识。他回国后即赴天津，到北洋机器局履任。海外游历考察的丰饶收获，在他实操洋务的过程中发挥了重要作用。

五

西方的工业化进程为社会生活带来的现实影响，给傅云龙很强的震撼，躬历目验，很抱兴致。在美国，他乘马车行驶于海滨，"木梁坦甚，有栏，栏外即双铁道，火车如织如飞"（《游历美利加图经余记前编上》），彼时的感受一定是轻畅的，那种奋起图强的心情也应是急迫的。"纽约火车飞行空际，与英伦敦之轮行地下相为对待，……其车轩高与市楼三四层齐，俯瞰煤爨若星，电灯若月，虽然行空，与行地无异"（《游历美利加图经余记前编下》），他登车纵览都市夜景，感受其发达程度，语句深含叹佩。从美国境乘火车开始加拿大之游，傅云龙仍是多走多看，"于是察其经纬，觇其气候，考其沿革，问其风俗，综其食货，权其工商，诹其兵农，以属《图经》初草"（《游历英属地加纳大图经余记》）。他"见北多猓牙鲁山，高一千一百尺，铁道凌空，火车衔轨而上，与纽约高轨同而不同。其撑道皆铁柱也，铁道之木直列者五，轨侧有链。凡休息日，车行朅来如飞"（《游历英属地加纳大图经余记》）。百余年前，傅云龙在地球另一端的所见，犹似今日的高速铁路。流线型的车影一闪一闪地在轨上梭过，一派发达景象。

美国的议院他曾亲莅，感受着合众国立法处的现场气氛。"议长皆居中高坐，余则层坐围向之"的议事场面和下院"听者鼓掌，或离座私语，议长以木拍案，盖逊上院之严肃矣"（《游历美利加图经余记前编下》）的开会情形，很能引发制度上的联想。加拿大的上议院、下议院，他也初有见识："凡兵农工商之事，皆得操是非因革之权。"（《游历英属地加纳大图经余记》）他或许意识到，科技文明与政治文明，已经成为人类社会进步的两翼。

新的洞见、锐的刺戟，使一切有为之士难以平静，深广的感怀须凭文字表达出来。这部《傅云龙游历各国图经余记》，于风尘苦旅中摄取域外的营养，以充知识的府库，以出致用的撰序，沛沛然，犹具百科气象。

《图经》问世，可说业峻鸿绩，对于倡兴洋务，亦有助益。因其实至，故其名归，以做终身之誉。傅云龙得到光绪帝褒奖，当不是无端。

除去出洋游历的记叙，傅云龙在研国学、纂方志上亦有成绩。一生著述，千万字之丰。张之洞尝作月旦评："所著书不下亿兆余言，要皆经天纬地之学，上谟廊庙，下裨苍生，赫赫明明，昭示万代。"薛福成赞曰："傅云龙所著《游历日本等国图经》八十六卷，纂述较多，征引尚博，实属留心搜辑，坚忍耐劳。"① 品题之词，尽美矣。

---

① 薛福成:《出使英法义比四国日记》,商务印书馆、中国旅游出版社 2016 年版,第 132 页。

薛福成

师夷长技强故国

光绪十五年（1889 年），出任英、法、意、比四国公使的刘瑞芬奉召回国，履广东巡抚之职，受命接替他的是薛福成。

翌年一月，薛福成坐入法国公司的伊拉瓦第号轮船，出吴淞口，使西生涯由此开始。靠泊香港时，他特意选来的参赞黄遵宪"携一子一仆由嘉应州来登舟"。嘉应就是广东省的梅州。黄遵宪的故家在那里。他们一路历览西贡、新加坡、锡兰等南洋诸岛埠，行经亚丁湾，过红海，进苏伊士运河，入地中海。光绪十六年二月十六日（1890 年 3 月 6 日），海行逾月，薛福成所率的外交使团抵达法国海港马赛，欧罗巴大陆的风物在他眼前画卷一般展开。

中国遣使，乃为创举。薛福成说："自我中国通使东西洋诸大邦，所以谙政俗联邦交保权利者，颇获无形之益。"① 领命出洋，初旨"在默察西国之情势，亦期裨益中国之要务也"。清廷总理各国事务衙门《奏定酌拟出洋游历人员章程》第九条规定："游历应将各处地形要隘、防守大势，以及远近里数、风俗政治、水师炮台、制造厂局、火轮舟车、水雷炮弹，详细纪载以备查考。"故此，出使人员的能力须经检详，"由总理衙门定期考试，以长于记载、叙事有条理者入选"。胸怀变法自强之志的薛福成，有外交才智，亦能文章；出入曾国藩幕府，也给他的见识打了底。这点职

---

① 薛福成：《出使四国公牍序》，《晚清文选》（卷上、卷中），中国社会科学出版社 2002 年版，第302 页。

分，他的一杆笔尚能担得起，驻外公使任上的所记，专意从实，以裨时务自是不消说。他将这些文字"饬员楷录，印订六册，由文报局附邮赍送"总理衙门。由此，中国近代外交史上，便有了他的旅欧叙录《出使英法义比四国日记》。

奉使之暇，依据访察亲历撰写日记，是外交官的重要职任。梳理所得而形诸字句，薛福成自认有三难：一是前人成例在先（郭嵩焘、曾纪泽俱有载录），所历情事无甚歧异，所记程途亦极详备，恐陷雷同之弊；二是闻见杂博，真伪虚实、得失利弊不易辨识，掇拾琐事，见其粗而遗其精，羡所长而忘其短，恐犯舍己芸人之病；三是偶有论说，高下抑扬，若失其平，或招议者之反唇，或启远人之借口，必得斟酌权衡，恐惹偏倚之误。因此，虽则日记或繁或简，尚无一定体例，随手札记，看似好作，仍须审慎。他在《咨呈》中说："或采新闻，或稽旧牍，或抒胸臆之议，或备掌故之遗。不敢谓折衷至当，要不过于日记中自备一格。"此书《凡例》亦云："述事之外，务恢新义，兼网旧闻。凡瀛环之形势，西学之源流，洋情之变幻，军械之更新，思议所及，往往稍述一二。"力求在极易流于泛泛的日记体中创出一种风格，大概是尽心职守的薛福成的真心。

历聘四国，百事丛脞。薛福成认为只有下面几类内容值得叙载，且编录成帙：一是行程，二是交际，三是政俗，四是艺器。他不依每日之事下笔，却循每日之思落墨。比较起来，"做了什么"写得少，"想了什么"写得多。而这想，是在新的环境、新的视野下萌生的。通览他的这册日记，"抒胸臆之议"当是出色的部分，"务恢新义"也在这里。换言之，《出使英法义比四国日记》的精彩处，多在论说上面。曾国藩创制的湘乡派古文，在桐城派阐扬的义理、考据、辞章之外，又添入"经济"二字。经邦济世，使古文直接面对政治现状与社会实际，打通了桐城文统和西学之间的路径。身为弟子的薛福成，承袭了师尊作文的韵调，揣情度理而发闳言高论，奇偶错综而偶多于奇。讽诵，其音亮，其气宏，其情切，纂言述作的载道之文，饶格物之识、博辩之才、迈往之气，尽显舒展雄厚风致。

崇尚经世实学的薛福成，身处"今国家以夷务为第一要政"① 的年代，他海行过香港、新加坡等地，感慨其在五六十年前都是荒岛，洋人借经营商务而创辟市廛，街衢、桥梁、阛阓、园林、电线、铁路、炮台、船坞无不毕具，乃成巨埠，商税之旺、民物之殷，和上海、汉口相颉颃。此番变化皆赖商业的发展，而恰与中国自秦汉至明清推行的重农抑商政策背驰。薛福成感从心生：

> 夫商为中国四民之殿，而西人则恃商为创国、造家、开物、成务之命脉，迭著神奇之效者，何也？盖有商，则士可行其所学而学益精，农可通其所植而植益盛，工可售其所作而作益勤：是握四民之纲者，商也。此其理为从前四海之内所未知，六经之内所未讲；而外洋创此规模，实有可操之券，不能执中国"崇本抑末"之旧说以难之。②
> ——《卷一·光绪十六年庚寅正月二十五日记》

"四民"之说，始于春秋。齐国宰相管子曰："士农工商四民者，国之石民也。"士、农、工、商的分业与排序也据此定下，经商者居末位，成了社会大厦的最后一块础石。春秋战国、宋元明清，"农本商末"的传统意识一经法律化，便上升为治国之策。

鸦片战争后，农本意识与重商主义的冲突出现了。和薛福成的观念相呼应的，是郑观应《盛世危言》中的看法："商以懋迁有无，平物价，济急需，有益于民，有利于国，与士农工互相表里。士无商则格致之学不宏，农无商则种植之类不广，工无商则制造之物不能销。是商贾具生财之大道，而握四民之纲领也。商之义大矣哉！"晚清经济思想的转变，最先

---

① 冯桂芬：《善驭夷议》,《晚清文选》(卷上、卷中),中国社会科学出版社2002年版,第147页。
② 薛福成：《出使英法义比四国日记》,商务印书馆、中国旅游出版社2016年版,第19—20页。

在改良派的言论中发生。出使赴任的薛福成，行于波浪之间，思忖国计，心绪连向浩茫海天。

举目看境外，第一眼的景象那样新奇，激荡着薛福成的内心，胸间盈满慷慨之气。乍雨乍晴的海上，微风中，他的神思纵横古今。鸿蒙开辟，以迄于今，弓矢变型为枪炮，舟车改进为火轮，薛福成又发议论：

> 从前中国小说家言，有所谓腾云者，有所谓千里眼、顺风耳者，谓不过荒唐悠谬之言，断难征之实事。今则乘气球者，非所谓腾云乎？电线、德律风，传数万里之报于顷刻，不更捷于千里眼、顺风耳乎？即轮船日行千余里，轮车日行二千余里，虽腾云之速，当亦不过如是。盖世事递变而益奇，昔之幻者今皆实矣。夫古圣人制作以来，不过四千数百年，而世变已若是；若再设想四五千年或万年以后，吾不知战具之用枪炮，变而益猛者为何物？行具之用火轮舟车，变而益速者为何物？[①]

——《卷一·光绪十六年庚寅正月二十六日记》

薛福成从报纸上阅知，英美人拟合制汽船，能从空中来往，"……由太平洋开行，五日可以周行天下"，这应该是最初的飞机。他为之惊叹："就此法而精思之，合群力而互营之，则奇肱氏之飞车，必有乘云御风之一日，其在百年或数百年之后乎？"（《卷三·光绪十六年六月己亥十一日记》）《山海经》的神话传说，欲成现实。人类的伟大创制，引发他的畅想。

薛福成用开放的心态观察世界，对于自闭旷久的国人，他的观感确有顿开耳目、眼界一新之效，给封闭僵化的思维模式破了一道裂隙，让新鲜的空气透进来。精神从这裂隙飞出去，世界的图景竟然如此宏阔。这一切，在他的心间掀起波澜。对西方先进制造业的惊叹，对中国工业化前景

---

① 薛福成：《出使英法义比四国日记》，商务印书馆、中国旅游出版社2016年版，第20页。

的期冀，使他向国朝中虚骄自傲的守旧势力、仰承洋人鼻息的奴化之徒投以不屑的神情，内心的焦虑也是掩不住的。他这样写道：

> 欧美两洲各国勃焉兴起之机，在学问日新，工商日旺，而其绝大关键，皆在近百年中；至其所以横绝地球而莫与抗者，不过恃火轮舟车及电线诸物，实皆创行于六七十年之内，其他概可知矣。今之议者，或惊骇他人之强盛，而推之过当；或以堂堂中国何至效法西人，意在摈绝，而贬之过严。余以为皆所见之不广也。①
>
> ——《卷二·光绪十六年四月庚子朔记》

薛福成认识到，西方在商政、兵法、造船、制器和农、渔、牧、矿等方面取得的进步，皆导源于汽学、光学、电学、化学，西洋人肯对其专心攻研；而中国做学问的人，聪明才力虽不逊西人，却把功夫徒耗于时文、试帖、小楷上面。喟叹之余，他对中华文明的自信并未失去，议论愈添了意气：

> 上古之世，制作萃于中华。自神圣迭兴，造耒耜，造舟车，造弧矢，造网罟，造衣裳，造书契。当鸿荒草昧，而忽有此文明，岂不较今日西人之所制作尤为神奇，特人皆习惯而不察耳。即如《尧典》之定四时，《周髀》之传算术，西人星算之学，未始不权舆于此。其他有益国事民事者，安知其非取法于中华也？昔者宇宙尚无制作，中国圣人仰观俯察，而西人渐效之；今者西人因中国圣人之制作，而踵事增华，中国又何尝不可因之？若怵他人我先，而不欲自形其短，是讳疾忌医也。若谓学步不易，而虑终不能胜人，是因噎废食也。夫青出于蓝而胜于蓝，冰凝于水而寒于水，巫臣教吴而弱楚，武灵变服以灭胡，盖相师者未必无相胜之机也。吾又安知数千年后，华人不因西人

---

① 薛福成：《出使英法义比四国日记》，商务印书馆、中国旅游出版社 2016 年版，第 60 页。

之学，再辟造化之灵机，俾西人色然以惊、舋然而企也？①

——《卷二·光绪十六年四月庚子朔记》

中国神皋沃壤，纵横各万余里，物产最丰，声教亦最先，而户口之众，尤甲于地球诸国。若合内外上下之力，精心整顿，各国未尝不心畏之。②

——《卷五·光绪十六年十一月丁卯二十五日记》

他用发展的眼光看待先后、强弱、胜败之间的关系，认为在一定条件下，彼此是可以发生转化的。这一观点，充满朴素的辩证色彩。他的上述言辞，"据事以类义，援古以证今"③，层层递进，意绪流贯，谨严的逻辑形成强旺的雄辩气势。

薛福成探知中国古代智慧和西方近代文明的关联。他从《墨子》中寻见耶稣之教的源头，以及千里镜、显微镜的原理；从《吕氏春秋·似顺论》中悟到化学的出处；从《淮南子·主术训》中觅来西洋行政之议院、工商之公司的思想基础；从《管子》里发掘西方各邦的治国策略；从《庄子》里求索电学、化学、天算之学、舆地之学的滥觞肇迹（按：参阅《卷五·光绪十六年庚寅十月二十五日、二十六日、二十七日记》）。他的论说，跨越时空，既有对历史的回望，又有对未来的前瞻，是持重的、审慎的，又是大胆的、浪漫的。在科学技术迅速发展的世界潮流中，这般持见，既不愚陋，又不自卑，是客观、公允的，丰富了自强新政的理论根基。今日中国的新兴产业和高科技建树，令世界瞩目，薛福成的想象终成现实。

薛福成顺承魏源"西学中用"的主张，深怀变法图强的抱负。他尝谓："苟不知变，则粉饰多而实政少，拘挛甚而百务弛矣。若夫西洋诸国，

①　薛福成：《出使英法义比四国日记》，商务印书馆、中国旅游出版社 2016 年版，第 61 页。
②　同上，第 172 页。
③　刘勰：《文心雕龙·事类》，《文心雕龙今译》，中华书局 1986 年版，第 335 页。

恃智力以相竞，我中国与之并峙，商政矿务宜筹也，不变则彼富而我贫。
考工制器宜精也，不变则彼巧而我拙。火轮舟车电报宜兴也，不变则彼捷
而我迟。约章之利病，使才之优绌，兵制阵法之变化宜讲也，不变则彼协
而我孤，彼坚而我脆。"① 故此，薛福成留意观察西方制造业，搜辑精详，
尤能熟谙一些技术概念，希望中国早日形成工业产能。另外，他也初具自
己的军事观点。在武备方面，他认为"西洋各国，陆军以德国为最胜，水
师以英国为最精"（《卷二·光绪十六年四月庚子初八日记》）。导致中国
积弱不振、外侮迭侵的缘由，列强军力骤然远超只是外因，剖析内因，一
是夏商周之前乃至汉唐，文武未尝分途，宋明以降，重文轻武，文人不屑
习武，而习武者皆粗才；而西方兵将，多由军校培养，经此历练，无不精
娴韬略。一是始于战国、继之汉唐，皆有兵法传于世，宋明以后，累世承
平，渐失其传；而欧洲各邦，以战立国一二千年，上下一心，竞智争雄，
互相师法，舍短集长，确有程度。究其肯綮，实则不难言明：一在大兴军
事教育，训治人才；一在重视真操实练，演习兵法。若此，"中国虽不必
尽改旧章，专行西法；但能明其意而变通之，酌其宜而整顿之，未始非事
半功倍之术也"（《卷二·光绪十六年四月庚子初八日记》）。他的应变之
道，在洋人那里也可以看见。"西国博雅之士，论及创制，每推中国"
（《卷二·光绪十六年四月庚子初十日记》），创誉寰宇的中国古代四大发
明，不单在世界科技史上光芒熠熠，更给国人奠定了文化自信的根基。比
利时侍郎兼总办郎贝尔芒"于天下各国之大局均能精心研究，出言近理"，
他曾游历中国，对华夏风俗教化钦慕不忘。他对薛福成讲："中国教化最
好，民物最殷，但能参用西法，便可立致富强。"（《卷二·光绪十六年四
月庚子二十八日记》）这番话，薛福成是谨记的，亦增强了民族自豪感。

　　薛福成在境外，极为关注国内海防与江防守御备战的情况。他明白，
仅有舰队，战力仍是孤弱的，须扼据险势，筑台置戍，垒砌炮台以资策

---

　　①　薛福成：《变法》，《晚清文选》（卷上、卷中），中国社会科学出版社2002年版，第287页。

应。为此，他做了许多思考，表达起来，舍得花费笔墨：

> 迩年以来，中国整顿海防兼及江防。顷阅邸钞，光绪十年皖省筹防案内：在安庆东门外，造明暗炮台各一座，石营一座。拦江矶突起江中，洲上造明炮台二座，石营一座。南岸造明炮台一座，土营一座。西梁山造明炮台四座，石营一座，土营二座，台左右各建药弹兵房，前后筑驳岸护堤。东梁山造石城炮堤各一道，并药弹兵房，护以驳岸，做法均照外洋式样。①

> ——《卷三·光绪十六年庚寅五月二十三日记》

> 近闻粤省虎门渔珠沙角各炮台，连日排队操演甚勤。中流砥柱炮台及海珠炮台，为省河屏障，因沙土尚未结实，规模不尽合宜，须仿洋式改建，已估工矣。②

> ——《卷三·光绪十六年七月己巳朔记》

> 旅顺口门双峰对峙，曰黄金山，曰馒头山，如锁钥然。

> 珲春前造炮台，因安炮拘紧，运用不灵，经吉林将军自备经费改修完竣。③

> ——《卷五·光绪十六年庚寅十月二十一日记》

> 出洋以来，所见各口炮台，不下十余处。迩来营构日精，往往不惜工费，甚至有以铁造台者。然尝考其源流，权其利害，则台式究竟明不如暗，高耸不如低平，铁石不如三合土。按丁雨生中丞疏云：炮台宜建于地险水曲、敌船必旋转如"之"字而后能驶行者之前方，能使彼多受数炮，又可从前面后面为通行之打。若台设于水路径直之地，则敌船瞬息即过，岂能炮炮中其要害？北洋惟大沽口水道最曲，

---

① 薛福成：《出使英法义比四国日记》，商务印书馆、中国旅游出版社 2016 年版，第 84 页。
② 同上，第 102 页。
③ 同上，第 156 页。

大江自镇江以下惟圌山前水势回环，均可建筑炮台。焦山四面受敌，似不如也。①

——《卷五·光绪十六年庚寅十月二十二日记》

薛福成对李鸿章的看法是赞同的，即"水师以船为用，以炮台为体。有兵船而无炮台庇护，则兵船之子药煤水一罄，必为敌所夺；有池坞厂栈而无前后炮台，亦必为敌所夺"（《卷五·光绪十六年庚寅十月二十二日记》）。他认定，海口的炮台须格外坚厚，上置大口径新式长筒巨炮，下筑弹药库和兵房。炮台外砌斜坡。敌船来犯，我必有三处炮台掎角击之。

欧洲的军工产业也引起薛福成的关注。英、美、法、德、俄的枪械，英、法、德、美、俄的火炮，他皆悉心研述。英国的乌里治制炮厂、德国的克虏伯制炮厂，他是观摩过的，下的评断是："以上五国之炮，以英德为最新最精，而克虏伯尤著。北洋购备数百尊，多用至十余年，并无瑕疵。"在他看，泰西之炮"中国之厂皆可仿造"（《卷五·光绪十六年十一月丁卯初二日记》）。

薛福成没有忘记甲午海战的教训，更记着《中日北京专约》给民族带来的创痛。清廷"明知彼之理屈，而苦于我之备虚"（清·奕訢语），故不敢轻言用兵的耻辱叫他明白，主权和尊严只能在国家力量的博弈中获得。为加强防务，他查阅旧卷，谈及曾纪泽在英国阿模士庄（阿姆斯特朗）船厂经办"致远""靖远"号穹甲防护巡洋舰，许景澄在德国伏耳铿造船厂经办"经远""来远"号装甲巡洋舰之事，于舰船结构颇为用心。他对舰队在战争中的作用有独到的见识：

外洋水师屹然能成一军者，必须有铁甲船以扼中权，有快船以便迎敌，有碰船以作冲锋，有蚊船以守海港，有运船以接济饷械，有书信船、有暗接电线之船以灵通消息，有雷艇而行雷可以出奇、伏雷可

---

① 薛福成：《出使英法义比四国日记》，商务印书馆、中国旅游出版社 2016 年版，第 156 页。

以致胜，又必有炮台以作靠山，有岛澳以屯全队，有厂坞以修巨舰，而后海军乃无缺陷，一旦有事，可进可退，可战可守矣。①

——《卷五·光绪十六年十一月丁卯十七日记》

在德国柏林东北的伏耳铿造船厂，薛福成看见德国皇帝巡游各国时乘坐的小轮船，适入厂修理，"房舱位置与中国'海晏'船相似"（《卷五·光绪十六年十二月丙申二十三日记》）。此刻，听着波罗的海的涛声，他脑中浮现的是昆明湖上那座巨型的石舫吧！英法联军焚毁舫上舱楼的遗恨，似还隐隐作痛，按捺不住的思绪激涌着：

窃尝观英法俄德美诸大国，不惮殚其物力，穷年累世，聚精会神，以求枪之灵、炮之猛、舰之精、台之坚。迨各造乎其极，而又无所用之。非不用也，殆以不用为用也。夫地球各国，平时互相考校于其枪炮舰台之孰良孰楛，无不确有定评。一旦有事，则弱者让于强者，强者让于尤强者，殆必至之势，固然之理。强者于攻战守早有把握，则虽取千百里之地，索千百万之饷而不难。弱者于攻战守尚无把握，则亦割地输币而有所不靳。且弱国即幸而偶胜，而弱固不足以敌强，于是虑大国有再举之师，邻邦有勒和之议，终于弃地受盟。如光绪戊寅己卯之间，土耳其之于俄罗斯是也。是故与其争胜于境外，不如制胜于国中。盖必营度于平时，然后能操此无形之具。若不得已而用攻战，则已出于下策矣。然则居今之世而图国是，虽伊、吕复出，管、葛复生，谓可勿致意于枪之灵、炮之猛、舰之精、台之坚，吾不信也。若夫修内政，厚民生，濬财源，励人才，则又筹此数者之本原也。②

——《卷五·光绪十六年十二月丙申三十日记》

---

① 薛福成：《出使英法义比四国日记》，商务印书馆、中国旅游出版社 2016 年版，第 168 页。
② 同上，第 189 页。

磊落雄词，发乎胸臆，凌云健笔有江河奔泻之概。纵观寰宇的政治形势：西方冷酷的实用主义毒化着正常的国际关系，道义的尊严在全球舞台上遭受凌犯和践踏，对抗性思维使世界权力体系出现失衡，主权国家之上，再无更高国际机构制约，一任"丛林之王"跋扈。薛福成不认可弱肉强食的丛林法则，力图改变博弈格局与战略关系，自强之志愈加奋扬。唯具洞彻洋务的眼光，方能出此述评。

和访游伏耳铿造船厂一样，薛福成还往观克虏伯制炮厂，亦做了场景化的描摹。他说克虏伯"然地大而厂多，非尽一两月之力，不能穷其胜也。游观者，往往限于日期，未必能遍阅各所，兹姑撮叙其大略"（《卷五·光绪十六年十二月丙申二十二日记》）。尽管道其大略，也为心系北洋水师建设的国人提供了一手资料。

从封建帝国的专制环境下走出的驻外使臣，对西洋诸国的议会政治常报以探究之心。薛福成并不一味盲信，而是独有判断，颇能自持。

> 西洋各邦立国规模，以议院为最良。然如美国则民权过重，法国则叫嚣之气过重；其斟酌适中者，惟英、德两国之制颇称尽善。①
>
> ——《卷三·光绪十六年七月己巳二十二日记》

薛福成曾经亲莅其会，他详述英国两院议事实状，"上议院人无常额，多寡之数因时损益"；"而下议院之人，皆由民举。举之之数，视地之大小、民之众寡"（《卷三·光绪十六年七月己巳二十二日记》）。想起以皇帝为天下万民之主的故国，天子金口玉言，黎元依头顺脑，一切听其驾驭，他自会来一番对比，相异的政治文明引致的冲突，自是不可免。

薛福成不算位极人臣，却以忧国为先。身在外洋，心念邦家。他对输入或种植鸦片为害社稷，疾心若火焚：

---

① 薛福成：《出使英法义比四国日记》，商务印书馆、中国旅游出版社 2016 年版，第 115 页。

近来中国海关，每年进口洋药约有七万三千余箱，而内地所种之土药，销售者当加四倍。统计每年所销洋药、土药，当不下三十六万箱，是每日销一千箱也。每箱以百斤计算，则一千箱当得一百六十万两。牵多搭少，以每人每日吸烟四钱计之，是有四百万吸烟之人也。合十八省男女老幼人口，不下四百兆，是吸烟者百人而得其一。然以余所见有此瘾者，似断不止百中之一，则或者土药之销售，尚不止四倍洋药也。然即以洋药价值计之，每岁出洋之银三千万两，以三十年计之，则九万万两。此九万万两之银，皆一往而不还者，宜中国之日趋于贫也。吁，可不惜哉！可不惧哉！①

——《卷五·光绪十六年十一月丁卯二十八日记》

虎门销烟以来，疮痍未息，身居心膂的他，痛切之语，发乎至诚，忧勤惕厉之意可见。

王国维《人间词话》云："政治家之眼，域于一人一事；诗人之眼，则通古今而观之。"放览环球诸国，涵育了薛福成的觉世气质。"非絜四千年之史事，观九万里之全势，无以通其变而应其机"（《咨呈》）的认知，让他能够审度世界大势，考求本国历史，据以观照中华现状，驰想未来。他善于综察全局，"是以此书于四国之外，所闻关系中国之事，必详记之；即所闻关系各国之事，亦详记之"（《凡例》）。随笔纂录，着眼于大处，凝着史才的笔端，激扬纵横之气。

赴任途中，他颠荡于大海上，翻阅《瀛环志略》地图，神思远驰：

盖论地球之形，凡为大洲者五，曰亚细亚洲，曰欧罗巴洲，曰阿非利加洲，曰亚美理驾洲，曰澳大利亚洲，此因其自然之势而名之者也。亚美理驾洲分南北，中间地颈相连之处，曰巴拿马，宽不过数十里，皆有大海环其外，固截然两洲也。而旧说亦有分为二洲者，即以

① 薛福成：《出使英法义比四国日记》，商务印书馆、中国旅游出版社2016年版，第173页。

方里计之，实足当二洲之地，是大地共得六大洲矣。

惟亚细亚洲最大，大于欧洲几及五倍。余尝就其山水自然之势观之，实分为三大洲。盖中国之地，东南皆滨大海，由云南徼外之缅甸海口，溯大金沙江直贯雪山之北而得其源，于是循雪山、葱岭、天山、大戈壁以接瀚海，又由瀚海而东接于嫩江、黑龙江之源，至混同江入海之口，则有十八行省、盛京、吉林、朝鲜、日本及黑龙江之南境、内蒙古四十九旗，西尽回疆八城暨前后藏，剖缅甸之东境，括暹罗、越南、南掌、柬埔寨诸国，此一大洲也。由黑龙江之北境，讫瀚海以北，外蒙古八十六旗及乌梁海诸部，西轶伊犁、科布多、塔尔巴哈台，环浩罕、布哈尔、哈萨克、布鲁特诸种，自咸海逾里海以趋黑海，折而东北，依乌拉岭划分欧亚两洲之界，直薄冰海，奄有俄罗斯之东半国，此又一大洲也。雪山以南，合五印度及缅甸之西境，兼得阿富汗波斯阿剌伯诸国、土耳其之中东两土，此又一大洲也。①

————《卷一·光绪十六年庚寅正月二十一日记》

亚洲之外，薛福成亦对其他各洲形势逐一勾勒，俨如图绘，心间定有一番测量。他的恣纵的情思最终回到钓游之地：

至于禹迹之九州，要不出今之十八行省。若福建、广东、广西、贵州诸省，则《禹贡》并无其山川。今以置于以上所叙一州之中，约略计其方里，要亦不过得九分之一。然则禹迹之九州，实不过得大地八十一分之一；而《禹贡》所详之一州，又不过得大地七百二十九分之一，其事殆信而有征也。②

————《卷一·光绪十六年庚寅正月二十一日记》

薛福成"舟中无事，睹大海之汪洋，念坤舆之广远，意有所触，因信

---

① 薛福成：《出使英法义比四国日记》，商务印书馆、中国旅游出版社2016年版，第15—16页。
② 同上，第16页。

笔书之"，此段自然地理和人文地理的论说，衍及海内外，大开大合，着实拓开了时人的视野。此等气吞天下的评述，尚有多处。若在全书中寻找最有襟度的论说，当数这节文字。他的雄于议论，在清代文章中洵属一流。

海外华民的现实关切，薛福成很为重视，不负职责担当。对于南洋各埠华民商务情形，远在欧洲的他从阅览旧卷中体察。缅甸一国，"华商华工在仰光者三万余人，闽商居三分之一，生意较大，粤人虽多而生意次之"（《卷三·光绪十六年六月己亥二十三日记》）。旅居澳大利亚的华商、华工，缴纳的米税甚重，新到华人还须交付身税，境遇极为困苦。

> 南洋诸岛各埠林立，商务工务均赖华人为骨干，合英、荷、日斯巴尼亚各属埠、暹罗属埠所在华民，或经商，或佣工，或种植园圃，或开采锡矿，统计约有三百余万，而尤以新加坡、槟榔屿为要冲。其荷属苏门答腊之日里埠，每岁所到华工以八九千计，皆从英属埠华人猪仔馆分雇前往。猪仔馆之人，半由拐卖。荷之园主虐待华工，往往终身为奴，非英属地华人雇用华工可比。园主弊端有四：一违例虐殴；二令工头纵赌诱工人输银；三纵赌为害，年年借欠永无脱工之日；四官定条例亦尚平允，园主不肯张挂。华工出口，每岁十余万人，由汕头来者十居七八，由厦门来者十居二三，而总会之区实在香港。[1]
>
> ——《卷三·光绪十六年六月己亥二十六日记》

鉴于此，薛福成抓住保护海外华民的核心环节，建议朝廷设立领事之职，捍卫华商、华民的合法权益：

> 南洋诸岛，棋布星罗。除澳大利亚一洲外，其最大之岛有四，曰

---

[1] 薛福成：《出使英法义比四国日记》，商务印书馆、中国旅游出版社 2016 年版，第 100—101 页。

婆罗洲，曰苏门答腊，曰爪亚，曰西里百。四者之中各有大埠。若昆甸，若马神，此婆罗洲之大埠也；若日里，若亚齐，若茫古鲁，若叭噹，若巴邻旁，此苏门答腊之大埠也；若噶罗巴，若三宝垅，若泗里末，此爪亚之大埠也；若望加锡，则西里百之大埠也。以上皆属荷国，皆为华人流寓之区，似应在噶罗巴设一总领事，而各埠选派商人充当领事。①

——《卷三·光绪十六年六月己亥三十日记》

自觉的角色意识使他考虑周详，举措具体，经略世务的才干豁然显出，且流露出拳拳的赤子情怀。

薛福成也深感履职之难，究其因，"盖由中国风气初开，昔日达官不晓外务，动为西人所欺。西人狃于积习，辄以不敢施之西洋诸国者，施之中国。为使臣者，遂不能不与之争"②。他还援引北洋海军提督丁汝昌之文，陈说利害。丁氏谓："去冬奉令巡洋，抵新加坡各岛，目击流寓华民，交涉懋迁尚称安谧。惟未设领事之处，多受洋人欺凌剥削，环求保护，未便壅不以闻。"薛福成再记之：

余查中国从前与各国订立和约，但有彼在中国设领事之语，而无我在外洋设领事之文，盖因未悉洋情，受彼欺蒙。郭前大臣初设新加坡领事时，与英国外部文牍往来，互相辩诘，殊费周折。曾惠敏公拟设香港领事，行文数次，英国外部以咨商藩部为辞，藩部以官民不便为说，管秃唇焦，终无成议。余与参赞等筹商，以新加坡旁近各岛华民固须保护，而香港一区尤为中外往来咽喉。凡华洋各商货物，均先至香港然后运转各省。而交涉事务之紧要者，一曰逃犯，一曰走私，

---

① 薛福成：《出使英法义比四国日记》，商务印书馆、中国旅游出版社 2016 年版，第 101—102 页。

② 薛福成：《出使四国公牍序》，《晚清文选》（卷上、卷中），中国社会科学出版社 2002 年版，第 302 页。

一曰海界。粤省每出巨案，派员至港，只以未设领事，声气隔绝，动多扞格。所以粤东全省政务，往往为香港一隅所牵掣。此处添设领事，万不可缓。其次则新金山及缅甸之仰江，亦须相机推广，逐渐设员。惟是设立一处，商议一处，枝枝节节，徒费唇舌，尚难确有把握。英文参赞马格理，请先办文照会外部，援照公法及各国常例，声明中国可派领事分驻英国属境，暂不必指明何地。且日本、暹罗等国，皆已有领事在香港，而彼独坚拒中国，本不公允。今但与之泛论通例，彼必无辞以难我。一经答允，则无论何处领事，惟我所派矣。①

——《卷四·光绪十六年庚寅八月十二日记》

南洋各岛，星罗棋布，较之东西洋各邦，形势尤与中国切近。华民往来居住，或通商，或雇工，或种植，或开矿，不下三百余万人。凡荷兰所属之地，应专设领事者三处，曰苏门答腊之日里埠，曰噶罗巴，曰三宝垄，兼辖泗里末等埠。曰斯巴尼亚属地一处，曰小吕宋。法国属地一处，曰西贡。英国属地四处，曰香港，曰新金山，曰缅甸之仰江，曰印度之戞尔格达。此外各埠，可相机设法，或以就近领事兼摄，或选殷商为绅董，畀以副领事之名，略给经费。统计全局，只须设领事十数员，大势已觉周妥；加以略有添派，岁费当不过十万金，而中国之隐获裨益，奚止十倍百倍。即如新加坡一埠，设立领事已十三年，支领经费未满十万金；然各省赈捐海防捐所收之款，实已倍之，而商佣十四五万人其前后携寄回华者，当亦不下一二千万两。然则保护华民之事，顾可缓乎？②

——《卷五·光绪十六年十一月丁卯十八日记》

新加坡《太晤士日报》云：荷兰领事开列华人先为佣于坡埠、而

---

① 薛福成：《出使英法义比四国日记》，商务印书馆、中国旅游出版社 2016 年版，第 128—129 页。

② 同上，第 169 页。

后就鬻于别埠者之总数，前年共有十六万四千余人，去年共约十五万人。所以较少于前年者，缘近日荷兰驻华之领事，知会华官，准由汕头装载华佣直往日里埠，不必如前者到坡之后而始折往也。由斯以观，荷兰南洋各岛之不能不招华佣明矣。抑闻荷人苛待华工，甚于英法等国，华人往往不得其所，且迫之入籍，所以多去而少还。而荷人之不愿中国设领事官者，亦实由此。然领事之设，实为要着。倘彼不允我设领事，我亦不准彼招工，彼断无不就范之理。若但用文牍往商，口舌辩论，殆无益也。[①]

——《卷五·光绪十六年十二月丙申十五日记》

薛福成直面敏感的政治话题，不去遮蔽真实情状。他的这些记述，透露出近代劳工遭际和外交斗争的真实历史细节。决意派驻领事，固然是时势需要，更显示出对此前与列强签署的不平等条约的愤懑情绪，以及理应具有的凛然气概。

人口与资源的关系，也是薛福成在日记中论及的，和其相涉的环境保护意识鲜明地表现着。一面是人口数量的激增，一面是生产、生活资料的亏短，进而极大地影响民生，他因之忧虑。处于那个年代，想到珍爱生态和拯救地球，并且响亮地发出声音，人所难能：

余闻西士之精矿学者称，地中之金、玉、银、铜、铅、铁、锡、煤等物，多系太古以来所含孕，非若五谷草木之随取随产也。余于是知宇宙间开辟日久，人民日多，攻取日繁，千万年后必有销竭之时。即就中国而论，古之诸侯营筑宫室，椅桐梓漆皆可就地取材。今则中原千里濯濯，未闻有巨材可伐；东南数省民间营造，皆用江西闽广之木，远者运自南洋诸岛，足征腹地之无材。汉萧何造未央

① 薛福成：《出使英法义比四国日记》，商务印书馆、中国旅游出版社2016年版，第177—178页。

官，规模闳丽，而终南山巨木用之不穷，不过借民力伐之运之而已。明代营造宫殿，始采木于黔楚川滇诸省；迄今观明旧殿，有叹其无从再得此巨材者。窃恐数百年后，川滇黔楚以及江西闽广，采伐又将罄竭矣。

…………

若宝物之稀，盖因中国开辟最早，取之愈尽，用之愈竭。虽西洋矿师谓中国宝藏甚富，然其上层，古法所能取者，殆已罄竭无余。若用机器开挖之力，则中国未泄之宝气，犹多于外洋。盖因千余年来，矿政不修，转得藏富于地之道。迩来觊觎者多，势难久闷，是矿务必将陆续兴办。再到四五千年后，当有告罄之势，而外洋则必已先罄。彼时物产精华，中外并耗，又将如何？此余所以不能不为地球抱杞人之忧也。[①]

——《卷三·光绪十六年六月己亥初十日记》

洋务运动前期，以"求强"为主导，用官办方式建立近代军事工业，倾力购造舰船，练兵制器；洋务运动后期，以"求富"为主导，兴办采矿、冶炼、纺织、航运、铁路、电讯等民用工业。发展与保护的深刻的矛盾性是永恒的难题。自然资源的有限性决定了人类需求必须受到约束，不加节制而无限放纵，只能加剧能源危机，走向毁灭。近代工业在中国初兴的背景下，薛福成的预见具有警示意义。

地球各国人民之数，中国第一，英国第二，俄国第三。中国人数在四万万以外，大约四倍于英，五倍于俄。……

……余尝闻父老谈及乾隆中叶之盛，其时物产之丰，谋生之易，较之今日如在天上；再追溯康熙初年，物产之丰，谋生之易，则由乾隆年间视之，又如在天上焉。无他，以昔供一人之衣食，而今供二十

---

① 薛福成：《出使英法义比四国日记》，商务印书馆、中国旅游出版社2016年版，第90—91页。

人焉，以昔居一人之庐舍，而今居二十人焉。即考之汉元明户口极盛之时，又不啻析一人所用，以供七八人之用。盖我国家列圣相承，德威所暨，罔间内外，煦濡涵育，泽及群萌，民生不见兵革，户口蕃衍，实中国数千年来所未有。然生计之艰，物力之竭，日甚一日，盖利病相倚，丰耗相因，循环之理也。今欲筹补苴之策，谓中国地有遗利欤？则凡山之坡，水之浒，暨海中沙田，江中洲沚，均已垦辟无余；抑谓人有遗力欤？则因中国人数众多，所以人工之廉，减于外洋十倍，竭一人终岁勤动之力，往往不能仰事俯畜。彼知力难自赡，则竞好逸恶劳，或流为游手、为佣丐、为会匪者，所在多有。盖仓廪不实，不知礼节，衣食不足，不知荣辱，亦理势之所必然。窃尝横览地球，盱衡全局，而得补偏救弊之术焉。①

——《卷六·光绪十七年辛卯正月丙寅十六日记》

由此，他把目光转向了南美大陆，想到了输出人力资源，甚至移民，凭此在世界劳动力市场中占有份额。这可算"补偏救弊"的一招：

方今美洲初辟，地广人稀，招徕远氓，不遗余力，即如墨西哥、巴西两国，疆域之广，合计其建方里数，较中国尚有赢无绌，而其民数尚不能当中国二十分之一。其地多神皋沃壤，气候和平，不异中国。而土旷未垦，勤于招致，且无苛待远人之例，立法颇为公允。诚乘此时与彼诸国妥订条约，许其招纳华民，或佣工，或艺植，或开矿，或经商。设立领事官以保护而约束之，并须与订专条：彼既招我华民，借以开荒，功成之后，当始终优待，毋许如美国设法驱逐。夫有官保护，则遇事理论，驳其苛例，不至为远人所欺；有官约束，则随时教督，阻其不法，不至为远人所憎。华民在此，皆可买田宅，长

① 薛福成：《出使英法义比四国日记》，商务印书馆、中国旅游出版社 2016 年版，第 197—198 页。

子孙，或有数世不忘故土，辇运余财输之中国者。如此，则合于古之王者有分土无分民之意，且不啻于中国之外，又辟一中国之地，以居吾民，以养吾民也。于以张国势，厚民生，纾内忧，阜财用，广声气，一举而五善备焉。救时之要，莫切于此。①

——《卷六·光绪十七年辛卯正月丙寅十六日记》

其言甚恳，其情甚殷，思虑紧连着国家的未来。

近世以来，无数有为之士以思想或行动介入历史的运动。比起呈递国书、办理交涉等具体事务，薛福成的思想贡献更应被后世看重。他的《出使英法义比四国日记》，从本民族的文化视角出发，展开对异域民族的观察，务求融贯中西两学，从历史关联中找寻彼此文化的初原和走向交融的可能。风气始开的时代，他亲历西方的述录，在农耕文明与工业文明、封建主义与资本主义的相遇中，表现了一个国家的话语形象和正视现实的理性姿态，确能显示新异的精神价值。

"是以欲周知中外之情，势必自游历始。"薛福成谨遵总理衙门的要求，在出使国境内，广为游观，"惟在察敌情，通洋律，谙制造测绘之要，习水师陆战之法，讲求税务、界务、茶桑、牧矿诸事宜"，且"考核纪载，分门讲求"。做这一切，"以国家之务为己任"（唐·韩愈语）的情怀，体现得何等分明。

薛福成的游述，所涉尚博，所思尚深，仿佛心灵的棱镜，多侧面地折映出思想的光影。

---

① 薛福成：《出使英法义比四国日记》，商务印书馆、中国旅游出版社 2016 年版，第 198—199 页。

康有为

鸿飞冥冥万里遥

康有为踏上出洋的远途，时在光绪二十四年（1893年）。百日维新招致的刀剑血光还闪在他的心头。险恶的政治处境逼他逃离痛苦的现场，走向陌生的海外成了生命关口的唯一选择。身为变法运动的政治领导核心成员，他要平复深重的忧愤，他要拓宽沉抑的心胸，他要挣脱窒闷的空气，到新的环境中找寻政治理想。他确信，丧钟不是为舍生取义者鸣响的。

旅途是精神的学堂，它会把想象变为现实，让人生的意义在行走中实现。康有为在十余年流转异邦的岁月里，"三周大地，遍游四洲，经三十一国，行六十万里路"①，真是"无一日不在游中，自谓鸿飞冥冥，扶摇九万，直入于寥天矣"②。但这游兴是有郁悒在的，无法彻底忘忧而翩然，"吾频年远游，道长为生，几以逆旅为家，习常而忘之矣。……追思前尘，今乃得从容游历，环球一周，中间经历万险，如寐如梦"（《英国游记》）；"行客寂寞，令节羁孤，五十之年漫游飘泊，不意忽逢盛会，甚慰寒寂也"，好在"是夕为吾国元日，而适逢班人教中大典嘉辰，行人如织，男女皆丽服，出游，时作黑人伪面具相扑戏"，街灯下听奏乐唱曲，客舍里观舞女翩跹，聊可娱情（《西班牙游记》）。万里游程，遭逢难料之虞断不

---

① 转引自吴必虎:《世界著名游记丛书(第二辑)导读》,《康有为列国游记》(上册),商务印书馆、中国旅游出版社2016年版,第15页。

② 康同璧:《南海康先生年谱续编》。

能免："雨大天寒，日暮风急，是时天暮欲归不得，……玄奘之劳苦可想矣"；天晚，坐牛车而行，"深夜微茫，黑不见道，路无行人，只有林木，风声萧萧，树影疑鬼，……身挟弱女与一印仆，绝无寸刃而行万里之外，绝域异国，旷野深山之中，深夜无人之境，又非故道，心疑车人异谋，遂为震慑"，他因之喟叹"吾既惯遭危难，此身常在死境，阅之寻常"；他或与次女康同璧诵诗畅谈，或相与抱持，勉强慰藉。任凭虎啸狼嗥，也要在震恐中将险难挨过（《印度游记》）。三年后，康有为和康同璧游英时分手，同璧先一日行，预期访美国驻英公使，电告美外交部，得到准许入境的复电后才可前往。康有为则应加拿大保皇会电召，先入枫叶之国。想到康同璧曾就读于美国哈佛大学拉德克利夫学院、哥伦比亚大学巴纳德学院尚且如此，不禁怅叹："吁！美人之防禁吾华人至此，虽以同璧，亦必当请其公使，扰其外部，致电纷纭，然后得入，何许子之不惮烦。"（《英国游记》）积了满腹牢骚，不平之情只能借笔抒出。天涯游子的漂泊之感，深矣。他从伦敦乘汽车前往利物浦，"道中原野弥绿，小麦青青，花牛满野，红墙楼阁弥望"，虽则风景依然，"但老夫忧国余生，须鬓斑白，非复畴昔矣。数年以来，龙血元黄，几经桑海，行十万里，不意重来，感旧永怀，叹息弥襟"（《英国游记》）。步入老境，大有身世之感，很带忧思的笔墨，传达了真实的生命体验。

浪迹外邦，变法致败的康有为心情是落寞的，但在周游列国的生命场景下，从生死险境匆遽逃亡时的惊惶意绪渐归平静，回复了文人的正常心境。所著《康有为列国游记》，以国别构设各个记述单元，贯穿的思想脉络和情感线索始终如一。整部游记，叙录清畅，忆史悠远，考据入微，言议透辟。文字静缓不迫，失意的心境不露痕迹，缥缈孤鸿的愁苦低落情绪消淡了。一个身在远途的人，若为积滞的忧苦压得茫然失措，断然无心写出如此厚重的著作。

一

　　康有为是政治家、思想家。建言，有公车上书之举；践行，有戊戌变法之勇。他的个人作为和维新群体的奋争，虽然没能改变清廷旧制，却深刻影响了中国社会走向，推进了政治改革的进程。

　　康有为深受龚自珍、魏源所代表的今文派经学影响，西方资产阶级新学的浸淫也有一些。他的写作以致用于当世为任，贴近社会，关注时局，慨叹世事，抒怀言志，且融入兴亡离乱的伤怀，激发改良热情，呼唤变法维新。他的杂感式游记，充满强烈的政论色彩，透显深刻的现实意义。身处危亡之秋，虽为羁旅之臣，却愈加忧虑江山命运。出游海外，更渴求寻找到新的国家出路。

　　变法失败，命运的波折随即到来。个人前途未定的当口，他以强大的内心定力选择了行旅。彷徨中的他寻到自己的新角色——旅行家。政治流亡和汗漫远游进行了艰难的转换，他也变了一种心境，然则并未停止思考，甚至行动。《英国游记》中曾记"五月节后出利物浦，候船而复还加拿大，以求人之难，不如求己，于是专意开保皇会，至六月十三日成"，可见其述游中亦留有政治活动的影迹。

　　他接纳过眼景观，每为故国的多难而忧。游览印度期间，康有为抱着"欲兴中华会馆"的目的，到支那街天后庙演说。这里居住着来自广东嘉应、南海、顺德、东莞、新安、四会、新会、新宁、恩平、开平、番禺、三水等地的华人，国内发生的事变，似乎无关其痛痒。庚子国难，有些华人"乃反谓李秉衡大破八国，八国偿金十万万两，若皇上之幽废，溥俊之私立，益不知矣。其梦呓之愚，一至于此！"李秉衡，长江水师大臣，八国联军攻犯，以老惫之躯率一旅之师入卫京城，战于杨村，兵溃退至通州，知不能敌，吞毒而殁。因庚子国变而生的《辛丑条约》列明，清朝政府向列强赔款，以当时中国四亿五千万人口而计，四亿五千万两白银就这样被掠去了。惨痛的国家记忆让康有为积愤难抑，他要专意集众，大作政治宣传，以真相唤醒昏愚的灵魂。他记述当时情形："天后庙者，为邦人公庙，是夕迎吾演说，集者千人，门户堂壁，层积如山。吾乃告之以近年中国之危弱分削，圣主爱国，舍身变法救民而被废，那拉后、荣禄、溥俊等之贼篡亡国，数千人乃如梦似觉，半信半疑，纷纷反复诘问累日，而少有所明，盖数千人无一阅报者，其愚冥之极至，实出人意表而可悯。嗟夫！比之欧人之智，此则宜为亡国之民，嗟夫！宜其日忿于私斗而不自知也！"身在旅途的康有为，对于政治现实固然消沉失望，却没有自挫其志，当权用世的儒家观念也未尽弃。虽然世路难行，时局艰险，但是基于深刻的现实感受与审视，就算流寓海外，断不肯向权豪势要俯首折节，必得讥切时政，倡言改革，佞道乱政的局面是不忍看的。曾经抱着打开一条新路的政治向往的他，为严酷的社会情势所迫，退出了现实中的酣斗，而理智和感情还留在原地。有真理信念的支撑，心中便闪着光亮。他依然深抱誓愿——激起民众的家国情怀。

鸦片战争在康有为心上烙下深深的创痕。行走于印度，入目风景令他一惊："道上牛羊被野，以万千计，沿途多鸦片树，自摩竭提至舍卫皆然，以毒我中国者。佛与鸦片同产一地，异哉！"这是根植于现实的深沉感慨，不带一丝造作的真率。祇园精舍之清妙，佛陀说法之幽奥，同虎门销烟的历史场景，同列强坚船利炮喷吐的炮火形成绝大反差。他的心被刺痛了。

百日维新的记忆，刻在康有为脑海。血的戕杀给予心灵上的压力，时间也无法释放。"在柏林，遇六烈士蒙难日，酾酒客舍，设位而祭之"，仿佛于内心重置历史场景。祭毕，才匆匆登车赶往比利时。谭嗣同、康广仁、林旭、杨深秀、杨锐、刘光第构塑成戊戌六君子的英雄群像，垂光百世。仁人忘躯，义夫赴节，为了苍生之愿，这群重要的历史人物积聚起反叛旧时代的政治力量，进行适应性变革。他们在京城菜市口引颈受戮的血腥场面，令康有为摘胆剜心。穿透肺腑的巨大苦痛造成难以疗愈的心理暗伤，胸中含悲，幽恨难平，逢祭日越加哀痛。

康有为受过扎实的思想训练，即使突遭挫折，依然保持强烈的政治热忱。游览外洋，他的政治抱负未泯。眼扫世界，笔之于文，景观线索常与政治线索并行。在瑞士，景物描摹的清与细，政治写照的古与真，错杂地勾勒出蕞尔山国的社会状貌。

以封建帝制为常的晚清人士，远游欧美，多参观议院，视其为政治奇观与异象。康有为专意考察瑞士的议会，以初窥宪政制度，敏感的政治神经尤受触动："楼阁伟大，议院崇穹，长桥横卧涧中如虹。其政最平等，人人皆有选举权。"平等体现在程序上：各乡选出上议院议员，议员选出行政官，行政官选出议长，议长即为领袖。对此种逐层众荐的选举制度，康有为持狐疑态度："然此惟极小国乃能行之，否则他日大地大同能行之，非今世所能及也。"国情各异的现实加上固化的政治观念，使他不能完全认可，遑论称扬与标举，却并不影响观察的入微。他详记如次：

> 瑞士京之议院，盖全瑞政权之所自出，以其别无王官，亦无总统署，亦无他行政官署。盖瑞士无总统，只有议长。其上议院员每乡一人，二十二乡共二十二人，于二十二人又公推十一人为行政长官，于众长官中又推一人为议长，故议事于是院。行政亦于是院，全国只此一官署，实则皆乡民公议之地，如吾粤乡局，然亦议事于是，行政于是。吾南海九江乡局规模甚宏肃，以其人民四五十万，地方二十里，此亦瑞士之缩型矣。吾乡同人局所建于冈颠，亦甚大且肃，其他龙山乡、沙头乡，乡局、乡绅并皆闳整，局所皆建于墟场，龙山、九江、沙头墟场人皆数万，颇与边京相仿佛。①

边京，按音译之，瑞士首都之谓。康有为以家乡之治跟瑞士比较，后者的政治生态略窥一斑。两相比较，虽有中外之别，"盖民权之例，意既同，其事体亦自暗合，故欲观边京者可一游。吾粤九江、龙山墟场局所而

---

① 康有为：《康有为列国游记》（上册），商务印书馆、中国旅游出版社 2016 年版，第 76 页。

得之，惜以九江、龙山之繁富不建一大学，是则少逊于瑞士者耳。至其议院建筑之阂丽，则西欧土木之通例。数十年后，龙山乡、九江乡之公局，计必能与之争美，可预决也"。一番话语，既有追步的勇气，也不失大国之尊。

三年前在挪威，康有为参观过所住大客店对面的议院，比起瑞士的议院，规模极小，"两议厅皆在楼上，上议院尤小，仅二三丈，如寻常人家厅事，……小国薄力，只得如此。挪威民权甚盛，此院虽小，然彼一国政权法律所自出，亦未可轻视之矣"。建筑外观的宏壮与促狭，尚属表层印象，价值评断须着眼于蕴含的政治文明成果。

同样在三年前，他参观比利时议院。"上议院华丽，几冠欧洲。……而议长厅甚丽"，足见规模的不凡。如此伟筑，"虽德、奥几当避舍矣"。建筑阂壮，表现了议会在政治生活中的重要，在国民心目中地位的崇高。他评论道：

> 盖比国政权皆在议院，议员不止操立法之权也。故其政党之魁为相者，实握全权，盖指挥议员而收政柄，比王仅供画诺守府而已。盖欧洲君主立宪之国，比与英、意议院最有大权，与德、奥迥异。故国民极力经营议院，而王座乃屈在左右室，则各国无之，伸民权而抑王体至此极矣。此座虽小故，而君民权力进退之间，亦立宪制中之一大掌故矣。欧洲王者若英、意、比，不过有虚名荣礼，若其用人、行政，皆相臣决定，而奉行签名，又一切皆取王命，此极异之制度。在吾中土，则为汉献、晋恭，在各灭国，则为安南、高丽之王，皆大不祥之事。然在欧洲立此新制，可免革命争王之惨祸，亦无一相篡夺之变，于过渡之世，曲尽其宜，此真异想天开，为中国数千年思想书籍之所无，而屐齿未经者矣。①

---

① 康有为：《康有为列国游记》(下册)，商务印书馆、中国旅游出版社 2016 年版，第 50—51 页。

他追忆中国历史，难忘教训。汉献帝刘协遭篡汉的魏王曹丕之迫禅位去世，晋恭帝司马德文被代晋自立的宋武帝刘裕诛杀的史实，可为比照。怀抱的政治理想以何种制度载体呈现出来，是康有为一生的求索。他最终寻找到的是君主立宪政体，并使其成为国家基本政治制度的主体叙述。欧洲一些国家的君主立宪制，突出议会宪政的作用，和康有为欲在中国实行的政制存在差异。他尝谓"吾固首倡民权而专主立宪者，非主专制，所不待言"。在认识上，他不一味崇拜皇权，而是意识到民众的力量优势和历史作用，故而力主改变君主独裁制，建立君主立宪制，达致君民分权制衡，各享宪法权利；在实践上，由于中国的社会肌体和文化传统早已渗透深固的权力意识，所以他又尊仰光绪皇帝，不愿废除封建君主，只是变专制君主为立宪君主，坚守保皇立场。"政治上尊王，学术上循道"的康有为，始终围绕皇权进行制度设计：承认帝王权力至上，新的制度架构里安排了君主的中心位置；而变法的历史进步性表现在权力的制约机制，因此产生了立宪。囿于思想的限定和现实环境条件，新政的实现方式难以超越中央集权的制度传统，变革的脚步只能走到这里。革命还是改良，深刻的思想矛盾在远游中亦未消解。一种新型国家体制的创立，须凭借相应的政治智慧，为了找到制度设计的合理性，每至异国议院，他都要陷入深深的思考。

康有为来往德国，前后凡四次。他从铁血宰相俾斯麦的铁腕统治看到了君主专制政体的成功。"今欧洲骎盛之国，武备、文学、政治、工艺、农商并冠大地者莫如德矣。"又云："入欧以来无所惊，至入德境，则惊德人之治国严肃整齐冠绝欧土。彼俾士麦何人哉？真令人思之不置也。入蜀而怀葛亮，过秦而思王猛，一相之功，翻易其国土若此。"他回顾德意志统一过程，赞佩道："今无俾士麦，则德各小邦蕞尔分土而治，拿破仑第三之大鸟啄之于南，俄尼古拉·亚力山大之狞狮吞之于北，诸小邦即不尽亡而困弊甚矣，宁得如今日之繁富耶？甚矣！合一之为功而分立之致祸也，俾士麦之功伟矣哉！"一个历史人物对于国家的作用，真是大矣哉。

强人、强权、强国，一条清晰的逻辑线呈示在眼前。在对所游国家的记述中，他用于德国的笔墨最多、最详，用情也最专、最深。

康有为称举俾斯麦一统专制之政取得的功业，批判国内主张各省分治的论调，曰："今吾国人昧昧于时势，览欧土之诸雄以竞争致富强，乃欲将中国之一统而亦思分之，以自促其瓜分之惨，不师强德而法印度，其愚何可及也。"他吁请国内学者亲览德国一统之治的现实，摒弃昏庸想法，以根绝道路性偏差。

德国的理政之策，令康有为一心向往。为拯世救民，振兴家国，他期盼中国能够横空出现俾斯麦式的统领，"乃叹俾士麦之治法也，如见我子产焉"。春秋郑国正卿公孙侨的执政之功也让他想起了。现实场景却是残酷的：软弱的光绪帝无力成为此等人物。虽然康有为固持保皇立场，长年游走外域，创办了许多保皇会，但是他的一些政治理念，无奈沦为空想。

德国以武功成霸，光赫于天下。观其武库所列枪炮器仗，康有为的心被戳痛。近世西方强国屡番亮出军事肌肉，利用先发优势迫使弱国忍受战略挤压。经受列强侵凌和肢解的中国，加速了被殖民化的进程。严峻的现实使维新党人增强了一种认识——万国竞逐之世，必须强军。戊戌变法之际，清政府发布的新政诏书和谕令中曾提出精练海、陆军，改用新法操练的主张。康有为对这些内容是熟知的，日后也未能忘却。游览德国武库时，深以为忧，不禁惆怅而寄慨。楼宇中"遍悬德所破各国之旗，吾国旗在此者甚多，盖胶州及庚子联军也"。院中展示多尊同治年间战炮，悉从中国掳来。此景此物，让康有为"以为愧耳"。中国元代即造出红衣大炮，到了崇祯、康熙年间，又能用精铜铸炮。"康熙、乾隆朝所铸诸大将军炮式，尚存会典图中"，只因全国一统，无与争衡，故而造炮技术渐失进步，甚至连铸造厂也不见了。"其在欧土，当吾崇祯、康熙时炮始萌芽，远不如吾国之精而巨，彼所进化全在此数十年间，不知者徒以其今日之强而震之，亦太愚矣。"遗憾的是，晚近，中国军事工业式微，明显落后于世界。手无箸策，日受拘阂。危势险状之下，康有为的认识是清醒的："然以万里大国而十五年前乃无一制铁厂，天津制造局只造枪弹之铜帽，上海制造局每日只制枪七枝，即今汉阳立制铁厂乃始萌芽，何论其他。当万国竞争之世而昧昧至此，虽欲不割且亡，得乎？马江拒法之役，张佩纶视师闽中，巡行炮垒，仅得克虏伯炮十七具，乌得不败。"马江之役，福建水师战败的教训极为惨痛。备战御敌，要有军兵炮械，而中国的战炮却一味外购，"况所谓炮者，尚购自德国。夫以兵舰专击一炮，两时未有不破，然则既失之后，从何增置乎？……诸公徒知购炮，而不求自制，又不求其本于制铁，又不求其本于化学矿学，此真不可解者也"，"然则不自求制炮之本，而欲求存于竞争之世，庸有幸乎？"（军械只求外购，不求内造之弊，康有为看得较明。他在英国游览铁厂兼制船厂时记道，此厂"前后制船已四百余。中国前曾购其一"，实不足道。在西班牙首都马德里参观陆军武库时，尝言"立国者不能自制炮，致以大利贻人，至急时则一无可恃，亦可哀也"。康有为举出美西战争中，美军以铁炮轰击吕宋，自立军虽勇且不畏死，马尼拉终遭陷落的史实；还有面对西班牙入侵者炮火压境，墨西哥人仅挟刀矛弓矢，无以为御的战例，证明武库空虚、军备衰弱会丧失战略自主性，直接导致国家败亡、文明消失。云："劫灰已尽，念之哀痛，岂料子孙无炮之惨祸及数千年文明之国人如此耶！吾国人何不鉴焉？"）参观德国武库，他"返思己国，为之叹息"，疾呼"忘战必危，有备无患"。他敷设了充满深度使命感的意义空间，足可激发国人的现实联想。

康有为抱持"物质救国论"，这导源于惨烈的战争现实。武器虽不能决定战争的终极胜负，却有绝大关系，必须储备这一重要的战略资源。国家物质实力是支撑武备的"本"，固本培元，乃为强国要务。军事工业是一个系统工程，除去图强的决心，技术人才的培养、先进军械的研发、制造材料的储备，都是提升战力亟须面对的课题。想到国内黑暗的政治环境，想到枢府中的昏聩诸公和其治下奄然而无生气的国势，还有庸碌畏缩、冥顽不灵的士大夫，机诈狡狯、媚态取宠的大小官吏，心思唯在搭设夤缘求进的阶梯而荒芜政事，他势所必然地忧心如焚，写道："何况战事为国命所系者乎！其竭思研精以日求准备简速而无憾，乃势之自然也。惟吾国乃鼾睡于群盗之中而高枕酣卧，一切不顾耳。此群盗所熟睨而窃笑，乃相与破关而入，胠箧而行也，则吾慢藏无备，诲之也。"甲午之殇激起的危机意识，犹萦心头。

哥伦布始开大航海时代，广拓世界市场。途径既开，列国突进驰骤，奔趋竞逐，扩张锋芒直指海洋，疯狂殖民海外领地。"自尔之后，寻新地者踵班而起，葡、荷争骛于东西南洋，英、法拓辟其殖民地域，于是浑圆坤舆，几为欧人剖圆之具，而瓜分殆尽"，欧陆崛起之国专营海略的雄图，使康有为意识到"昔者之竞争在大陆，今之竞争在大海。班、葡、英、荷其先启行，而英以海军保商舰、辟殖民地，尤其著效矣"。英国刻意经营海上势力，"英既以岛为国，立国于海，自必以创治海军为命"。德国航业日盛，海军建设尤令他"瞿瞿然惊也"。为了远辟殖民地，该国建造大小铁甲舰，"遂以取我胶州，几吞山东矣"。世界强国的扩张和北洋水师殁于甲午之役的教训，更使他认识到炮舰的作用，云："今者海通之世，有海军者可化小为大，通近作远，视全地如其国境，若英是也。无海军者如鸟之无翼，鱼之无翅，人之无足，即庞然大物，与自桎梏幽囚无异，如吾国是也。其义既极浅矣。吾国阅久，至今尚未经营，国威之挫不待言也。然当国者或非不欲举之，而苦于无力，或不知所措，则德国今政治至精能者也，吾国可直师之。"（游英期间，他参观制船厂，亦表达相近之论："方今以海权为第一义，若不治舰队，犹鱼之无翅，鸟之无翼，人之无足，不可一步行也。……有兵舰无兵舰之得失若此，亦可以鉴矣。颇怪自道光二十年来，频有敌祸，皆惊其兵船炮舰之奇，而竭国力以拒之，若林则徐、僧格林沁稍能歼其一二船，则举国惊喜，而绝不思大治兵舰，入地中海以报拜赐之师。以吾国人而思不及此也，亦可奇也。及今速治，亡羊补牢，犹未晚乎！否则不知所为计也。"语词谆谆，不胜焦心劳思。游荷兰时，他也重申其理：世界进入探索时代，海船直接关乎国家强弱，"荷兰滨海而都，以船为生，故从班、葡之后，辟新地而取南洋最早。《明史》永乐时，南洋朝贡诸国最盛，当明中叶而忽焉没已者，皆荷兰之为之也。……方寰海之大通，无船犹鸟之无翼，鱼之无翅，人之无手足也。我国以大陆自足，享用不穷，无意营外，不注意船学，遂令世界主人之位坐让与人，此真昔者一孔之儒之大罪也。荷博物院最富于制船缩型，不让于英、法，而古则过之，可以取鉴矣"。他认为无妨从学习船式入手，取船模以考进化之理，细剖其船型，在制船上"一造而跃至其极也"亦可期待。）他指出："吾向以为中国微弱，动为欧人所凌侮，动辄以兵舰相恐吓，吾吏低首，彼人纵横，每念愤慨。……盖强凌弱者，天道自然，人事自然，虽有圣者，只有自强发奋而已，无公理之可言也。美昔未创新海军，德人亦甚侮之，近始以其有新海军而稍不侮视，故立国者不可以无兵，虎豹之为人畏者，为其爪牙哉！今欧美人之敬日本者，岂有他哉？敬强者而已。"强者为尊的丛林法则在国际关系中大行其道，出于现实考量，定须奋起自强，方能捍卫民族生存权。造船是需要军费的，"吾国之大，何有于是。德欲以十六年之力成此一双舰队，吾亦可仿而行之，至简易也"。在他看，只要掌握技术工具，拥有制造手段，具备产业能力，均不算难为之事。他还率尔驰想，说："吾国若自强而霸于亚，德统于欧，美统于美，此三国者，大地之候补霸者乎，兆先见矣，姑悬记以觇之。"游历外洋，欧美的雄霸意识，使他的思想体系发生裂变，意略纵横，颇具经营天下之气。虽为弱国之民，每忆及历世德绥以远，威服以近的辉煌，胆略又是大的。他的《睹荷兰博物院制船型长歌》中，既有"中国海疆七千里，太平洋岸临紫澜"的自豪，也有"大陆丰饶自饱足，不思开辟徒闭关"的悲叹，更有"嗟哉谁为海王图，铁舰乃是中国魂"的向往。但是，在当时的国内和国际环境下，走向海洋的梦想毕竟乐观过甚。西方列强不会坐视中国壮大其势，朝中守旧派也会排斥实业救国的发展路径。结构性和体制性的深刻矛盾，实为横亘在中国发展路程上的障碍。

康有为的意识里，"大地新国之盛无有如德者"，这与其相宜的政治制度设计相关。他游观了联邦议院，印象是"天下议院无如德之壮丽矣"。

在康有为眼中，建筑自有象征，因为给德国带来历史性改变的人，是俾斯麦。"吾遍游欧各国，见政治之清肃，道路之精洁，文学、武学之修明，人性勤俭，近者工艺商务蒸蒸日上，侵英轶美，无有如德国者。"议院池前立俾斯麦像，康有为望而敬慕，云："俾士麦生当法国革命之世，全欧披靡，而德人尤感动之，革命之说烈于风火，不谈者几不容于世，而俾士麦不少畏众咻，独持尊君权之说于举世不为之日，且俾是时亦未得君也，而能百折不挠，尤可异哉！"各邦分立、政出多党、人太自由、语言数种，正与俾斯麦的一统创想不合，故大加变革，终成非常之业，雄霸欧土。德国议会之制，康有为未述其详。"然政略之美，平生所慕"，他只顾"特购其大像归，且为诗咏焉"。俾斯麦的执政，以专制为念，与立宪理想存异，但凝望其像，康有为的眼睛依然会闪出光。

在单一制的古老封建帝国实行政治改良，自会搅动固有利益格局，因而是艰难的。必得有勇锐之气，胆略如霹雳雷霆之烈，魂魄似暴风骤雨之猛，方有成功的希望。行事慎微的康有为，应从俾斯麦的作为中有所领受。

俾斯麦的殖民扩张政策涉及中国，这是让康有为生愤的。他游览属国博物院，感受尤深："俾士麦乃大倡殖民之策，始启非洲，垂涎及于吾胶，乃夸炫武功，为此院以示荣。"圆穹形的院中，搭设非洲黑人茅屋，"惟吾胶州亦置在黑人之列焉。筑一亭，置一枷人首，海关道旗仗在焉。辱吾国体极矣。德人以恐吓取吾胶已非正义，且疆场之间一彼一此，谁无强弱之时，彼夺法之奥斯鹿林而不敢辱法，而轻贱我同于非洲之黑人，假我国而见分灭，岂可言哉？志士不可不愤兴矣！"在他的表述中，尚有对非洲黑人轻亵的意思，反映出种族主义偏见和天朝上国意识导致的认知缺陷。

德国强租胶州湾的国恨，康有为不能忘却。他清楚德国如何利用胶州湾实现经济利益全球化，从而服务国家整体战略："德自取胶州后，其力争吾国商利尤甚矣。商船到香港、上海者七百余艘，十倍于法，其枪炮、机器、染料大销。若其占取山东铁道，益销德货，汉堡分店自上海、汉口渐分于东三省，以入西伯利部矣。"中国成为德国通商要地。德货又远销美洲，遍及美国、委内瑞拉、巴拉圭、巴西、阿根廷、智利等国，"我二十年欲经营巴西而未逮，深恐巴西之将为德有也。其阿根廷、智利商业亦盛，凡火柴、茧、锯、家具、烛、瓦皆德物"。加之澳大利亚、北非的埃及、摩洛哥，"盖普天下皆德之市场，普天下人皆用德之货，代英而起，真咄咄逼人哉！"德皇威廉二世摒弃俾斯麦时代保守的"大陆政策"，转向冒险的"世界政策"，德国商业强势布局寰宇，康有为看到了中国所处的战略境地，以及应对的策略。他说："总德人治国兴商之法，通之而已。譬人身之有血管，滞则病生，通则强健。吾国江河之利冠于万国，吾行遍大地诚所未见。白渠、运河之业，又我为大地之始，邗沟之渠万国艳称。若增筑铁路外更凿诸河未通者，则吾交通之业又岂德国所能望哉！"其时，远在海外的他，不知是否听闻首条中国人自行设计的京张铁路已近开工建设。

妙艺院里，德国工艺的盛美程度令康有为叹赏。他说："盖欧美今日之盛不在道德而在工艺，若吾国空谈名理，妙解文学，多在形而上者，而不屑形而下者，国弱民贫皆在于此。人之体壳皆血肉之躯，本一物质，不能高言玄妙。工艺乃物质之实用利物，前民最切者，得之宜强也。"语中似含牢骚与抱怨，锋芒却直指中国古代哲学观念偏颇处。魏晋玄学和宋明理学重无形之法则，奉为上；轻有形之器用，视为下。居上的"理"决定处下的"气"。康有为的论点则接近清代王夫之"先有形而下，后有形而上"之说，是唯物主义的。他也认定，创制实用之器，是引导国民最紧要的事。

新器院里展陈的微生物镜、电灯、变热机、发电机、激重机……打开了他的眼界，乃深为叹服："今为物质之世界，精于物质者强。电尤物质之至精新者，精于电者尤强。吾国人尤不可不专意与竞争矣。"这一观点，康有为和洋务派是一致的。观览德国精美器用后，执念愈坚。

康有为在瑞典游览贫学院时，亦表达相同观点。该院为数千贫困儿童举办学室讲座，和一般学校相同。还设立练枪室，兼做木工，使儿童掌握匠术，以利长大后谋生。这种做法在欧洲鲜见。在美国，从小教习制造技术则很普遍。"吾游美国，凡小学、中学皆有制木、制铁诸工。欧人则文美高尚，富贵家不屑匠事，故寻常中小学无之，盖类中国，此美人工艺所以独出冠万国欤。方今国争，吾中国所逊人者最在物质，儒生高蹈空谈，皆拱手雅步而耻工作，乃以匠事付之粗人。岂知今日物质竞争，虽至浅之薄物末技，皆经化、光、电、重、图、算诸学而来，非不学之人所能预。而乃一切薄之不为，故全国皆无制作之精品，何况有创出之新奇哉！夫自华扨既出，世界大变，今世之汽舟电线，所以通大海合大陆，而为新世者，非有他也，物质工艺为之，我人无一能是用，全国致败。昔诸葛之治蜀也，史称其工艺技巧物究其极，故能以小拒大，力支累年，从可推强国之赖工艺矣。我国古者非无神奇之艺。其在周末，宋偃师之胶漆为优，墨翟、公输之研鸢天上，始皇骊山陵墓之机，张衡之地动仪，武侯之木牛流马，南齐祖暅之实先制轮船，宇文恺之行城及图书馆开合门帐之金人，元顺帝之自鸣钟，凡此不胜数，而皆不传于后，则不尚工之所致也。且今考校欧美之得失，亦可鉴矣。今若知病败之本，当亟改之。今举国学校虽尚西学，然崇处虚文而弃实艺，犹之昔也。应仿美国例，凡一切中小学皆兼金木之工，庶几童幼习之，壮大自然，其慧术者自能推悟而创新，其愚下者亦可通一艺而谋食，进退皆得，可不务哉！"多谈空想之政论无补于世，他看重的是切实的施行。

在荷兰，康有为流连于彼得学船之屋，"高七、八尺，如中国渔屋，……壁悬彼得三像，一像作工操斧斫木，一衣工装置刀斧于地，一小舟，一锯，其从臣在侧作书，相貌神气英绝，虽作工而目营四海也"。默对此景，浮想联翩，"游人瞻眺相属，吾徘徊未能去也"，可见他当时感慨尤深。俄罗斯帝国的彼得一世推行欧化改革，1697年化名随使团出访西欧，在荷兰萨尔丹、阿姆斯特丹和英国伦敦，以勤奋、聪慧和精细的个人特质，学习造船、绘图设计与航海技术。康有为写道："吾于大地古今豪雄圣哲，无论若何英绝皆以为可学，惟俄大彼得真不可及也。万国今故，岂闻有帝王变服作工于异国，屈身与佣保伍者数年，以强其国者乎？惟一大彼得而已。方今吾中国所乏非他，全在物质，物质之乏固多，当海权之世尤在舰队，救急莫若是。吾国乃无人学之，士大夫能屈身学之乎？何论帝王。嗟乎！大彼得真古今英绝之人豪也，不可及矣。"又说："木板敝陋，游之感叹，以帝王之尊，厕身学工以兴国，古今未有也。"彼得一世的勤苦、勇毅和识略，创出了一派雄强局面，"他是召唤我们走向生活，在巨大的、但陷于沉睡中的古老俄罗斯的身体中注入生气勃勃的精神的上帝"（别林斯基语）。康有为即兴赋诗，"吾国大物博，所乏制造帜。士夫习尊大，难贱身降志。何况帝者崇，玉食九重蔽。坐兹成孱弱，众强召吞噬。沈吟古今人，最敬彼得帝"之句，表露一时心境。在洋务思想流行国内，而旧式思维仍不肯退场的现实背景下，语气切切，心绪殷殷，道尽胸中情怀。

学习西方之术，为我所用，固然是康有为所愿，且不避谈，但他的头脑是清醒的。他应瑞典外务大臣之约，考察监狱，便生感触："一孔之夫，以耳为目，不察国俗之宜，而徒以虚慕为实事，以此为政，岂不大误哉！凡今人之虚慕欧美而不审情实如此甚多，此非闭户读书高谈阔论所能，当于游历亲考而目睹之，乃为得也。"取法西方长技，要适于本国实情，才能在变局中开新局，粗心浮气，仅猎他人皮毛而已。这种认识，对于执政者尤为要紧。康有为的主张透露出鲜明的务实理念。

维新派的变法擘画中，有兴办邮政、裁撤驿站的构想。康有为参观德国邮递博物院，颇有感触。他说："邮政乃一国之血脉也。于其通滞迟速之得失，可卜其国之强弱智愚焉。"院中展出缩型之具，甚精详，"有分时日之室楅，有秤信之权衡，有打印之机，投信于中即印而出"。见到这些，康有为一定是兴奋的。他乐观地想，"邮政既为至要，吾国若照立此馆，各购一缩型，则讲求可精，而推行无弊，一举手间可超轶于欧美百余年之缔构焉。后来居上，岂非用力省而成功大耶？"拿来主义，可算倡兴邮务的终南捷径。

在北京设立农工商局，开垦荒地，也是康有为在变法新政中预想过的。游览德国农学院，他看得很仔细。这里"聚天下古今之农器而陈之"，都配相关说明，他"每式取其一册焉"。看到展品中有锯出剖面的各种木形，供人识别，还有这方面的日本图书，他想到"吾国草木种类至繁，欲明农阜用哉，不可不师此为之"。草木既夥，想要让其在劝勉农业生产上发挥更多作用，就必须学习先进经验。他认为，中国以农立国，很有必要设立农学院，完全效习德国的做法，使人在观览考求中别其得失，利于农事。"以吾土地至大，自东三省至新疆新地尤多，若能以新农学开辟，必以农业跨于万国。"万业必起于农的思想，他深信并以期践行于世。

在文明起源上，康有为信奉地理决定论。他认为自然环境能直接或间接影响人文现象的发生。他游历广远，遍观欧洲各国图器、宫室、服物甚多，赏爱其精华妙美，感叹其皆创制于近世。他历数世界古代文明之发祥，无不与地理环境相关，云："大地文明古国，惟吾中华、印度、巴比伦、亚述、波斯、埃及与希腊矣。"他游览希腊，起因是"又向慕希腊自古之文明，皆由海岛所发达，心向往之"。他认为"夫希腊之文明，以雅典为盛。国会、议院、立宪、民权之制，雅典实为大地之先河。图绘、音乐、诗歌之美，哲学之盛，公园、浴场、戏馆之游乐，凡今欧洲号称文明之事，无一不导源于雅典，而石室之壮丽，刻像之精能，尤绝伦特出，为欧人先师。……即吾中国最为数千年独立文明国，而今者立宪、民权、国会、议院之制，石室、公园、浴场、戏馆、刻像、音乐之事，不能不用欧制，即亦不能不溯远祖于雅典，则埃及、印度虽有绝大文明，然其波荡乎大地之力，故当逊之。故雅典区区片土，实为大地文明诞育之场，诚可珍异矣。惟吾向往久之，故裹十日粮而来，以访古探胜穷极其迹"。他引述法国启蒙思想家的观点："孟德斯鸠称希腊先创于海寇，……及雅典日张，其海权虽交通止于全希及黑海，然其矿产甚丰，虏奴甚众，海旅如林，故势力行于海日大"，因而希腊是"以海商而启文明"。控扼航路以经营商业者，多为海寇，康有为写道："惟亚洲大陆国，海寇无所容；而地中海万岛权杌，又无大国，故能以海寇崛起其间。以其起自海寇，故分赃必均。故雅典公民，分公帑而公议事，民权宪法之兴，亦即根于是，所谓臭腐化神奇。今以为普天之洪范，而其初至不足道也。凡一切政化，皆地势使然，故余常曰，水流沙转，非人为也。"他把民主政制的政治文明归因于地理形势，显然是从孟德斯鸠的理论中汲源的。

古希腊文明的源头和流向，是康有为思考的命题，亦不离自然地理因素。他说："盖雅典之山川至美，故其人之文物、义理以美为尚。夫人类之生，多本于山川之观感，若生于沙漠及卫藏之地，虽有聪明睿智之圣，岂能为文美之制作乎？中华、印度皆大陆，巴比伦、埃及皆江流，其人文美之好尚，必不若海波浩渺之岛国为尤华妙矣。况希腊后起，兼有埃及、巴比伦、亚述、腓尼斯之文明，而易于蹰事增华乎！故雅典之文明皆典之地为之，非人力所能强致也。今虽枯山瘠陆，广地不毛，而它日气运转旋，必有复荣之候。雅典重生，未必无日，但必非今日，而在千数年后耳。"人是创造文明的主体，以地域之别判定智愚之分，推导文明兴衰，则陷入唯地域论的思维误区。对此，康有为大概并未有所觉察。

登览雅典卫城冈麓，康有为在议院遗址前低回良久，有所感触："盖大地民权国会之先师，最为可珍，亦以此为基者也。"雅典城邦首任执政官、古希腊七贤之一的梭伦所倡权利义务之论，肇端于此。"然共和民权，只易行于小国，故卢梭谓：'共和政宜行于二万人之国。'故希腊之能创民权政治者，实只希腊能之。若吾中国之大，虽有圣者善政，必不能创此义。"西方创制的政治文明，起源则又仰赖地理之势等客观因素，"盖希腊地僻国小而民寡，又多富民、秀民。地僻于海岛易守，国小则易于交通，民寡则易于聚集，富民、秀民多则其势平等，而难以一人行专制"。他举意大利威尼斯、佛罗伦萨、热那亚，德国汉堡、柏林、莱比锡为例，皆在地僻、国小、民寡之境创设民主之国。他考察欧洲民主政治的起源，设定的理论前提拘泥不变，观察视角难以转移。然而社会改革宏愿未偿的怅恨，又使他对西方的政治传统格外关注，极想从中获取新的启迪。然则中国政治变革的实现条件却有别异，他偶尔也会综合地理之外的因素加以推论："若吾中国，自黄帝时即已征服万国而统一之，泱泱大陆，比于全欧，假令立民主乎，则中国反不能强，不能安，而为人所弱，或分乱久矣。数百里小岛之与数万里大陆，形势至反，故政法亦至反，惟其相反，是以得宜。若今日之宜行国会民权，实赖物质文明，铁路、电线之缩地为之，此又与旧地相反，而政治亦宜反矣。"在地方自治上，尤可看出中欧差歧，"盖欲致地方之美盛，非大行地方自治不为功，尊而优之，俨成国体。当其沃土近江海者，其盛不可思议"。他又说到意大利威尼斯、佛罗伦萨，德国汉堡，皆因近水而得交通运输之利，促进经济发达。"吾国土地既大，而州县之治最与相反。盖县官至卑，科举太少，受治数重，而不能自立，民愚而卑，日趋陋僿乔野，亦与自治之小国成反比例也。"由于中国国情不同，欧洲政制不能适用，而从他的观察点看，国情不只限于自然地理方面。已经意识到在封建古国进行政治文明建设复杂性的他，开始随着常变的事势，调整审视世界的角度和范畴，在多维背景下推定科学结论。

但是，康有为依然留恋"吾国数千年之文化安乐"，认为中华文化的产生，分为南北两境，"即在吾国江南文化盛于河北，若吾粤间，顺德有蚕桑之富，香山有沙田之利，其文化过于他府县，然则富暖之地易生文化。不独埃及、印度之早启文明足为证验也。即论欧土之文明，希腊、罗马、西班牙、葡萄牙亦当温带，而北欧无预焉。……今者欧土之盛，乃皆由班、葡之寻得新地，以美洲、南洋热带之产供其国民，民既富实，乃讲学业。夫班者，上得阿剌伯文化之传，下收新地知识之博，而传之欧人，以开其新识，生其新法，则亦赖热地为之，而北欧无预焉"。处于寒带的北欧条顿人，"乃以其数千年耐冷所蓄养坚忍强鸷之力，而舒发其金眸玉爪，以攫取温热之土地人民而尽吸收之"。他带着充满优越感的语气说："惟温带人兼有冷热带人之短长，故能自发文明，而能力智慧亦可与冷带人相搏。……若我国人数千年之文明早盛而不萎，尤为奇绝，其过于埃、印，以地兼三带故也。若能愤发，真与欧美并驱争先，此又温带之竞争，而未知鹿死谁手也。他日必至于易种联盟，渐至大同而后已耶！"从地域环境和天候温差的生态角度阐释文明的发生，建构自然与人文的逻辑联结，姑且视作人类文化学意义上的思想贡献。他对国家的未来深抱信心，也源于此种认知基础。他说"德国气候冱寒，人民生长其间日与天气相敌，故养成坚忍强鸷之力"，而"吾国人性质风俗甚类德人，以民多而贫苦，故坚忍折节，苦心劳力，计久远，善储藏，能俭节，屈己以适人，舍家而远游，忍辱以精进，改籍而不忘本国，能招引国人游外，服从法律，勤勉谨信，近者知爱国合群，无不与德人同，但教未及耳。若加以教学，令人人有才能启立，何难与德人驰骋于五洲哉！"慨然兴怀，志气堪豪。

他在西班牙旅游时，身临哥伦布往寻新大陆受命处，认为地理大发现之举必由欧洲人创出，虽自发现美洲之后，世界局面骤变，"新识以开辟而日进，新学以交通而日新，新器以比较而日精，新政亦以互改而日美，欧人遂以横绝宇宙，吞吐八荒。或者竟误以地球主人翁属之"，俨然高踞世界权力之巅，而具有五千年文明历史的中国只能瞠乎其后，"吾考其由，则辟新陆通大地之事必属于欧人，必不能起于中国及他国；其在欧土必起于南欧，而必不起于北欧。盖事势自然，无可觊望，亦无庸惊羡者也。何谓必属于欧人也？盖欧洲南有地中海，北环波罗的海，外则港岛权丫，中则山脉隔绝，故各阻险，立国统合极难"。他列举查理曼、拿破仑等雄霸之帝，以及"德法战争千载，血流盈城野"的血腥史，谓："倦极思反，鉴观四方，不能得于内者，则思有得于外；不能得于实者，则驰想于虚；不能增拓于陆者，则思增拓于海。……则瞻彼洪涛澜汗，望之无极者，宁能不触其别有新地之思耶？……哥伦布乃乘时运而出，其地其时，是皆有故，非偶致遭值，亦非人才独偶傥过我也。"至于中国，地大物博，"北荒西域，卫、藏、缅、滇间，至今尚有未尽辟者，……盖以一君统治，但论中国之大，无田甫田而长骄莠，鞭长难及，不得不有割舍"，虽有西汉张骞凿空，首使西域，东汉甘英远探，出访大秦，"同在大陆，无暇交通，千年闭关，各已自足。即观法显、玄奘之西游印度，郑三宝之累下南洋，通人共知，谁事启辟，况于逾二万里之巨洋，而欲探检于必无之新大陆者乎！盖一统自足有以致之，必无可望于再开新地者矣。故中国断无能产出哥伦布者也"。眼界狭隘，思路不开，旧论过严，难驰异想，也跟地理环境的隔阻相关，"故谓发见新大陆交通大地之事，必不能产于中国，实理势使之然也。……故寻美洲辟大地之事必出于意、班之人，地势使然。故欧人今日之享受极乐，霸于大地，皆出地中海形势为之，此实天骄，无能与争者也"。这样一想，似乎找到了理论依据。乐天知命，反觉心安。

这一观念甚至延涉到人种差异上。他说："以吾所阅验形相，美恶亦有地焉。生赤道之下者，相好渐恶，与其颜色相类，吾遍历南洋、印度十余国所见所证固多矣。又若贵州毕节县有一湖，其苗人居此者环三十里，皆秀白，出于其地外者，则变异矣。同在吾粤之羊城，在城居者，有丰颐广颡，去城北十里白云山中，则黄折瘵疬，岂非其地为之耶？生湖州之人，则红白与欧人同。而荷兰近海之人，亦秀出于欧。然则瑞典、罗马之美，以其近湖山之秀耶。高加索之美，以其生于北地，而又近黑海之波兰耶。要之欧人之秀伟白皙，由生在冷带而近海，乃地形使然。蒙古开化岂不早？而人形粗恶，岂非地近沙漠为之耶！吾咏欧洲诗曰：'地中有海生人白，二者天骄我不如。'诚以地形为之。地形之与人种，二者皆有变易人形之势，他日吾国收治外法权，听内地杂居，则欧人最爱吾国之地温暖，而美服食，必纷纷其来，而通婚易种之事必大行，黄白合一，人相加美，必于一二百年后大见之。将来人种之争甚剧，以此平黄白之争，而奔就大同之世，其在是乎！此将来莫大之事，其在此耶！"除去外貌，不同地域的人种还存在身体素质、血型系统、免疫系统和遗传基因等方面的差异。但是，亚洲、欧洲、非洲、美洲等不同洲际和区域的地理人种，从人类发展的视角观察，共性远大于差异性。地理人种的生物属性和其文明开化程度并非具有逻辑联系。康有为即以中国、印度、埃及、巴比伦等开化最早的国家与开化较晚的德国、瑞典、罗马比较，终归是"何耶？"或者

"不可解也"，没有得出答案。

在荷兰，他亦以此论评价该国女性，云："荷兰非徒宫室之新艳，田园之整齐，其人民亦神气清秀，过于他国，宜其制作之精能，以小致强也。其妇女尤秀美，与瑞典并冠欧土。李白谓：越女天下白，镜湖五月黄。荷兰有焉。大约生长湖海者人皆秀，观杭湖可见，而瑞、荷足为证。生长大原者多丰，观德国可信；生长山石者多癯瘠，观吾粤山谷之民而信。英人多长，德人多肥，法、意人矮，与中国同。美国人种杂色，近黄白而不丹，不如欧土矣。欧人之白，一因地度之高寒，二因波罗的海、地中海之水气。非洲、印度人之黑，则日蒸使然。而白人聪敏而黑人愚劣，则颜色与智慧竟相关，而颜色视所生之地。吾于欧人乎，仍是吾旧诗：地中有海生人白，二者天骄我不如。择非其地，子孙愚劣，种族夷灭，甚矣！择地不可不慎也。"

保加利亚之旅，强化了康有为的这种观念。他说"门的内哥国（按：指黑山）于巴根（按：今译巴尔干）西南山中，在布加利亚（按：今译保加利亚）西南。以其国小而险远，故独未至，然其国俗，已见其大概矣。其文字、言语、衣服、人种、教宗，皆与塞维、布加利亚同。惟所见其人，独较高大肥白，似瑞典、德人，而尚过之，犹吾国之有山东大汉"。在他看，居山之人"皆特颀伟强膂力，……其人性多忠义，尚勇敢，故各国甚倚重之，多延为兵。其妇女多力，能举臼，且能任战，上下山石如飞。……见其妇女亦多秀白，迥非欧东五国之黄黑，盖地势高寒故也"。游至罗马尼亚，他说布加勒斯特的人"稍黄而不甚黑，近黑海田野人则甚黑，有掌与背纯异色，如印度人及巫来由人（马来人），白人亦多变赤。盖自匈京以东人皆黄黑，由日力过蒸晒致然。故欧人之白，亦惟欧西北诸强国，稍东北即逊之矣，富强亦皆迟之，岂不异乎？吾昔有诗云：地中有海生人白，二者天骄我不如。今仍只诵此言。吾在南洋舟次，见二人骨相极似华人，举动亦有法，以为必吾国学，问之，乃西班牙人久留非利宾者。盖种随地迁而地从日变，欧人之骨相色采亦皆其地生是，使独稍易其度，即不能尔，故无可强也"。肤色、相貌等囿于种族而有别，其因又悉为地理条件所致。自然之果，其来有自，非恃人力。可见，地理人种论是康有为观念结构的重要思想支点。以肤色的黑白、身量的高矮来评定智力的上下、品性的优劣，断非科学精神。专意于生物学上的阐释而抛却社会因素，造成他的一偏之见。

然而，观念时常呈现波状变动，康有为决非执拗不化，把欧洲白种人和中国人放在一起比较时，持论便与他时有异，云："吾诗所谓：地中有海生人白，二者天骄我不如。其海道之易于转输，白色之近于明秀，似当制作早启，文明早盛。乃八百年前，其白色人之愚昧于知识，困苦于兵戈若此，岂地中海生人白，亦不足为天骄耶！今者地球之辟，诚白色人之开先，我方感之。然蒙二三千年之困难，而仅得二三百年之荣侈，所得不逮所失十一焉。后此我人既兴，一切与之分利竞美，则白色人不得专美于前，我之视之，亦犹欧人之视斐尼士人而已，进而如欧人之视班、葡人而已。"思及欧洲中世纪的黑暗历程，平民如在苦狱中过活，"何能比吾国数千年之文化安乐哉？夫以彼白色人之明慧，而八百年前黑暗苦难，远不如吾国，何哉？一则教之压力太甚也，一则封建之分争太惨也"。他透过地理和环境因素造成的人种肤色之别，触及社会和政治层面的原因，以探析地中海甚至波罗的海区域的白色人种进化过程中的得失，不再妄信其种族天赋。

满腹儒学的康有为，常以中国人口之众而自豪，遑论肤色、人种的差异。中华帝国庞大的人口基数，是数千年社会发展中同化了其他民族后形成的。长期的融合过程中，儒家思想发挥的政治安抚力和精神教化力异常强大，彰示了中华文明强大的包容性与共融性。可观的人口数量，使国家在世界竞争中占据规模优势。

在国家关系乃至历史趋向上，地理决定论亦为康有为所深信。他由巴黎前往伦敦，过衣袖海（按：康氏又谓之都华海，即英吉利海峡东端的多佛尔海峡）的感触，更强化了他的观点。海峡相隔，"而英、法两界划分千年不能混一，惟此海之故"。英国倚恃万顷洪波，"凭对大陆，自为国土政俗，大陆诸国无奈之何"。拿破仑心存雄志，欲全吞欧陆。特拉法尔加海战，法兰西、西班牙联合舰队败于海军中将纳尔逊指挥的英国舰队，霸业成空。康有为据此推断，假定法军逾越海峡天险而夺占英伦三岛，"况拿破仑挟全欧之势，既灭奥后，即可西取突厥、波斯，而印度本法所经营，英既不保，取携更易。欧亚既并，轮舰飞驰，不十年可以千万大兵，千艘汽舰，压于我国，则吾数千年之文明种族将为印度，而大地将归并于法，拿翁将为全球之秦始皇矣。有此数十里之海，拿翁遂不能飞渡，蕞尔岛国之英得以独立，而吾中国即赖以保全，地球赖以不吞并，则此衣袖海也。天堑显设，以限陆海，岂徒英赖之，地球各国赖之，吾国赖之"。若无海峡之涛灭此兵焰，世界大势将成另一番图景。念及此，渡海的他不禁生情："凭船阑览眺，波浪汹涌，灯火苍茫，追思萧尔孙拥旌旗破法舰之威灵，吾种族犹在骈羉之下，既感既兴，溯下风而惊叹不置也。试问吾国僻在远东，风马不及，闭关自乐，岂知幸不灭亡者，乃赖数万里外区区之衣袖海哉。"此论涉及地缘政治，视野宏阔，展开了具有广度的格局，但只是康有为的一家之言。设若法军赢得海战之胜，拿破仑控制英国并削弱其海上霸权，不列颠东印度公司还能向中国倾销鸦片，英国舰队还能越洋远渡，兵临广州海面，对华发动鸦片战争吗？各种链式反应的推论，只是他的拟想。历史不可假设，失去逻辑前提的想象是苍白的。独有客观存在的历史事实才能够自动获得意义。

"发思古之英情，生地势之异论"，是康有为的不移之志。他在五年后写的《补英国游记》（按：此篇又以"论英法间都华海峡为大地新化所自出"为题，刊载于1911年7月16日《国风报》第二年第十七期）中，仍重提此论。他从地理位置角度解释英国强盛之因，曰："盖英所以为立宪之先河，为工艺之先达，实以岛国不连于大陆故也。"他遂以元军入海征日败北的战例，确证己见："虽以蒙古混一亚洲之力，而范文虎十万之水师卒无如日本，何也？盖其所恃者，以海为池，以岛为域，故虽众无所用之也。是故以岛国之故,得从容自保。"环岛之海不独护佑英伦,亦泽披世界,曰:"以此八十里海,故产出种种非常异事,震动大地,开发文明,且以遥遥绝域数千年神圣之中国,亦赖此八十里紫澜以为之隐庇默护而不沦亡。噫!岂不异哉。"他又做出逻辑假设:如果当年纳尔逊没能战而胜之,拿破仑必一统欧境,定当挟全欧土地、人民、财赋、兵力,倚仗日盛之机器、日兴之新学,席卷全球,囊括东亚。举兵自印度东来,从安南西入,海疆和水路苦其交侵。中国处于嘉庆、道光年间,闭关酣睡,文武恬嬉,草寇大呼,犹能乱十余省,一旦拿破仑发命于军,横天而下,势如犁庭扫穴,必"惊为天神,一鼓而亡矣。岂待庚戌洪秀全之内乱,庚子联军之入京哉?乃以连鸡之势,群雄不得逞,而留我以变法之从容。今吾神州赤县黄帝子孙犹得有保国保种之一日,则实赖英岛有此数十里之衣带水以保障之。然则此海也,近保英及诸欧,远之保大地各国,以及于远东数千年文明之万里中国,岂不异哉!"凭借强大的历史叙述能力所呈现的虚拟图景,宏大而深刻,抵近想象的极限。放眼日后,大地万国从此拓开新局,尽同地势相关。

英国地理学家哈尔福德·麦金德(1861—1947)在《地缘政治论》中设想的继海权时代而来临的陆权时代,是以欧亚大陆为自然中心,这个中心构成"世界政治的核心地带",是"世界政治的真正支柱"。麦金德又在《民主的理想和现实》中,把"核心地带"的概念改为"心脏地区",把欧亚大陆扩展为欧亚非大陆,形成一个"世界岛"。几百年间,大陆国家远离海权控制,以具有战略纵深的陆地为根基,跟拥有封锁、禁运手段的海洋国家进行争斗,冲击险阻,终于打破海权的垄断格局。[①]体现陆权思想的地缘政治论产生了世界影响。政治地理学对于环境决定意义的强调,和康有为对地理决定论的坚持,亦有理论上的贴近。即在地理与政治的相互关系中,同样肯定"地理中枢"在历史转变中的作用。更重要的是,这

---

① [美]罗伯特·唐斯:《影响世界历史的16本书》,上海文化出版社1986年版,第56—59页。

种理论假说，在历史中能够找到实现的可能。设若拿破仑乘胜麾军，统制欧亚非，那么，麦金德想象的核心地带——西从伏尔加河流域，东至贝加尔湖，北从北冰洋，南至喜马拉雅山脉这片广袤无垠的低洼平原，就真的将欧亚非三大洲缔构成茫茫大洋之中浮升的世界岛，一个巨大的地缘战略板块。

康有为对国际政治博弈中的地理因素如此看重，和他基于海洋意识的海权观有着密切联系。美国著名海军战略家阿弗雷德·马汉（1840—1914）著《海军战略论》，强调无论哪个国家，要想在世界事务中发挥重要作用，一定要控制海权，因为"海权是统治世界的决定因素"。要能够控制海权，必须在地理位置、自然环境、领土范围、人口规模、民族素质、政府机制六方面具备优势。故此，马汉以为"一部海权史，实际就是一部国民政治军事史"。在分析一国的地理位置时，马汉跳出陆地的限囿，并以英国为例，指出其处于海上要冲，执欧洲、亚洲、非洲和北美洲海域之牛耳，掌握战略上的主动权，实乃得天独厚。英国的强势崛起，也证明海权是跻身世界强国的关键。在分析一国的自然环境时，马汉尤其看重深水良港在对外交往上具有的重要性。在分析一国的领土范围时，马汉不仅看面积大小，更看重有多长的海岸线。在分析一国的人口规模时，马汉不忽视人口数量，却更重视有多少人和包括造船业在内的海事相关，认为"拥有一个与海事有关的众多的人口总数，是一国海权大小的重要标志"。在分析一国的民族素质时，马汉断言"几乎是毫无例外，热衷于海外贸易的追求，是一国在历史上一定时期内对海洋产生影响、在海洋占有支配地位的重要因素"，"对发展一国海权至关重要的民族特征就是热衷海外贸易"。历史表明，英国在海外拓辟商贸市场，发展殖民地经济，已经走到了荷兰、法国、西班牙和葡萄牙前面。在分析一国的政府机制时，马汉相信"政府的形式和统治者的性格对海权的发展有着十分明显的影响"。他认定专制政体要比自由国家更易于建立海上优势。几个世纪以来，英国政府特别注重攫取海权，无论是君主制时期还是政党制时期，这使它登临世界近代史上海权的巅峰。马汉意在阐明海权史和政治史的有机关联。他还提出政府施策的两个方面：一是和平时期，大力发展人民的海上活动；一是战争时期，大力建设一支武装的海军，以确保海权，并在"地球上离本土较远的地方拥有适当的海军基地"。未来决定于海洋，在诸国的海上争逐中，"谁控制住海洋，谁就统治了世界"，马汉的名言和他的海权学说，影响了许多国家的对外政策。一位法国海军战略家说过："马汉的海权论在一定程度上改变了我们所生活的时代的历史。"① 康有为是否读过马汉的著作，不能揣想，可他的地理决定论也有与之重合的地方，而在自然环境、领土范围、人口规模、民族素质、政府机制等方面则缺乏思考或者思考不深。

荷兰博物院"有滑铁卢威灵顿擒拿破仑图"，康有为在观赏中又续弹旧调："呜呼！非有英得印度无大力以拒法，非有威灵顿名将不能擒拿破仑，此为欧土分合之由，而即黄种存亡所关，亦可惊矣哉！吾不能忘此事也。"心心不停，念念不住，威灵顿将军指挥反法联军大破拿破仑的战事长年萦绕于怀，挂碍不舍。从历史假设中，康有为推论出中国与世界的紧密关联。尺寸眼光无法纵览全球大势，漫长行旅养成了他的国际观。

世界局势、历史走向受到地理因素影响，英国的发展亦然。康有为说："昧昧我思，窃以英之能创立民权宪法之美，汽机物质之学，及一切政治之美者，皆岛国绝海为之也。"纵观欧洲，之所以诸国分峙，也有地理上的原因："既赖地中海、波罗的海之港汊分歧，山岭错杂，险阻可恃，故竞智斗力，混并为难。……及千年以来，封建百裂，殆几散为千数百国，……侯国既多，国小力薄，无一若吾国之万里泱泱者……"康有为的思想认知和心理感觉固化不变，仍是"天子有道，守在四夷"的中华帝国观念。在华夏与夷狄判然可分的正统意识的作用下，看不到地理大发现之后世界史正在改写的现实，一味耽溺于虚幻的想象而自我迷恋。可见闭关

---

① ［美］罗伯特·唐斯：《影响世界历史的 16 本书》，上海文化出版社 1986 年版，第 48—50 页。

自守造成的眼识局限多么严重。如果是囿于国内封闭环境的常人，不足为怪，康有为游历列国，视域已开，思维却仍旧贯，当为其识见之愚抱叹。

欧洲各国发展水平的差异，更使康有为确信天造形胜对于文明进化的作用，云："夫同列欧土，同出条顿，何以英独能保守延长其民权，而产生宪法议院，而他国不能者，何哉？则岛陆之势异故也。且同列欧土，同出条顿，同有民智，何以物质汽机哲理之学，皆先产于英，学校亦先开于英，而他国不能者，何哉？则亦岛陆之势故也。"山海之势，洵属天造地设，政治进步恰得其宜。这些论说大开大合，气韵恢廓而不失精当，尤见朗拔器识。

英伦孤悬海外，与大陆不接壤，易于避乱，几可闭关卧守。在康有为看，"无外兵之犯，而君民得以从容文事、治器、兴艺、变法改良也。夫凡兴文学、工艺，必赖太平雍容，积暇穷究，而后能为之"。文化不会处于静止状态，倚赖天时、地利、人和，发展益得良机，"故英之政化学艺为大地师，为万国冠者，皆以岛国立于海外致然也"，"英之以岛国能治海军以灭印度而抗拿破仑，以保欧洲各国而余波分惠于吾中国，而吾数万万神明之种族赖以保全，吾百年前闭关自乐之人，孰知夫印度之亡于英而吾得以庇焉。事势回环，其理甚隐甚曲甚奇甚大，可惊可骇，而其故，皆英为岛国，有衣袖海限隔大陆以为之也"，就是上述看法的综括。

在比利时，康有为游滑铁卢擒拿破仑处。平冈广原，战烟犹紫。忆及中外之史，他又发感慨："昔阮嗣宗登广武而喟曰：时无英雄，使竖子成名。若拿破仑者，英名盖欧洲，今无知之流更有谬称为圣者，自我观之，真竖子耳。盖拿破仑在中国仅项羽之比，且酷肖焉。其勇冠三军，所向无敌同；其纵奥不取，与收汉高而复纵之亦同；其滑铁卢之败，与垓下更同，其率亲兵，四面触突，杀敌数千人，而自谓天亡，非战之罪亦同；其起家布衣，弱冠为将，卒霸天下不成而擒尤同。惟项羽无文治，而拿破仑有政治才能，修法典，此胜于羽者。而羽悲歌自刎，不受擒辱，则又胜于拿矣。且拿之用兵亦正与中国同，以时尚无机器之用也。"以楚汉相争的故实与欧陆的杀伐相比，拿破仑在他的心目中，莽夫竖子而已，而困于帐中的项羽，以悲吟《垓下歌》诀世，更显气节。对拿破仑而言，"以时尚无机器之用也"与项羽自叹"时不利兮"或正相类。

指论至此，气仍不肯收，康有为又像一位帷帐内的军师，替拿破仑定策，所援之例，来于罗马共和国的恺撒大帝，法兰克王国的查理大帝（沙立曼），中国的唐太宗李世民、明太祖朱元璋。他从假想中推导出结论：得失成败，在天也在人。拿破仑凭恃孤勇，终未能使欧土归于一统，雄霸大业不成，康有为论道："然拿破仑不生中国，必无此思想谋猷，但凭勇略而无远算，有若猛虎咆哮，力尽终擒耳。"似替拿破仑惋惜后，他仍坚持自己的历史拟想和逻辑判断，云："然幸而欧土不统一耳，假令拿破仑一统全欧，又挟新学新器之骤出，以余力收全地，则以蕞尔之英取印度尚如拉朽，况挟欧洲混一之全力，推以及于东亚而乘于吾国，计欧人之吞并全球，已在我生前数十年矣，谁复能拒之乎？然则拿破仑之擒也，东亚保全之基，而黄人不奴，中国不绝之命脉也，所关亦大矣。"念及此，他百感遥集，畅快宣泄内心情绪："而地球国之至大，人民至多，能比欧土全洲者，惟有我国。而以莫大之国，又复同文、同教、同俗，结力至大且厚，然则天留我国，以霸资者实自二千年之统一得之。吾国人幸生此伟大莫比之国，横视全球，无当我者，拿破仑其何有焉？"扬扬自得，满心骄傲。一时快意，暂且掩去对于国难的忧心。

康有为在保加利亚旅行时，眺望巴尔干山脉，继续从国家的自然环境和空间分布，阐扬他的政治地理学。他认为欧洲诸国"其拥有山尽之大原临海者，则为大国，若德、奥、法、意是也。盖皆由地形为之，非人力也与！吾国自昆仑、天山南走祁连，贺兰、太行、西山而出辽东、高丽，自陇边南出五岭，山皆环三边行，中无大山，故吾国一统。惟江河二流，故间分南北，然不久即合，亦地形为之，非人力也。遍证大地皆然"。他的地理观是和国家观相联结的，人文盖由自然出矣，结论是"乃知欧土诸岳，皆穿土中，与我国相反，故诸国竞立也"。欧洲众国分峙之势，中国千年一统之局，皆据地理之因而成，他对此深信不疑。

中国的历史经验尤为他深知，曰："中国文学、工艺之美，皆在汉唐宋之盛时，若北朝及金元之频经丧乱，则校舍皆废，周礼不可得，雅乐不可闻，而民生苟且，不复精治器艺矣。"他情不能抑，仰望海天而兴叹："吾于是衣袖海也，亦挹受不尽而馨香无穷也。瞻彼沧波，望古遥集，为之惊喜无尽矣。"再叹："衣袖海乎！万国之保障乎！吾与汝隔绝数万里，孰知汝为功于我至厚且大乎！天乎！有此衣袖海也。"心音如浪，追着风，神意飘然远飞。

修筑铁路，以畅交通，是维新派变法主张之一。在欧洲旅行，乘车"瞬息即达"的体验让康有为感受到通行的迅捷和往来的便利，"道路之通，国土之小，皆吾国人所未梦见"。他极言发展交通业对于人民交往、音讯共享、政治进步、文明互鉴的益处，云："以故交通灵便，政化易感，风俗易激，相师相忌，相扶相迫，而交相进化于无已也。"他认为，中国国土面积广大，可比欧洲，而铁路不发达，"舟车日行不逾百里，自省会至边县逾旬弥月，况于云南、甘肃程期半年，若西出伊犁，北逾兴安，非经年不能至矣。故进化极迟，改良极难，政治难行，农工难盛，士人难开见闻，商旅难为交通，生趣尤乏，神不王长，故我以数千年守旧不进，而维新大变之业让与欧人，此亦其一因也"。一日之内穿越欧洲数国，宛如御风而行，怎能无感于怀？"盖周游之奇异，足以发扬意气、开张心颜者，未有若游欧洲者矣。"语境纵脱，情致闲放，他需要在政治见识的表达中冀求精神上的满足。

康有为在记游中夹叙德国历史，对近世德主"尤以整军经武拓地为事"的方略，印象颇深，认可"当诸国竞争之世，非专制尚武不为功"的信念。德国由各邦分峙而合为一统，由困弊日为他国凌暴之弱，变为雄霸欧洲之强，导源于举国皆兵。想到万里家山长期远离外力竞争，"相臣将臣，文恬武嬉，习熟见闻，以为当然"（唐·韩愈《平淮西碑》）竟成历史常态，康有为在焦心的同时，仿佛寻找到强盛之路，曰："从来殷忧启圣，多难兴邦，不有削辱危亡之忧，则无激愤密悍之策。吾中国以万里大国，天下无比，至于今日削辱至矣。然知辱、知忧、知危、知亡，而发愤以图存之，安知不即为霸地球之因乎？"他的变法构想里，依照新法演武练兵为其重要内容。从德国精严的军事训练中，他颇有感受："兵者，以法律威严为义者也。……故能精明严悍，纪律整然，安得而不制胜于他国散漫无纪之俗哉？"他由此比较出国人的差距，尽因久积弛懈之风而习成自然。他说："吾国数千年一统承平，民气散漫，民质拖沓，其与整齐严肃之气象至相反，是以弥乱而去治逾远也。以此散漫拖沓之民气，而当万国竞争整齐严肃之兵气，不待算而知其败矣。"他清楚国力衰微的现势，"然则举国民为兵，真吾国救弱之圣药，自强之神方也。吾非必欲以兵强万国，但当改数千年一统之散漫拖沓之民质，非举国为兵不可矣。……中国起死回生之剂，国民化弱为强之性，无过于是"。他基于现实主义视角，视此为急务，当速作预虑，悉心经画。

国家如何振起而强？康有为借鉴他国经验，找到了发展的共同点，认为秉政者应取法于德国。伴随工业化的进程，城市化的命题他已有所碰触："盖工业既盛，人民皆弃耕而作工，入居城邑，故繁盛骤增至此。考道光中湾（按：今译维也纳）与柏林皆二十许万人，不能当吾战国王都之市，更不能当吾国一大府城，而数十年间骤长，大地亘古今所未有者，则以汽机、铁路致之也。"国家迅速强盛，汽机、铁路为根基。新物质的创制、新工艺的精研，乃为新世纪潮流。他疾呼："观国之强弱盛衰，以汽机为觇乎！……以彼德国仅比吾两省之力（康有为估测，德国土地面积仅大于四川省四万余英里，尚未有四川、云南二省之大），数十年间能勃兴若此，况土地人民十余于德者乎！故中国而治机汽也，其变法致强，曾一反掌间而天下无敌也。"世界科学技术飞速发展的形势和德国的生产实践，让他认识到机汽时代又为电气时代接替，云：

德之电业尤日盛，……电气之进无穷，而资本制造之增进亦无穷。自铁路、矿山、工场、压水皆用电气，……故电学与电业交修而并进，德之电遂为大地冠。……方今汽机之运渐百年矣，进而为电气世界，口对留声器，耳听电话筒，而百事毕办，农工商兵无一非电。吾今日欲强国，若仅从事汽机，则已为人弃余矣，汽机之用已增三十余倍，电气之用更不止此，若以无电之国与有电之国敌，其必为所吸矣。吾今日欲自强国，当择善而从，躐级而进，直从其至精奇之电学之，大遣学电之生，大开学电之校，大导制电之业，大聘德、美之匠，鼓之舞之，先有所入，后有所引，然后电风大播，乃可为也。但电学甚深，必须曾通中学以上者乃能学，吾国今卒业中学者寥寥，此所以尤亟亟也。[①]

物质生产是社会发展的主要推动力，而物质生产水平唯靠工业化才能实现跃升。这中间，技术人才的培养和储备，实为当务之急，也是国家的现实抉择。

德国生产力能够强势发展，化学业是一大推动力。康有为意识到，"化学研变万物，其出日新。若不从原理考求，而依样葫芦，日拾人之弃余，岂能争胜乎！方今新世文明全在物质，而电化二学尤为物质之本。吾国人欲从事于强国而不事物质，从事物质而不推本电化原理，学电化而不以学校与工场合证，以学士为工人，必不致精新而亦无以强国也"。科技文明对于工业生产的决定性意义，日益凸显。尤处竞争激烈的国际环境，更无举步不前之理，"当物质争竞之世，精于工业者强，德人经营二十年而工业骤盛若此，此真吾国所当采法者也"。面对"汽机未开，电化未学"的中国，康有为站在人类科技文明的高度思考强国命题，又因枢府之人心性愚顽，短见无远识而心情愈加焦迫，才发乎此语。"日月逝矣，岁不我与。"（《论语·阳货》）此事间不容发，他切盼国人能群力竞奋，只争

---

① 康有为：《康有为列国游记》（上册），商务印书馆、中国旅游出版社 2016 年版，第 175—176 页。

朝夕。

德国曾经是以农牧为主的国家，"昔日耳曼未统一之前，机器未行，民以农为业"。康有为进一步考察其土地制度的演变。贵族专地擅权，农民积怒，故调和矛盾，使"贵族不至失有地之利，而小民得有地耕，农业以殖，民气以平，德最得其道矣"。比起这些有等级之国，他对中国的土地制度颇为认可，"惟我国自秦灭封建，孔子讥世卿，汉后即无贵族专据土地之事，而任民有之，尚有限民名田之义。光武先林肯二千年而放奴"，所谓自由"则吾国人自汉世已得之，为大地万国之至先。……而日耳曼千余年封建压制之余，小民呼号呻吟于其下，近数十年乃始得之，以夸于万国，岂知吾中国人得自由在二千年前立，日耳曼在深林或未移种之先乎！以此夸于吾国人，犹小儿学问始《论语》而夸于宿儒之前也。亦可笑矣"。他仍抱大国之民的盛气。

康有为对于欧美人宣称的自由，不以为意，云："即今之美国比欧人号为宽简者，然吾处其境，闻其政，则繁苛琐碎，税及车马服物，民之不自由甚矣。若今中国行之，则致乱久矣。夫中国民但无选举权耳，若论自由，则自由之年代，自由之程度，已至先而至极矣。"对于国情的这种认知因失诸偏颇而令他陷入政治幻觉，但却据此自信地断言，欧美治国理政之法并非锦囊妙计，继而讥讽某些痴醉不醒者，曰："吾国人士惑于欧人一日之强，而不知所由来。闻其称自由也，又不知所由来。又不审己国之病本何在，乃裨贩欧人之方药而欲施之中国，大呼而普施之。吾国既自由极矣，再求自由乎，则只有乱舞傲傲饮狂泉而妄行耳。"不问君臣佐使而吞服不适之药的人，其态亦如昏醉舞者的攲斜样子，邪僻乖谬，失其正也。又云："但吾国人日在自由中，譬犹饱者之不复求食，暖者之不复求衣耳。"对于西方政治的灵丹妙药，他明确表态："凡误服金石不常之奇药者必有大害，吾国同胞其慎旃。"他告诫国人，对待外来思潮务必小心谨慎，这体现了一个思想家的担当。虽则他关于中国古代土地制度和农民生存状况的论述，值得商榷。

戊戌变法，涉及文化教育：废除八股，改试策论；取消书院，改设学堂。康有为考察德国教育，记述较详，表明重视的态度。他首先认为，国民受教育程度和国家发展水平存在绝大关系。"德国所以强，以人民皆任兵、人民皆入学故也。"举国强制推行教育法，从幼稚园、小学、中学的基础教育到大学的高等教育，形成完整的教育体系。

康有为在考察中了解到，该国立学最迟，远在欧土各国之后，也没有著名学士，却能迅速获得成功，不免心动，叹道："在我康、雍时尚在狉獉之世，自康德出后，普国之学者始有名于时，近世奖导有加，于是学术之精深骤冠万国。吾华数千年，兴学之风乃竟不明不备而远逊之，真可愧也。"引起他关注的是德国教育模式：精英教育和大众化教育并重，职业教育得到强化，学科设计和职业指向有机结合。

德国设学求实效，很让康有为赞同，云："吾之叹美德国又不在其虚理学而在其实业学也，盖凡有一政艺即立一学，故事事物物见诸实效。"学科设置相与配适：实业学、专门学、职工学、高等平民学等四项专业"而注重养成职业之才则一也"。研究型人才和应用型人才皆致力培养，以服务社会和国家发展。他说："德国学之尤有实效者，尤在实业职工学也。其政府专奖励工商，凡有一工业，即设此业之专门学校，使学问之理论与实业之练习合同而化，工人皆有新学之知识而创新改良，学人皆有实测之试验而不蹈空泛论。专门则以熟习而愈精，应用则务改良而不泥，二者融化，日异月新也。"施教上，"德人能以实用与学理相融"，具有职业能力和实操技术的应用型人才大量涌现，殊显教育制度的优势。

中国的教育实践则相形见绌。康有为顿出警世之语："若我国学者，尤为望空，好谈哲学文章而轻鄙工商，故机艺尤绌。方今新世界之争胜，非以其哲学也，以其物质也。物质大盛者强，物质不讲者弱，故我国之专门工学尤要矣。"他即刻给出建议："譬若苏、杭、南海、顺德、潞州、泽州、潍县、光州等产丝之地，宜设织染学；山西宜多设煤铁学；景德镇宜设瓷学；张家口、宁夏、固原宜设毛革学；蒙古、新疆设马学；四川宜设药学；四川宜设煤油学；云南宜设玉石学；上海、广东宜设商学、航海学。始虽疏略，渐就精备，或延外国专门家教之，或开会讲之，日起有功，十年之后必可与各国争胜也。"康有为欣欣畅想，好像找到了快速赶超的策略。德国教育的成功，给中国教育界提供了新的路径选择，只有借鉴或效法。（游观塞尔维亚，首都贝尔格莱德的大学也触发他的感思。此校建筑，在全国可谓壮丽，"学生六百，教习七十，凡教三科，律学、哲学、工学，亦知所择哉。塞耳维亚小国，百余万人，而亦备一大学，此特如吾国一县耳。奈何以吾四万万人之大国，而亦限于一大学乎，岂非愚甚！"国内教育现状令他深感汗颜。）

游历德国期间，康有为观察并思考该国政治历史和现状，结合自己未能实现的变法设想，阐述了对于政党政治的观点，表达了对于君主立宪制度形式的心仪。

意大利政治思想家尼科洛·马基雅维利（1469—1527）在他的代表作《君主论》中阐述其国家制度理论，认为将民权和君权融合为一的政府是最好的政府，君主立宪制的国家是最稳定的国家。[1] 这位"政治学之父"的精神遗产，与康有为的思想产生了共鸣。君主要掌控强大的军事力量以捍卫国家安全和利益，要独揽政柄，始终保持权力的自主性等统治权术，也是他寄望于光绪皇帝的。在德国游访，他观察到这一国家观和执政理念的实践成果。

康有为盛赞"德政治之美实甲百国"。眼扫欧美，"各国皆政党执权，少能久，任未几，党败，旋即易官。且政党所用只限党人，或以私情义当酬报，或有畏惮不易扫除，凡此皆不尽得人者"。政党轮替，其弊固存。相比之下，"惟既立宪法之后，而又一君专制，多历年所，故用人可久于其任，举事易期成功"。立宪体制构建后，秉权者若非昏暴之王，而为贤明君主，当最为理想。这也是康有为一心祈望的。他说："故专制而为贤

---

① ［美］罗伯特·唐斯：《影响世界历史的16本书》，上海文化出版社1986年版，第6页。

君，其政治易举而尤美，诚非政党所能比也。但贤君不世出，而暴主多，校其得失，不若政党之稳固耳。"两种体制，互有短长，他兼而察之。德主威廉专权，但因其有贤德，治国不失其法，"故德虽云立宪国实则兼君主专制国也"。议院立法、地方自治，民主之国所同，"而德独加一明察勇敏之专制君主，操纵而妙用之，于是治法之精速神奇，苟不论以德化民者，遂为冠绝万国古今矣"。专制英主既出，还须议院立法限权，以免失于横霸。他引中国历史上多位君臣作比，云："吾管仲、子产、葛亮、王猛诸贤及汉光武、唐太宗，皆无议院、地方自治与各新器以助之，治必不如矣。"他似乎找到了适于中国社会的国家政权组织形式。

康有为也认为，德主威廉"以英绝之才，为专制之君主"，且和议院相谐适，使"德之政治冠万国而空今古"，是得"天时"之利的："盖议院与专制不能合并，合之者，举大地惟有一德，盖又成政治之新式矣。故政治惟德独美，……德之有此也，因联邦而君遂有权，又生英主，非人力为之，亦水流沙转自然而成之也。"如此，即可明白"当万国皆趋宪政时，违之则大乱，而德乃由宪政返专制，然乃大治"，实为时代环境使然，也就不必发出"岂不异哉"的浩叹。

综而观之，德国的一切成就皆缘于适应国情的政治体制。康有为说："今者德乎，武备第一，政治第一，文学第一，医术第一，电学第一，工艺第一，商务第一，宫室第一，道路第一，邑野第一，乃至音乐第一，飙举骤进，绝尘而奔，天下万国进化之骤且神，未有若德者也！其理由固多，然以宪法之民权为体，而以英绝之君权为用，或亦国竞时一最新式之政体耶？"这即是他鼓吹的君主立宪制，尤以民主宪政为基，英睿君主为尊，最属完美。德国腓特烈大帝的开明专制，尤可采鉴。

康有为又认为，判定一种政治制度的优劣，要看是否合乎一国实际。他说："盖治法无常，如医方然，惟在适时宜民，非必参术、苓草，遂能起病，而天雄、大黄，无所用也。"德之治国虽获成功，但也必须审视世界的变化，"吾国之变法也，苟勿误其途，折衷损益于百国而采其尤效者，以吾土地之大，人民之多，十倍于德，然则致效之速且大，尚可逾于强德，而何有于他国欤？"这是理性的而非偏激的政治观。

在国家治理模式上，康有为声言"吾固首倡民权而专主立宪者，非主专制，所不待言，但具虚心以研天下之公理，鉴实趾以考得失之轨涂，……遂觉德为新式，颇适今世政治之宜"。英明君主能够决定国家前途，固持保皇立场的他，依旧冀望幽禁于瀛台的无柳之囚载湉临朝掌政，扭转现局。几千年来，中国思想界奉儒家学说为正统，濡染其间的康有为，虽怀变法图治、改革弊政、力挽颓波的壮志，而提出的济世之策仍无法跃出封建主义藩篱，表现出特定历史时段中政治思维的局限。

总而言之，德国是康有为认定的理想国，也是师法的榜样："德政治第一，武备第一，文学第一，警察第一，工商第一，道路、都邑、宫室第一。乃至相好第一，音乐第一。乃至全国山水之秀绿亦第一。吾周游其都邑数十，东西南北各极皆至，叹其兴国之有自来，而窃欲吾国有以取法之，则吾国之大，其盛尚非德所能比也。"又云："我国人民土地皆倍德十余，以我物产之繁，收合英、德、美百年汽机工匠之巧，大奖工商而加兵力为保护，德人二十年得之者，我十年可以与争雄，二十年可以轶之数倍矣。此可以烛照数计者也。天下古今孰有我一统之大国而人民智巧耐苦如我者乎！是天与我为工商之帝也。有此天与之资而弃之，乃终日仰屋嗟贫，国与民俱匮，其愚何可及也。"在康有为的感觉中，自己仿佛成了胸蓄韬略的时匠，惊世新猷也像既定了的。德国的发展实践，为他提供了精神的原动力。

在法兰克王国（查理曼帝国）故京亚琛，康有为仍表达这种决心，曰："德意志乎！实可谓千年尚在野蛮之域，而近数十年乃始入文明，……中原大邦，固不可以边海小国量之哉！况堂堂吾中国，本自有数千载之文化，无待他求，徒以近数十载，机汽日新，国竞相形，故不能比较此区区之短期耳。以吾土地人民十倍于德，而教化之传于人种者益古弥长，若以一变其速率，更有远过于德者。但无徒以民权、自由、政法等空论为变，去其虚而骛其实，不入于迷途，不作于自乱，则吾国文物之冠于大地，在反掌耳！志士鉴于德乎，当令道不迷而气益壮矣！"在政治斗争中失势的康有为，格外看重思想力量赋予的人生权力，仍以改革家的姿态，发声于世，他抱定信心：只要学习，当能躐进居上，并驾德意志，国家前景大有可期。

康有为行走于莱茵河岸，望山间云际，战垒屹然，且耸立德皇威廉一世像，"宏伟无伦。盖全德国以汉堡俾士麦像为第一奇大，此像次之"。铜像跨马，气象飞扬，矫然龙骧，"真足以壮雄观而瞻万国也"。康有为从威廉一世的民意之变，看强武之夫的历史功过：1848 年 3 月，德国资产阶级民主革命在柏林爆发，威廉命军队射杀起义群众，激起反抗，被迫化装逃往伦敦避难；威廉发动三次王朝战争，胜丹麦、奥地利、法兰西，统一德意志，赢得民心。他记曰："闻威廉初王时甚压制，民不悦而逐之，威廉易服作邮夫，夜走英。既归改民兵，民大不悦，及胜丹，民乃称之。至破法一统，民大荣乐，死乃戴之不忘也。"他国之君也令康有为感佩不已，赞曰："威廉以九十老翁，知人善任，遂以普统日耳曼二十五邦，其盛德丰功虽不能比周武王之一统，而甚似之，古人不可作，见此英雄，亦庶几矣。"在他看，两位古贤王，并绝中外。据此，他认为："盖变法自强，万不能尽听民自由。观子产乎，前闻孰杀之歌，复为谁嗣之思，同一人也，前后之恶爱相异若此。"他以春秋郑国大夫子产为例：初推改革，因征收赋税招致杀身威胁，歌谣有句："孰杀子产？吾其与之。"三年后，新政惠民，歌谣有句："子产而死，谁其嗣之？"当年想杀掉子产的人从改革中受益，反倒担心子产若死，谁来接替他。康有为应该知道戊戌六君子被囚车载往菜市口处斩时，一路遭受街头百姓的羞辱和唾骂。积郁心底的悲恨情绪和狭隘的精英意识，使他一度固执地放大民众的集体盲从性，将其视为愚氓而非变法的深厚基础。每场政治运动的社会辐射力，都会超越发动者的预想而远播。客观地审视，在中国近代史上，那场震动朝野的资产阶级改良运动，激发了民众的爱国思想和民族意识，初开理论启蒙与精神觉醒的新局面。政治、经济、军事等改革目标的设定，具有思想解放的意义，这是重要的历史贡献。虽则高擎改良旗帜的康有为，因其认识局限而与庶民存在疏离感，失去本应依靠的政治力量。

莱茵河畔，尚存罗马古迹。康有为不禁遥忆罗马帝国史，且生发感想："罗马非不刻意经营，尚过于我之经营新疆、西藏，而一败不振，并本国而永远沉沦。若吾国虽间乱于五胡，亦复时失于北漠，而本国政教，本原极厚，入焉者只有同化，而拓外之力，暗寓于无穷，请观东三省与新疆，孰非华俗。而欧北之条顿，确有自立于罗马外者，足知罗马政之远不如吾国。而今罗马律，则有间接而入于我者，此则吾子孙之不克振拔也，亦可耻哉！""从古强大之兴，皆起于边地"，在边疆治理上，和条顿人进行历史比较，中国人的内聚力使他引以为自豪。

游历英国期间，康有为参观了伦敦泰晤士河畔的国家议院，约见英国首相巴科。在他看，"巴相以文学名，文采风流，从容太平，而英人则讥其弱，与张伯伦同党，然不相用云"。翌日，康有为见到进步党前商务大臣，彼此有过一番交谈，记曰：

> 吾问今政府，且誉巴科、张伯伦之才。答曰：君自誉之，我则不见其才也。异党之见如此。问我中国变法，我告以欲采法英国至美。答曰：各国各自有教化、风俗、历史，万无以他之政化可骤移用之理。我英国之政，是自然积化，非仿效而来，亦非可仿效而得，病症不同，不能用一方。因历举各国误采用之败，其意若箴我者。然其言真，有理据，今之妄变法而专媚欧美者不可不思此言。①

这段记载，表现了康有为的西方观的要义，可说是他的重要思想收获。以后，他游览突厥国，也把那里的变法教训引为借镜，云："今兹突人讲外学者，皆法国学。语言文字悉师法国，故政论亦以法为师。入突境

---

① 康有为：《康有为列国游记》（上册），商务印书馆、中国旅游出版社 2016 年版，第 252 页。

而不通法文法语者，犹盲哑也。然法人不同英、德，本不长于政治，但哗于革命耳。突之前辈，久压抑于君权之下，日思以法之前事，导其后生，亦此不得已者耶！惟人心既动，飞扬不已，今虽言立宪乎，恐未必遂能安也。"据他游于都市的观察，突厥实行的革新，只在兵刑学校的扩大、改变衣服样式和警察制度等表层的事情上，虽然"一一皆同于欧西，而积弱贫困之形，污秽不治之状，为外人所侵凌欺藐者如故也。而变法者仅求之数事，或下及于变服，亦何益耶！此亦不可不深思也"。这是在失败中脱身，于艰危时世中闯荡的改良派人士的经验之谈。政治变革中，怎样学习西方的国家管理形式，包括政权结构和法律制度？回答是：不盲信，不盲从，不照抄，不照搬，必须着眼本国实情，计议国是。他在法国，据所闻而针砭政事。法兰西第三共和国实行议会制共和制政体，议会制共和国的国家属性被宪法规定下来，但其政治现实却并非理想，康有为出语相击："而今议院党派之繁多，世爵官吏之贪横，治化污下，逊于各国，不少受益，徒遭惨戮。坐睹德、英、美之日盛，而振作无由。"他追溯1789年法国大革命推翻波旁王朝君主专制政体以来，历经两次帝国（拿破仑一世、三世先后建立）和三次共和国（法国大革命产生第一共和国、二月革命产生第二共和国、普法战争和巴黎公社后产生第三共和国）的历史，自有审视，云："法人虽立民主，而极不平等，与美国异。其世家名士，诩诩自喜，持一国之论，而执一国之政，超然不与平民齐，挟其夙昔之雄风，故多发狂之论，行事不贴贴，而又党多相持不下，无能实行久远者，故多背绳越轨，不适时势人性之宜。经百年之数变，至今变乱略定，终不得坚美妥贴之治，徒流无数人血。今英、德各国有所借鉴而善取之，则法国乎。"词锋极锐，颇有唐人杜牧"敢论列大事，指陈病利尤切至"（《新唐书·杜牧传》）之风。

谈到德国政治时，他亦同此表达。一国选择何种政治体制，必有所依凭，须顺乎自然之势乃成，"岂可曰吾欲变某法，吾欲师某国，而能得之哉！夫百年来，法以自由显，而治效之不振如此；德以专制著，而治效之盛如彼。何哉？盖用药者之不可以一也，必有君臣佐使制炼而复用之。民权自由亦非最美之药，有君主专制之祸毒用之既得矣。……夫政法无常，有类医方，苟能起病延年，自为良方善药，岂必人参之为贵乎！……今中国人士甫知美之民主、法之革命自由、英之立宪民权，皆争慕之，以为立极之理，岂知事变日生，新理日出，旧历已过，又为新历时代耶！吾观德之政治，吾以为德必霸欧洲，盖有适宜之政体焉。其他不适于时宜，而为世论所压，不能自拔者，则归于淘汰矣，……夫一识之蔽，遂可亡国。吾国人士，今于观化，乃始萌芽，尚慎游哉。虚其心，扩其目，无以一得自封也"。在政治路径的抉择上，德、法如此，中国亦应把适于国情摆在首要位置，万不可茫然事之。

在丹麦，政治热情未泯的康有为关注这个北欧国家的政体。该国为议会制君主立宪制国家，设立上、下两院（1953 年撤废上院，变为一院制）。"丹麦相出自王权，……国人分三党，一为自由党，一为保守党，一为民党"。议院之中频现党争，得势之党"亦日以攻难政府为事"。考其利弊，他认为"盖以国小之故，党人既据太半，则占全权，其情势几陷于无政府、无君之状"，便令人痛恨，"乃至谓自由党魁诈诡可杀。丹之不治，一切缘由，一切罪过，皆自由所生，其言甚深痛焉"。虽为旁观，但是他对为政之道略有体悟，云："故为政如张弓，如权衡，在于轻重得宜。君之专制固未善，而社会自由几陷于无政府，惰工不业，失为民之职，亦未见其可也。吾固主人群义者而无政府，一任自由之事，吾终以为必生乱而不治也。今此义甫萌芽，而丹党人之害政已若此矣。亦可以鉴矣。"经历变法之困的康有为，他的政治设想虽未付诸社会实践，却无碍思考：在多党制和议民主制的政治系统中，求得专制与自由之间的平衡，才能够保证政府有序施政和国家的平稳运行。

康有为作奥地利游记，先亮明主旨：以其分州自立，各为政党，渐失泱泱雄风，终致亡国之鉴，唤起国人警醒，万勿把二十六省的中国分立，盲目将自由"标为宗旨而日扬之，俾天下醉狂焉"。

戊戌风云过后，康有为的改良意识不再如狂涛汹汹激荡，而是化为常态性的思想支撑。沉静下来的他认识到，"吾倡立宪者，亦固大喜之，虽然，吾犹有大忧远患在也"。这是参酌奥国兴亡的教训而不得不发出的忧虑之声。他参观该国议院，"上下院淡白文石镶蓝柱，刻列像，可谓瑰丽极矣"。议会的构成更值得关注，"上院三党，二百四十人，下院五百六十人，凡三十余党矣。立宪之制至奥遂不见功而见过，则以党多"。他初步认定，此为奥国致衰的根源。他在奥国行旅所见，确证了这一观点。他云其京城作为"数百年帝都，宫室瑰伟，然人民穷苦，京边道多不洁，小室穷巷岖岖污困之情，犹吾北京也"。又记曰："灵士为上奥地利州会城也，冈陇起伏而环之，人民十余万，惟停车场已剥坏不修，道路宫室皆不整洁，客舍污朴无饰，自德国来见之，几若异域。……同为旧德意志，何相去之远也。盖德之僻壤尚无此荒废之景，不能治其国如此，何能竞乎？众党争政之祸，亦甚矣哉！"他特别加重语气，意在廓清混沌。多党的政治生态造成的民主假象具有迷惑性，所谓自由之说，为害甚剧，不可不谨思慎察。

康有为考察匈牙利配隶奥地利、挪威配隶瑞典等联邦之体的存灭，看出"此皆欧洲最异于中国之政体也。主臣之位不明辨，统一之术不深固，此所以争乱无已弥于千年者乎！"欧洲各国的制度变迁，更使他以中华大一统的中央集权体制设计为荣，尤其认可中央政府职掌统辖权的国家治理的制度逻辑。康有为之所以对中国疆域和体制上的大一统格局赞佩不已，因为它所设定的自上而下的权力结构与政治秩序是中华文明近两千年来领先于世界的关键要素。这一肇基于秦孝公嬴渠梁（起用商鞅，变法图强），大成于秦始皇帝嬴政的金字塔状的国家形式，顺应了时代需要和历史发展潮流。从此，统一的、多民族的中国在亚欧大陆东部的广袤之域崛起，傲立于世界舞台。中华民族凭借制度优势聚合起强大向心力，创造出灿烂的农耕文明，为万世开太平，这和因分裂导致战争，又因战争加剧分裂的欧洲，显示出截然不同的历史走向。

奥地利的历史沿革、政体国事、自然地理、语言文字、兵制军备，乃至经济财税，康有为都做了一番考察，从而洞悉其政经大略，以为奥国"不能肆域外之观焉"，仍根于该国将十四邦合而为一，语文不一，风俗皆异，导致"政化难兴，内安未遑，故无暇外略也"。他据此而思中国之治，云："一国之所以立，在言语、历史、教宗，此国人之精神所托也。……若我中国，既以儒为国教数千年矣，国人之风俗心思骨干皆自儒教孕育而成，但当与时扩充，勿以旧说缚束新世界人之心思耳。"在此，康有为阐扬孔子的社会理想，论述维新变法的理论依据——三世说。他以当前为"据乱世"，则以周朝之域为内，周边华夏各族为外，所谓"内其国而外诸夏"，实行君主专制；以"小康"为"升平世"，则以华夏各族为内，周边少数民族为外，所谓"内诸夏而外夷狄"，实行君主立宪制；以"大同"为"太平世"，则无分内外远近，实行民主共和制。这一学说呈现出社会的进化过程，缔设了他的逻辑构想，云："惟孔子早有据乱、升平、太平三世之旨，与时变通，待人后行。如昔者据乱，则内其国，故自尊中国而鄙夷狄也。及今升平，则内诸夏，凡文明之国会盟朝聘皆当引而亲之。将来太平，则地球同化，所谓远近大小如一矣。"他如发信誓地说："故孔子之教真能适乎时宜者也。"康有为用变易和发展的眼光看待国家政治架构，标明了从低级到高级的人类社会发展公式。中华文明的深固根基，使他充满文化自信，又知随世而变，承古开新。

康有为还以中国的平等世相来证此说。奥地利数十年前"诸侯大地主广据土田，日以畋猎为事，每侯畜奴万人，奴岁以百四十日为主服劳，纳其收获物九分之一"。在他看，中国则另为景象："若吾国则封建之削已二千年，光武时已放奴，民有土田，听其自耕，听其买卖，税敛之薄，古今无伦。"他以乡井为例："即吾粤南海号称都会富饶，亦亩收一钱八分，此兼官吏一切言之矣。夷考各国之税之重，吾国不及其十之一，甚有百之一者，平等自由之盛美，未有古且乐于我国者。"他又讲道："所未及者，独举代议人一事耳。故吾国无自由之义，非先民不解也，乃自由已极，不待求也。今学者不加鉴别，以欧人之病引为己病，无病而呻，致使人人媚外，开口谬称欧人为文明自由，轻其东家邱，亦何愚也。"自我解释以拨怪论谬说的蛊惑淆乱外，亦对不通于轻重的借端妄言者，抱以轻鄙，实是批驳国内一些盲目追求西式民主的愚瞽之辈，因而他敢于明言，比起欧洲贵族对农民的重利盘剥，"吾国无世爵，故无大地主，人民略平等"；比起欧人贵者穷极富豪，贫者无立锥之土，"吾国民无极，人人平等，以地大，故官虽少尊，而人人可得科第而为之，故自由已甚，民气久平，不可以欧人相比例矣。夫大道之行，事理之变，皆自不平而渐底于平，如水流之就下，然但需时耳。故孔子之立升平世、太平世，乃人道之必至，而无可遁者乎！中国平等无极自由之乐，诚为大地之最先进者哉！"这番谠辞的心理背景，还是出自对封建帝国的理想化，特别是对清政府残存的期待，或说对光绪皇帝最后的留恋。迷醉于中国现存政体，论证其政治合法性，看不到封建古国正朝着半殖民地泥淖沉陷的危境，看不到枢府政象衰败的现状，对比等级社会的异邦，他还把现实中国描画成人间乐土，美化成世上的理想国，这在一定程度上扭曲了严峻的现实。对于国朝如此倾情礼赞，说明他对于君主政体依旧迷恋，对于圣主至尊依旧感戴。

康有为明确表达了对未来社会的冀望，朦胧地瞩望到自己想象并认定"应当如此"的理想家国的远景，这种以儒家思想为理论支柱的政治倾向，表明他从没想从根本上否定君主制，只求制度的移植或嫁接，也就无法反对儒教力撑的君主为尊的政体建构，极易模糊世人对于封建制度的辨识。美丽的幻象禁不住现实风雨的一击，帝王的意志和愿望也成不了旋乾转坤的动力。康有为晚年的保皇立场，显然落在时代要求的后面，不能指引迷途中的出路。社会制度决定人的观念，康有为最初便是以改良派的思想面貌出现于时代舞台的，他的政治作为在历史过程中固然发挥过进步作用，但是从战士到隐士，从前行到后退，看似一念之转，却与他对国情和世界局势的认知偏差有关。

日后在保加利亚王国参观议会，康有为敏锐地发现欧洲政治的制度性缺陷。在这个议会君主制国家，君主无权，日常庶务，唯画诺而已，徒领香火以坐镇，宛如神仙受人敬拜，"然岁费俸百万，而供此木偶之君主者，盖以止民争而靖乱源也"。命相之权，皆归议院，即内阁须从议会出。"议院者，全国政权所出也，亦如英之国会万能矣。……阿连诸国（按：指突厥、罗马尼亚、保加利亚、塞尔维亚、黑山等欧东五国）皆行一院制，是日开议院，吾特观焉"，他自称新闻记者而入，得以亲临实地，观其详情。他和商务大臣寒暄，握手时，对方说从没有中国客人来过这里，"中国为古文明国，甚喜初见"。对方探问现场感受，康有为应答：一院制未善。对方不甚以为然。康有为细述道：该国议员二百三十人，"然行一院制，无上院老成练达者之讨论弹压，聚诸少年英锐好事之人，起自田间，粗豪无礼，而法官不能约束之，未有不为乱者也。是日以议某农事加税，其地之议员以为独偏苛己，力驳不允，于是同党诟詈，而被加税之议员怒恨已极，起而用拳，则己党人少，为所压，乃拔刀而斫同党，大臣恐甚，急起抱之，加税者急走出。因而全院哗溃，吾亦避出。嗟乎！是日苟非此大臣抱此议员，则杀祸起矣。议院之争乱哗溃、无礼无法至此，此吾所目击者。吾游奥维也纳，观其议院，亦大哗争，握拳持棍，或弹琵琶以乱人声。奥人二院犹不能免，况于一院乎？议员者国民之望，而无礼若此，徒为人轻笑而已！"这段失序场景的实录，活灵活现，如在耳目。观察议会立法的过程，政争纷起，使他对此种政体形式顾忌更深，渐失膜拜之心，甚至质疑西方政治模式的真理性，云："英人深于阅历，创此奇局，亦不可不深思之也。吾国甫交通，人寡阅历，徒闻民主之公平，法美之旧事，而不知今欧人已鉴其大害而弃之也，吾乃甫拾得而大喜以师之，抑可愚耶！"故此，他的情绪不再亢奋，对中国的制宪前景也持冷静态度。

突厥（奥斯曼帝国）长期实行君主专制政体。1908年，也就是康有为来游的这一年，爆发了青年土耳其党人领导的全国兵变，扫灭专制，改行立宪君主制政体，建立议会，各省选举议会代表，组成政府。宪政改革后，苏丹（君主）实权被削。康有为恰巧赶上苏丹被迫颁诏于众，复开国会，议定宪法的政治转折。他描述了革命胜利的场景："吾以诏开立宪之日，适到君士但丁那部京，自车中船中，已闻阅报者欢呼声，至京则半月之旗蔽道，饮酒击鼓，联队歌舞，欢呼万岁者，旬日尽夜不绝，凡道路公园公馆公地之中皆是也，可谓极欢幸之至矣。立宪之事，三日而成，国会之开，三月而举，自大地万国，无如是之速且易者，天下咸怪之。……三十年来人民望维新，而苏丹守旧恶新至极，渺渺沉沉，断无立宪之妄想，何况国会之实事也。乃民噪三日，而立宪即定，天下莫不大奇之！"其时攻专制、倡自由的意识已经"遍布于全国各种人心中，故一发而若破江河，洪水滔天，大火燎原也，莫之能御也"。民心大悦，可知举国之人的喜乐心境。

康有为应邀赴青年土耳其党领导人举办的家宴。此人"年三十三岁，貌恢杰，遂为一国英雄，所在演说，人人想望如神明"，国人将其像"印万亿纸，家家画放翁，而绣平原矣"。钦慕之情的表达，如同百姓在团扇上画出爱国诗人陆放翁，用丝线绣出翩翩公子平原君赵胜，所谓"扇画放翁，丝绣平原"是也。宴中言谈，康有为了解到为争取军队支持，须凭金钱通融，革命党人醵金筹资，毁家破财而竟成。"吾乃恍然，既美其党人之苦心历久，然其成功之故不可言，乃亦如陈平之散四万斤金，且买阏氏也。甚矣！乱世之事也"，康有为又引旧典作譬：西汉刘邦北征匈奴，被冒顿单于围于白登山，为解汉军之困，谋臣陈平遣使者携珠宝送给匈奴王后阏氏，劝服单于罢战。此乃兵战智谋。"然吾国人及吾党力争立宪，而日望之而无术，乃愧于突人矣！"维新折辱，使他的体悟尤深。

久受苛政重压的黎民喜获新政振救，如解倒悬之危，可是，这场社会运动没能迎来革命性改变。康有为记道："吾于舟中遇突议员，言突各州郡民智未开，选举法又草率未善，暴民力争，党人自私，作弊百端，举议员多豪强暴夫，无政治学，只有嚣哗，恐突之乱未艾云。"次年即爆发苏丹势力的叛乱，平叛后，执政的青年土耳其党实行中央集权的政治制度，揽统行政权能，国家政权仍然具有专制性质。政体异变后的形势走向，

"非吾旅人所能深识而预断也"。在政治历练中渐趋成熟的他，陷入思考。

政治伦理上的相似观点，康有为在另外的场合也加以强调。从英国伦敦循波罗的海南岸，假道荷兰，由丹麦入挪威至瑞典，再入德国。一路"语言、文字、政俗、服制多有不同者"。一日之行，境界新异，足可一醒耳目，启迪心思。政化不同，恰能互激，"人人有自立之心，国国有相师之意"，竞争向上。加之欧土亘古未尝统一，各国角立鼎峙，争逐愈烈，反使欧洲成今日之强。但是，断不可据此而邯郸学步，搞分疆裂土。他具以质言：

> 然或以竞争致强，乃欲裂中国而为列邦，以内相竞则惟欲促其亡而已。今之竞争，既合大地为一角逐场矣，则强大者胜。若又内裂，是不欲竞争而欲内乱也。近者又多欲辽东别立国，原出于欧土荷兰、比利时、瑞士之体，皆与中国今情迥异。中国人种历史、政体、风俗皆宜于一统，不知者误采欧土之义，则不知时地迥殊，徒自割裂，以弱其势，亦犹昔者误言革命自立，而师法美、法，同皆误于欧人之迹，而不审时地也。今学者多读西书，辄有此谬想，皆不解中国事势，而误中国者也。①

无论当年中日辽东战役如何影响东北亚局势，面对严峻的现实背景，为直面内部纷乱与外部压力，康有为心目中的大一统王朝版图不能改变，他的卓见振聋发聩。

此种情怀，康有为在离开哥本哈根前往挪威的汽船上也曾抒发。看万岛千洲，苍翠迎人，他"追思数年来国家多难，龙血玄黄，今幸中国不亡，已为幸事，感怀身世，叹息弥襟"。情动于中而形于言，他口占一诗以示同行的女儿康同璧和女婿罗文昌，有"频经国难忽华颠，南北重逢已五年"之句。游程上的这个细节，折射出一个政治失意的士人的万端

---

① 康有为:《康有为列国游记》(下册),商务印书馆、中国旅游出版社2016年版,第19—20页。

苦楚。

关于政党政治，康有为认定其在中国早已实行。在同丹麦宰相兼外部大臣的对话中，略有表达。约见时，对方问："久闻维新之名，今喜见面。中国既大变，政党之事能行于中国乎？"康有为告诉他，"政党唐宋时有之。当戊戌我皇上变法之时，将开议院，后虽新政推倒，而今已复行，不久必将立宪，则政党将即出矣。此为欧洲至新之政，而实我国唐宋千年之旧法也"。康有为的认知里，中国古代政党和西方近代政党的性质与功能存在何种区别？采取联邦制、共和制、君主立宪制的国家结构形式下，政党力量在议会中发挥何种作用？政党制度设计上，一党制还是两党制或是多党制？议会制度设计上，一院制还是两院制？以及怎样在新式政体中进行权力的合理分配，均衡王命与宪制的能量关系，皆为现实课题。对方的提问引起康有为的情绪反应，他以改革家的思维，对此深虑。

社会丛林中的弱肉强食信条，加剧了国际关系的不平等。从苦难国度中走出的康有为，感受尤深。在伦敦，他约见日本驻英使官林董男爵。在对方别墅午宴。"食毕，延吾花间长藤几上纵谈，笑谓吾国外部太瞢于外事，俄使巴兰德久尝告之曰，有求于中国不必以好语与之，好语亦不可得，但盛气相示，时或拍桌云调兵舰，则畏而听命矣。德使又尝相告曰，俄使频以中国外部畏怯之情告我，当以示威运动。我未信，而姑试之，今在外部姑变色拍桌云调兵舰，各外部大臣始之相拒我好言者，果畏恐听命，乃知俄使之术不谬也。各使展转传语，屡试其术皆售，何等儿嬉也。君今不当国任政，吾故以语君，闻之令人惶悚汗下，各国使之玩吾大臣于股掌之上，视同小儿，于中国之物如取如携久矣。"听罢此番诚切而忠善的话，受到强烈心理刺激的康有为该生出怎样心情？他领受的不光是外交策略上的教益，更意识到了中国艰困险恶的战略处境，"吾大臣尚以盲瞽尸位于上，以方今外交之重，而以不知医之盲人，公然对待其危险，岂有比哉！"权佞统治下，保守势力当道，危国变法之难，他已深有领教；贫弱之国在世界无地位，更令他忧心。在严峻的国际环境下，"若不早预备御侮之道，虽欲变法自强，其可得乎？念之忧危，回顾祖国，吾心耿耿矣"。深刻的情感震撼犹似狂涛怒澜，在康有为的心胸掀卷。他也许深思，风云变幻的世界形势下，中国应当亮出何种外交姿态。

建立西方式的近代国家，无形的政治思维之外，有形的基础建设也是重要方面。在康有为眼中，体现国家风貌的建筑景观须采用新式，经营城市的思路亦可改进。伦敦雾大，对面不能相见，加之烟气蒸天，空气日坏，又百货壅地，怎能不积成秽恶之气？康有为刚在村野"既得清气两日而瘳，复还伦敦，即复病，甚矣！闹城之不可居也，服官于伦敦者，其苦亦甚矣"。他觉得城市病的教训值得警惕。市政规划应该遵循新思路，"不可苟且图存于旧城也。宜划城外地为新市邑，开马道汽车以诱致吾民，计铁道既通，聚民甚速，成都成市，皆在指顾，是在画地。居民者之有远图，而伦敦亦可为鉴矣"。行经荷兰街市，康有为也关注到城乡建设的经验。虽然"极目平野，无分寸冈陵，沟浍周匝，方平如野，处处皆是绿草丰缛，牛羊蔽野"，农屋亦极整丽，可是屋前必临水，必有桥，"长桥横水，与杂色屋相望，夹道必树，长短广狭必称，景致极佳，惟积水无泄处而众秽归之，故道路臭秽，市中尤秽气腾蒸，而问带路之荷人，不知也。乃知开河太多，于卫生有损，观秦淮河及广州雨处可见，以无从洒扫也。……吾行荷境，处处掩鼻，其致疾必易，而荷人无大碍，犹北京人之习于秽欤"。异国教训，可资借镜。

巴黎的街路，"其最佳处仅有二衢，其一自拿破仑纪功坊至杯的巴论公囿十余里，道广近廿丈，中为马车，左道为人行，右道为人马行。此外左右二丈许，杂植花木处，碧荫绿草，与红花白几相映。花木外左右又为马车道，马车道内近人家处，铺石丈许为人行道，又植花木荫之"。这种人车分行，中以绿篱区隔的道路设计，美观且富于人性化。美国、墨西哥新开街衢，皆仿巴黎之制。每谈土木工程，康有为的第一反应，都和国家形象相联系，云："道路之政，既壮国体，且关卫生。吾国路政不修，久为人轻笑。方当万国竞争，非止平治而已，乃复竞华丽、较广大、斗精洁，以相夸尚。则我国古者至精美之路，如秦之驰道，隐以金椎，树以青松；唐京道广百步，夹以绿槐，中为沙堤，亦不足以与于兹。他日吾国变法，必当比德、美、法之道，尽收其胜，而增美释回，乃可以胜。窃意以此道为式，而林中加以汉堡之花，时堆太湖之石，或为喷水之池，一里必有短亭，二里必有长亭，如一公园然；人行夹道，用美国大炼化石，加以罗马之摩色异下园林路之砌小石为花样，妙选嘉木如桐如柳者荫之；则吾国道路，可以冠绝天下矣！"他仿佛一位道路和园艺设计师，既不忘秦驰道、唐京道之妙，又借取欧美之法，巧相融合，满怀自信地描画出新美蓝图。近代之人却萌发了现代城市建设的理念，他提出的主张符合新都市运行规律。

住宅建设，巴黎也提供了参照。第宅与园林相掩映，绿鬓红裳、衣香人影络绎闪过，"忆昔在上海大马路大同译书局倚阑而望，自泥城桥至愚园、西园等处，颇相仿佛，但逊其阔大耳。他时更筑丰镐，别营新京，以吾国力之大，人民之多，苟刻意讲求，必可过之也"。西周的丰、镐二京，傍关中盆地的沣河而建，中华文明据此发祥。忆及此，康有为就溯到了精神的源头，走到哪里，内心都觉充实，云："吾自上海至苏百余里中，若营新都市，以吾人民之多，变法后之富，不数十年，必过巴黎，无可羡无可爱焉。"康有为的国家自信，表现多方，这源于深植的文化根基，也源于对清廷之力的迷恋，而国朝将覆的时代大势，暂未看清。

欧洲城市道路，让康有为倾心而欲师法的，还有葡萄牙首都里斯本的一条大街。"葡京狭隘山间，一无可观，其最瑰异者，新修大街曰的拉彼得，宏丽精妙，实甲全球"，"吾昔遍游美及北欧，欲改良中国大道，取巴黎、柏林与美之叠彩之大道，而润色加美之，拟创此法，以冠大地，不意葡人先我为之，乃竟暗合也"。有此修大道而造景观的设想，一旦成真，则如眼底下所见：车如流水，马如游龙，士女杂沓，衣香鬓影，倾倒全京，俨若一座市中大公园。他更把葡京这条富贵人聚居的街道，上升到国家荣誉层面视之，复述他对于楼宇宫室建设的一贯观点，云："自此大道出，夹道皆新宅，盖不许有一旧宅以损观瞻争国体者。若匈牙利京、瑞典京，佳道皆然。吾国人久在大一统中，无与人比较，故美恶皆所不计。今已在列国比较中，道路、宅舍尤为觇国者所易睹，而荜荜卑狭最为不修。今拓影大盛，欧美人多以示我，为之惭汗，其轻视我因以招侮，非细故也，此所关于国体民格，令人敬贱既甚大矣。况因轻视而凌侮，小之多启交涉之争，大之可开兵戈之祸，我国人不可不鉴而变计焉。"康有为或许据此深思：历史上的分裂，引致欧洲生产力和社会发展程度低下，而使起于夏、商、周三代，孕育于春秋、战国，开创于秦始皇，终成于汉武帝的大一统基业得以奠定。这种制度环境下，中华天朝久未经受外部压力的考验，内生的发展动力渐趋不足，而表面的盛世光景还在勉强维持。中强欧弱的不平衡、非均势局面的改变，在西方工业革命之后发生了，而清廷仍未能察觉，虽少数士人有所洞悉，依然无从促使权柄执掌者警醒。古老帝国内部没能产生强大的反向性作用力，以抵拒外部强加的现实压力。1840年，鸦片战争爆发，迫使整个民族必须面对严峻挑战，这场国家较量注定艰难，也决定着历史性的生死转折。

从瑞士京城的建设，康有为也思考国家首都的营造规模，并看出和政治体制的关联。边京虽古屋卑小，缺少大风景，但是他并不轻视，云："盖民主之国，京都皆不能翕集众庶，以美之大，华盛顿京犹冷落，复何有于瑞士乎？寥寥山郡，斗大山城，萧萧寂寞，乃至呼一马车亦不易。停车场亦极小，以吾国之繁庶视之，竟是可笑。吾夙昔震其为京都，而以各国吸集之力推想之，则大误矣。"他的眼光没有止于表象，而是从首都的实用功能着眼，做出客观评议。他的主张对今人的城建思维亦有价值。

康有为游览丹麦王宫时，偶遇丹麦国王，"既下车，其御仆告王为中国某人。王见吾中国衣冠，额手，王因下车，免冠答礼，其王弟亦下车免冠，王子妇笑点首。吾女同璧已坐马车，不及下，王亦向璧免冠，其谦恭简率，殆与中国一县令等"。由其出行场面，康有为窥见该国政俗，平等气氛消融了等级之别，"其与德帝之盛王者，威仪、御舟、御车皆自特别，大有中国帝者气象，何相去之远也"。他以为"此亦君民政化进退之一大事也"。在奥地利，"吾见奥帝之出游，在奥在匈皆一车两马，接民优容，免冠答礼，时或下车小步，与民扶杖而语，亦与各国总统无异。其号虽帝，仅有世袭公举之殊，实可谓为民主者矣"。就帝王或官吏的仪仗之变，他把清朝和中国历世做了对比，不吝对当朝的颂赞之词："然吾国历朝京官，唐、宋至明，皆有仗卫，而本朝亲王大臣久禁喝道，数百年矣。与民平等久矣。朝士徒步游宴，视为寻常，盖数千年中国官民平等，且先于日本，未有若北京者。"他从中领略的是不见戒令禁律的清明升平景象。他对于清朝统治从根底上还是肯定的，在同欧美的制度对比中，盛赞君民身份与地位的平等。这种政治判断和国情评价，不知是出于国家自信，还是源于倨傲与偏执，抑或是掩饰内心深深的自卑。他既然善于多向度的发散思维，结论便存在数种可能。

在荷兰，他也遇到相近场面。荷兰女王出行，"道旁万众欢呼免冠，王俯首扬手答礼，驸马免冠答礼。再转市街，再与王遇，士女之夹道欢呼同，王夫妇答礼不休，亦良苦矣。观其仪卫，虽礼服而甚简，士民虽夹道争视拥挤，而行礼时，王必答礼，亦可谓近于民者矣。夫礼无不答，非徒尚往来，亦以通情意也。故孔子之制，天子见三公下阶，见卿离席，见大夫立席，见士抚席，拜者答之"。华夏乃衣冠上国、礼仪之邦。周秦汉唐宋，礼仪之大，服章之美，成不易之遗制，历世相承，赓续中国礼仪文化的传统。其间也有过中断，他说："元世以蒙古入中国，以军容为国礼，乃有跪礼。而明世因之，甚乃至王大臣跪迎跪送而不一顾焉。官之呵殿出门，民起立者不少顾，此其骄泰皆远于欧制，而又大失中国古制也。蒙古之俗又岂可行于文明之国哉？殆必宜改。"臧否前朝之举，全无顾忌。

在葡萄牙，他至街心公园，"葡王与其后妃王子每日亦必游此，吾两遇之。……道旁游人知者，免冠起坐，亦竟有岸然不顾者，其简率若此。吾在丹、瑞频见诸王后妃步行或购物，与常人同，盖小国寡民位同吾守令，不足异也。故译者若误以吾四万万人之大国例之，则大相反矣"。此乃经过立宪，削弱君权之后的现象。但是葡王因误听相言，闭散议会而招祸，“王与太子遂遇弑，即在此大道”。葡王未听谏劝，骄而不备，游大道如故，遂致命陨。康有为“追思旧游，为之惊惘。……马车、人影犹在心目。荆轲之剑，博浪之椎，霹雳震惊，宇宙为动，为君相者，曷其奈何，不畏民岩，而吾国政府尚有以江浙路款、粤江捕权，力与国民为敌者，何其惽也”。他由此联想到发生在国内的两起事件：一是江浙商民要求废除盛宣怀与英国公司签订的代筑苏杭甬铁路草约，反对清廷向英方借款，并争回路权，自行集股筑路的风潮；二是广东社会各界为维护缉捕主权，平息西江匪患，与英国殖民主义者展开的抗争。为挽回利权和法权进行的斗争，反映了中国人民捍卫国家主权的意志，成为近代史上的爱国之举。

在突厥，康有为见苏丹出宫谒庙，观者如堵，愈拥愈众，“吾时已身入羽林豹尾中”。置身车马腾驰、旌旗飘展的阵列中，他记下喧阗盛大的场面：“冠者皆免冠，山呼万岁，其声动天，苏丹亦起立点首答礼。”卫士持茶饼、咖啡、柠檬水慰劳观者，“人皆争领，吾亦取焉，乃散。从官不多，威仪颇简，以视吾国之千乘万骑，迥不相侔。吾初以为突厥专制之威仪甚盛，今观之终非吾国一统大朝之比也”。康有为不意借漫游之机屡观他国君王出行阵仗，见其礼俗、朝仪，增广感知，体验到中外礼制的异同。

参观丹麦监狱，他尤对浴室、餐室、病室、憩室和洗衣室的精洁有感，“我国大富贵人亦无此洁丽矣。……而室之明洁，院之严丽，真我国富贵人之所无，且即以欧美论，亦无其比”。他即兴赋诗，夸赞这里“欧土各王宫，逊此妙严庄”，“假使有狱囚，乐过今君王”，“此狱过帝殿，何其耀炜煌”。一叹再叹，语不惮烦。他的神思飞返家国，想到室屋的卑污、秽恶，认为“我实政不仁，宜其国不强”。行仁政，必赖国强盛，他思之极惭。但他还是找到释怀的理由，曰：“吾未敢谓然，悬此待禹汤。”对于丹麦如此经营监狱，比较本国的异同，康有为具有正视的勇气，但他没有贸然表态，只是期盼唐尧、虞舜、夏禹、商汤那样的上古圣帝出现。把一切留给修明之世，大概是明智的选择。转念推究，他体察到"欧人之于狱殆竞洁斗丽，后来居上，几若公囿、博物院，然其恤囚之仁政诚仁矣。然厚待之如此，亦已过矣，其意在竞美，而非谓恤囚也"。收监之犯，竟至不思赦宥。在他看，耗资于缧绁，做的却是表面文章。

康有为不弃政治抱负，游途中时常为之感慨。在瑞典泛舟游览，望海波澹荡，松林深翳，更有石堤木桥、花畦亭幔一一过眼，不禁悲从中来，云：

> 瑞典僻在北鄙，游者少，故不甚称焉。逭人天幸，得以蒙难之余，穷极绝域之胜，放浪海噬山陬，以陶写其天，则吾华自古之羁人谪宦，足迹所未至，耳目所未闻者，皆吾为之先焉。每读灵运泛海、游山诸什，东坡黄、惠、琼、儋诸作，辄以万里贬谪，江海萧条，发其骚吟，写其身世，后人过其遗迹，为之想象，流连其艰远。以鄙人视之，则诸老犹未出户庭也，则吾虽放逐，岂非大幸耶！①

他的游迹之广远，固为康乐公、东坡居士所未逮，而志不得遂后的游情所向，却有相似处。此时的他，"凭船阑饮酒得诗二章"，其中"各有开天新世界，颇思故国旧风流"一联，最显胸次。

羁游少欢情，康有为又得到翁同龢的死讯，精神深受刺激，记曰："光绪三十年七月十一日，在瑞典申堪海口，得翁常熟五月凶问，大盘陀石上，望北海哭之。海风怒号，海浪汹涌，青天惨惨，若助吾哀。一老不遗，为中国痛，非徒感推毂之私也。"丁酉年冬季，康有为曾向翁同龢投书辞行，"告以中国即灭亡，眼看各国兵之入京，吾不忍见，决出旧中国而觅新中国，不复再还。翁公退朝，即来追亡。……吾感其意，乃呼仆解装而留，遂有戊戌变法之事"。他深情地忆写帝师翁同龢支持新政，把自己密荐给光绪皇帝，却因此获罪，戊戌政变后遭开缺返籍的往事。"岂意

---

① 康有为：《康有为列国游记》（下册），商务印书馆、中国旅游出版社 2016 年版，第 31—32 页。

哲人遂萎，望海陨涕，哀思难任，续诗二章。更续哀词十二章"，远足外洋，每念及百日维新"而翁公与鄙人亦几死于是"的结局，他只能寄伤情于纸笔。记游中陡然宕出一笔，与海天风景相应。这是一个很带感情的段落，亦诗亦文，直抒胸臆。

次日登岛，扶杖行游，偃石听涛，放览水天，复生感喟，曰："吾本澹荡人，拂衣可同调，平生雅性，志在林泉，讲学著书，本无营宦，遭世不宁，濡首救溺，几陨其身，庄生所谓大惑不解者哉！"虽有不解，志向却难移，明知不可为仍然为之，决不将理想、抱负弃置一旁，"无如躬遇故国之危，不忍之心，无由自遏"。他想起孔子讲过的话："吾非斯人之徒与而谁与？天下有道，丘不与易也。"（《论语·微子篇》）今译，就是"若不跟世上的人群打交道，还跟谁打交道呢？如果天下太平，我就不会跟你们一道来从事改革了"。康有为还想起佛陀立下的宏誓大愿："吾不入地狱，谁当入地狱？"儒教以治国平天下为本，佛教以普度众生脱离尘俗苦海为旨，俱以救世为圣贤事业。老庄教人安时处顺，清虚自守，执放逸之念；孔子和佛陀教人经邦济民，含弘扶危，持精进之志。康有为敬信儒、释二家，从那里汲取心灵力量，毅然"决出旧中国而觅新中国"。此段自我凝视中产生的独白式抒写，摹绘出变革者的精神姿态，兀不可犯。字句间忧心深切而意气满纸，充溢舍身拯物的勇毅气概，于平缓述游中猛地掀卷情感浪涛。后人听见了光阴深处的澎湃心音。

戊戌变法产生了国际影响，瑞典外务大臣约见康有为时，"称中国为数千年最文明古国，甚幸得见"后，特意询问此事件。康有为记道："闻吾变法甚喜，谓戊戌政变固闻之而不知其详，因问焉。"随行的罗文昌当即告之。这样的场景，大概最让康有为留意，必得笔而记之。

社会事业改革是担在维新之士肩头的重任之一，康有为当然要考察欧洲实行的相关政策和配套措施。

瑞典的养老和慈善业引起康有为的关注。他参观恤贫院，整洁异常，"有九十余岁者，熙熙甚乐"。贫人入住，费用"皆国给，本人不须出"。

看护女"岁费二三十万，皆支国帑"。他以为建立这样的救助机构"此其得失与吾国最相反。其老者偶与吾言，辄甚凄凄伤无归，吾国老人有盖藏，有子孙敬养，似胜之。此当更细考而较之也"。居家颐养，一是老人有积蓄的财物，二是有晚辈谨行孝道，这是异于欧美的地方。但是惜老怜贫的传统不能停留在道德层面，须有公益制度的设计，才能完善社会服务功能，这也是社会改良和建设的重要内容。

发展社会事业，优化社会结构，完善社会服务功能，是现代国家建设的课题。而生活在晚清时期的康有为，已经对其有所留意。他乘船往游瑞典木厂，了解到这里的数千工人，每日在乡村租屋和城中工厂之间往返，"此乡距京六英里，盖瑞京屋租贵，故工人日晚散工后远至乡落，屋租可省，大都会率如是"。乡屋多临时出租，"工人频迁，闻久居者少有至三岁"。中、瑞之民，在就业和安居的观念上存在差异。他就此大发谠言："吾国旧论治民必用土著，今欧人居民乃如泊舟，此真最相反者。欧人之宅于乡市也，有利则就，故成聚甚速，利尽则散，美国如此尤多。吾华则不然，既宅之也，则营久远而传子孙，子孙复守祖父之祠墓，虽远营利而必归于其乡，故聚族而居，他人不能入之，其繁寡盛衰，视其子姓，皆待之数百年乃见，故无三二十年骤盛之乡落。及其子姓之极繁盛也，一族十数万人，或千数百聚处蕞尔之地，则又户口充盈，人满为灾，而各恋其兄弟、亲戚、田园、庐墓，不忍迁居而远舍之也，故无利亦不散。在欧美，专以赴利为主而生计兴；在华人，专以合亲为主而人道厚。一急功利，一尚仁亲，有齐鲁之分焉。急功利故富强，尚仁亲故贫弱，此亦其一端耶！"在他的判断里，人口流动、就业趋向，皆以利益为转移，并形成一种秩序，中西概莫能外。区别在于，欧美人更重利，中国人更重情，虽则由此所致的贫富结果不同。互有得失中，他倾向于人口频繁迁徙，"当大地交通竞争之世，则善徙者，其于趋利尤猛而易胜耶！"他表现了新眼光。从社会学的角度看，人口结构、家庭结构、宗族结构、社会阶层结构的组成，和生计状况、生活条件、生存环境紧密相关，乃至能够从城乡差别对一个国家的发展阶段和发达程度做出客观衡估。对他而言，此问题应纳入大同之世的构想。

康有为考察瑞典的房地产开发，由此涉及银行和楼市的关系，认为中国大可取法。他说："瑞人甚贫，而楼阁壮丽，新者相望，则银行之为力也。盖有银二万与工匠订筑十万之屋，屋成则以屋贷于银行，得八万以给匠价，则此屋遂为己有。因卖于人，待价而沽，可得厚利，否亦收其租而纳银行之息焉。国家以纸币与银行，多无穷之转输，人民以屋物押于银行，得无穷之利赖。展转增长，而公众之艺业，农工商货得以销售于其间，此其以小国能立而又壮丽之所由，虽得百数十里，已可令民富而国治。此其妙法，真吾中国人古今所未解者，故挟数万里之广土众民，而民贫国匮，司农终日仰屋而嗟无术，甚哉！"城市建设中，国立或民立银行发放家居、商业用房开发贷款，发挥了金融杠杆作用。地产商则借贷开发楼厦，大获其利。从瑞典的实践中，康有为发现了资本运作模式，眼识一开，深得启发，认定这是一条能使国民生财致富之道。写与国人，希能借鉴。

两年之后，他游观奥地利首都维也纳，见其楼林兀立，而国税大增，也生出同样的务实之想，云："然人民馆室阔伟，非独壮观听也，国税亦因之大增，观故奥之屋税二百七十六万镑，是将三千万圆矣。故诸国之宫室日丽，税入日增，若朴陋者，则税无所取矣。吾国承薄敛之训，不为间架之抽，迩者采用欧法，亦既行之矣。"楼市的经营过程中，在抵押、建造、销售、租赁等环节上，地产商均和银行界、施工方、购租人产生利益关联，"如是展转，巍楼遍市，国税日增，而道路、沟洫、园囿益修，国体益美，而人民益乐，非甚难为也。吾国昔缘封建，诸侯大夫虐用其民，于是有峻宇雕墙之戒，今之治法与古相反，吾国将欲壮国体而增国税，亦将必于高闳阁巍楼阁是务，有若瑞典之令，限定京城室屋必以五六层为度，不得少卑焉。五六层诚为太高，若吾国都市城邑，今者定例以三四层为度，不得在三层之下则亦可矣。人民得安，国体阔壮，以屋税所入，修道路、作园囿，当必日增美焉，可不务哉！"他犹如潜心做着城建规划，扩大其边际效应。以放远之身，为国躬察筹策，完善政治改革的鸿猷，以期利国益民，是他的初心。

和丹麦、荷兰、比利时一样，瑞典国小，不像大国"工艺盛而商业多，易得入息"，百事还要比照大国，"盖以小家支持门户，乃最苦之事，故小国之民甚苦"，大国环伺之下，只能屈受不平等。对此，康有为有所洞察，云："又欧土名虽有公法，若民间交际，则工商之间大国皆占利益，居游谈色，气象亦带豪夸，轻蔑小国，而小国之人则局蹐旁坐，俯首不置语。吾于舟车间睹此甚习，极类吾国乡曲大姓小姓人之风，此亦天然之公理，无可遁者耶！吾国人欲分土自立，甚有至欲分乡自立者，不独不知今日黄人之见忌，异于由人之内争，抑知欧人小国屈辱已甚耶！不知而妄言者，谓之妄人而已。夫妄人亦何伤，其如碎裂故国而召瓜分何！"语极沉痛，椎心泣血。列强蚕食鲸吞下，中华大地惨遭分割，国土日渐沉沦，更有人不思恢复江山，竟暗怀裂土分疆之心，几与自噬无异，岂知"强大国之视小国，真如抚婴儿"之理。康有为显然有所指，内心含愤而吐露不平之气。

康有为参观比利时的股票交易所，"白石筑希腊式，楼阁壮丽，雕镂精工，瓦面尤甚"，建筑外观如此宏美，其在国家经济生活中的作用之大，足可窥见。口呼竞价的场面，康有为大概是陌生的，为之兴叹："吾所到纽约、芝加高之商易所，其阔丽尤甚。观于其股票交易所之伟大，则其国之商务可觇矣，以比之蕞尔，仅吾一府地，犹若此。"他的变法新政里，有改革财政，编制国家预算、决算的内容，但无股票交易的设想，况且当时的中国，经济发展并未到此程度。即便如此，他还是认识到货币流通上"重不如轻，繁不如简，大不如小。故古者以货易货，不如以谷帛；以谷帛不如以钱；以铜铁为钱不如以金银；以金银不如以纸币；以纸币不如以股票之尤大且速也"。股票交易大行于欧洲，千万人凭此摇身而富。将其记下，借镜观形，不知他是否思忖此法可资中国日后之用。

鼓励农业，开垦荒地，维新派新政有其义。在荷兰街头，康有为所过处，"花树菲菲繁盛，引溪开沟纵横百千，穿贯全市，而处处以桥通之"。这引起他的关注与思索，云："盖荷兰以治水利著名，如此境界全地球所无也。经其田野麦田之畦，长数十丈，无不长方者。处处皆开小沟，丈许，架以小桥，故地每数丈辄有一沟焉。种花果树木禾麦之地皆然，以水道四通，故田野极绿，草树弥望。其夹道必植树，树距丈许，树影相递，堤道极直，递百千里无际。其治地也，全以人力为之，无分毫之遗利，亦无尺寸之芜野，亦无一里之无沟溪。禹之尽力沟洫，孔子井田沟浍之法，于是见实行之。"不止如此，荷兰国土处势低平，兴修水利乃国之大策，"是故荷人之治国，真若有洁癖者之治其斋榻精整无尘；有花癖者之治其花木盘屈中法，其纤悉不遗，精洁自喜。此真全欧所无，不惟中国，即美国，亦'无田甫田，维莠骄骄'，荒而不治也。此非治国，真与上农之治其农圃无异。大地万国乎！惟荷兰耳。宜其蕞尔邦而盛强也，不能不叹观止矣。英、德、法尚愧之，他日大地大同，不能不取法于荷乎！吾日驱车其野，只有赞叹而已"。《诗经·国风·齐风·甫田》里的哼唱犹萦耳畔："不要耕种领主的大块田地，任凭野草长势旺盛一丛丛。"康有为是一个理想主义者，荷兰的水利工程，让他极尽赞美，亦预想施行于自家田园。

荷兰处海滨，沿海岸线垒筑堤坝，以御风浪，填海围垦以辟田亩。在康有为看，"而当我元时尚有开荒若此。然计吾沿海七省海疆，他日可开为大城市，而今一切皆为荒地，广芜漠漠者不可胜数也"。垦荒为田、为埠，前景可期。他游览的一座"周存名人之像"的庙宇，即建在垦辟出的地方。"一国之名士多葬于是，此则欧土之通例，犹吾国之昭忠、贤良、名宦诸祠，以旌功德留纪念也"，滩涂上新造之地，竟成人文胜境。沧海桑田之变，亦仰赖人力。

对于历史人物的功过是非，康有为亦以政治眼光做出评价，且抱感喟。过巴黎拿破仑纪功坊，他以为"法人固好恶无常，而从来雄略好战之主，未有不与时会为抑扬，盖犹秦皇、汉武也"，是以拿破仑一世同中国秦汉帝王相比较。史上圣主，凡有作为者，初起之时，能以英武震天下，而一入晚境，则因自负致昏乱。后世念其名望而怀之，尊先人之荣，实为当世之用。秦始皇固能一统江山，也能燔烧诗书，坑杀儒士，求仙寻药，梦想长生，天下怨怒，崩于沙丘。汉武帝固能集权大治，独尊儒术，外攘夷狄，内修法度，扩疆拓土，开辟丝路，也能穷兵黩武，耗竭国力，崇信方术，佞神迷丹，酿成巫蛊之祸。孙中山讲过："秦皇汉武、元世祖、拿破仑，或数百年、数十年而斩，亦可谓有志之士矣。拿破仑兴法典，汉武帝纪赞，不言武功，又有千年之志者。"[①] 这与康有为的评断犹能相近。康有为参谒塞纳河南岸的拿破仑陵墓，"追思当日喑呜咤叱、万马奔腾、灭国虏王之时，固一世之雄，而今安在？盖天之勋，埋于七尺之棺，为之感慨欷歔"。对于拿破仑一世，法国人惊其威名，视为英雄，"当法人迎榇之时，万人歌泣，夹道欢迎，不以拿帝杀其父兄、寡人妻而孤人子为怨。旧恨既忘，国荣可念，此亦法人之好功名心所致欤！推此而言，吾国尚当修汉武帝之祠，重立金铜仙人之掌而记其功，以卫青、霍去病、张骞、班超之徒配享之，以作我国人辟地尚武之精神焉"。他游观蜡人院，见拿破仑将死蜡像，感触更深。蜡像拟拿破仑弥留之状而制，卧帐殗殜，其子愁眉侍疾。场景应是他的二次流放地——孤悬大西洋中的圣赫勒拿岛。康有为记道："奄奄英雄末路，我心恻之。雄心屈于短图，远志抑于近虑，幽于荒岛，斜对夕阳，海波森淼，追怀凤昔。金戈铁马，已为昨日之山河；残喘离魂，将为蓐食于蝼蚁。奋飞难再，断肠奈何，斯亦拔山盖世之雄所凄楚哽咽者已。苟非知道，能不痛心？"默视垂绝之命，如望西山日薄，如闻漏尽钟鸣，一派哀苦风调，慨叹中不乏同情。不苛论古人，不妄为评判，勿以毁誉为欢戚，皆因对于民族精神的葆爱，这大概是康有为的历史态度。

法国多旧宫殿，从中可推知历世王朝兴亡史。凡尔赛宫（按：康有为

---

① 孙中山:《孙中山集外集》,上海人民出版社 1990 年版,第 134 页。

译称威赊利宫、微赊喇宫）"环近畿百二十里为猎场，禁民出入"，供王族岁时畋猎。猎豕之役、射鹿之役、狝羊兔之役、狝禽之役，甚靡费。巡游、行幸亦极奢汰。康有为从中看出盛衰之所由来，"以中国大朝，若汉武帝、隋炀帝、唐玄宗、明武宗，可相伯仲。蕞尔法国若此，民何以堪！若孙皓、高洋、陈叔宝偏安小朝，则立亡矣。法正其比，孟子所谓暴其民甚，则身弑国亡，岂不然哉？"吴国末代皇帝孙皓，专横残虐，穷淫极侈；北齐初代皇帝高洋，居功自矜，恣情杀戮；南朝陈末代皇帝陈叔宝，赋役劳民，刑罚凶毒，耽制艳词，荒弛朝政，昼同宠妃游宴，夜与狎客酣歌。衮衮诸君，皆因肆暴无度而民心尽丧，渊鱼丛雀，享国日浅，天运有终，卒陨其业。比而观之，苛政乃乱亡之基，中外皆同。

游凡尔赛宫，瞻其闳伟特异之制，遥想权要重官"然皆不预职事，以宴剧游猎，清谈谐谑，角技歌舞为事。才者擅丹青筝琶之技，媚女娱客，长夜为欢。昔梁世贵族子弟隐囊麈尾，清谈谢事，以望空为高，以任职为鄙，法是时乃正似之"。萧梁之世，南朝士族倚软垫，执拂尘，犹袭魏晋名贤的萧散之风，贪享安乐、兴役土木之景在法重现，"故此宫之供奉侍从，瑰闳博异，虽吾一统之中国，极无道之秦始、隋炀，殆未易拟之也"。把持政坛的权贵，全无心肝若此，其国政之衰可知。"追思当日阿房、未央、上林、西苑之华盛，关系之大，皆未能比焉。瑶台不远，隋宫近鉴，令人感叹欷歔，可咋可骇也！"思历史教训，犹闻警世之诫。

康有为关注欧洲城市人口问题，将其和国家发达程度进行综合考量。游于奥地利，他表达过自己的观点，谓：

> 自汽机发明，人民不愿为农而乐为工，不愿居野而好居市，以市易得乐而野寡趣也。英、美工艺最盛，故徙居城市之人尤速，自非甚愚，无有愿安居于野者，此亦新世之新理也。奥、匈、波之农民移入都市亦盛矣。以六十年计之，西八百六十年，奥之湾京（维也纳）二十八万，当时为日耳曼一统之帝京，又铁路已开矣，而寥寥如此。匈

京标德卑士（按：今译布达佩斯）仅七万，此亦七八百年之王京矣。今当西八百九十年，一百三十七万，标德卑士则五十一万，今又不止，数十年间几至十倍，加增之速率亦可惊矣。吾国无轮船、铁路，而广东人已百余万，顺大二百余万，视彼日耳曼千年大国，相立何远也。昔在齐时临淄七万户，以一户七口计之，尚当有四十九万人。日耳曼一统之湾京，仅若吾二千年前之一列国之半数，乃叹吾国文明繁盛，诚为大地所无，徒以欧洲新器骤出而逊之耳。学者患不考古，徒震惊欧人今者一日之富强则愚矣！吾国若全开铁路，宅新京于大江以南，东自上海至苏州，北界长江，而南襟杭、湖，大野数百里引太湖为池囿，可使数十年间新京居人至四千万，比今英、法、德、奥、日本全国之人数，令全地人游者震骇之。吾别有《宅新京记》详之，请后士拭目以睹地球古今第一之大华京也。①

晚清时代的他，即从欧美的实践中看出城市化进程对于推动国民经济发展的重要性和必要性。这等豪迈的气概与飞扬的畅想，是把中国放在欧亚发展的宏阔背景下鉴观的。论说时的紧迫心态，愈加显示了深具的战略雄心。

在葡萄牙一座袄祠前，康有为瞧见敞地上拥挤着许多人，"污秽坐地，或饮或赌或乞，人手一纸，盖开赌票也。……尚有秘馆，专以妓赌为事者，……乃知澳门赌风，固有自来"。他因之感慨"入墨国而见班风，过马交而审葡俗，适西贡而知法政，游香港而觇英势，子必肖父，无少异者，固不待远游彼都，而可先得大概矣"。西班牙、葡萄牙、法兰西、英格兰，这些拓辟殖民地的帝国，跨海远征，留迹于亚洲和美洲。亲眼而见，使康有为在历史和现实的交汇点上，丰富了认知。他还结合国内，特别是家乡的实际，带着痛感地指陈赌博之弊，曰："吾尝游中国南北十一

---

① 康有为：《康有为列国游记》（下册），商务印书馆、中国旅游出版社 2016 年版，第 145—146 页。

省矣，虽得失不同，而广东盗赌二风之盛，实为全中国所无。而盗所由盛，则赌为之媒也。历世贤吏，无能整顿，稍加芟刈，旋即繁滋，此岂吾华产土物哉，何以他方无之？又岂吾粤人性质哉，何以他府遂少？今得其由，乃知质澳门之感化，谢葡人之移植来也。夫近朱则赤，近墨则黑。自有轮舟以来，羊城、佛山、陈村、石岐之往澳门者，仅数时许，工商往来如织，故皆沾被赌化而归，余波及于全粤村野。及赌败则为盗，故人日多而盗日炽。畴昔虽极无耻之督抚，尚畏名顾义，不敢公然以政府而开赌主。及张之洞督粤，乃公然开赌而收其税，中国之以赌政府名者，数千年来无之，张之洞遂真得葡人赌衣钵之正传矣。此等乱政，惟班、葡有之，北欧诸国以为耻极，甚笑之。不意中国百物未维新，而开赌先维新也。凡赌必抢劫，抢劫必杀人。吾昔教授于广府学官之万木草堂，吾家在惠爱街云衢书屋，每夜归，则赌馆煌煌，灯称奉宪，既而枪声聂然从耳际过，人声哄然从背后追，吾仓卒避入一店，赌者同时避入，追者携枪追入，为店伙所止，立门外久候乃许，吾几濒于险死，而传闻无辜之死者无数也。而劫风之盛至今未弭，此皆赌之为害。张之洞为葡人承流宣化，而葡人乃为祖所自出矣。甚矣，宁知五百两租地与葡之余害若此乎！……所最可恨者，与通商四百余年，吾无所获益，徒资化其赌风以害吾粤民，蕞尔不治之葡，复成何国？……蕞尔葡不能自治其国，安能远治吾澳门？"直面现状，他心情忧悒而着墨更深。这是一个有思想的旅行家的忧切之谈。

一国君王的产生，罗马尼亚、保加利亚、希腊、挪威皆为异数。康有为在塞尔维亚游览被弑之君及夫人园寝时，言及此，云："盖同族立王，势必相争。故罗马尼亚、布加利亚皆迎王于外。……非徒异国，且异种族焉。而希腊迎立丹墨王子为王，亦异国异族，至近之那威迎立丹墨王孙。是其国人岂不能王，而必远迎于外者，岂非以同族中之相争更剧哉？夫立君以安民也，立君而频争杀，以乱害其民，则不如迎于外者，无权无党，仅收其靖乱之益而已足也。此等异义，皆久经阅历乃得之，中国学者今尚未见也。"虽未得见，以中国人的正统理念进行观照，当然反了常道。塞尔维亚以本族人任君王，"新立诸国中为最大，吾国人亦可鉴矣！"对此他固然认可，唯此才符合国家正道。他大概有所联想：光绪皇帝若掌握皇权，控御天下，变法大业应能告成，维新宏愿当可成真，国家面貌定会幡然一新。维新党人决不致风流云散，或许正在擘画中华的光明未来。

在突厥国游览，康有为发现"突既别男女，故宫中皆用阉人，……惟今者不用突人为之，而但阉黑人，恶自伤其种也。其用阉与吾国同，而不残同种，犹胜我国，然欧人指目而讪笑之，其国耻哉！吾国何不幸而与突同。今大地中亦惟吾国与波、突有此怪异，不祥之事耳！常侍亡汉，天策亡唐，魏氏亡明，祸患险酷，而国朝尚不去之，真大险大耻之事也！"他对蓄养宦官的弊制十分恼恨，列举历史上宦党乱政祸国，江山湮隳的政治事件。东汉末年权宦与外戚兴党锢之祸，倾覆社稷；唐朝中后期宦官逼宫弑帝，势倾朝野；明代厂卫系统压制朝中文官势力，暴戾恣睢。"国命听其转移，朝廷待其顾盼"，阉官之制造成的太监帝国，秦、汉、唐、宋、明、清，概不能免，国政朝纲大受其扰，为害甚烈。东汉以宦官充任常侍，遂有均为大内近臣的十常侍乱朝；唐朝选宫阉执掌神策军（前身为李世民编募的天策军），为祸天下，罪愆擢发难数；明代王振、魏忠贤阉党专权，恃宠跋扈。历览前朝，转看眼下，康有为定会记起西太后身边那位颠倒乾坤的大总管李莲英，施逞宫斗手段，几能变事体之因循。前车之覆轨，后车之明鉴，他希望能罢废陋制，革除弊政。

欧洲行旅，康有为眼界一新，也陷入精神矛盾中，这正表明他的思考空间展现了复式维度：搬用西方的器物文明，发起洋务运动，甲午海战的烽烟怒卷，一切顿成梦幻泡影；搬用西方的制度文明，变法图存，却难遂所望。但他不甘心死，依然执念前行，行往光明的彼岸。

康有为的思想是在政治实践中产生的，因"务当世之务"而表现其价值。他围绕政治建设、经济建设、军事建设、外交建设和包括教育、金融、税收、人口、水利、地产、交通运输、邮电通信、市政工程、环境保护、公共卫生、劳动就业、社会福利在内的社会服务事业等关涉国计民生的话题，用属于他的语言和逻辑展开记叙与议论，记叙各有详略，议论别具浅深，涵盖极广泛。鲜明的实用色彩，彰显了经世致用的本愿。

二

康有为是学问家。渊深的国学和史学修养，使游览心得的历述显示出丰厚的文化底蕴。旁求博考，繁征广引，大量用典，亦非浅学者所能做到。他对于外国物事的鉴观，基本循着两条路径：一是历史路径，二是现实路径，并且时常交错。

到了瑞士，他先是惊异国土之美，盛赞"瑞士非国也，欧洲之大公园也。非惟欧洲之大公园也，实全地球之绝胜乐土也"，"乃穷奇尽胜，兼备妙乐，而为地球独一无二之胜境也"，"若今者聚全欧帝王、妃主、公子、王孙、公侯、卿相无数，为公游地，则前无古昔，后无来今，应为大地独绝之异境也。故谓为全欧之公园也"。在《瑞士游记》中，他对其"列国之公"的由来做了一番深析。

其一，地缘优势。他认为瑞士所以独绝于天下，立国在阿尔卑斯山上是重要原因，虽然壤土狭小，却优于五洲万国之地。言及印度、美国和中国时，他说："如印度北有须弥而南山环海，美国西北有落机而余为平原。中国亦三面环大山而中为平壤，若嵩山号称中岳，实不足比数。即泰、华、衡、庐亦皆蕞尔卑小，少雪寡湖，不足开国，亦非据全中国之要冲，无能比阿尔频山者。欧洲寡崇山峻岭，而东北之乌拉、西南之比里纽斯，皆僻边远，惟阿尔频山突起欧土之中原，南隔意、奥，而北障德、法，故此山划分欧境为南北，拉丁、条顿之所限，政俗不同，视于此山。而南距地中海，北距波罗的海，道里适均，而诸国往还扼其要冲，为往意、奥，出德、法，必经之地。昔罗马之征日耳曼必逾此山而北，其后欧北诸国朝教皇必逾此山而南。环欧各国赴之，近者一日之程，远者不过二日，故他处崇山绝壑，虽有佳胜而人迹罕至，冠盖难来。惟阿尔频以处欧土之中，绾毂欧南、欧北之冲，所以独胜也。"

其二，区位条件。他认为在列国相争时代，瑞士以其僻小，而成为瓯脱之地，即各大国之间的缓冲地带，无可加兵倡乱，遂宁靖少扰，"故万国邮信会、电线会、出版会，凡诸同盟皆以瑞为公地耳"。

其三，游乐俗尚。他认为欧洲"有土之君至今数十，而后妃、公主、王子、公孙以千计，其他世爵数十万，皆食租衣税，富厚好佚游，而各大国帝王、妃后自立宪后亦皆以空名守府，政权不在，惟有游娱。于是求湖山之胜观，则全欧之妙境至佳至近未有若瑞士者"。兴筑行宫别墅，以迎游宴之宾，遂成一时风气。不仅上流社会，富商、大贾、名士、美女、歌僮、艺伎也来云集，"而楼阁之精奇诡丽，文人骚客之歌咏流连，猎客技手之追逐欢娱，自然从之，不待论也"。蔚成此种盛丽光景，其来有自。感慨未尽，康有为又作家国之比："昔之邯郸燕赵市，仅比巴黎，岂能以山林清胜、冠盖繁华兼而有之。"山林清胜，是瑞士的幽绝处，风味实在赵国都城之上。

为深入了解瑞士，康有为从立国本末着手，并在记叙中述其梗概。瑞士先民居山间，"乘封建诸侯之日争于是，山乡各联盟自保，日附日多，此如广西、云南之边人苗、侗、瑶、黎结寨筑堡，或以拒贼，或以拒官，要无意于自立也。其时奥之帝王，视为荒山穷边，小蛮裔夷，羁縻待之，非以国民待之也"，叛则讨之，服则听之，好像如今征伐苗、瑶之师，"皆不肯大费兵力。曾未及赵充国之服氏羌，马援之征五溪蛮，贺齐之讨山越，明朱燮元之征罗施苗，近者福康安之剿大小金川也"。新旧教争，瑞士山乡自立，"此亦如滇、黔之土司自立耳"。当欧洲新艺新学日出、汽机铁路大通之时，法、德、意人"乃大移植平原之文明以润色山国，……于是玲珑楼阁倚崖参天，亭塔、桥道、旅馆、公园、商品、机器，凡欧人精奇妙丽之物尽移山间，行人游赏，若在户庭"，工业文明得以在瑞士大进，沧桑变迁，"若在五十年前欧人视之，亦如吾国人之视剑阁峨嵋而已。拿破仑逾山而攻奥，则如邓艾之入蜀；显理第四之逾山而立雪朝教皇，则如元奘之历西域而取经，但以为惊怪之异谈，未闻以为幽胜之快赏也"。喜看山水之美带来的游赏之盛，谁能想到"百数十年前亦仅为狐兔之窟宅，榛莽之荒林也"。述罢史略，康有为一快口舌，云："故学者非通古今而但睹目前，必不足与论事理矣。"意气扬扬，颇为自许。

深湛的史识，使康有为能够清醒地认识站在世界文明史之巅的三位德国人的价值。他概而论之："尝论德近世人才，以路德、康德、俾士麦为三杰。路德创新教而拨旧教，为欧土教门之杰第一。康德兼综心物二理，集欧土哲理之大成，为哲理之杰第一。俾士麦合日耳曼数十邦为一统，文治武功俱冠欧土，为功业之杰第一。三杰俱生于德，教宗、哲理、功业三者俱占第一，亦足见日耳曼人才之盛矣。"俾斯麦一生作为，他述说详明，对于路德，也颇赅括："抵柏林初出游，大道中即见路德像，手执书，貌丰晬而有英气。路德创开新教，今四百年间行遍大地，已逾万万人，实为日耳曼第一人才。以儒教之朱子，佛教之慧能比之，拨弃旧教而一统则过之，若法力气势之披猖，似尚未能逮彼也。盖立教本自不同，彼抗旧教至相杀百万，吾国争教惟事纸笔，且初始压力亦无其大也。"教争之烈，康有为实难理解，他说："夫立教以济世安民，安有以同教之故，而相杀百万至于若此哉？始则酿成教皇之尊，则必至有无道之事。继则必至攻伐无道，而起新旧之争，观此乃叹孔子之粹美也。"他心里有两句话：一是"孔子之道宽柔以教"，一是"老子所谓刚强者死之徒也"。西方推广教义仗恃刚力，东方倡扬法理谨遵柔性，此皆政治环境、文化传统不同之故。

以上论说，引中外先哲作比：一位是宗孔嗣孟，集诸儒之大成的南宋理学家；一位是阐释佛法精义，常人不能得其涯涘的唐代禅师。二人浩气，均可以贯天地。虽如此，对于路德，康有为仍是口不舍赞，一再夸其功，认为路德推翻旧教之害，历史勋业，实无其比。他论列各国历史人物，皆居其下："盖欧土古今未产教主，而路德乃欧人之为教主者也。虽以亚力山大、恺撒、拿破仑诸大王关系之大，远不能比路德。希腊之七贤、近世新学诸哲及夫哥白尼之知地绕日、科仑布之寻美洲、华忒之创汽机、佛罗令士之创电、达尔文之创生理学，皆不能比路德之力之大也。倍根之拨弃数十年旧说，其功虽大，然不如路德倒旧教开新教之力之猛也。故合欧古今人论之，应以路德为人豪第一矣。游德国，出游先见其像，与游意大利先见嘉富洱像同，实获我心也。"享大名的人物，衮衮而来，益增论说的排奡气势。学有本原，康有为能多识，根基正在这里。

康有为参观葡萄牙第一建筑：先之罗磨士寺。寺在里斯本郊外。寺中一室葬着一位史学家，死去三十年，不算古人，但室幕络以纶连，石棺有刻柱、铁阑环护，尊礼益隆，备极哀荣。"一史家耳，中国如此者千亿，而葡人敬之若此，所以奖劝者至矣！"身逝仍能厚待，表现了对于文化的尊重。身为士人的康有为，极有感触。

康有为对世上一切学问皆抱探悉考求的兴趣。德国之游，该国的历史概略、王朝变迁必应知晓。"吾于欧土封建旧物考求至多"，聊可证之。德国各邦，"吾皆游之，与来因河、多饶河、帝罗诸垒，于今联邦，几游其半，于其封建之遗迹，亦粗知其大概矣。今欧美豪侈之俗，皆出于封建，今人所震为文明者也。而其淫侈虐民之政，吾中国二千年久无此梦，亦可为论欧政俗者考也"。欧洲从中世纪的黑暗到文艺复兴时代的光明，经历了漫长的演变过程。康有为提醒国人，既要懂得欧洲今天的文明，也要了解欧洲昨天的粗蛮。

访风问俗，是康有为研究历史的重要方法。游至德巴登公国，千年旧邦"尤富而文，宫室精丽，人谓为全德冠。其地有温泉，夏时游客尤夥。……德帝亦时来会，士女缤纷，衣香花影，杂沓于湖山佳处，遂为大观"。在康有为眼中，小邦无大政，尽主游乐之事。他从中判定一国政俗民性生成的来由，云："故大国则竞争势利，小国则竞争乐利，皆于列国竞争之世乃有之。中华一统大国，不尚竞争，不尚繁华，令民尚俭，百里间老死不往来，诚不能知有此义也。盖中国赛会演戏等事，虑民淫逸而浪费，其家主虑有接亲友饮食应酬之苦，欧美人无之，但欲邀致外国游屐，以收其客舍舟车购物之利，美术日新不穷，小邦君躬为会主，视为大政，亦有味乎其为之也。"康有为的理论发现，用今天的观念看，即利用山水资源，发展休闲产业，兴盛本地经济，是德国人早已进行的现代服务业实践。

埃士拿为德一小公国，有供畋弋的树林，"每林十数里，而暇则纵猎鹿兔焉。近欧洲君主皆以猎为乐，吾尝游其猎宫，林中见鹿无数，绿草成茵，曲池幽静，他国君主时来日猎而游焉。以小公国如此，可推见春秋诸侯国旧俗矣。小国宪民供给其君亦苦矣"。埃士拿地域不过中国一个大县面积，须供德联邦公费、兵费和百万君俸，"其猎林占地无数，设吾中国二千县皆改诸侯，其费甚相等也。则吾一统之民之乐如何可推也"。这种封建之民的苦境，康有为觉得离中国社会尚远。民众的悲情在他或许是隔膜的。升平幻象造成的错觉，使底层百姓的艰窘状况很难进入他的心。不过这种记叙和比较，还是具有参照价值的。价值的发现，多在僻远处。康有为的屐痕也就愈向着下面去。如他所说："吾好观德之小联邦，恍然游春秋侯国，时回思古书所言，益醇醇有味也。"

在伦敦，康有为以中欧历史为据，上观中国春秋，下观欧洲中世纪，考求封建世爵之义，云："吾国封建亦累二千年，孔子恶之，讥世卿，贬诸侯，而归于定一于一，秦皇汉武遂能实行之，于是二千年之封建亦尽为虚爵，号称王侯，皆无治地以君其民矣。……然近者欧洲一切之兴皆赖封建世爵以产之，我以秦始混一之故不能诞生，则我得中有失，而彼失中有得，是以凡事之是非深远者不易言焉。"概括性比较略显空泛，他举实例以证中国官职的有虚无实，谓："至秦汉一统后，封建世爵皆削尽，虽位宰执爵王侯，实皆匹夫，其不能起与君抗，乃事势之无可如何也。若大无道之君，若秦政、隋炀、元顺帝，时平民之刘、项、窦建德、宋金刚、薛万举、朱元璋、陈友亮（谅）、张士诚等并起，则又缘无封建之故而摧枯拉朽焉。然平民称兵而剿灭群雄，即复为帝，则民权矣，而实为帝权之阶，抑不足道。"官吏和财富之间的利益关系不同，形成中外官制的重要区别。他心中存有历史的账簿，熟稔而能出卓识。

居所之别，亦见中外文化观念的差异。康有为记载了这样一件事：一位英国官员对他讲："人家说李鸿章富贵，我不信，我看他的居室很简陋。"这引起康有为的耽思。在他看，拿欧美的宫室而论，不但世爵、士夫、富豪第宅，就连兵房、贫室，其精丽整洁也要超过中国王侯的住宅。扩大范围，在外国，"若其公馆，如议院、博物院、学舍、医院、书藏、狱室、官衙，则雕墙峻宇，文石铁构，华妙严庄，动费千百万，以此壮万国之观，而表文明之象，令游者震惊咋舌。回视我国公馆之敝陋，真有天壤之别"。凡此种种，"宜彼人游中国而大轻我也"。

在瑞典参观新旧议院时，自觉"盖遍见各国议院甚多"的他，对建筑物外观亦抱同感，云："欧土各国于公馆日竞壮丽，其逊色者，亦必改筑，以为国光不少吝，亦以见保全国体之义。但吾国公馆苟且粗恶非常，且从何筹千万巨款而营之？瑞以小国而公馆无不宏丽精美，此最可令人用意而求其故者也。"康有为常把楼台、宫室、街路等土木工程上升到形而上的高度。建筑物表现国家形象，这是他久持的观点。关乎国家尊严的事情，他很为看重。

中外俗尚也有分别。印度人兴筑屋室必用石材，尺寸皆雕镂，不这样做就不足以被别人重视。欧洲人招待来客，备好三四种平常吃食即可，中国人必得摆上十几样珍馐才行。中美两个医生，同居一楼，皆贫，美国医生家里"铺设甚丽，而食仅豆麦"；中国医生则"室设甚陋，而数日必食鸡豚"。二者相形，乃习而尚之，化民成俗是也。"食之丰美否，人不得见；室设之美否，可一览知之。"他的结论是："吾国人之见轻贱于欧美，宫室器用之陋窳其大端也。"身为传统知识分子，游于外洋，他特别注重国家的体统，心灵也是易感的。他明白欧美人格外看重物质的外在状貌，反映的还是精神品质和文明程度。他大概能够理解风俗之异，谓："故尚奢尚富之俗遍于欧，流于美，而宫室什器之华严精丽日新日出，乃以文明骄于万国。"他也能辩证地看待不同文化传统和历史背景下的风俗异同，云："鄙人每思一事，无不具阴阳二义，咸具得失，皆有利弊。"正因如此，他才会承认"凡一事物，皆源远流长，根据极深，利病相反，奈之何其易于言也"。游程万里，放览诸国，他的保守观念渐次发生改变。

对于中国古代艺术品，康有为亦有研究。论器艺之精，他认定今不如古，云："中国器用服物日不如昔，三代至古，宜朴略矣。而彝鼎尊罍杯盘之传于今者，刻画精妙，今世反远不逮焉。"又云："降观于汉、唐、宋、明之遗器物亦多精品，就近而论之，若宋世柴、哥、定、汝之瓷，刻漆、戗金、溜金之器，明之竹刻、铁画、烧炉、珐琅，皆今所无，而国朝乃无一创出绝异之器物，足以抗前古而昭来兹者。"以这样的鉴赏眼力，把玩中外器物时，也能分出精奇与粗劣。中国器物，虽今不如古，却未必不如洋。在这上面，他不持偏颇之论。

在英国，晚赴剧场观戏。各国皆有舞蹈，"自日本、印度、暹罗、安南、缅甸、爪哇之舞，吾皆遍观之，惟吾国独无，则经朱子扫弃之也"。可是"我六朝之铎舞、拂舞、鸠舞，《唐书·礼乐志》之大垂手、小垂手等名义，今欧美之舞皆有之，而日出新奇焉。霓裳羽衣之舞，今欧美女乐之翩跹，真有霓裳羽衣之观。试考汉晋六朝唐女乐歌舞之行乐及蹴鞠、打球、拔山、缘橦、秋千之游戏，乃与今欧美俗全相同，但我世宙已久，考道日深，自朱子出而汎扫之，遂为近世千年之俗"。中国创造的古老艺术和游乐样式，流衍域外而本土不彰，辨其根由，是"此道德之说，求之太过致然，于是鞭辟太甚，有类于墨道矣"。墨家持"非乐"之论，认为定自孔子的礼乐之事，只为分出尊卑，于生产无补，于国家无益，徒然费时耗资，因而编钟之奏、弦歌之舞等烦琐教化应废止。此论不只限于学派意义，而是渗入现实生活。康有为以为"夫今朱子言道德太过，亦遂使民不堪"，难以天下归心。他将艺术学理深推一步，曰："今欧美之政俗，其义之归宿在使人乐，宗旨既讲定，则一切条理自奔而赴之，此为治化第一大根原，其渐趋于大同亦在是。"他自然明白，人类文明乃千万年积成，源流深博，其间道理"非一二言所得明也"，故而思考不已。

游览伦敦市郊的娇园，饱饫生物世界奇观，康有为说此园的价值，在于"以资考识新理耳"。他"入门即见达尔文、赫胥黎石像，为之欣悦，如见故人"。他心中已烙下其学说的印记，"赫君发天演之微言，达生创物化之新理哲学"，令他生同道之感。"二生之说在欧土为新发明，然鄙人二十余年未读一字西书"，却无妨思想暗合，"故于二生但觉合同而化，……东海西海，心同理同，只有契合昭融而已"。他找到了学理上的知音。康有为举《中庸》子思"故天之生物，必因其材而笃焉。故栽者培之，倾者覆之"之语，比照赫胥黎天演之义，看出共同点。天之生人或物，要根据其材质进行培植，这和自然界生物或人类在生存竞争与自然选择中不断进化，道理相近。又举《庄子·至乐》"羊奚比乎不筝久竹，生青宁。青宁生程，程生马，马生人。人又反入于机。万物皆出于机，皆入于机"语，以证和达尔文进化论实有相契。一种叫羊奚的草连着久不生笋的竹子，竹根生出一种名为青宁的虫，青宁化生为一种叫程的虫，程又化生为马齿菜，马齿菜又化生为人参。这一说法呈现了自然界生物由低级到高级的演进程序。从原始水生物到植物，再到初级动物，似乎已近生物进化学说。万物衍生变化，生生不息，总有亘久不失的因素——机，它是生物的本质，因其存在，万物才能轮回循环，永不断灭。当然，庄子多寄哲思于寓言之中，他不是一个科学家。康有为的同年而校，只是基于其论点的相近。他感从中来，曰："吾华先哲其先发于三千年矣。何异焉。"语含无限自豪。

康有为对中西音乐颇有见地。在丹麦旅游时，他和该国一位诗人在茶会上做过艺术探讨。他这样写道："以我所游各国，皆闻其歌乐，诚德国为冠矣。瑞典之歌，高唱入云，顿挫浏亮，真可绕梁三日，不知古之秦青何如？"他搬出战国时秦国的善歌者为例，其"抚节悲歌，声振林木，响遏行云"之概，亦能相侔。瑞士歌喉极清高，康有为认定这跟它处于高纬度的地理环境有关，因而"此诚天然，无与争锋"。他转而评说国内南北歌唱之别，认为"吾粤人以粤语唱歌，不能成声，童幼作歌，尤哇哇不可闻，而北京十龄童稚，声清似钟磬，其作歌曼声，响压行云"，究其因由，也是纬度高低使然。他又述中国乐史，于比较中判定短长，论道："吾国俗乐既淫哇靡靡，西梆则乱噪紧急，古乐平和，而置于万国竞争之时，失于缓弱，不足以厉人心而扬士气。"世界一变为新，东柳、西梆、南昆、北弋，清朝这四大声腔，他好像不以为珍。又对汉、晋、隋、唐、宋、元之乐，多有所议。明代似乎陡起转折，云："明世昆曲虽兴，颇得和平之旨，而无蹈厉发扬之气，此中国所以弱也。"国势之弱，根子竟追到歌乐上面。优伶贱，歌舞尽，礼乐衰，"故中国于今几可谓为无歌乐之国可矣"。思及"孔子'六艺'以乐为一，其言治国尤重之，既非墨教何事弃乐，不意宋儒汛扫之至此也"的式微境况，他觉得"今西乐之琴，既和且平，可谓得雅乐之意。……故西琴者，吾直谓之古乐返魂焉。中国古乐亡于隋，唐代以龟兹之筝琶，皆非为我物，然则今乐之宜扫荡，而宜代以西乐，吾直可谓之逐去异族而光复可也"。言必有中，亦带偏失。他终究以为，欧人的铙、鼓、角、吹"虽粗厉猛起，乃我汉世军乐，亦可谓之复古。且置之万国竞争之世，以乐感民，奋厉廉峭，乃以发尚武之神，吾意孔子之称太公之发扬蹈厉近之，此周之所以兴也。可不慕乎？中国为五千年文明国，吾于故物无不欲其保全。至于歌乐，吾则一概泛扫而更张之，摧陷廓清，比于武事，而以西乐代之"。中国已处今日之势，"故西乐决宜尽行也"，所论明快直截。将音乐同国势强弱相关涉，可说命意新奇，别开生面，全非旧日视角。中西乐调上的同符合节，也是国民之所共。

在瑞典游音乐院，康有为续谈此调。"吾闻瑞之音乐极精"，及至临场观剧，确信不疑，"然音声要眇，高唱入云，哀歌激楚，实吾生所未闻"。他观看罗马王一剧，略述梗概后，对布景、灯光、化妆、服装、音响、道具等综合元素营造和渲染的舞台气氛大为激赏，记曰："其刻划神情，摹写光阴，天地山川，宫室草木，以电灯之忽开忽合影之，以帐幔之忽垂忽卷现之。故忽尔开幔，但见殿阶月落，独立苍茫；忽尔开幔，但见山洞幽林，伏地若死；忽尔卷幔，按剑殿门，怒眦发指。而后徐徐引唱，皆去貌取神，如读屈原骚，如听刘琨笛，如听孙登啸，如闻杞梁哭，如怨如慕，如泣如诉，哀思一缕，怒气千寻。或声遏行雷，或细咽柔丝，□□间关花底，幽咽流泉，杂沓变幻，为叹观止。吾想吾国古人所极意形容乐歌之美，今乃真闻而见之，故谓中国他事尚或有可存，惟戏乐则太钝下湿涩，无一可比人者，当汎扫一空而甘心折节，舍己从人，尽以泰西为师，更无疑义者。"舞美设计营造的艺术情境，令他在戏剧的特定时空中陶醉，更好地理解了人物的心灵世界和全剧的思想内涵。沉浸过甚，虽笔底字字争俏，却易生偏颇之意，摆出自甘其下的样子。放眼中外戏剧史，艺术家各创独立的表演体系，未易轩轾。中国古典戏曲足可与古希腊悲喜剧并立于世。

康有为游览比利时戏园时，亦生感触，云："欧洲观戏剧，皆关掌故，所增闻见学问甚多，不得以游乐论之。"临场欣赏之外，他有更多思想和感情的收获。比之寻常游乐，戏剧带来的精神体验更为深刻。

康有为强调自然地理环境对国民性的影响，甚至陷入机械性理解。进入荷兰国境，觉其"水木极净美，但甚卑小，不如英、德、法之宏大"。看法随之而来，"吾游大地各国多矣，凡国土之褊小者，其国之宫室器物必卑小褊狭。昔游日本，见日本之屋室、园池、杯盘、花木无不尚小者，人民亦器量褊狭。及观于瑞士、比利时、荷兰、那威（挪威）亦然，惟瑞典、丹墨（丹麦）少异耳，则丹、瑞故尝霸于欧北故也。及观英、德、法、美，则气象伟大，美尤开豁豪爽，真有泱泱之大风。即吾国今虽守旧衰弱，而人士之广大豪爽；屋舍虽卑污，亦自轩昂广大，与日本迥殊。信乎？国土之感人甚深，囿人甚迫，而生其地者不能出其风土之外也"。居山、居海、居平原，自然环境固然能对人民性格的养成产生影响，却还有社会、文化、历史的作用在。他流于表面的道理，难经推敲，故非悬诸日月不刊之论，而自矜之气浸于字句，语势颇强。

异国风情，康有为颇抱兴趣：一是可见真实的生活场景，二是有民俗研究的价值。荷人以渔为业，"数世同居，皆木室，狭小，皆饰黑，窗用绿，如中土。渔窗矮小亦同，多盖芦苇，近者多易瓦矣。妇女未有出埠者,男子则卖鱼至焉。海波渺渺,自为世界。其生计以渔,女子则织,费用甚少,其男子四五时起而取鱼,每日三时归,整船修网而食矣。……其艇与中土同,值三千,广东值百;屋值八九百,广东值数十。惟家家挂瓷千数,皆古瓷,人人相尚,不肯售人,亦一异事也"。服饰上,"其男女皆着尖仰木屐,男中腰前有二寸大铜钹,女子以白纱缠头,两鬓分左右垂肩前,袖必红色,又有以白纱绕肩。又有首饰,额角左右戴十余铜板,或铜螺丝以为饰,衣服甚诡,至今犹然,观德国各国衣服院亦类是。盖欧洲分为各国,古装各殊,不可思议。今略近一统,而荷兰此岛犹多存古俗焉。妇女以首戴物,与意大利、印度正同"。他遥想华夏曩昔服饰,"孟子曰:老者不负戴于道路。正与我中国三代时同。然则今之不戴物者,以重元首,亦可见进化之一道矣"。他见荷兰妇女配饰古而奇,便借中国旧俗作比,风趣自别。服装文化的演变,皆随世来,皆随世往。

康有为勤于考据,习究根底。钩沉稽古,抉隐索微是其所好。比如,探欧洲文明之源,溯至西班牙;寻欧洲建筑之基,觅至印度。凡旧迹遗制,无不详核。游走西班牙,觉"其政之宪法、民选无非从英、法、德之后,其衣服宫闱市廛道路皆略同于英、法、德,而污劣卑狭耳",饮食、室宅以及醉迷旧教,亦与意大利相近而见逊。虽然新无可观,但是"惟考古迹,而欧土启明之星,不能不属之于班者,以班地乃故回教,先启文明,先开诸科学,以为欧洲之导师者也。吾欲考之久矣"。往而游之,腹笥益富,笔之于文,援古证今,愈显饱学。

他出马德里行数百里,抵达一个叫陀鳌度(托莱多)的地方,为西班牙古回京之一,"楼塔屋宇皆在山巅,耸然云表,道狭而曲斜,小石崎岖,马车曲折而登,甚苦。横河有长桥,两山隔河相对,皆有垒,前山为罗马故垒,废矣。过桥有古垒门,……门前有钉,刻石精好,式似中国。临河桥回教一屋,八角,峨特式,乃西千四百八十二年者。高处一垒门,梯路曲折,甃积红砖为之,如印度式。时回据印度,殆仿自印度也"。陟山涉水,体察如此精微尽致,耗费体力之外,特费心神。欲成学问,必仰此种魂魄。

在西班牙，康有为还游览了摩王故宫。在他看，此宫呈现"大地古今最诡异之式，实万国所不能比者"。他体察到"回宫制度，崇殿环廊，高阙列柱，广庭方阶，斜瓦飞桷，对厅荫檐，铺淡红阶砖，居地少楼，无一不与中国同式，但刻镂加精耳。盖自唐初摩诃末教已至中国，辟地至今，西域回鹘人尽从之，故国人误称为回教。在西六纪时，是时回至盛强，东至我新疆，西至班、葡尽海中，包印度、波斯，声教合一。故吾宫殿之制度流入于回，迤递于班，即其刻镂至精，如崩云垂乳，纶连亦多吾古式，不足惊奇，如裔孙之流，转异域而已。吾昔游印度、蒙古王宫，见其制皆中国，已自奇之。不意今游班，复见吾古宫室之制。吾向谓阿剌伯人之文明多传自中国，今此宫乎！亦足为阿剌伯人传吾文明之一证矣。后有通学，当印吾言"。宫内正殿曰狮子殿，"有檐殿甚浅，而三门左右环廊列柱低于殿，此为中国式而最异于欧制者。……左右短廊刻画略同，瓦亦有以五色鳞砌者，然淡红瓦为多，与中国同"。宫廊倚峭崖，"泉声潺潺，山色苍苍，斜瓦列柱，式类中国园林甚矣"。他深谙营建之理，述录中，像一个匠人，一笔一画地勾勒故宫结构，细品法式之美。他曾流连印度古建，印象极深，评价尤高，且认定欧洲建筑本于此，眼前之景让他寻到了一例建筑确证，并使他意识到阿拉伯文明和中华文明久存的联系。国粹传布世界，他因之自豪。

康有为注意到一个与此宫有关的历史细节：西班牙女王伊丽莎白力排众议，卖掉皇冠上的宝石（或如康有为所言"至质钗环一为之"，即以钗簪与耳环做抵押）资助哥伦布扬帆出海，打通驶往东方的航道就在名曰"康麻利斯塔"的崇殿，云："以列沙伯女王遣哥伦布即在此殿也。所关亦巨矣。"寰宇舆图的新变，改写了世界文明史，他付诸吟咏："女王临遣哥伦布，大陆新图自此生。"亲莅大航海时代的开启地，加深了感受，更丰富了历史认知。

不久，康有为游至伊丽莎白女王和丈夫费尔南多的合葬处，观古画

《二王合婚图》，又有表露："以列沙伯能遣哥伦布寻新大陆，因辟全球，于是欧人新知识大出，倍根、笛卡儿等皆学于班，而为怀疑实验之学，以开新学，故以列沙伯实为欧人开来之先。然则此《二王合婚图》几可谓欧人辟新世界之亚当、夏娃可也。"他还在大道上瞻仰女王铜像和哥伦布献地图像，"盖此地为哥伦布见女王而遣寻新大陆处，此为全地球之纪念，而非徒西班牙之文献矣。膴膴美洲，茫茫大地，皆于是乎为开辟之初哉首基。女王之典首饰以寻荒，哥伦布之耐众怒而不倦，用成大功，亦足令人兴起感喟矣"。站在这处具有世界意义的人文景观前，他歌以咏之，又长于口舌之功，不能不大发宏论，以彰广博之见，从世界到中国，句句相环扣，饶具雄辩气势，足见钦慕之深。

日后在塞维利亚，康有为游览古回宫，宫中耸立十四世纪兴筑的大寺，雄耸入云，"其旁殿室有四校冕裳绣衣，金杠一棺，以绣幕盖之，尊重华严，绝出寻常者，则始寻美洲之哥伦布之遗躯也。哥伦布葬于古巴，后班人迎葬于是寺"。对于推动历史进程，具有世界意义的人物，康有为做出评价，云："求全欧美所共尊礼者，除基督外，只有二人：一创新教之马丁路德，一寻新大陆之哥伦布而已。"而且"至三人出，乃大放光明，普于大地，余波施及中国，然则此寺遗骨关于大地者亦大矣"。康有为是把西班牙国王费尔南多二世、王后伊丽莎白一世和哥伦布视作"欧土文明之导，而余波及于大地者也"，且赋长歌以赞。后来到了葡萄牙，他仍感佩前人的开创之功，"吾于百战辟地之名将不甚敬，而于先寻新地者不胜爱情也。假无哥伦布及诸公，吾其能游大地而睹新世界哉？"心语款款。怀此情意，他的眼光充满敬服。那一刻无比庄严，他看见神圣的光芒。

在格拉纳达，康有为游览避暑山庄。此园"依山上下，仅廿丈余，班人甚夸为名胜。其古固可称，然狭小仅如中国乡曲富翁园耳。其式亦极似中国园林，乃知摩诃末之文明多自中国来也"。这令他陡添兴致，详述其形制。洞窗、敞廊、方池、花畦、绿篱，"其布置极似吾邻乡一山园，其檐瓦、阶砖、石级、花径、池廊无一不中国，吾几疑复还故国。但其壁作纶连方曲较精耳。似此置之中国何足道，而班人能保全至今，其爱惜古物亦已至矣。若在吾国，毁之久矣。特详记之，以告考阿剌伯之文明传递及爱惜古物者"。另筑别苑，他游观后的印象是："其规模之狭有如庾信小园，欹侧八九丈，纵横数十步，比昔文王之囿四十里、梁冀之园千里，乃至李德裕之'平泉'、裴晋公之'绿野'，及近者治贝勒之'三贝子园'，及吾粤'海山仙馆'，皆不得其规模百一，蔑矣哉！回人之所谓文明也。"西周文王为享台榭鸟兽之乐，兴筑灵囿，灵台与池沼曩为关中胜迹；东汉大将军梁冀，专擅朝政，贪聚无厌，造楼观，开林苑，尽日夜之欢；唐文宗时兵部尚书李德裕，在洛阳伊阙西南建平泉山庄，用嘉木、芳草、泉石、清流装点风光，以偿栖隐山林之愿；唐宪宗时中书舍人裴度择洛阳之南午桥营建绿野堂，山坪湖泺，雾草烟芦，暑馆凉台，开占物华（平泉庄记、绿野堂诗，两位宰相于烟霞影中喜邀名士，放逸啸傲，聊以寄情，风度简旷，神貌萧散，仿似岩穴隐相），古人旧苑，深印康有为之心。清朝康熙皇帝三子诚隐亲王在北京西直门外的皇族私人园邸，以及岭南诸宅园，康有为亦极称羡。他以中欧不同园林比其胜，且流露轻衊态度，不可取，而从文明借鉴和传承的视角进行园林审美，自有其价值。

宫下山路间，"又矢溺满道，秽气熏蒸，居人门户对之不觉，昔疑北京之秽殆非人道，不意今于班见之，无独有偶，亦可见治化略同之成验矣"。已而曲折行二三里，人家"然不筑室，穴山为窑，比户而居，如古之陶复陶穴。门前必种蒺藜，山皆剥裂，男妇围坐于地，多无履。凡二千余家，环山高下数层，占地数里，以欧人为文明乎，此亦中国所未见矣"。周太王古公亶父，承后稷、公刘之业，启文王、武王之世，率族人从豳迁往岐山之北的周原。周氏先民在山原谷地上掏穴挖洞，造宅野处。穿掘岩壤，就陵阜而居的原始生活景象，康有为曾于《诗经·大雅·緜》里浮想，更在西班牙领略。

如在太古穴居之民，"惟能制铜器出售，故壁间悬釜、锅、盘、碗，皆铜质而涤之颇洁，沿途以此争求售"，并相互谩骂斗殴，有人则追车叫卖。这些人"以此为生涯也，至马夫鞭之始去。亦多作盗，立近身旁车旁即盗物，故游者切勿携带银物于身及车，否则多人哗争，转瞬失去，亦不能知"。康有为购买后醒悟，"今游欧者，但至巴黎、伦敦、柏林大都会为之震惊，而过夸之。未游欧土者，空怀想象，以为玉楼金屋，阆苑瑶台。吾昔亦然，今乃知其穷民无化，乃有至于此也"。文明初开时的欧洲，盗贼出没，社会治安成忧。

康有为自塞维利亚去葡萄牙，夜间行车，体会更深："班、葡民贫，故多盗，而交界处盗贼易匿，故纵横尤甚。多劫杀汽车之事，虽派兵常驻车中，而停站上下太多，终不能防也。车中客戒严不敢睡，夜深时，有客无行李，发蓬蓬，目灼灼入吾车室，从者引刀开枪以示之，彼见不睡，无下手处，次站起去。若不知其俗，以北欧之例，行之高卧，听客出入，则必遭毒矣。"出于域外旅游的切身感受，他不单从贫民恶习上找寻原由，更从文明进化的角度审视面前发生的种种。"其文直，其事核"，客观、真实而少偏见。

康有为入匈牙利，所记不多，却涉及战服与乐器。他观察到"匈将官至兵皆衣偏衣于左肩，金绣甚新奇，昔我晋世子申生曾衣偏衣，讥为服之不衷者，而今匈兵皆衣之"。春秋时期晋国太子申生，为骊姬构陷，于乱政中自戕，"悲哉复何言，一死以自明"（明·李东阳《申生怨》）。这是个悲剧性人物。《左传·闵公二年》："大子帅师，公衣之偏衣，佩之金玦。"晋献公命太子申生伐东山皋落氏，给他穿上两面颜色不同的戎衣，送了一块金玦。随行的谋臣们讲：衣服表示身份，佩物表示内心；服色不一，象征情意寡薄，金玦色冷，象征彼此绝离。晋献公此举，暗含废黜他的征兆，即所谓"服之不衷者"，势必伤及性命，招致祸患，所谓"危身以速罪"是也。《国语·晋语》亦载此事："是故使申生伐东山，衣之偏裻之衣。"匈牙利官兵也穿这样的双色军服，其服制和中国有关吗？康有为观察得细，想得大概也细。

康有为颇通乐器，在匈牙利见琵琶，引起观览的兴致，且放在世界音乐史的框架内考之，云："匈人精于音乐，其琵琶最有名，欧各国多延致其乐部，……今欧人琵琶之制日精矣，其木通中，其大有五六尺者，自琴之外以为通行乐器，其形皆与中国同。琵琶入中国自隋之郑译始，此为吾北部音乐，匈牙利本自匈奴迁来，然则此乐自吾北部入欧至明也，惟琴未决所自耳。"琴不知所出，可留待日后详考，琵琶从中国出，却已"至明"，他的意见权作一家言。康有为提到的郑译，为北周、隋之际大臣，隋朝初年的"开皇乐议"，其有见解；以先王宫廷雅乐融西凉胡部新声而成燕乐，亦有作为；著《乐府声调》，为乐律学保存了珍贵史料。此人不甚通晓乐律，却善弹奏琵琶。

在希腊雅典，康有为身临古希腊唯心主义哲学家索格底（苏格拉底）被囚杀的狱室，其内"阴阴袭人，想见索先生之惨也。抑索先生为学不厌，诲人不倦，明其明德，照此幽室，至今数千年尚放大光明。人谁不死？若索先生亦何尝死乎！"浮想这位古代圣哲的受戮之状，何等惨烈。曾以治学为业的康有为，因之悲叹。

康有为的思绪朝时间深处伸去，常能看到发光的物事，又对旧史熟稔，逸事遗闻，杂然并至，信笔拈取，俯仰从容，记叙就丰满多姿，如树之有枝。断非能薄而材谫者所可为之。强大的中华文化基因，构成他的精神世界的内核。

三

康有为是赤子。他的身上流淌着儒家的思想血液。"君子虽在他乡，不忘父母之国"①，"乔木展旧国之思，行云有故山之恋"②，历世文人的吟哦，康有为多有记诵。纵令个人政治生涯多舛，又失去官方职业身份，仍

---

① 明·冯梦龙：《东周列国志》第四十三回，《中国古代名句辞典》，上海辞书出版社1986年版，第173页。

② 唐·刘禹锡：《谢裴相公启》，《中国古代名句辞典》，上海辞书出版社1986年版，第429页。

未消去眷怀家山之思，殷殷然发于文辞，可谓以国为念，情不自挫。爱国与思乡，是缱绻于心、无法割弃的丝缕，中华民族的精神底色益加鲜丽。远行海外，朴质的乡土观念常常调适着起伏的感情。

进入不同的文化环境，康有为在游观中的心理感受和情绪反应是复杂的。他能够控御情感强度，静观默察，探赜索隐，在相异的历史传统和现实背景之间建立具有情感温度的逻辑关联。特别是面对不同文化背景的国家的差异性，他善于从多种角度进行审视，在观察中做出比较，从而加深认知。一个突出的做法是，域外风景中，每有中国或乡园的元素存在，最宜勾惹他的幽思，不胜故国山河之感。他能够从差别中看出相同和相近，写出文化对比中的思考。笔调瞬间细了，柔了，表露的眷国怀乡之情自然也是亲和的。

华夏本位是康有为固持的观察视角和思维方式。中国的人文和自然景观，提供了一个庞大的参照系，让他的品鉴乃至欣赏都有了稳定的审美坐标。他的文化观察，向着宏观天地，也向着微观世界。

游于印度，康有为站在亚洲文明史的精神基点上，观览该国丰厚的文化遗产。在他看，印度的旧制、旧俗、旧物，足资考证，深恐"若不速往观，则将无矣"。建筑是承载古代文明的物质形式，他对宫室、殿宇、庙堂的观察和记载尤其细致，仿佛采用界画的技法，直似进到建筑结构里去，也把读者带入，从中追寻印度营造文化的源头，并将印度和中国两大文明进行类比。

行走街市，"土墙茅屋多如中土北方，惟大屋皆有楼，楼皆列门如鸽巢，其门净板，中有木柱，加以锁或贴银纸，中土斋醮烧幽纸门，其式正同"。帝都之地，多蠢旧国王陵，初抵摩竭提，他惊其白塔鼎立，高跨云表的壮伟气象，数十里外便可于遥望中领略，诚为大地之冠。"乃叹印度宫室之美，真开欧洲之先路也"；"盖欧人宫室之制实出于是，所过数千里皆然"；"盖印度三千年前与希腊相通已久，故文明久经输入，故宫室书籍之制，皆出自印度。今印既微，人皆知为欧制，而不知为印制矣，然则古文明之国可不悚哉！"这些话明确道出亚欧建筑源与流的关系，可谓替胜美湮灭的印度彰名。

他谒沙之汗陵。此陵告竣，在前三百余年，"当明嘉靖二十七年，为孔子生二千一百七年也"。古陵建造考究，极显威仪，竟有相识之感："前作崇门，左右两小冈，上筑楼榭，如钟鼓亭。广深数百步，略如我禁城天安门前，头门崇闳亦略如天安门也。"又入一殿，"四角作四圆亭，高二丈，每亭八柱，殿形方，如中国明堂"。形制仿佛，看在眼里，心是暖的。流连多时而离开，"回望白石殿塔，上侵银汉，光景奇绝，不忍去也。此景为中土所无，虽始皇骊山之陵，尚未有此也。然旧国之悲，陵宫之变，墟墓兴衰，益增山河之惨矣"。熟知数千年国史，又遭逢现实命运坎壈的康有为，游罢胜迹，犹添凭吊之伤。

康有为说："元太祖成吉斯汗使驸马帖木儿平印度，即王其地，盖印度人事神而失于愚，故数千年间不能立国。当千年前灭于回教，至是又灭于蒙古。"故此，大地留其迹。这是引述1398年帖木儿攻印度，陷德里，摧败德里苏丹国的故实。他亲游蒙古故宫城，五百年之筑。抬眼望厚实城墙和圭形女墙，以为"其制已胜于吾国矣"。城内之庙"门廊顶皆圭形，门制似中国"。这座傍临恒河的帝都王城，陵殿崇闳，楼台亭阁极有可观，他遂发感叹："遥想沙之汗当年因以思吾中国之阿房、铜雀、结绮、临春，惜霸图丽迹皆不存也。中国之不能保守古物，不如印度远矣。"又见楼廊广庭。君后浴室"皆嵌杂宝，饰金刻花，……未知比隋炀之浴池何若？觉汤山行宫之浴池，寒俭甚矣，然益以征国朝之俭德也"。藏书殿中"每书皆为石龛，饰以金花，华丽甚似北京"。供帝后、宫妃闲憩静坐的亭廊楼殿，重重复重重，"总而言之，自大殿大平台至此前后左右凡为三重，正殿合共九大座，而长廊环抱，楼阁数层，复道相通，洞房交达，上下钩连，忽断忽塞，曲折窈奥，出入皆迷，规模比吾禁殿稍小，然想见阿房之蜂房水窠几千万落，建章之千门万户，非亲到者不能想象也。若其殿，瓦柱一切纯用白石，如吾太和、保和殿阶，则为中土所无矣"。他还认为，这座"昔蒙古帝竭民力而成之"的建筑群，除去游观，"然可为建筑美术学者所取法也"。此种见识，表现出游赏中的文化眼光。

他往游婆罗门天神庙，"道上印度屋舍园林，皆极新奇，盖皆印人之故家。其园林亦颇类中国"。三千年古庙，远望如山洞，怪石突兀。康有为忆及国内之景："吾昔游桂林诸洞，奥深窈窅，多柱下垂，柱上极多钟乳。"由此考释中印建筑之异："印度背倚须弥，其初民未居原野，必居山洞中，故其宫室即仿山洞，其后渐辟平原，不忘其朔，故印人宫室必以石，必多户，多柱，骈列洞垂，若其神祠王宫，尤取山洞之瑰伟者。后虽渐变，取其近于人道者，而顶必圆平，多户多牖，席地高下，皆如在山洞也。中国宫室皆用木架成之，故称堂构。虽极瑰伟之殿阁，亦不出木料，故诗人动称大厦须梁栋。"不忘其朔，就是先民都还记得自己的初始，自己从哪里来。那是生命的源头。产于山野的木石，天然有别，材质对于营造成本和建筑寿命的要紧，康有为当然清楚："夫木料畏火，遭火即烬，以无量之资财，而购此易烬之物，甚非策也。故中国古宫室多不能久存，若项羽之灭秦、隋之灭陈，皆焚毁其宫室，周武帝之取邺亦然，风俗至愚，无保存古物之念，以资考镜，然即保存之，区区木料，亦非可垂久远之物，不如石之料坚而持久也。汉时文翁以石室祀孔子，最为智者，其七十二弟子像，宋时尚存。此外武梁祠堂、孝堂至今画像尚存，亦足见石室之可垂久远矣。文翁为变创石室之祖，惜后人泥古不知仿之，以中国人之智，工匠之巧，以列代无道帝王之侈，而不知易木以石，真不可解也！今中国明以前宫室绝少，令古匠建筑之美术不传，国体寒陋，皆由用木不用石之故。日本室皆用木构，亦累于中国之故。印度巨宫古庙，动数千年，瑰构伟制，相望于都会。今欧人宫室，实师其法，大工则用铁石叠层楼，以壮规模，而规久远；小室则多开户牖，多列柱栋，以通风气，而美观瞻。若多加藻绘雕镂，亦文明之容不可已者，此实天下后世必宜法者也。计中国宫室将来必无一存，而印度必为大地宫室之祖师，推其本末，则中国先起原野，人居始自槽巢，印度先起山岩，人居始自洞窟。槽巢之余波为木构，洞窟之余波为石室，而木构必灭，石室永存，作端偶殊，则成效之强弱盛衰迥异，在古人岂知之乎？故造始者不可不慎也。"滔滔宏言，如江河奔泻，只看这严缜的论证逻辑，这沛然的述史气韵，先自夺势。大段谠议之语，多引旧典，剀切透达，以证观点的确当。

对于印度的宗教建筑和受其影响而兴造的欧洲宫室，康有为不吝称赏之词，而对中国木质建筑的评价则不高。

看罢婆罗门天神庙，归途上，他路过一座庙宇，端详一番，又觉颇类故国："纯白石新筑者，甚似京师大庙之制。环廊合抱，方严端正，惟处处皆楼皆石，过于我国矣。中殿似中土戏园……"相近感受不止于此。他游印土王之园，"其院落之多，随处点缀，或亭或楼，或院或台，颇似中国，惟太方直，少曲折幽深之致，不如中土耳。以此亦可窥印度古制一斑"。到达舍卫城，"道路之广阔，宫室之宏伟，吾行地球大半，东尽亚洲，西至欧美未之见也"。鹫岭之巅耸屹英国人新筑的高塔，他驱车登岭，"蹴步登塔，凭栏四望，楼塔台观，极目无际。夕阳将下时，与烟树河山相映，光景瑰伟，气象万千，觉燕京、金陵无此气象"。（四年后，他的屐痕印上巴黎埃菲尔铁塔，仍记起这一幕："游印度所登塔尤多，而舍卫城中鹫岭顶之塔，及佛祇树给孤独园前七百年前之回王所筑塔，而加拉吉打公园中之英人纪功塔，尤高峻矣。"佛世尊居住并宣讲佛典的祇树给孤独园，康有为亦作考证：它营建于二千五百五十二年前，"为鲁僖十八年，上推鲁庄七年，……统计大地之运，皆开辟于春秋战国之时哉"。）留心处，尽系乡关风物。

康有为游览舍卫外古城。城体形势雄峻，建于千几百年前，"当中国隋时也。吾国自万里长城外其无比矣。女墙圭形，障堡皆尖月形，门上有两窗小亭，饰五采，过于吾南京、北京城"。他到了一座叫勒挠的古城，曩为蒙古帝分藩之地，规模之大、道路之广，不逊舍卫，更以宫室巨丽甲印度。印王故宫"飞阁洞户，复道重楼，连绵贯属，其高峻如吾禁城午门楼，而列户万千，黄光映日，则过之"。瞻视殿顶平台，"台上中作大圆塔，四方四圆塔，如京城五塔寺之形。又有十余小亭绕之，其高矗天，皆用纯石，其规模之宏壮，气象之巍峨，不敌吾禁城殿阁，而瑰伟诡异过之"。他步入一座建于丘陵上的崇楼，凭栏可俯视全城，遂生感慨，云："盖大地古宫室，以印度为最；而印度宫室，以勒挠为最；而此殿又为勒挠之最矣。"这里亦有为中国取法之物，"正中室内有神像骑马者，上悬玻璃大灯盈丈，每灯盏以千数，每间一灯，观此乃知中国所谓玻璃洋灯亦出印度也"。此殿构制甚繁，横廊、复道、洞房，"上下沟通，奥诡阴深，不可测识，未知阿房如何？若建章之千门万户，则此殿亦庶几可推识矣。其绘图布局者，亦不易才哉！"斜旁一殿，崇阶三十级，"广数十丈，如吾太和殿也"。远在异域，他恍如瞧见蓝天底下煌煌赫赫的紫禁城。

驱车于野，他前往古佛塔。寺院皆废。塔高四五丈，上生草树。龛下周刻梵文经，石多坠落，字亦多剥坏。"累累千百多佛像，有神有王，有牛有象，有相轮八层，其刻画与祇树给孤独园者同，皆极古厚，与武梁祠堂画像同"，或许因为太珍爱，康有为父女做出一种举动，记道："吾剔石拾灰怀之，同璧女又得佛像及梵文之石六枚以归。此二千年前之异物，他日吾国开博物院，或得所取资也。"流连旧迹，甚爱其古，康有为也有一般游人的心理。

雾雨迷蒙、日斜烟冷之时，行于杳茫旷野。入寺，日本人呼为迦耶灵塔，"比舍卫之残毁过之远矣。印度佛迹以此为最矣"。僧坟墓塔累累，"皆古德耆宿盛名者之塔，方得附葬此间。有二千二百年前者，昭陵之功臣附葬无此古矣"。康有为遥想九嵕山中唐太宗李世民和文德皇后长孙氏的合葬陵寝，还有百余座陪葬墓。他能够记起一个个名字：长孙无忌、程咬金、魏征、秦琼、温彦博、房玄龄、孔颖达、李靖、李勣、尉迟敬德、徐懋功。隋唐时代一众风云人物，泥壤之下簇拥李世民永眠。塔后石台前有大树，"婆娑荫下数丈，青绿如新，乃二千五百余年荫佛之树也"。仍是出于集藏之嗜，"吾与璧女手摘之，得数十叶，以为异宝，可比于阙里之桧。若吾粤诃林之菩提树，为三十四代之后辈，乃此树之曾玄矣。树下徘徊，瞻仰遗泽，不忍去"。他俩是在重复先前之举。

游蒙古帝御苑。争妍群芳，也牵乡情："堂外台墓广百余步，杂列花卉，玫瑰大如中国牡丹，此为印度特种。……又游公园，略与中国园囿同。但方平萧飒，不见佳处。"

晚观波斯戏剧，"其戏与中国分毫无异，唱白情节皆同，乃知旧教之国，其文明固相等也，过于印度远矣"。观众有舍卫城的王公、士夫、贵人，旁边跟随从人，或陪坐，或立侍，"与中国贵人意态无少异"。康有为细观剧场，发现坐在头二等座位中的印度人，"乃皆头脑广大，目光精彩，身体丰硕，乃过于中国常人远甚"。走进剧场之前，他还"甚疑印度先哲及佛何以能睿哲精深"，此时，端详体貌，领受气质，似乎有了答案，不禁生叹："若未见此，几不解印度先哲之何以独能聪明，印度制作文学之何以能有高美者矣。甚矣！考风俗之难也。"

久不相通，不了解彼此国情，会招致误解。以自然地理常识而论，康有为始知印度人久存的舛讹："以中里计，吾行将三千里矣。旷杳平原，绝无寸山，……尽印度数千里皆大陆无山，……因无山，故亦复少河，自中印度五河环之为帝都名迹，外此无少水矣。故极目林野，沙尘漠漠，几与瀚海同也。"带着这样的观览印象，康有为跟两位从伦敦大学归来的学生交谈，他这样记载所谈内容："吾称其古代之文明，而惜其少水。印学生曰，支那亦不过江河二水耳，吾印度且有五河，何少也。盖彼习闻中国江河而以为此外无水与印同也，其可笑如此，非亲历印度者不知也。"这次对话给康有为的触动太深了，后来他再次记述道："吾尝与印之在伦敦学者言印度甚好，可惜少水。印学者曰支那亦不过江河二水耳，我印有五河，何少之有。彼以为我国除江河外无水也，其可笑如此。观于印度而中国之水流繁衍，支脉交错，真天府之地也，何可不自幸而轻弃之欤？无水之国，其辛苦瘠磽，沙漠酷蒸必矣。"康有为自视甚高，在外国人面前，固不能自我矮化，而故国山河尤令他自豪，开口而谈，底气是壮的。

进入德国，康有为仍因建筑兴慨，观点跟三年前在印度游览时相近。

他基于中国历史的维度再次就此做出论述：比起外国以石为质的建筑，"吾国既用板屋难传久远"，造成这种状况的原因，不妨到先人那里找。其一，从儒家文化传统看，孔子不语怪力乱神，又嫌厌封建专横之气，崇尚简易的宫室；（康有为尝谓："而孔子之讥世卿而尚俭，令后世无力役之苦，而中国室器亦渐陋，亦可于此推其所因矣。"又见小国诸侯自据其地，所筑宫垒之奇甲绝欧北，台塔实为北欧第一巨物。康氏叹曰："盖非有嬴政、杨广之暴虐，必无长城邗沟之巨工，而吾今以竞欧人者反赖有此也。然则孔子之贵卑宫而戒峻宇者，殆有鉴于封建诸侯而有为言之哉！"）朱熹亦不信鬼神，故此，庙堂之筑朴而少矣。其二，自汉代以降，梁孝王延宾畋游、雅集酬唱的菟园和师旷鼓琴奏乐的吹台，舞影歌声消歇，亭苑尽荒芜了，初唐的滕王阁已为罕见，又因将相起自凡庶、侯爵地位虚浮、卿士不获世禄，而贫困无力大兴土木，致使宫庙不存。其三，天子宫阙壮伟，可是卿士、凡庶断不敢摹效。存此三条，营造上的尚俭之风久为世人所尊，"故中国虽极文明而宫室卑陋"毫不为怪。康有为游览海外，顿开眼界，始觉有改观的必要。建筑物是游客最容易见到的，"故宫室乃国体一大事，民族之见敬与见轻所关亦大矣，岂可忽哉！吾国为第一文明大国，与日本不同，故维新之后，新政当宏奖宫室以广大崇严妙丽，壮万国之观。其各公馆当大经营，即民间有能兴筑大工，有能跨欧轶美者，必加褒典。若屋当用石筑，邻家不得骈列同式，有者罚之，务令竞丽美，斗新奇，以此导民，庶几一洗卑宫之陋，而国体民族乃增光华焉"。述史、论理之外，还提出实施之策，并非虚比浮词，略显他的建筑美学。数年之中，屡游德国，对比中外建筑外观，他总不忘强调这一观点，云："欧俗极争都会之观，盖以隆万国之瞻，为使人勿轻也。中国反是，则昔以一统，无所比较，以为进化故耳，今既为列国，当易旧俗矣。"他的根本目的似乎不在建筑的实用功能上，而为了宏壮国体。

康有为参观专门教授营建土木之学的德国营筑院，又表白其意，相比之下，不禁喟叹道："吾国古有匠人营室之官，今乃付之粗匠，宜其恶陋一至于是也。"他游览讲堂和教习室，并走近学生，"则皆持笔尺画纸作图，凡数十人。呜呼！不知吾国何时见此学也"。想到自己国家的宫室卑陋，伤心惭耻，不仅难壮观瞻，且被人轻笑，体统顿失。他怅触万端，曰："吾国文明，百事不后于人，惟卑宫陋室最为近蛮，且卫生不宜，无一是处，故营筑学不可不讲，必当遣人入此学，且尽购制此院缩型以归，而自开学。……以吾国力之厚，渐可跨欧轶美，游吾国者，观瞻自壮，而轻视鄙夷之心无自而生矣。昔者一统，无与比较。今者国争之世，岂可使数千年文明第一之国，而以区区宫室不美为人轻鄙耶？"在外之客，更须凭仗国威，以维系自尊，不容他人狎侮亵慢。

康有为在德国游历时，还谈到中国建筑遗产的保护，以客观眼光审度建筑大观，云："试访蒙古之上都，岂有可考耶？若其殿构犹存，则以石筑之故，故久经兵燹，而遗宫无恙，一制之善，则虽野蛮之朝，亦可久存。吾国土木为堂构，一制之不善，则虽秦汉隋唐宋之遗迹，无一能留，以自证其文明。始创作俑者，可不慎哉！"他道出由于中西建筑材质不同的分异，加大了保护的难度。对于仅存的建筑物，考览之外，亟须珍视历史遗留物的文化价值和传承作用。

康有为说："吾于吾国文明旧物，无不珍重爱惜，其可留者皆留之，不欲多事更张。惟宫室一义无可少存，亟当扫荡廓清，比于武事，令吾旧制汛扫一空。"态度颇为决绝。却也留了余地："惟旧室庙有关兴起，可备观感考查者，则当公共保存之，以示后人而见进化耳。"他对于一些国内古旧宫室，观其所感，虽然不佳，却也乐于流连。在人类居住史上，这些遗留或复建的存在，自有文物和历史价值。他把建筑体的精良和窳劣上升到国家文明的高度来审度。

在康有为的游历中，途上散见，多触偶感。旧情产于国内，新思生于国外，互为融合，味深意永。

德国啤酒，寰宇有名。"吾生平不饮酒，至德而日饮，吾惟饮猫匿啤酒，经半月后游比、荷而还英，不复见此大玻杯，犹日觅猫匿啤酒，每至食厅辄思猫匿啤酒，不一饮之则喉格格索然，……故猫匿啤酒真为天下第一。"猫匿，即慕尼黑。这里的啤酒名扬四海，康有为因之破了酒戒。在他看，"吾国人面黄瘦枯槁，而德人颜如渥丹仪表壮伟冠天下，则啤酒之功之赐也，适足为吾国人医黄瘦枯槁之病，则啤酒最宜于吾国人者也"。由日常之饮论及国民体魄，可见他是个有心人。

参观德国王宫。正殿穹顶，如天形，"宝座皆在正中，与中国同，惟德国耳"。目光朝前落去，"各殿皆中国瓷"。继而游览威廉第一故宫，在某室中见中华象棋盘，"每子刻中国人物古衣冠，疑明世物也"。还有一个大绿玉瓶，"亦吾国先帝所赠"。书室有橱，橱前横桌，陈放杂器，"此式极似吾国士大夫书斋"，雅意尽足。每触物，总惹故园之思。

珍藏历代帝王服物的故宫，康有为觉得颇有往观的必要。细览，"一以开民之知识，一以系民之怀患，意旨深远矣"。令他惊愕的是，"入门悬我醇王谢罪图，德主威廉端坐，百官左右侍，醇王鞠躬呈递国书，从官从后，德国宫中多悬此图，示威远也"。这就牵出一段公案。1900 年 6 月 20 日，德国公使克林德在北京西总布胡同口遭清神机营（一说虎神营）章京恩海枪杀，德国援引《辛丑条约》第一款，要求清政府遣使赴德赔罪。醇亲王载沣为钦差头等专使大臣前往，觐见德皇，行三鞠躬礼，递国书，致颂词，随从荫昌不跪拜。德国的多座宫殿均张挂此图，欺辱之意彰矣。置身海外的康有为，对于国内亦极关注，庚子国变也是知晓的，看见这幅图，心头蒙上阴影。

在一亭中，他看到"有高武冠上插雉羽，高七寸，似中国"，恍如瞧见顶戴花翎的影子。"自此出一横穿殿，长三十余丈，上下皆庋中国瓷，以万数计，新异无数，过于各国博物院远甚。吾遍游欧洲王宫，因得以极考中国瓷式，所藏皆蓝花为多。"康有为钟爱青花瓷，只因清秀素雅的美感，唯中国独具。

在康有为眼里，"吾中国宫室既极拙劣，难与欧美、印度争胜，而吾国花木最盛"。岭南有嘉木，粤地尤以栽植花卉驰名，他是在花乡长大的，心上久留群芳艳影。

　　观罢德国帝王服饰，康有为思忖："吾国先帝服物深藏宫禁，虽臣僚不得一见，徒作天上人间之叹，何况庶民，岂若以此开民智耶？此不可不师之矣。"从宫闱之物着眼，使百姓增广见闻，或可益智。

　　康有为游德国博物院，入目展品让他蹙额："中国珍异物尤多，而内府玉器之精美尤为难得见者。"中国匠师的雕琢之功，尽在赏玩之器上。工艺之美固可称许，可他的心境是黯然的，"而此间充栋，皆庚子之祸移来者也。伤心故国精华耗矣，哀哉！"八国联军在北京城的劫掠，创痛难消。

　　希腊古物亦有展陈，多为沉于地下两千余年文物，"当吾秦汉之交也，尚在邦俾之先三百年，近乃考出，掘之十五年，至六年前，为西一千八百九十八年乃全发现，德人取而珍藏于博物馆"。康有为说意大利、匈牙利"新梳剔发掘古物甚多"，墨西哥"亦复搜剔古物，皆赏千百万为之，以考进化之据"。由此，他倡言："吾国不乏历阳之湖，若齐、秦、晋、豫之郊，发掘古迹必有无数，以证吾国之文明，所望吾国好事者为之，所关于文野之声名，以资世人之新识，岂浅鲜哉？"从传承华夏文明的角度看，身在域外的他，睹物而神思飞扬，想起西汉淮南国历阳之都，一夕陷而为巢湖的旧事，沉于湖下的珍物，若能出水，足可惊世，遑论中原大地。从亚平宁半岛的庞贝古城，到淮河境域的历阳旧都，从维苏威火山之灰，到巢湖万顷之波，他在时光里进行浪漫化的穿越，他在空间中进行大跨度的移动。他提出的有关考古与集藏的意见，极富历史与学术价值。

　　这时的康有为，尚未到过希腊，但是他有兴趣收存相关图片，"吾藏希腊宫室图百数皆然"。峰岭美图亦过眼目，山原秀耸的壮景多赏看过："吾尝见雅典城拓影，后山磅礴而入城，中为高石峰，如闽之鸟石山、桂林之独秀山、京师之煤山。左右各有小石峰翼之，城墙雉堞皆用石，如中国，高四丈许，横列于前，如江南一城中分数城，如唐之长安、奉天，盖防守之具出于公理，自然暗合也。"他从希腊城堡的外状上，找出和国内城池形制上的相似处。他把自己的所见写给未能亲历希腊的读者，于物体的比较中，化陌生为熟悉，在纸上塑出更为近人的映像。

德国妙艺院中置希腊、罗马等无数名人雕像，"欧人以精于雕石制像，遂令数千年之才贤英杰相好永存，令后人观感兴起"。康有为心中却生憾："吾国铸金以像范蠡，《楚词》称像设君室，汉昭帝时写像凌烟之阁，文翁祀仲尼七十弟子像于石室，非不崇像设也。……故不供遗像而英迹遂荒，此亦吾国一大憾事哉！"不光绘影图貌，还应刻石为像，因而他提出建议："从来英杰之神采，最能动人。吾国古人于此若有若无，今必当讲求之矣。若令春秋战国诸子及屈原、宋玉，以及董、贾、曹、刘、陶、谢诸先辈与秦皇、汉武、张骞、班超、曹大家、木兰之像并列于吾国博物院，而各国亦相与写真，俾我人游览摩挲感激以兴起焉，岂不大有补哉！"触物生思，他的意见具有建设性。

德国画院，藏品甚多。康有为态度明确："旧画且不及论，择其新异者记之。"他赞赏新创水粉画"淡逸清妙，似吾国初三王画，王麓台尤神似"。（日后游英国画院，观多幅水粉画，称其"可近视，无油气，甚类中国画，雅妙不俗，疑将来有以加善之，代统油画也"。）新奇画种，"还吾国之旧"，艺术循环乃自然之理，如同"南宋院体之后遂出文、董"。太仓的王时敏、王鉴、王原祁和常熟的王翚，康有为将其与国外画家相埒。画技上，他觉得"惟中国不善调色，德人善调色，故胜"。论画，他自有心得。

游德国古室器院。这里的陈设，除去各国案几，"中国御床亦在焉"。另外，"有用杂玉为人物山水者，刻画尤精，则中国物也。醇王所赠宋刻漆盒亦在焉。又有刻漆船二尺许，有架极精美。玉玺三，大皆二三寸，一龙纽，一象纽。珐琅大鼎、大瓶各二。刻瓷烟壶数十，此则庚子联军入京所得者耶！睹之神伤"。行文中用了惊叹号，难抑内心之痛。中国通银翠金之带、中国象棋也络绎入眼。还有"德主黄舆似中国"，使他顿生故国之情。珍藏的古物催出深思："盖欧人之好古至矣。惟其开新愈甚，故好古愈甚，盖必明乎因革损益而后能进化生新。若无怀旧之念，思古之情，但从人言新，扫弃一切，是不知旧者，亦安能知新乎？"古今新旧，如江河自源头流下，势成一体。既能尚古，也能学新，如同古圣贤奉行的心法：允执厥中。康有为的观点是辩证的。

院内摆列中外室器极繁博，制作工艺各有千秋，康有为在比较中悟出一番道理："欧人室器刻镂之精，皆在侯封之讲求，惟其奢富，故器物能精。吾国久无世爵，人士皆贫，用器难精。"这和中外宫室优劣的原因亦相仿佛。"然宋明精器，若制瓷、刻漆、鎏金、戗金、珐琅、刻竹皆足竞美。国朝士夫尤贫，故器尤窳败，虽以康、乾之盛，江南之富，室器尚无新异，何况今日。嗟夫！道兼阴阳，事难遍胜，虽以去世爵之良法，人民平等，而器之敝陋又从此生。欧洲中世，封建并争，人民涂炭，而室器之文美又从之产出，得失互见如此。甚矣！道之难言也。"世间之事，因果万端，从室器粗精而观政制良莠，且互为推论，恐难得解。他所抱态度倒近于求实。

游德联邦异服院。康有为有感于德国人的长远眼光："昔者异制殊俗，冠服各异，今既一统，渐归于同，故创立此院，以存旧制，以考进化，以资观感，奥诸邦亦在焉，甚矣！德人之能知新而不忘故也。"这是对历史文化负责的做法。相比之下，他看到了差距，曰："吾国欲考古冠服，盖自前明亦已几难，舍杂剧外，几无可验，皮之不存，毛将焉附？何以为进化之地乎！"他又对"吾国而不知保存古物也"抱憾。而在异服院，过眼之物竟有种种中国影迹可睹："有一千八百九十五年民间茅屋，极似中国，鸡榤牛阑亦然"，"女冠有类吾国凤冠者"，"有女以白布蔽首面，如吾国女丧服，……而女俗极尚蔽藏，如吾国及印度、突厥、波斯耶"，"女服尤丽，似中国，亦为今欧女服之先驱也"。国内鲜存的服饰，在异域得览，他心绪纷乱。

康有为游德国蜡人院，"入门有千余年前之日耳曼人，尚在深林之世，如吾东三省之老林窝集也"。东北原始森林，弥漫蛮荒之气，正与彼同，

"在吾六朝至文时矣，而土番未开化若此"。

游书店，他同样关注启蒙开化之事："购书在楼上，亦略如中国。"他想到"吾国郡邑间既未设藏书楼，况论乡落穷僻之地得书为难，家贫又难于购求，且去都会远，即力能购书，亦难遍购，故成学极难。若令各郡邑书店皆设借读处，近者或许借携还家，远者或就店借读，薄设茶饮，听其所安，少收其费，则寒士得以广见闻，而聪敏之子即可以成学。美之富人迦利忌，赖藏书楼书而得知识，故捐创藏书楼千余所，成就人才无算，此亦吾国所宜采法者也"。他赞赏美国富人施资财造藏书楼、献家产建大学，"美哉乎！积而能散，姓名馨芬，传于大地，何其智欤！吾国人宜何从焉？"这是一段有温度的游感，也是发展中国城乡教育的极好建议。（别国的游程里，相似景点引起同样感受，他自然表达了类近的观点。在英国，游访名为"娇路苛"的藏书楼，庋书万千卷，"借读者不取费，盖小藏书处专以便市民贫士者也"。亦有富人施舍资财以建藏书楼。对此，他认为"吾国不可不采法焉。其便民开智多矣"。在丹麦，见一博物院为私人赠予社会。他深有感触，云："欧美人多舍宅为公益之馆，盖与之子孙，未必能守，不如公之众人，其大众恭敬纪念更久大也。以算学计之，子孙之与公众，人数之多寡，记念之久暂，德泽声闻之大小，皆相去极远，不可比较。而我国人乃不知取其大者、远者、多者，而笃守其小者、暂者、少者，何其愚痴哉！"这所私人捐建的博物院藏品甚富，他殊觉愧怍，云："我国之大，以文明自号数千年，而无一博物院以开民智，欧美人每问吾国博物院，吾为赧然面赤，奇耻大辱未有甚于此者。"他在荷兰博物院观画，"有两厅悬画百数"，"一厅画数十"。康有为了解到，画作皆为捐赠，"此亦可法以劝捐赠公益者，我国他日募开博物院可仿行之"。陈说的仍是上述观点。国家如此不顾国体，四万万国人中就不能出现一位智者吗？他提出了一个尖锐的灵魂之问，以期引发国民的精神共鸣。在塞尔维亚，走进博物院，虽然只是一座泥筑长方小室，极卑陋，但是他并不轻看，"然但求备物足以考证，增人民知识足矣。吾国新变法，各州县开议院、博物院者，乃正可为法也"。可见，外国文化事业已经发展到较高程度，相比之下，他看到了文明的落差，也寻到了效法的范式。）

德国街路，日扫三次，整洁为天下冠。康有为注意到这一点。他说："道路为国大政，养生所关，观游所属，吾国道路不洁，车马无管理者，重为外人笑，不可不仿德人之法焉。"治理街容，如同修造建筑物一样，关涉国家形象的塑造。

由道路而想到出行。康有为发现中德国民性格上的相同处："德人之耐艰苦而能赴远外者，亦以所至有其邦人为之，如吾国人然。南洋关雇工多中国人者，我亦如德耳。"同具耐苦的民性，使两国的发展理念较易接近，对于世界的看法也能够找到共同点。相同的还有文化传统。在德国旧京波士淡，即今勃兰登堡州首府波茨坦，康有为游览生苏诗宫。他看到奇丽的内殿，听说这里是德王延请名士为师，供其居住的地方，立时记起齐宣王见孟子于雪宫，设筵问政的旧典，孟轲"乐以天下，忧以天下"的民本思想，便是在这座齐国离宫提出的，稷下谈说的味道也有一些。他叹曰："惟贤者而后有此乐，犹想吾春秋战国礼贤之俗焉。"临淄的雪宫"有苑囿台池之饰，禽兽之饶"（东汉·赵岐语），生苏诗宫"大门有铁阑崇柱，门内有埃及华表，喷水池，石像，林木浓郁"，可相比方。

访游建在波茨坦的阿朗赊理宫。默观宫内景物，康有为极为忧悒，为命途偃蹇的自己，更为多难艰危的国家。他这样写："惟宫前花间陈设瑰异之物，望之可为痛心，涕泗滂沱，急以巾掩面而不能止也，宫前所陈皆吾京师观象台诸仪也。"浑天仪、赤道仪、黄道仪、象限仪，皆有来历。黄道仪为元初郭守敬所造，"盖集中国古今历而制，授时历者，为中国天文家第一人，于今五百余年矣。雕刻精丽，德人亦诧之。光绪壬午年吾游京师，尝登观象台而摩挲焉，不意二十余年乃来德国而重摩故物。大吕移于斋台，郜鼎陈于鲁庙，畴人何在，天官谁依？遇铜驼于棘中，见金人于灞上，感怀桑海，扪认劫灰。身世死生，中国存亡，一一事会，乃至薄物细故，皆与吾相因依"。他引用郜国祭鼎被宋国夺占，送给鲁桓公而献于太庙等典故，忧叹精通天文历算的学者在哪里？感怀铜驼荆棘的惨境。触物牵情，遥忆故史，念及世涂遇梗，家国遭难，不禁嗟叹，云：

> 白发逋臣，两度摩抚，十余年之国故，数万里之余生，交集于怀，哀从中来，不觉涕之从来也。盖吾自法败马江之后计及，时国家闲暇，首请变法，既格不得达，归而讲学著书，奔走各省以开议会、伸民权，于是强学会、保国会及各省会数十会起焉。戊戌变法拼一死为之，冀救中国，遂遭大祸，走海外而开保皇会。及己亥之腊，溥隽立而上将危弑，吾于是率海内外电救之，诸贼不得逞，乃通拳而仇外，戮及行人，遂招联军，京邑邱墟，人民涂炭，而中国数千年之宝器尽矣。有英人以《永乐大典》示我。而浑天仪尤为传国重器，几等周鼎，乃唐乐迁于契丹，中国之雅乐遂绝，岂非所谓文武之道今夜尽矣者哉！五月、八月两次来游，两度徘徊，感慨悲歔，乃为长歌以记之。①

他的一阕长诗，同此哀调。在康有为的列国记游中，此段文字于平缓叙述中倏忽横逸一笔，甚突兀，如平冈陡耸峰峦，如静湖突卷风涛，更透出家国之悲、一己之伤。战争给国家带来的变故，直接影响他的人生走向。

眼底之物，心间之情，交集一体，给他的纵横之论提供了表达空间。他慷慨抒发，坦露心迹，也折射出晚清世局的云谲波诡。

康有为观览德国新宫，此宫仍在波茨坦。领略帝者气象的同时，他发现在殿饰上，"其墙衣多用中国银缎，故炫人目转。三殿则又饰金，其陈设多中国物，有珐琅双大象、双大瓶，皆数尺许，其碟及钟甚多，亦珐琅也"。这座新宫分外壮丽，几为欧土冠，修构得"花样新异，五光十色，八方照耀，妙丽及此，吾行遍全球未之见也。计古之阿房、建章、临春、

---

① 康有为：《康有为列国游记》（上册），商务印书馆、中国旅游出版社 2016 年版，第 129 页。

结绮、铜雀、迷楼未必有此耳"，尽显穷奢极欲之风。康有为忽觉伤心，只因"醇王朝德主威廉第二即于是殿，犹有图存，德主中坐，醇王捧国书以进德主，左右从官翼立，醇王随员后从，伤心哉！谁生厉阶，招此大耻，至今醇王所居之殿，所赠之宝器，所寓之旅，德人听听言之，以告游者，以为夸美也，伤心哉！"他曾游收藏历代帝王服物的故宫，入门处也高悬此图，折辱其心，今日又睹，能无愤愤？"谁生厉阶，招此大耻"，祸患由何人造成，羞辱由何人招致？痛切之问，内对当朝，外向列强。

克虏伯炮厂是重点参观地。翻译说"近来游厂冒称中国长官者多，未知然否，索取据认"，又讲"若真为康有为、梁启超，则吾厂主甚愿周旋，请一面见"。负责接待的人叫包尔，"包久居中国二十年，能京语，为此炮厂作代理人，于吾国权要皆结识，一见殷勤之甚，即派人导游全厂"。康有为记述了此段极具现场感和生命力的历史细节。

炮厂之务较完备，颇似康有为经世理想的缩影。"此厂有土地、人民、政事，司理三千人如士大夫，工人五万如府史、胥徒，十五万子女如民，有若小国。昔吾著《大同书》，谓乱世之封建以部落农牧，平世之封建以工厂，于兹实见之。托辣斯行后，此理将弥纶大地矣。"他在这里看到和自己的社会向往相对应的实践样板。

炼钢场景对康有为触动很大。这里生产的铁板用于制炮造舰，而"吾国除汉阳一厂外，别无制铁之厂，又无制炮之厂"。他回想甲午海战的教训，谓："我昔之败于日本也，其由虽多，而日枪速而及远，我枪常不逮数里，故望风奔避。一枪炮厂而国威所系，亦大矣哉！而吾国之大，自同治中兴以来尚武变法，经数十年，诸公未知经营及此。此厂有日人学工，亦无华人，何以立国，此事宜急，执政者不可不注意也。"建构强国的物质基础，依靠工业制造，由此形成的物理能量是遏制侵略图谋乃至行径的坚实保障，所谓"利器之所关，以为国土之存亡亦大矣哉"是也。世界范围内，新的权力结构正在形成，国家的雄强须凭战略工具进行塑造，面临殖民狂潮下的兵凶战危，才能不惧军事迫厄，扫荡腥膻，凛然不可犯。勃敌觊觎、频受威慑的国际形势下，现役军备显然无法应对日益逼近的风险，无力阻遏渐次膨胀的战略野心，无法解决国际上的根源性冲突，无从稳定变乱的世界秩序。寄身海外，他仍带着这样的关切向秉政者进言，诚心可鉴。

康有为对中华文明保持高度自信，即便与其他古老文明论列，亦不失其尊，他再游位于柏林的德国博物院，凝视罗马王尼罗像，见其"赤体不袜，以布裳作搭"，心有所动，"故知罗马文明不如吾国也"。再看院内陈设，"吾国物有四大玉瓶刻钟鼎，皆康熙年物。有御制西番莲诗玉册，乾隆玉茶碗三；有八寸绿松石屏，画刻碧及刻兽之碧露犀三寸许；有乾隆丁巳御题玉册，皆内府难睹之珍品，伤心哉，何以至此！"情有所触，又忆及庚子国难的惨烈之状。

波茨坦是康有为复游之地。历世德帝在此多兴筑宫宇。康有为游殿，见"其陈设皆甚古佳品"，映目的还有置于碧草芳花中的中国瓦鼓，衬以长松绿荫，极幽胜。为查考风俗，某日他乘电车行于路上，觉"风雪萧萧，光景颇胜"，只是"乡屋卑小，仅丈数尺，与中国北方同"。越沙梨河，"河不甚广，雪流渐渐，桥前有环垣数尺，内为兵房，甚矮小，金字瓦如中国"。真可说行一步异域，思一番故国。

改变康有为对欧洲历史印象的，是散布于莱茵河数百里河道边的古代战垒。他这样记道：

> 未游欧土者，想象而推测之，以为善见之天，妙音之国，极乐之土，金堂玉宇，神仙圣贤也。以吾遍游欧国，熟观其博物院，及王宫之珍储，则举目所见者，金铁之甲胄戈盾也。游于其国内山野之间，则接目而睹者，巍巍之战垒也。其垒突兀于云表，纵横于江边，凭险据隘，式制诡奇，诚吾国人所未睹也。①

---

① 康有为：《康有为列国游记》（上册），商务印书馆、中国旅游出版社 2016 年版，第 190 页。

这些战垒，遗留在昔年的争战之场。他忆想德、法两国千年铁血兵争，尽在莱茵河流域。德国人爱此河如命，视作立国之本。他以中国古代战史作喻："如春秋之争郑虎牢，南北朝之争江淮，此不足以立国者也。"挥军攻杀，虽然看似仅为一地之争，却因"霸图大小得失在地势"，所图决非眼前尺寸之利，故而杀伐之焰炽盛不熄。唐人李华《吊古战场文》，他大概是读过的："时耶命耶？从古如斯！为之奈何？守在四夷。"记诵其句，想到欧洲之民蒙受的残酷战争，他为之哀痛：

> 在今惨淡风云，已为过去，无限碧血，亦复痕销，临眺山河，但觉有垒处增添异景，而五十年前蛇豕纵横，锋镝鸣突，流血渍地，横尸遍野，来因河波，为之变赤，附垒之村人，即当日依侯之隶民也。日日惨杀，月蒙劫掠，何辜于天，如是千年，掩卷思之，此岂中国数千年人民所尝见者乎？①

回念家国，不禁欣然："吾国民生于一统之国，万千里无一战垒，民多老死，不见兵革，父子夫妻相保，以长子抱孙，岂识欧人之苦哉？"言至于此，尚不能尽意，又云："吾人幸生中国，不知一统之治安者，其缓游诸国大都，而先循来因河畔，必将愀然于欧民之不幸，而自庆生存于中国之治安也。然祸福无门，得失相召，欧人以竞争致今日之治，乃反有以过我者。"他赞颂中国历代帝王的仁政，却无视连年兵燹给黎民带来的深重苦难，给国力造成的巨大耗损。这也透显出虽经变法之败，他仍对封建之国抱有期待。当然，他也历史地看待不同性质的战争给欧洲大陆带来的影响。

在德国亚琛，康有为有感于市长公署，曩为帝宫遗殿，却极陋俭，因而想到汉唐诸朝定都的长安城，云："其与建章之千门万户，未央之建五丈旗，前临渭水而后枕南山，相去远矣。盖一统及文明之帝，与野蛮小国

---

① 康有为：《康有为列国游记》（上册），商务印书馆、中国旅游出版社 2016 年版，第 197 页。

极相反不类，不能以欧土今日之文明，而并尊其先世也。"他从建筑规式看出政制的相异性。

沿莱茵河行走，他见到从阿尔卑斯山流来的河水壮似悬濑，"夕阳返照，飞瀑作红色，最奇丽，未知吾龙门三峡之流比之如何耳？""吾国河流，龙门想亦同此。"又见一湖，"波光云影，映带山色，与古垒人村相杂，甚类吾西湖也"。入万松茂绿之山，雨后温烟凝碧，"深林无际，泉声鸟声，树影波影，相交于耳目，如山阴道上，应接不暇"。他从法国入德游，渐见折旋之山，"松岭耸而平，河流回环，野甚洁除，峰峦极秀，颇如江浙道中"。巴登千年壁垒，为德国战垒之最，"吾驱车渡河桥，环视风景苍然，思我赤壁也"。此地红叶满山，石磴倚崖，"有诗人赊父像在，赋此垒最有名者，如崔颢之黄鹤楼矣"。行道中见陂上立俾斯麦纪功碑，隆崇十数丈，宏伟绝伦，如"蜀人思诸葛之德，何其远也！"望萨逊山壁，峭立如削，"绝壁方平堆叠，如一一方砖砌成，无异人筑，间有圆立如柱者，凡数十里，诡异甚矣！桂林笋蕉，萨逊砖砌，皆为奇绝之山，而笋蕉尚多，砖砌尤罕，行遍大地，只见此耳"。腊色市隶属萨逊邦，"其动物园堆石为山，高五丈，峰峦高下，岩涧曲折，洞路窅冥，此则类中国，而精肖过我"。只消简笔点染，形神俱备，画境全出。

德国统一前，分二十余邦，康有为察觉到与本国史上的相近处，曰："吾少日读吾三代春秋战国书，至久且熟。然封建之蕞尔国寡民，何以立国如此之固，官才如此之多，兵力如此之盛，室器如此之美，礼俗如此之交，实未深得其故也。……吾驱车而遨，周其十国，几及其半矣，乃恍然如置身春秋时，游于宋、陈、郑、卫、曹、许、邾、莒间。游罗马则如游周室乎，其立国之固，用才之多，兵力之厚，室器之美，礼俗之交，奢暴之遗，与吾春秋封建时几无少异。于是吾身忽生在二千年前春秋时，凭轼于宋、齐、郑、卫之都矣，岂不异哉！"恍兮惚兮，这种似曾相识的感觉，不是梦幻，而是真实的心理反应。

游德旧宫，"有小室置卧榻，织锦帐被似中国。……有中国画桌，三百年矣"。进另一室，"陈二中国金花漆桌，甚精工，乃明时物，在中国反不得见，弥可珍矣"。山麓亦耸楼台，风景幽胜，令人忘世，"既考见诸侯贵族之闳侈，因推及吾春秋之世，及一切封建之制焉。……有中国二百年前物，其屏帐皆中国，亦悬中国画，皆明世物，皆亚欧新交通之物，亦可珍矣"。赏看宫中之珍，康有为既生思乡之情，又感叹"德之诸侯奢丽真不可思议，而民之苦酷亦可推矣"。

康有为盛赞英国首都伦敦，说它"纵横九十里，为大地都会之冠"。但新旧印象却是不同的，"昔者道路既污，马粪相望，其甚者乃有类燕京，亦无电车，无电灯"。而"此次再来，则电灯煌煌矣，然电车尚不能开。孰知夫吾国之后变，而北京之电车乃先于伦敦乎！盖道狭而人多，肩摩毂击，诚有过于他国，然在吾观之，尚不若吾粤城双门底惠爱街之繁盛也"。

参观英国博物院，康有为眼前"中国书画亦颇多，前五年来游，见有宋版《杜诗》摊在桌上，乃《哀江头》《哀王孙》也，为之感叹。未几庚子之乱，果不幸而躬逢之，于是内府之珍多迁于是。有乾隆御刻鸳锦云章七玉版，而玉如意、玉瓶碗、宋刻漆及古瓷无数，御玺尤多，尤可伤心矣"。八国联军攻入北京，他已远在海外，现场的惨烈没能亲历，却在这里感受劫夺之痛。

博物院展出之物，让康有为饮恨不已，颐和园中突起的万寿山，清漪园里孤耸的玉泉塔，皆入画。清漪园宫殿凭山倚麓，"咸丰十年，英法来侵，皆焚。今有翠黄瓦塔存焉。其余殿址略存，瓦砾遍地。光绪戊子来游，饮泉于此，睹之伤心"。咸丰十年（1860 年）庚申，英法进犯，"乃尽烧京外御园。圆明园、静宜园、清漪园、颐和园并毁"。他数度往游，"但见蔓草荒烟，断垣遗础"。事有连环之虞，"于是光绪十三年提拨定海军购舰款三千万两，而为筑万寿山、颐和园之用；又以二万万两祝寿于万寿山，营幡云殿、万佛楼以庆寿，致海军舰队不足而败于日本，遂有割辽台补二万万三千万之事。内情之虚乏大见，于是胶旅迭割，瓜分大唱，而中国几亡于此万寿山矣。……万寿山乎！可为吾中国盛衰兴亡之鉴焉"。

清宫碧御玺，他在英国博物院看到，"御玺奇大，玉色澄碧，何意流落异国，睹之伤心"。他不无嘲讽地写道："惟海军而在园中，则此玺自宜在国外矣。万寿山园之海军，此尤古今万国所未闻，尤宜高据博物院一位置者。"还有刻着"自强不息"四篆文的碧御玺，以及懋勤殿玺、珊瑚珠、宋刻漆器和瓷器诸多宝物，流失至此。近代史上的国耻，尤其不能忘却。

在英国，让康有为触物留情的景观很多。他重游五年前曾临的百戏园："昔有波斯、突厥宫室，衢市波斯人衣长衣，牵驴候人驮，甚似中国北土俗"；台上"有作日本与我战戏，英战波国戏，凡用千人，山海迫真，兵马杂驰，旌旗相属，间谍窥伏，大队乃发，枪声冒烟，炮队淼出，烟气蔽天皆如真战，所以习战也"；又上演日、俄之战，"海山夜月，烟波微茫，壁垒戒严，舰队炮发，轰动天地，如在旅顺亲见之也"。他游伦敦贤真公园，觉"敞地甚大，道路广阔，有喷池杂花，夹道植树，颇似吾北京煤山后大道风景"。在伦敦，康有为和康同璧住村求医，地近大公园，往游。"乃命小舟泛棹，沿溪经市行。渐出村墟外，夕照苍茫，林木浓郁，溪流清折，时有渔人打网，酷类故乡风景也。"斜晖脉脉晚翠浓，蓦地，他起了乡园之思。在一座古城，"近野处新屋累累，皆二层，纯用白石筑之，颇类吾粤，此石亦吾粤最多，但彼纯石而多窗耳"。在这里，"其旧邑居室卑陋，高仅盈丈，泥色如中国北方，盖其进化皆在近世，此可考见也"。过一桥，"六百年矣。石拱为桥，制似中国"。游英国古坟庙，"皆名王、名贤、名士之坟堂也。合为一堂而葬之，如吾国昭忠乡贤祠之义，以鼓励后人者"。游大学，"吾国学生多学于此，以屋租食用皆大省于伦敦也"。登山巅，"凭石椅岩，望远极佳。惟旧国故俗，道路颇污，甚似中国耳。登览慷慨，江山险胜，令人有霸图之感焉"。眼底风物，使得怆然心境为之一变。通往苏格兰的路途上，"名人之遗像、名士之故宅甚多。若创机汽华忒故居，有石铭焉，其像在街。……机汽虽粗物，然轮船、铁路凡百制造，以缩地通天，开物成务，变化一切，实皆赖之。自汽机出后，变一新世界，皆华忒之功也"。康有为对蒸汽机发明后的英国工业革命大为欣羡，称叹苏格兰人瓦特旋转乾坤之功："美哉！禹功不能不拜下风矣。"瓦特以他天才的创造力为近代科学做出划时代的贡献，工场手工业转向机器大工业的产业革命，使人类的生产方法沿着机械化道路飞跃，社会劳动代替个体劳动，企业实现了规模化经营，经济活力得到空前激发，市场效益取得突破性提升，连中国古时奋劈山崖而疏浚水道、力导洪峰而归流沧海的大禹，都要位居其次。游博物院，"吾国物亦颇多，有一全象牙，数尺，皆雕山水人物，极精而瑰伟矣。吾粤所制也。若能推奖之，则吾粤牙工何让万国。……其宋刻漆龙瓶，高三尺，亦难得矣。有波斯瓷，极似中国，其白者竟似定窑，几于不别"。拉士高是苏格兰工业城，他得暇游观。欧美从农业时代进入工业时代，迅速强盛，他有感于怀："吾国所最乏者工也，不知何时拉士高出现于吾国乎！则吾国强盛之日至矣。"看到发展差距，他坦陈心迹，仍抱实业救国之愿。夜游苏格兰博物院，儿童结队而来，摹写鸟兽之形。这很让康有为兴感："各国博物院夜皆闭，又皆收游费，皆无儿童游，惟苏格兰有之，所以预教儿童之画学，以为工艺，用意至深矣。吾国可取法焉。"他往游制船厂，见"此厂有日本人学制船者数人，吾华人则无也，其得失可以此观之。……吾国船政学虽创于闽中，而数十年无新式"，仍不思速学，令人焦愁。参观苏格兰工厂，康有为细析中英工人收支之比，"英人之用度略见于此，盖工价少昂，租用亦与之俱昂，其比例与中国之工价贱而用度亦贱，所享受正同耳"。略窥不同国度用工制度的一斑，据此察视各自的生存状态。

拉士高工厂甚多，制衣厂、制鞋厂、制糖果厂、制甜果酱厂、制烟厂、制木厂、制铁厂、制地毡厂等，康有为一一访游。亲莅英伦工业制造现场，思接国内情状，颇受启发。他观察制烟流程，即有感："吾国亦多烟草，可仿为之。"他观后得诗，有句："惟英擅长技，可法宜观摩。"实际收获让他殊觉此行不虚。他朦胧地望见中国通往现代化的路径。

游伦敦公园，园名"必多诗"，以花胜。他说："欧土一切花皆自中国移植，固知中国真为花国也。菊尤中国最繁盛而著名者，人家亦多好之，京华士夫尤甚。而吾粤所种，率以平整匀称为主，朵又极小，色仅红、黄、白、玛瑙四种，固不足道。京师种菊稍有扶疏之趣，色样亦多，而皆极小。"他说日本浅草公园里栽植的菊花，"色多而朵大，已过中土。及观伦敦此园，花大如盘，色样种种，皆奇绝，乃知菊之本性不可尽。而吾国自产佳花而草率栽之，不能尽物之性，移于英、日乃见天能，而英人尤能善发其性。故同是菊也，呈此异观，乃叹中国数千年来于物理政化皆草率，而未致精尽，待他国移植而发明，皆过于吾国，并类此菊也。……鸣呼！吾国人何其深负天产耶！"谈花而论及国民性，其意深，其旨远。

游览距伦敦市区十余英里的娇园，满眼花木为英国第一。"芳草青青，众香烂烂"，娇园又称英国园林第一。园中"大地草木之品皆备，以供学者考察"。康有为叹曰："吾国花木为大地之冠，其繁颐精美真无有比我者也。惜哉！花木谷草之学未开，而植百卉之院园未设，读《莳经》《尔雅》皆不知名，况论物理学哉！国华宜发，物理宜明，此亦岂可缓乎？吾国之花木，以吾粤为至繁美，四时皆花。吾游罗浮，烂熳山谷，异草珍花，多不知名。南洋虽复多花草，而地小而散，不若吾国地兼三带，植物尤备也。……窃谓大地万国花木，以中国为第一；中国花木，以吾粤为第一；吾粤花木，当以罗浮为第一。"他极赞家乡花木之美，又建议效法伦敦娇园，将罗浮山周围数百里地界圈为一个大公园，"遍购大地万国之草木、鸟兽而驯植其中，置植物大学校于水石佳处，听学者就肄业而讲辨焉。……此必为大地第一植物囿，无与我争者矣"，其大而精美，远超美国黄石公园。另外，羊城（广州）白云山麓、北京丰台花乡、苏州虎丘与邓尉、杭州灵隐、江宁（南京）莫愁湖，均可仿此植花艺卉，辟为大公园。"吾国人岂可负此天产哉！"他复长叹，将此事看得很重，心中充满乐观向往。

游一画院。画院设在一位叫窝丽士的议员家里。康有为见"珐琅大鼎二，中国物也"。陈列晶品、金器、木雕、宝饰甚夥。"盖欧美富人多舍家而公于众者，以子孙守之，不若众人守之之尤可大而可久也。而众人因得增见闻焉。吾国人不可不师之。"让文物从家庭走向社会，他对国人的建议，具有文化遗产保护的意识。

游套亚故宫。"城垒峻石为墙，雉堞回环，高方圆不一式，极诡异。盖欧洲经封建世，战争最多，故君主诸侯之宫皆峻垒列城，以备防守。"康有为以为，中欧城池建筑形制的异同，皆由历史使然，"中国城堞皆方直平板，无异式，以太平世多，战事少见，而又无封建故也。计春秋时必不若是"。套亚故宫，重垣深严，"城门库小，如中国县城"，尽显守卫功能，为第一要义。即便中国禁城，格局如营垒，亦非无端，"盖大君皆出于武人，故演军营之余风以为国治也，此于平世文明之义旨实相反矣"。战乱之世和升平之世，国家情势不同，兴筑式样自会出于当世的营建理念。

在巴士拿忌连画院，想到日本瓷画、罗马织画、中国铁画、希腊石画，感叹"中国铁画出于明世，但太单简耳"，"吾国于画术本最重，惜不能日出新奇也"。西洋画之精妙，在于竭其手法，尽其巧妙，遂能代有新创。

游蜡人院，"吾国穆宗及李鸿章与一茶商像立焉。穆庙像乃朝服著鞋，其苟简不识吾制若此，其见轻则不待言也"。穆宗应指同治皇帝，衣冠关乎尊卑品级，历代相袭，已成定制。造像尚且如此草率，遑论其他。康有为语中含愤。

乘车从伦敦去利物浦，路上，康有为和同车而行的英国卖马人谈马，并记下自己对马的评点："英国马甚大而不骏，……吾国南方马极劣，而北方口外多骏马，行经流沙，马蹄愈瘦，而身不肥，颈自长，臆自轻，亚拉伯马之佳绝，以有沙漠耳。吾瀚海万里，若以牧马善其交种，或可以骏马雄绝大地，此各国欲发愤不能，而吾国无之不可者也。"旅途上驰想若此，可见心境清闲，而故国之思犹在。

从利物浦乘英国船往加拿大，康有为得暇思考语言问题。他从英伦语言未能一致，而想到"德国更难，奥国抑无论矣。吾国语言之异，只有音转，文字既同，但铁路一通，学校遍及，不及五十年可使全国言语一致，故进化未有易于吾国者也"。汉语言文字是传承中华文明的基本工具，而作为语言物质外壳，或说外部表现的语音，因区域不同分化出地方变体，生于岭南的康有为，耳边的北方话听来便不如粤语亲切。音韵上，声母和韵母虽生音变，因为汉字形义稳定，负载的内涵却南北皆知。从甲骨文和金文演变至今的汉字，由图形变为笔画，历经数千年，发挥着记录汉语的强大功能。今人能读秦汉之文，心亦通向古人。以表形、表意、形声之法造出的汉字，是康有为心目中的国粹。在瑞典游观学校，异国的教育实践也印证了他的看法："凡中小学必习本国语言文字，其所以保守国粹以教国民，自立之具犹斤斤也。"赓续传统文化中的精华，是教育之责，它关系到国家文脉的断与续，文明记忆的存与亡。

在丹麦游市政厅，"登一楼，有海神结婚图，神尾作鱼尾，盖丹国之名事名作也，殆与吾国柳毅传娶龙女无异"。波罗的海人身鱼尾的美人鱼和洞庭湖的龙女，一个从安徒生的童话里走来，一个从李朝威的传奇里走来，又在康有为的想象中相遇，情调是浪漫的。其藏书楼"桁头饰金，刻金字，依人生之次第，如中国之辰龙寅虎之意也"。他从中看出中西风俗有很多相同处。不同的是，丹麦首都哥本哈根的建筑十分精丽，"而一市之公所、公学、公市、公博物院，尤其所致力，故争奇竞丽，而国体壮焉。我国于宫室之制皆有度限，几间、几架、某色、某花样，皆按品为之，不得过度"。他反复强调一个观点：天子宫阙，他人不能随意仿建。故此"夏裘冬葛，时世变异，而犹泥守古礼，限禁森严，致民不得壮丽其室，而国体之觳觫枯落，因之为人所轻，在昔犹可，当万国竞争之世，则极耻辱矣。今中国宫室之卑污不洁，殆有甚于野蛮，卿士第宅及官衙之湫隘尘秽，若不改乎，非特为欧美所不齿，亦野番所见轻。吾游爪哇之梭罗，彼土番之都也，而宫室极似吾北京。墨西哥亦类吾北地，而两处之洁则过我，岂不大耻哉！"这和他在印度、德国观览建筑物时所抱感叹，了无分别。营造之制反映出观念差异，先进和保守、开放与限绝在新的世情下对立着、冲突着，愈加撩动沉于心底的维新之想。

　　游丹麦人种院，"中国瓷及各物亦多有焉"；而穿着皮衣的男女"甚类中国人，疑吾种之漂流至此者也"。华夏之人，广布寰宇，康有为的悬揣并非无端。

　　丹麦优游，聊得闲趣。抵波罗的海岸边，入茶馆客舍。白日"长桥临海，游钓如云。茶舍外花木幽妍，花间设坐，临海波光明媚"。晚上"望海山一碧，汽舟呜呜，临流望远"。康有为心绪大为畅快，云："小国人能自为桃源致乐，爱得我所不可忘也。"那一刻，他仿佛成了东篱采菊的陶靖节，默默体味静穆淡远之致。

　　游览丹麦百戏园。园中有日本茶室，康有为入而品茗，口舌啜到了熟悉味道："有中国乌龙、雨前、龙井等茶，游子久不得尝此味耶！"语浸故国之情。又"坐小舟至深处，携女同璧步行花径中，幽深少行人，遥望楼台、花径、松塘，乃甚似吾西樵山北之银塘故乡澹如楼风景"。述游如画，且动了乡关轻愁。先祖营筑的澹如楼"倚松台而临榕径，四面人家相映，藏书数万卷于是。吾少年自十四岁至三十岁读书于是，晨雨夕月，携册而吟，徙倚徘徊者久之。自蒙难以来，久无乡梦，岂意绝国有类乡园，恻怆感怀，为之歌啸"。这是一段深情文字，增添了情感暖色。

　　瑞典首都的游览，也给康有为良好的行旅体验。不单因为道路之广洁、楼阁之崇严、士女之妙丽、山海之胜绝、岛桥之精整、公园之清瑟，竟使"宋人或称临安西湖，然不能比此万一矣"，康同璧的金柄伞在一座公园遗失，十日后一对兄妹拾之而还，"其俗之美亦可见矣"。此事一出，愈添游兴。

　　瑞典古屋极多，"皆布置于林池中，至幽胜矣。自十二纪至近十七纪，可考进化之序焉"。历时这般久的民宅，他也觉眼熟："以小石压屋极，又压以柴，正面红板，屋高七八尺，小玻窗与中国北土甚类。"游王宫，"惟有正殿是即位开议行大典礼之处"，颇不寻常，形制虽小，"然其庄严，少类中国焉"。两日后，游行宫，观历世王与王后像，"古女后之髻垂蔽耳，甚似中国今妇女装"。寝殿"瓷灯以花为之，出中国。有中国瓷炉，高丈余，皆有人物，甚贵重矣。黄缎皆瑞人自织，甚类中国"。其所布置佳绝，此宫更显清胜。康有为虽然乍到，并不觉陌生，皆因入眼多中国元素。

对待国民的态度，康有为的感情是复杂的。在瑞典藏书楼，看到"书三十万卷，抄本七千，有中国书数种，见李时珍《本草纲目》。有机印字之第一本，出日耳曼之矍顿伯，在一千四百五十七年。我国出于宋世，则远在我国之后，疑马可波罗得之我国，或十字军展转传于阿剌伯也"。本国书籍入目，又想到毕昇的活字印刷术，理应欣欣而乐，可是当他在签名簿上留名时，管理藏书楼的人说，东方只见日本人来，未有华人到此。康有为内心生叹，曰："交通久矣，以中国人来瑞典阅书，乃自我始，女子自同璧始，岂非中国之大耻哉！"情绪因之低落。

中国园林，天下有名，在康有为眼中，瑞典似更胜之。他去一家木厂参观，途中步行至一市，"板室布幕，杂陈食品，与吾国乡曲之墟市相类，他虽木屋，然甚辉丽。入一茶屋候车，崖壁倚松，陈绿几白桌，亭架诡异，杂植花石，盖虽穷乡小市，而布置华异幽曲，中国之名园有不及者，乃叹瑞人之善于园林居室也"。筑园之艺，须精于细处，瑞典工匠巧思妙想，又能刻意经营，于寻常之地造出非常之景，为他所钦敬。

瑞典人的精细周到，表现于日常的讲究上，无微不入。他从理发馆的殷勤服务上，见识了中外之别。云："观乎男女剃须剪发梳髻之肆，亦复刀叉纷纭香油错杂，器具繁多，室屋雅洁，闻梳髻有二克郎者。以吾京师王公贵人，而理容之人秽恶不可近，乃扫面拂须，为之掩鼻，吾向苦之。盖文明者繁多美妙之谓，野蛮者简少粗恶之谓，此真吾国所大愧者乎！何一切之粗恶也。"由小及大，他常能悟出深刻的东西。

比利时首都的建筑，美在五色玻璃，且绘画于上，这引起康有为的兴致，记曰："比国室馆最妙丽，过全欧者，则五色画玻也。经过之处，凡门屏、墙壁多有之。有作山水、人物、楼台者，有写孔雀翠羽一大屏者，有作花卉一枝者，五色缤纷，光彩华艳，鲜新夺目，盖比人自制之专长，而各国不如之者。"这样的绘彩玻璃用在室壁，饶富美盛意味。他断言"比之五色画玻，将来必通行各国，吾不可不派人往比学而自制之"。中国传统建筑融入西洋元素，风格与法式当会迎来新变。

康有为并非一味欣羡，比利时司法署，建筑规制宏大，崇阶四陛，圆穹之顶，"然所见欧美各国大审院，实无有比其壮伟者，比人有意以此胜人者也"。但在他看，"然小国寡民，作此伟构，以糜巨费，何为哉！置之蕞尔比京中，甚觉不类，小池不能容大舟，但觉突兀恢奇，如穷乡之有孤塔焉。在中土视之，不伦不类，政体几同游戏，而彼国俗之好竞美，不复自揣，各发愤以自见其奇，故时时有瑰伟之异观发生焉。若此署其一端也，吾国断断无之矣"。不以为然的意思是明显的，不必效而习之。但是，他对此也能理解，不做苛求，只因"小国力薄，聊存具体，以博异观，无可如何也"。

游比利时博物院，观埃及、希腊人物刻像，康有为油然生感，云："见索格底像于此，短面、大鼻、广颧、大目、阔口，状貌颇怪伟，惟两足登屦而露指掌，衣不缝而缴绕，如今印度人之衣，所见各国希腊诸哲像皆然，即罗马像亦多同者。然则以衣冠论，希、罗不若我远甚，盖犹不免野蛮之制焉。此亦希、罗文化不及吾国之一证也。"他欣赏的应是古希腊哲学家苏格拉底的雕像。他站在中华文明的立场，评说欧洲文明起源地希腊，并进行文明和野蛮的比较，见解略存偏失。

比利时织纱厂的工艺，令康有为眼界大开。产品"销行于欧洲，甚有名，其价昂甚，一小物尺寸辄索百金，盖以用手织精细故也。不知以手织纱，乃中国最精之技，价亦极贱，而殷殷以难得独有之工语我，亦可笑也"。自负之外，他从中看出了商机，认为中国纱厂具备很好的技术力量，不光产出原材料，如果还能采用各国生产纱质帘幕或者女衣肩领的工艺，必获大利。美国芝加哥即凭借纺织工业创造产值，"况吾国之凤擅长乎，此工商务所当留意也"。他怀抱实业救国之心，恳切地提出建议，意在提振国家产业能力。

比利时画院，"寥寥小室，数十画，又无佳品，尤可笑"，确信"小国力薄，真无可观者，甚误为前人笔记所绐也"。康有为的潜意识里，有文明古国的自傲情绪，援笔而记，难免流露大国士人的轻慢心态。但是令他记上一笔的缘由，大概是"遇中国派学生数人，略问之"。远在他乡，一面之雅足可回味。

比利时铁厂规模极小，不能跟康有为曾游的德国克虏伯厂和英国诸铁厂相埒。"吾国于制铁学制铁厂皆未开，学比亦未尝不可，然小国真无可观者。"他以为若学习制铁之术，可赴英、德、美等国铁厂。美国"必珠卜（匹斯堡）今开一制铁学，欲聚天下之铁学，而讲求至极，则学于必珠卜，其必有可观乎！"抛去他的自大心态，游在外洋，怆怀于神州积弱，日夜萦牵的，仍是强国之梦。

康有为看到，在饮食习惯上，"比人好食马猫狗肉，比京有肆专售之。……且下等人尤好之笃。德国亦然"。中国人尚不至于这样，而"英、美人甚笑中国人嗜此，然则何不笑德、荷耶？"这一问，出于中国人的尊严。他要消除讹传造成的偏见，以正视听。

过比利时花市，康有为殊觉眼熟，云："其卖花之地择市闹处敞地售之，列帐出售，甚类中国，过此香气喷溢。欧洲之花率芍药、菊、葵、玫瑰、绣球，率皆华土之物，无有能出我外者，宜其羡我为花国也。"眼前之景，令他动情："我祖我宗择大地最佳处而贻我子孙，我子孙乃不知自爱惜，不知保守，而轻轻弃掷之，岂不痛哉！愈游外国，愈知吾华土之可贵，爱惜倍深也。"此番挚语出于肺腑，长久地打动国人心肠。

两年后，康有为从德国亚琛再入比利时，"晓日初升，野田草树，尽着薄霜，弥望如开白花"。他独自散步郊外，"有长桥临溪，流水潺湲，回望霜树，甚似故国"，不禁口占诗一首。路上风景亦悦心神，"行数百里皆两山夹涧，林木峰峦相望，石桥尤多，人家仆缘于山麓，楼阁掩映于林间者，村屋不多，然处处不绝，以视他国之郊野数十里动无人烟者，诚相反，其景象颇似吾粤，但不如吾村居之多而人众耳。然在欧土中，方里人数以比为最多，诚有然也，但比之吾广则不如远矣。以乡落论，吾广之人众，诚甲绝大地哉！"以人口众寡判定国家强弱，因人众而自豪，他是将人口视作国家重要资源的。中国自古以农业立国，四季与天地争斗，最赖人力，在这种生存环境中成长的知识分子，当然对人力资源抱定无上尊重。

这样想着，放眼莱茵河两岸，愈觉比利时膏腴沃壤，气象丰润。"若夹江之修岸茂林，时作危崖峭壁，风景颇佳，然在吾国湘漓江岸则皆然矣。"他恍如行走在湘江和漓江之畔，殊感亲切熟悉。

在荷兰博物院观画，"有非廉第一王传位图，其着绿如水粉画，此近德国新创派，与中国宋时院体画着色相近，吾甚爱之。以油画可远观不可近视，此远近皆佳也"。康有为的感觉里，除去赏画的欣悦，还有一缕故国情。

游荷兰古宫室，"有中国刻牙盒及花篮，甚精"，"有明时画，以木作者，极妙美，亦其十六纪物，盖荷兰旧先通中国所得也"。又见"银版刻人物，大尺余，乃西班牙得荷兰时物，荷人故最善制人物楼台铜版，如屏或盘，皆数尺大，亦陈设之美观也，我国可仿制之"。举凡异邦之美，他都希望中国能学而习之，化而用之，给予生活更多色彩。

荷兰王宫前，"敞地数丈，狭小殊甚，尚不如吾国督抚衙之阔敞也，博物院、银行皆甚小，无足观"。万国弭兵会址在公园中，亦为荷兰侯旧宫。宫中正殿"后两室为中国赠物，壁绣皆中国画，珐琅鼎、瓷漆画几数十事，荷人甚称之。惟牙品则劣矣。故我以佳品置外国，人未尝不重之也"。而日本赠品"皆铜漆木器，然新异古雅终过于我，盖日本制器仿古近者本比我为精，而其熟悉欧人好尚，工于揣摩，以博名誉，尤中国人所未及也。盖中国人仍是闭关之时，未至交通竞争之时，既未尝竞美，亦未尝揣摩也"。制作工艺能够体现国家的进步程度，康有为从器物的比较中看到自闭其国不与外争造成的差距。

身临弭兵之会故址的康有为，自然想到国家的命运，感喟深长："虽今百年间国竞之时，必无弭兵之理，愈竞愈剧，兵祸愈烈，其能弭乎哉！然民权日昌，君权日替，民智日通，种界渐除，利害既渐均，则必须有以通同而合一者。……至于是时，兵庶少弭，则去大同之世不远矣。"在他眼中，"此弭兵会也，实大同世之滥觞也。生民涂炭久矣，非大同不能安乐，故吾于弭兵会也，至敬之，至爱之。然则以大同之世托始于兹会也，亦何不可乎！"他阐述大同世界的政治抱负，此为游记中一大精神光耀处。

在遥远的瑞士，康有为也在山水间寻找到文明认同。那里"小湖百十，澄碧无尽，人村远烟与雪峰青山互映相带，光景至佳，揽掬不尽，掇茗擘李，乐而忘返"。这样的风景里，游览设施的营构格调恰好谐适，也合他的趣味："堂后有曲池，种苇荻养鱼，上临峭壁，斫石百级，曲折攀登，中为数洞，绝顶处小塔奉神，其幽折之境与中国园林无异。西山之灵光寺及内府与江浙间之名园皆好筑廊桥叠崖石，欧人殊少见，独有此耳。固知中国宫室一无可取，若园林亦有胜于欧美者如此类是也。其小舟红裹，亦与上海、西湖小舟相类。"中国建筑小品如明人文章，最宗性灵。在异邦湖山，他领略到相近的造景美学。

康有为眼目过处，多生故国之恋。游览博物院，观瑞士建国时的图画，"二十二乡会兵，各有旗，共兵二千一百，此吾粤一小乡练兵尚不止此矣。旗画基督像，其弩、矢、戈、矛犹存，皆类中国，奥兵亦止一千一百，殆类吾国之剿黎、瑶耳"。过眼之物，尚有"今制铜器，颇类中国钟"。一个叫"诘烈斜"的湖畔公园，"岩径泉洞，幽折似中国"，北欧王公、士夫多来此避暑，故最繁胜。风景里的中外游人，审美观饶有一致处。

在法国，康有为运用中国式思维关注西方的社会问题。闻欧美妇女多堕胎，畏于养育，他认为这关乎国计民生，云："夫天下万事，皆赖人类为之；若人类减少则复愚，人类灭绝，则大地复为犷獠草昧之世矣。故妇人不愿有子，乃天下之大变，洪水猛兽，未有甚于此者也。而法、美以文明自由闻，乃先有之，且盛行焉。此其故何哉？"他深为之纳罕。究其原因，一是父子关系淡薄，不像中国那样互为倚重。"慈父之爱子，非为报也"（《淮南子·缪称训》），是中国的道德古训，而欧美子女"其父困绝而不必养，其母病而不之事"。没有反哺之报，为妇女者"安所肯舍性命、忍奢欲、耐劳苦而生之抚之，无宁预绝其萌以省事耶？我国人民甲大地者，盖由重父母而崇孝养之故，故妇人皆望有子"。千百年来，中国人传承敬老孝亲的自然伦理，繁衍人口而能生生不息。对比西方世界，"轻重相反，故求弃亦相反也"。二是妇女力求自立。如果生育，"产之至苦也，抚之至劳也，育之至艰也。不知若何艰苦，然后得子之成立，则待我之老而子养焉，待子之富贵而我尊荣焉。……今我自能养，我自能富贵尊荣，无事于求人待人。然则何为竭十余年之力，忍苦耐劳，而生子养子哉？无宁预绝其萌而先隳之。故法、美之妇，以自立故，皆不愿生子。其仁慈者，亦谓已生一子亦足矣，余则隳之矣"。"不孝有三，无后为大"（《孟子·离娄上》）是中国的家庭观念，从齐家与治国的关系看，蕃育子孙关涉经国大计。在这个逻辑起点上，康有为进一步强调了学习西方时应坚守的自主观："今之学者，不通中外古今事势，但闻欧人之俗，辄欲舍弃一切而从之，谬以彼为文明而师之。岂知得失万端，盈虚相倚，观水流沙转，而预知崩决之必至。苟非虚心以察万理，原其始而要其终，推其因而审其果者，而欲以浅躁一孔之见，妄为变法，其流害何可言乎？"此言特具深识。

游于海外，传统士人的底色尚未从康有为的灵魂上褪淡。法国首都"乃特盛声色之观、园囿之美、歌舞之乐，俾十万诸侯乐而忘反，皆沉醉于巴黎"，然而，此间乐，不思蜀，竟而忘归，是他所不屑的，云："往闻巴黎繁丽冠天下，顷亲履之，乃无所睹，宫室未见瑰诡，道路未见奇丽，河水未见清洁，比伦敦之湫隘则略过之。"又云："未远游者，多震于巴黎之盛名，岂知其无甚可观若此耶！"要而论之，宏伟的巴黎博物院、高壮的埃菲尔铁塔之外，无可惊美。他说："至今游其市肆，女子衣裳之新丽，冠佩之精妙，几榻之诡异，香泽之芬芳，花色之新妙，凡一切精工，诚为独冠欧、美。然此徒为行乐之具，而非强国之谋。"他居游巴黎十余日，触抵清怀，厌极而去的光景"在其淫坊妓馆，镜台绣阃，其淫乐竟日彻夜"，"彼所最胜者，制女服女冠之日日变一式，香水之独有新制，首饰、油粉、色衣讲求精美，……士人挟其哲学空论，清谈高蹈，而不肯屈身以考工艺。人民乐其葡萄酒之富，丝织之美，拥女之乐，而不愿远游，穷夜歌舞，惰窳侈佚，非兴国者也"。塞纳河畔，五彩炫目，流漫陆离，衣香鬓影，笑靥如花，其繁华如梦如幻，可他冷静下来，"乃叹夙昔所闻之大谬，而相思之太殷"。他没有忘记自己的身份和对国家所担承的责任。

游巴黎摅华博物院（按：即卢浮宫），康有为端量其规制，觉世上各王宫中"惟此宫居巴黎之中，横排数百丈，正中深入三四十丈，而两旁朝拱之，若吾午门之制。前后左右，门阙观庄严高数丈，可容有楼之大马车往来。正面敞地数百丈，若吾天安门外，而外为公园，横临先河，前无少障，虽方正宏伟不若吾禁城，而庄严亦类之"。帝力之威、君权之尊，建筑以彰，中外皆然。

拿破仑"敛各国之瑰宝异物，而实之于此院"，而"中国物甚少，画凡十帧，皆下品，惟傅雯指画及陈洪绶一画，尚为雅品。余皆观音、关帝、罗汉像，然罗汉像着色尚深。有吴道士墨刻观音，其三大士像，秦曹所画者"。文殊、普贤、观世音低眉端坐，佛菩萨真是法力无边，康有为对汉传佛教不陌生，自会感到亲切。此宫中国物再少，直抵眼前，也浸乡思。

游法国路易十四时所建歆规味博物院。眼观器物，康有为的内心是哀伤的。他又想起记述德国阿朗赊理宫游历时引用的旧典：春秋时宋国得部国制成的祭鼎，宋奸臣华督杀宋殇公而立庄公，自己做了太宰，为营求邻国认可，华督把部鼎送给鲁国，鲁桓公将此鼎置于太庙，华督弑君篡权，鲁桓公昧心贿交，皆为欺世之举，不符周礼，部鼎亦成了不光彩的器物。他云："部鼎入于鲁庙，大吕移于齐台，中国内府图器珍物在此无数，而玉玺甚多，则庚子之祸也。呜呼！观内府玉印晶印无数，其属于臣下者不可胜录。"他见"太上皇帝归政仍训政"玉印，"吾睹此伤痛，归政仍训政之事，在当日为创制古今未有之盛事，不意今日取法，为篡废之奸谋"。当年乾隆帝弘历禅位于嘉庆帝颙琰，幕后训示，乃为创举；而今光绪帝载湉不能听朝，政事皆决于垂帘的慈禧，归政复训政，与太上皇帝弘历宜从权变迥异。他喟叹道："以此之故，数千年之珍宝，乃至祖宗之传授玉玺，皆不保而流于敌国。此物之在此，为此故也。中国几亡，黄种几灭绝，为此故也。吁！"痛感不绝，幽恨难消，曰："呜呼！高庙雄才大略，每日必作四千言，想下此印时，鞭笞一世，君权之尊，专制之威，于是为极，并世无同尊者，遂以结中国一统帝者之局。岂意不及百年，此玺流落于此。昔在北京睹御书无数，皆盖此玺文，而未得见，又岂意今日摩挲之，岂止金铜仙人辞汉之歌而已耶！"兴亡之慨、家国之恸、身世之哀亦和唐代诗人李贺同感。思君犹缱绻，他对清高宗心有眷眷。

异国亲睹宝物，康有为无法尽抒其悲愤，云："圆明园毁于庚申之役，是役法国与焉，此玺或庚申流落。嗟乎！京邑两失，淋铃再听，而不之戒，岂非安其危而利其灾耶？苟不若此，国安得亡？睹玺凄然。记十年前曾游圆明园，虽蔓草断砾，荒凉满目，而寿山福海，尚有无数殿亭，有白头宫监守之，竟日仅能游其一角。"1860年（清咸丰十年），英法联军侵入北京，纵火抢掠圆明园。法军司令孟托邦函告法外务大臣："予命法国委员注意，先取在艺术及考古上最有价值之物品。予将以法国极罕见之物由阁下以奉献皇帝陛下（拿破仑三世），而藏之于法国博物院。"庚申之变，以威逼清政府签订不平等的《北京条约》而卒。1900年（清光绪二十六年），英、美、法、俄、德、日、意、奥组成的八国联军攻陷北京，再次洗劫圆明园。庚子国难，以迫使清政府签订不平等的《辛丑条约》而毕。仅仅几十年，中国主权沦丧若此！"行宫见月伤心色，夜雨闻铃肠断声"的凄苦也是有的。失国哀哀，长恨悠悠，他即兴得《巴黎睹圆明春山玉玺思旧游感赋》一首，"惜哉闭关守长夜，竟尔绝海召强敌"，"岂意京邑两丘墟，玉玺落此无人识"，"逋臣万里游巴黎，摩挲遗玺心凄凄"诸联，句句关情。"人间空唱雨淋铃"（清·纳兰性德《浣溪沙·凤髻抛残秋草生》），只落得孤茕怅痛，奈何！强存弱亡的教训，沦肌浃髓。

康有为忆想"戊戌七月，上锐意变法，欲召新政诸臣入懋勤殿行走，以备顾问议大政"的景况。他曾建言光绪帝不单在乾清宫侧的懋勤殿内读书阅奏疏，还应开放此殿，延英才，聘专家，共议国计，"议以此殿为枢密之内议院，议选海内名士咸集于是，吾弟幼博亦被荐预焉。上发十朝圣训与谭复生检阅故事而后发诏，将大涣汗，改元维新，事未定而难作。吾既远亡异国，而此殿玉印，亦流落绝域。睹此凄痛"。得诗，有"凄凉回首懋勤殿，玉玺迁流国事非"句。光绪帝号令新政，变法之盟却遭覆败，谭嗣同、康广仁等维新党人刀下受戮，面无惴惴恐慄之色。苍天之下，隔洋望故国，康有为能无痛乎？激荡的政治风云中，他没有游离早已认定的人生坐标，在政治困局中寻求突围的灵魂，依然保持对于价值原点的坚守。

巴黎乾那花利博物院，"亦伤心地也"。康有为眼前"内府珍器，陈列满数架，凡百余品，皆人间未见之瑰宝，精光射溢，刻箍精工"，令他又添伤情。整块碧晶、白玉大瓶、五色玉盘、玉池、玉屏、玉磬、玉罗汉、玉香橼等，多有刻字；玉刻绮春园记十简，面底皆刻龙，甚精绝；水晶如意、瓷如意，亦极清妙；刻漆、堆蓝、雕金之屏盘杯盂百器甚多，皆非常之宝。御书"印心石屋"墨宝六幅，金纸《印心石屋图》三幅，亦刻龙。斋戒龙牌、封妃嫔宝牒和其他晶石漆瓶盘、人物无数。过眼"皆中国积年积世之精华，一旦流出，可痛甚哉！"睹物触怀，强敌侵凌的屈辱感，实难消释。

此座博物院"有纸绘之大画，方四尺，其衣折钩勒，颇类吾元人笔意。其中座藏书，而藏中国、日本、埃及书甚多"。

康有为在巴黎基辽腻博物院内见到许多古旧的皇帝车驾。引他注意的是拿破仑的銮舆，"以金饰干，而花布及画纬之。各大国帝主舆轮，皆用金黄，体制全同中土。欧西君主他物与中国异，而最同者莫若乘舆矣"。

另有大臣之服饰、女鞋之式，盖"中西同风，有自来矣"。又"见波斯大
碟，多用灰色，亦有用蓝花，与中土同。其木刻亦然。想唐时与波斯交通
至多，皆传自中国也"，而"荷兰磁，多花菜鸟形，其式亦同中土。盖荷
在明世，与我相通久矣"。丝绸之路延伸于长途，利于中国与西域和欧洲
各国互通商贸。目之所触，有故国元素之物，最易牵情。

　　法国古坟，也是康有为游览的景观。此古坟，"凡法之帝王、总统、
卿士、名人咸葬焉"。以石筑之，瑰伟宏丽，"吾国人最讲坟茔，富家皆以
石筑。此中士大夫，且有坟堂。以规模宏大言之，彼不如我；以瑰丽言
之，我尚不如彼也"。

　　游览巴黎杯伦园，湖溪、岛屿、泉石、丘陵、池馆、桥亭过眼，其清
胜秀美让"生爱风竹，卜居必林泉"的康有为怀思故国之景："及还吾乡
西樵之北银塘乡，读书家园澹如楼、七松轩之中，有林塘之胜。吾粤城则
花埭大通寺之烟雨楼、伍氏福荫园，皆假居焉。在京师南海馆，则居汗漫
舫，老木巨石，供我逍遥。游桂林，居风洞七月。游西湖，遍住诸祠寺。"
出亡之后，游历各地：或海波渺茫，山原相望；或岩林幽胜，天风海涛；
或门绕繁花，坐对须弥，"天虽极困厄我，而故纵我以山海园林之
乐。……然大地各国之园林至胜，我乃得穷奇尽胜，而搜讨享受之"。天
涯行旅，最撩乡情。

　　康有为乘坐气球，渐渐凌空至二千尺，"飘然御风而行。天朗气清，
可以四望。俯瞰巴黎，红楼绿野如画，山岭如陵，车马如蚁，下界腥膻，
真不复思人世，盖羽化登仙矣"。他遥想古代匠石精工极巧，"盖自公输之
鸢，已先作于二千年前矣"。刻木为鸢，飞之三日而不集，儒家书里夸赞
鲁班、墨子制艺超卓，用木头雕刻成鹞鹰的样子，放到天上飞，连飞三日
不栖止于树。雄鸢一冲戾苍天，中外古今，智巧所为皆能相似。鸟瞰人
间，他不禁朗吟升天之歌，"其俗大同无争斗，其世太平人圣贤"，神往于
素怀的政治理想。

　　康有为访游法国波旁王朝国王路易十四旧京。路易十四这位在欧洲历

史上执政时间最长的专制君主，以"太阳王"的赫赫盛名开创了法国历史上"永远值得怀念的时代"（伏尔泰语）。但是京城的外观却并不瑰伟，康有为看去，"虽以法久为欧霸，而路易十四称雄欧土，其京邑不过卑陋若此，则吾中国之卑陋，亦不足异也"。路易十四主要生活于十七世纪，人类尚未迎来充满强大动能的蒸汽时代，而这一时代的真正来临，乃在十九世纪初叶。先进的生产工具极大地解放了生产力，提供了经济增长的机遇。标准化、规模化的劳动方式，促进了社会的物质生产，改变了人类的生存环境与生活形态，"乃知欧土楼阁崇丽，乃近百年骤长之俗，非欧土昔日能然。……甚矣！物质关于人世之重要也"，他的感受极深。他又思及宋代理学家倡简尚朴的生活观念，"故讲宋学必以敝车羸马为荣，以陋巷敝袍为美，令人安分而不妄营"。"存天理，去人欲"的思想，是从程朱学派那里来的。眼观异域古旧建筑，一身清儒气息的他，不以本国楼台之陋为憾。

观赊华磁厂。这座法国制磁第一厂触动了康有为，云："楼下置法国新制之磁，楼上置各国今古数千年之磁，自埃及、罗马至今欧各国无不备。吾华磁尤多，列至四室，多明制，红蓝花为多，约千数百件，然陈旧不变，亦可耻也。"而该厂自制之磁"新色异花，光怪炫目"。以他遍游天下的经验看，"信乎法磁之最精工，而非各国所及也，如比之古者，益过之远矣"。更使他抱叹的是，该厂的制瓷之泥购自中国，"彼数万里运我磁泥来，而吾国自有其泥而不知精制之，亦可耻矣！"他在巴黎做过市场调查，顾客一般不购买中国产的瓷器，售卖中国瓷器的店铺，门面老旧。店主说中国瓷不畅销的原因是"盖色不新，花不妙，宜无人过问也"。康有为瞧出了端倪，认为大有工艺革新的必要，曰："大约古今进化之序，由瓦至磁，色由黯至明，花由繁浓至轻淡，次序秩然，不可紊也。今吾国人亦渐制磁争利，而非有大改良整顿，岂能与法争乎？"他提出利用本国盛产瓷泥的优势，虚心向先进技术学习的主张。在制作上既仿古：师承我国古式；又用今：借鉴欧美新式。若此，"二者兼备而日求精工，则以我本有之能力而胜之，其必可复胜于万国"。他上心此事，是因为"磁为吾国天产，吾之游多留意于此"。念兹在兹，固无时不眷眷也，怎能失赤子之心？无论走到哪里，他的故园之情未尝一刻抛却。

拿破仑陵塔后，有烟弗列武库，"体制宏壮，各国古今仗甲胄皆在焉"。他看到"吾国唐、宋诗人之称全甲无算，若狄青之铜面具，李存孝之铁甲，皆其著者，此进化之迹，必不能免。昔古物不存，无以考据，此则文献不足，真中国之大耻也"。许多甲胄只在古诗中留名，实物无可亲睹。沉毅有术略的北宋名将狄青，以战功纷纷而荣显；唐末飞虎将军李存孝，勇武骁悍可比西楚霸王项羽。他们的附身铠甲，竟影迹难觅，康有为深以为憾。更引以为恨的是"正室有各国戎衣，吾国御用甲胄及将士之服存焉。御用甲绣龙，铜片蔽足，二玉如意夹之，咸丰十年法、英联军入京得之者也"。细看战服，不觉汗颜，"惟兵士衣宽袖褂，背心博袴，直非武服。置之各国兵服比校中，非止惭色，亦觉异观，盖不伦不类，真非尚武之国也"。中国戏剧中的武士之服，紧身多纽，窄袖窄裤，跟欧洲兵服相近，变为今天的式样，"意本朝绿营无用已二百年，故兵伍久不闻战事，其入伍也，以家居常服为之。湖南地近南方，至热，故多宽袍博袴，曾、左草草招练，因而不改。以此内战则无碍，若投之万国竞争之世，则为一笑具矣"。清朝中期之后，文武恬熙，共乐承平，难再汲汲图功，绿旗兵渐不振厉，营务废弛，其制徒存空名。又经裁汰，改作巡防营，"养兵仅为警察，只以捕内盗，原非以敌外侮，故谓通国数百年无兵可也"。代之雄起的，是曾国藩、左宗棠编练的湘军。他不无嘲讽地叹道："然则兵衣宽博，乃益见吾一统久安不竞之盛轨。"此断非懿范嘉行。敛兵戈，废武备，耽溺敉宁之欢，"而犹用昔者一统之体以待强敌，则大谬矣"。他在武库中看到法国兵于庚子年掳夺的同治十二年（1873 年）金陵机器制造局所铸十一具战炮，感愤愈烈。当宋、明之世，蕞尔巴黎尚如弹丸，难称雄丽，但是"新世进化，古无可比。吾亦惊叹西欧百年来之治。但当知彼百年前，不如吾中国远甚耳，可笑如此"。怎奈时易世变，古今势异，谁也回不到过去。想到多难的家山，他自恨国力不强，非能傲立世间，内心充满苦涩、酸楚、忧懑。想到泱泱大国的主权、安全日受威迫，发展利益频遭侵害，他有了遑急感，现实焦虑愈加深重。

康有为在奥地利旅行，阿尔卑斯山中，古迹甚夥，十六世纪古庙"虽小而壁画皆极古旧，且佳妙"。一座古寺，庭中之亭四面刻石，为先贤纪功，"以传其功德于后也"。相比之下，"吾中国历朝帝王将相像皆不传，甚愧之矣"，他因之存憾，也因之感念，买来刻像缩型，视作异宝。

行于奥地利山中，"经万壑千崖，长松匝岭，时有人家，青绿无尽，山势直走千里，两嶂相夹，渐入渐窄"。此段山景，"如读李将军金碧山水图画矣"。巉岩崚嶒，似赏大斧劈笔墨，唐代李思训、李昭道青绿为质、金碧为纹的山水画，仿佛映入眼帘，如睹《江帆楼阁图》和《春山行旅图》。

奥国某王宫，"分五座，四面四层，一面朝寺塔，层入弥深，颇类中国"。至一室，"其先贤济士葬此，其铜像前今犹日然蜡烛供奉，此亦大类中国矣"。他从建筑形制和祭祀仪式中，看到了故国俗尚。

奥地利新建大学"新丽庄严，几为欧土第一"。康有为感到遗憾的是，"俄、日及亚洲各国在此留学者十三人，无中国学生"。该校教授的神学、哲学、律学、医学诸科，中国人无从学习，知识上的差距由此拉大。想到中国青年的前途，想到国家的现实与未来，他不禁深忧。

康有为再访奥地利京城维也纳。乘车游离宫。此宫临多瑙河，"尤为幽胜，大致略似西湖三潭印月，而岛湖堆山叠石，筑垒耸塔，曲折高下，则非吾国人所能为也。欧人故善为室，而平地中凿空构山池塔垒，幽深雄妙，则欧土亦少见也"。此种在欧洲都不常见的营造之术，中国匠师可以适当效法。他也看到，中国的造园艺术亦被欧洲仿习。默视离宫湖岛的溪洞、磴道、林苔、楼台，他发觉所砌之石，形状太方，不像自然生成，"欧人古旧时讲此不精，如今德国汉堡腊色所作假山则与中国同，尚迫真矣"。他或许有了自豪感。

康有为在观光中，总爱把国内风景印象带到眼前，一一对照，愈能品出风味的异处。他乐享这种差异化的审美情趣。在这座离宫，就眼前之景，娓娓细述。物品、石像、绘画，顺次描画，笔致详妙，如"四室悬中国画，皆康熙时北京风俗也，亦二百年矣"。他听一位年逾八十岁的导游讲年少时骑着骡子出维也纳，"言其时朴鄙状，极类吾北京也"。画中风景和往昔实景恰相表里，康有为眼前一亮。对于有考据之瘾的他而言，眼底静物"可资考证旧俗也"，"诚足供考欧古物之助也"。而奥国蜡人院"以板为之，然掌故甚多，可考国俗也"。奥地利为千年古国，"千数百年之名寺古垒多有存者，……吾搜得其寺垒图甚多，欧土之旧制旧俗于是可考，非徒奥也"，亦是此意。探幽发微，他陶然自乐。

康有为偶逢德皇威廉二世莅临维也纳，亲贺奥国帝王即位六十年大庆，"千乘万骑，清道而行，严装盛饰，云屯道旁，体制几近中国矣"。帝王盛仪出行的煊赫气象，他自不陌生。面对摈弃俾斯麦的大陆政策，强推殖民扩张性质的世界政策的威廉二世，康有为不会忘记此人亲画的黄祸图，不会消泯庚子国难的苦恨。

奥地利蜡人院中，"有法大革命时女侠沙罗的在狱型像，即杀马喇者，妙颜姝丽，乃有此烈，吾缇萦之后，未见其比"。雅各宾派核心人物保尔·马拉在社会革命的风暴中遇害，死于寓所浴缸里。女刺客夏洛蒂·科黛含怒手刃，令他在惊愕间颤抖着，倒在历史的血污中，没能看到战友罗伯斯庇尔被热月党人在政变中送上断头台。康有为以西汉时赴京救父的淳于缇萦相比，感佩巾帼的临危之勇，虽然二者的作为无由并论。康有为对以暴力革命手段建立专政体制的态度是消极的，"今俄侠女至多，然安能比沙罗时之诛此民贼耶！"他把民主派革命家马拉视为"民贼"，对推翻波旁王朝的法国大革命持异论："若夫览其革命之故事，睹其流血之遗迹，八十三年中，伤心惨目，随在多有。"对路易十六之亡也心绪纠结，云："吾游街衢，过路易十六之坟，方广数丈，式如神龛。其从官兵九百余人从死者，与革命之及伦的党诸名士见杀者，并藏于此。民具尔瞻，亦千古之大鉴矣。"中国固然也有商汤放逐夏桀，武王杀伐商纣（纣王赴火自焚，武王遂斩其首悬于太白旗上），以及民不堪命，把暴虐的周厉王流放到彘地的史例，而"特法之变，流血尤多，震惊欧土，波及东洋，罢弃君权，改行宪政，大地数千年来，为升平之第一关键，则其波澜浩漫，殆世界近事未有大于是者也。惟路易十六自开议院，究非暴君，乃遭滔天之大祸，而为专制君主之永鉴，斯为不幸也"。科黛行刺的理由，既因为同情温和的吉伦特派，又认定马拉鼓吹的激进言论，导致了恐怖的九月大屠杀和对路易十六国王的处决。康有为将蜡像看过，称赏不已，恐非无端。他站在不同的历史方位，朝科黛做出政治倾向上的呼应。

奥地利古寺藏书甚富，康有为感到"吾国尚文学，然书藏则愧之，盖中世之文明皆赖大僧主持之故能尔"。士人嗜书，他对有辱国家声誉的事，殊为敏感。据他行旅中的观察，中国藏书业欲得发展，一靠国家资助，二靠社会捐募，三靠私人赞献，而公益性质尤重。

游维也纳寺庙，灯烛荧荧，供奉神明之景令康有为大有感触，谓：

> 吾观意大利及墨西哥、班国旧祆祠无不如此，香案金花，然白蜡百数，光明照耀，无一不酷肖佛寺之仪。其供事马利亚像与供观音无异，无知者以欧美人一日之强，乃动以彼族一切为文明，而旧俗若等于野蛮者，至欲并灯烛一切扫除之。试问意、奥、班又为何洲之国乎？欧人昔师我东方之灯烛以为光明，今人乃必欲舍光明而师欧人之黑暗，不辨得失，媚外而已，何文明之云。①

此番快语，淋漓畅达，不独有气节，更有理据。他以铮铮之词批判仅以实力强弱断是非、定曲直的根底浅薄者，寡识固陋而褊狭执拗，终会倒向历史虚无主义。

波西米亚出产的羊毛织品，百年前即已享名于世，但是原材料依赖从

---

① 康有为:《康有为列国游记》（下册），商务印书馆、中国旅游出版社 2016 年版，第 139 页。

外国进口。康有为由此思虑："我国口外自蒙古、新疆、西藏皆产羊毛，而自未能织，徒运于外，只为天产之国而未有人工，岂不惜哉！尚未能逮奥百年前也。"这种忧思，和他参观法国制瓷厂时生出的感慨一样。另外，奥地利的制革业受困于国内原料不足，"此亦吾国好销场也"，他看到了出口原材料的商业机会。奥地利制糖业发达，"多以红萝白制成"，"吾国萝白甚多，价极贱，尚未知制糖之用，当用奥、德人以机为之，可争非常之大利"。他在内心发出呼唤：坐拥富足生产资源的中国，具备大力发展民族工业的潜能。

奥、匈多山，矿产丰饶。盛产的炭和铅矿，要靠铁路外运。"奥铁路始铺于我道光九年（西千八百二十九年），成于道光十六年，……今国有铁道万二千二百七十英里，商有铁道六千五十英里。"康有为在思考了地价、劳动力成本等因素后，提出发展中国铁路，以促运输的主张，认为"我当同治时，筑铁路真未晚也。我国工贱地贱，每里仅费万两，彼筑价多于我二倍，故我国筑路至易也"。

维也纳国立银行创设于咸丰十一年（1861 年），康有为感到"观银行之多少可见贫富之差矣。……银行与铁路皆为理财之父母，若二者缺乏，则血不通流而病生焉。吾国人今渐知铁路，而银行之要图尚未深知也"。近代金融业对于古老中国尚属新事物，将之提上日程，能够扩展国人视野，增加认知。此乃时势所趋，非人所能为。在漫漫旅途上流离转徙的他，真心期盼国人能够在新旧之世转换中，循势而进，力拓"以急流至大同太平之海，而后百川汇焉"的新局。

康有为晓离法国，午至摩纳哥公国。"其国之特异，实为欧地所艳称，而大地所寡有"，国土"略当中国方十二里耳。一荒山凭峻出令，绝海疆而立国，如吾中国之山海间荒乡耳。然以此弹丸蕞尔而立国欧土，不灭而特立，与英、德、俄、奥并峙而无所属，……实吾中国人所梦想不到。而此弹丸国之繁丽华妙，甲欧土各大国，尤为大地人所梦想不到，亦满的加罗（按：指摩纳哥）侯所梦想不到也"，这个欧洲城邦国家"背挂崇山，面临大海，形势极似香港，楼阁皆抗山占壑为之，乃无尺寸平原"，他的这个感觉是对的。

待到在景区畅游时，他的观感愈深。摩纳哥"南临地中海，碧浪紫澜，万里卷波，风景佳胜。去赤道不远，几在欧土极南，深冬草木不凋，青葱弥望，能植棕榈蕉葵，大叶夹道，公园依山上下，百花烂漫，亦极似香港公园"。蕞尔之国何以繁美冠于欧土？他细加审视，以为此乃欧洲贵族王孙纵欲游乐之地，曰："惟此区区侯国，绝无苛政，遇客极厚，而听客所为。又无警吏、报论之伺察，故骠骣王孙、绮纨公子，得以肆其情欲，无所不至。又当汽车飞渡全欧，各国皆可一二日而来，至杂沓行游，日增月盛。列国既行立宪，帝王无所事事，故亦多作微行。……若其余大贾，挟多金而来纵乐，更无论矣。故满的加罗，以其极小国而得成为极乐国。……所可怪者，仍是海滨能存一独立侯国，不收他税，独收博税之一事耳。然其展转相成，遂成一极怪之极乐国，乃知春秋之郑、卫，声色独盛，非无故也。"淫乐侈靡、博场豪赌，穷欢极欲之盛，实过于古时郑卫。

在这座袖珍之城，康有为品尝到了乡味，只是索价颇昂，"在中国乃常食之俭者"，费钱颇多，"吾行遍大地，未尝见此，令人骇绝"。好在"然馔良美，极似中国。巴黎店馔尤精，双鱼尤妙似中国，诚甲于欧土"。食店至味，使游子之心稍得宽慰。

光绪三十二年（1906 年），康有为自法国之南入西班牙，汽车终日穿行于横分法、西界域的比利牛斯山脉。他摹状眼底山景，云："岩壑百重，峰峦万簇，争奇竞秀，青绿未了，山秀嫩已极。……其山盘亘二千余里，当冠欧洲，虽瑞士之阿尔频岳尚逊其大也。中国内地则无之，惟自太行走西山隔绝漠北者似之耳。若无冬无夏，终岁青青，此惟罗浮有之，衡、庐尚不及。吾未至天台、雁荡，不知相似否？但台荡之小，比之培耳。……而在吾国穿居庸关走七十里而出西山表，与及绕庐山、罗浮一周，则若丘垤，殆不足数。"培、丘垤，皆小土山之谓。他把神州名山同北美洲之落基山，南美洲之安第斯山，欧洲之阿尔卑斯山、比利牛斯山，以及印度之须弥山相论，伤其低矮，而海外诸山耸崖峭壑，奇碧无尽，乃叹"惜谢康乐、李青莲不及游也。吾生也晚，而幸当交通之运，名山展齿，足傲前贤，逋人良用自慰也"。此言菲薄海内山岳，似抱自愧之情。天下之山，各有其美，若夫中华五岳，不可与他山一例视之。康有为此段山行之记，比量失义，不足称。而其行文略得桐城派笔意，犹如姚鼐为泰山写意那般高阔风神。

甫入西班牙，康有为见国都马德里道路狭窄污秽，京城第一大道"如吾北京之骡马市、吾粤之双门底矣。……然不料班之大国文明乃若是也，益为失望"。路上多随车行乞或逐车拦路而乞者，广场与游观要地，百十乞者结为连环之势，"比吾京师有过之，岂凡旧国新政未行，机器未行，养民无术，其必不能免于此乎！吾不知贞观盛时，斗米一钱民生何若，否则必如欧北各国之政善于养民而后可也"。他不由忆想唐朝初年官行善政，民得温饱的治世景象。

他评说马德里，惯以故国景物为参照。该城"据坡陀群冈而立，群冈自后拥至，地势似扬州"。昔日物品转运，要靠骡马，"骡铃相属于道，陌尘飞扬，正与吾京、津、居庸、北口相同，厥惟艰哉！"市内建筑"其宏大而带土气，尚不如印度，乃甚似中国北方，但内室华饰与崇大过之"。此地以高墙围屋，"但见败砖落灰，宅内美不彰，睹之黯然，正与中国同"。大银行则"灰楼两转，绿板无饰，若吾国当店"。西班牙"惟烹调颇美，能合数味为之，甚似中国"。又探其究竟，云："吾游遍大地，惟中国烹饪冠绝万国，大地各国皆不得其术，法国何以能产此，计必自葡萄牙得澳门而传中国饮食之法。……自葡传中国烹饪法于班，班、法交通至多，路易十四之孙又为班王，因以传中国烹饪之术于法。……吾观班、法之切卵为四块，又食生菜与其他调味，多类中国。葡人好茶，呼茶为茶本音，其饮食之味又同中国，故可推而得其祖所自出。吾常谓中国饮食之美必混一地球，今益信也。"看似薄物细故，他皆观瞧得细，体验得深，比较故能惬当。

康有为游西班牙王宫，当日恰逢天主教大祭典，群臣咸集于王宫。王来时，"吾行礼，王答礼免冠"，康有为又一次感受欧洲王室庄重的仪式感。他默默而视，不以为然，"凡旧国危弱者，虚文愈繁多哉！此不类吾国督抚之朝晚鼓乐出入仪仗乎！"国王已经成年，穿着金绣戎衣，跟随太后，佩剑徐行。太后以守旧教为义，而旧教非国王所好，"欲力改之，今抑于其母后，未能行其志，然英主也。以女后而几陷国于危亡，何中西一辙哉！"言及此，他大约想起了慈禧太后的冷脸，仿佛看到太液池水光中浮映的瀛台，还有光绪皇帝紧蹙的眉头。此刻，耳边奏响军乐，"其乐声清哀而不壮，此西班牙所以弱也"。他的感喟倏忽而起，云："吾昔游南洋，听印度、霸厘、廓尔喀、缅甸、爪哇诸乐皆哀咽，如泣如诉，真亡国之乐也。欧北诸国乐，皆古铙，吹以筋角笙篪，多屈折而加高之，故声最雄壮。所谓夏声，必大发扬蹈厉，宜其强哉。吾在大霹雳六月举行祝万寿礼，是日午寐，骤闻中国乐作，其声清壮，奋而上扬，吾抚枕曰中国不亡矣，但不能无少乱耳。时久在南洋，日听亡国之乐，故闻声而能辨之，乃叹闻乐知政为不谬也。"此段言语，岂是谈乐理，而是论国是。

海军署、内部署、议院皆在王宫周边。康有为关注的，当然是议院，"其门镶红绒，平无雕饰，似北京及各僧寺制"。宫旁有博物院，在他看，入内"可考欧土何时为文明矣"，"可考旧俗矣"，"可考其兵器进化之序也"。他发现了熟悉的东西："（查）理第五为德帝时甲胄，及攻突尼斯之胄，皆上插孔雀翎，与中国同。但中国拖下，不如彼之上插，要以为穿贵者之美观，则一也。国初孔雀翎只以赏亲贵，亦不知后之滥也。"清代官服，帽顶配花翎与之相类。清朝行九品十八级官制，尊荣显贵，观衣冠可知。查理五世是神圣罗马帝国哈布斯堡王朝皇帝，也加冕为尼德兰君主、德意志国王。这位曾在欧洲称雄的君王，为西班牙在欧洲大陆奠定了强势地位。他当政时期，资助麦哲伦进行人类历史上第一次环球航行，并使西班牙帝国成为海洋霸主。在德国宗教改革运动中，被教皇戴上皇冠的查理五世，一方面要维护罗马教廷的利益，一方面又须考虑国内外政治现实。

他召开纽伦堡帝国会议，让新旧教派签订宗教和平条约——欧洲第一个宽容路德教的条约，促进了新教的发展。从此，德国北部的路德教和南部的天主教，形成宗教信仰的分野。康有为在博物院看到珍藏的查理五世甲式，中外帝王之异令他惊叹："然岂闻吾国帝王有甲式乎？""盖欧土在昔国争侯争无时或息，故王侯躬擐甲胄以为常服，乱世之苦哉！"睹冠服而知史，文物的意义因之愈彰。

他还看见童子军所披之甲，实可伤叹："哀哉！生战乱之世，自儿童已终日被甲胄，为王子乃得终身甲胄，其苦如此，此岂中国人所讥哉！然则吾太平之日久，而文明之至矣。人不幸而生欧土，昔时险难甚哉！吾心伤之？徘徊于中外之故，而感不能已。"又睹剑、矛、戟、盾，忧戚愈深，云："观此院也，吾重伤于欧民也。彼十七纪以前，殆无日离甲胄剑戟弓弩之世也。其以精枪横行，仅三百余年耳。吾崇祯时炮，康熙时枪，已甚精。但无竞争之国，偃武修文，销锋为器，故不事此，因以不进也。夫道得失相反以相成，神奇为臭腐，臭腐为神奇。吾国文治之至而遂衰也，欧人争乱之极而遂进也。故夫言道之难也，有所偏重者必偏亡。印度戒杀生言仁太甚则亡，中国重文化言安太甚则弱。"他在中西对比中，思索国家致病的原因。坚守本国文化传统与学习西方先进思想，二者存在辩证关系。文武之道，不能偏废，治国理政须凭政治智慧，"不当其时而妄行，断腕决臆而无补于世，何哉？"他虽设问，却不能立答。他的表象性观察未能触及国政衰颓的本质，却预设了深度探析的基点。

观画思史，也是康有为的艺术收获。他在西班牙博物院欣赏一幅王者出游图，"大车上作宝座，前列皆宫女也。前三驱十二马，亦皆宫女，其淫侈，惟杨广似之，亦异观也"。中西之国，山海远隔，而称王之想，亦相近之。

博物院珍藏哥伦布手笔，"存其寻美洲笔记第一卷至第二卷，其第三、四卷则失矣。此为世间瑰宝，与海军博物院之哥伦布寻美洲地图并为双璧矣"。他看到哥伦布寻美洲之船型，"船似中国，大眼鸡平头，四帆，凡七船，船灯犹存，恍然如见哥伦布指挥西向之象焉"。开辟探索时代的航海家发现新大陆的苦心毅力，感动了康有为，他才写得如此形象动情。

康有为游西班牙画院，以为"班画为吾中国西画所自出，凡港、沪、粤城之作西画，侔色揣称，皆法班人，盖葡近班而俗同，画派亦同，葡据有澳四百年，濡染至近，恶得而不从之也"。他称赏意、德、法的画作，却不喜欢西班牙画，因其"多用青绿，而最恶劣也"。可是"惟班人既为吾国画所自出，则其名家自有佳者，亦不可略也"。西班牙画家"专以秀淡生逸胜，与欧派之深浓真为别裁，而脱尽欧风矣。此为开新，其易传染于中国，亦以轻淡与中国画笔相近故也"。而其画风亦有迁衍，好似明世文徵明、董其昌变化南宋院体画。今日中国人即学习的淡笔绿色技法，写像描景，能"侔色揣称"，即绘图形、摹物状，皆能尽其神妙。此番画论，确有见地。

观西班牙陆军武库，"有中国古枪四，银花精凿，轻美甚。吾昔在盛祭酒伯熙家见乾隆时枪略同，仿康熙时精制。此枪无文，要康、乾盛时物，今乃反不如之，令人俯仰古今，不胜感慨也"。康有为或能忆及和宗室盛伯熙的交谊。

托莱多这座山中城市，有一座数百年古城门，他默观形制，"长围周之如城，城中屋舍庙宇道路皆极古旧敝坏，极似中国北方僻郡县，亦可见班京数百年景象也。凡机器未出之先，数百年前大地城邑多如此。……吾中国乡落亦然"。城市的繁盛之景、宏丽之貌，是工业文明的产物。中国城邑若改旧观，必得致力产业的建立与发展。

入马德里公园，康有为感觉"然班人不解布置园林，处处皆用方局，如井田然，绝无曲折高下之妙"。评点之际，他又夸称"吾国最尚幽折"，颇为中华造园妙谛而自得。

康有为心念故国，随处取例，以寄乡情。某日出马德里乘车南行，"寒山迤逦，村舍匝合，庙塔巍峨"，正逢大雪满山，寒气彻骨，携家人探古，兴致愈奋。所游陵庙"虽耸兀而灰旧，似中国北方寺庙。又依寒山，益觉萧然。庙高二百九十三尺，横四百五十二尺，门之结构及前敞地皆似中国，令人生故国之思也"。去国日久，怀思深长。庙廊"灰沙曲巷数折"，一室"卑小而暗，素朴无饰，亦如中国僧室"，不由想到"欧人最尊教，帝王为僧者甚多，楂理第五兼帝德、班，以新教与争，极不得意，晚亦为僧"。德皇查理五世曾经解决天主教派和路德教派之间的纷争，垂暮之年，却抱病在西班牙埃斯特雷马杜拉的尤斯特修道院度日。康有为思绪驰荡，上溯南北朝而至当今，云："日本帝为僧甚多，中国则自魏献文帝、梁武帝后无之。明建文则久在难中，寄托为之。若本朝世祖传闻有此。"北魏皇帝拓跋弘笃信佛法，倡凿石窟，且逊位于儿子孝文帝拓跋宏，剃度为僧。南梁皇帝萧衍性好释教，致刑政废弛。明惠帝朱允炆施行建文新政，却因削藩招致靖难之役，败亡失位，远避川滇，隐迹潜踪于山林梵刹。清顺治帝福临，终因厌世而遁入空门。帝王与宗教，断不了精神的联系。

西班牙的托莱多，是康有为着意述游的人文景观。他说"陀鳌度虽山市数百家，而千余年古迹，有希伯来屋、罗马垒、摩洛哥回宫庙、峨特式庙，亦足观矣"。这里的摩洛哥白庙，为十世纪之筑，"自壁穿柱础皆以白灰为之，门平面，制甚小，广深三四丈，似吾粤乡曲小祠。正寝登阶四级，而空其庭，阶亦类中国，庭八柱四列"。他眼中的这座古庙，和家乡普通一祠仿佛，而能保留至今，曾有的感触不禁再生："吾中国号称数千年文明，而不知保存古物，僻壤荒陬类此者不知凡几，正恐我之消班者，人亦以消我也。"对待文化遗产的态度，体现了国民的文明素质。他为中华古物的不存而自惭。他的责怨流露了内心的焦虑。这是一个爱国知识分子正常的情感反应。

行于托莱多，康有为还看见"有一井，极似中国"。又望河水环山而流，"晓日方出，映照塔庙，河流潺潺，长桥卧波，式似中国，风景壮丽令人有故国山河之感。……临河有城，似苏州，今为分封法王之园"。城中耸屹十一世纪回教大庙，为摩洛哥工程，"大门丈余，铜皮纵横钉之如

O形，似中国"。

出托莱多，康有为游至一座呼为迦怜拿大（按：今译格拉纳达）的宫城，亦为西班牙古回京之一。观望形势，"群山盘亘，逆行纡回，耸矗而入，大河如带，曲曲远盘，乃临大野而建京"，"其形胜极似杭州诸山，曲折走至吴山而下城，群山走至此冈而迤平，可周望，独据形势，亦如立马吴山第一峰也"。大河绕山，白波浩浩，曲折环萦如带，摩王故宫在焉。这座旧宫殿"刻镂精密，大地古今最诡异之式，实万国所不能比者。……考其精工，因以推其文明之治与科学之盛。由此而推之，则吾国阿房、建章、仙掌、铜雀、临春、结绮、西苑、迷楼，所关于美术不少，惜皆一炬，不足以著吾国之文明；空有遗文，不足以示外人之徵信，诚非常憾事也"。出殿为一小园，"尚不如吾粤大富室潘、卢、伍、叶及孔、黄、马诸大宅也。但刻镂精耳。吾国宫室无结构刻镂之精，若论座数之多且大，则大地无之。盖由聚子孙以立一室家同一屋宅，故纵横可至十余座，合共百余座为数百室，亦异事也"。中国家族之宅和欧土君王宫邸，格局不同，各呈面貌。只是中国宅院"无结构刻镂之精"这话，若让徽派工匠听了去，定以为诞谬。

康有为入宫旁一座富人园子，"外门堆石作小山，缠以藤萝，冈颠凿池，筑三小岛，冈麓遍植繁花，园制亦似中国"。又择他处而行。晓出格拉纳达，弥望"沿途皆山，似广东也"。乘汽车夜至卡秩市，大旅舍"白木床，有帐，浴用二尺许大圆盘，置水其中，皆与中国同"。恰逢中国春节，也遇西班牙嘉辰，男女丽服出游，"有作中国服，龙狮舞，鱼虾灯先驱，魔次之，马三，灯笼八对，美女二十人，后作花架；有作地狱相者，如中国出赛会然"。客店亦有舞女结队而欢，"一瞽者弹弦，坐客赏钱而去，极似中国"。复过一邑，"其城堞如中国，乃罗马旧基"。行抵西班牙古回京之一的筛非（按：今译塞维利亚），"邑中横河，长桥架之，小舟树底，甚似中国天津"。市中"有一巷道至闹处，不许车行，石道窄而颇洁，如吾粤然"。古回宫犹存，"宫楼二层，重重深入，殿廊门庑阶庭柱础皆如中国"。宫旁为苑，"棕榈盈望，疏池筑台亭，极类中国，……而道通之制亦似中国。花径而剪草木为之，以视中国砌砖较雅耳，而其大致与印度园林皆甚类中国者也"。观览城中十三世纪古庙，钟楼揭然入云，殿"悬大木鱼，有类中国寺，盖亦自中国传来也"。塞维利亚临河，有民居，"约五千余，白灰矮屋，无楼，颇类吾粤旗人居屋"。大道中有国王行宫，旁有制烟厂、制衣厂，"班工艺之不开，故民贫之不振，尚不如吾国也。其得失可以鉴矣"。城中人家"铁阑文石壁阶者无数，外壁虽污旧，而中藏甚富，……盖旧国盗多使然，犹中国也"。他频频进入富室之宅，"其楼廊曲折，颇类吾中国；其楼梯以土阶为之，皆铺红方砖，无毯，遍壁悬画，皆作一小室供基督，神龛烛台——与中国无异，乃知旧国之俗之多同也"。几天后，他从塞维利亚乘汽车行往葡萄牙，路上放览，"大村市屋皆无楼，白灰卑小，斜瓦方庭，有类吾国北方"。

离开塞维利亚，康有为入葡萄牙国境，感受依旧。路上"人家千数，屋皆无楼，同吾北方"。行至葡萄牙京城里斯本，游上下议院，"下院别为院，甚伟丽。二层，前五柱，广廊三级为檐廊，中为大门，制类中国"。一古寺"前门檐廊与议院同，类中国，全欧无此式，想采法中国也"，而"寺外公园正对花厂，此园在平地，草木缦绿，甚秀绿，如吾粤冬时"。一祆祠，"庙甚小，然华严，多古珍物。门五龛，如中国城门"。又睹古宫殿之双塔，"巍然光净，如吾粤光塔，盖印度式也"。而"其曼赊梨地宫，用回式刻画，中方殿，而前后两圆穹门又作方式，若中国制，极诡异"。

康有为寓于里斯本临海客舍，葡萄牙外务大臣也住在这里。"食馔甚佳，颇能调味，略似中国。呼茶音为查，亦粤音也"（前文曾记：葡人好茶，呼茶为茶本音），他倍感亲切，写道："吾遍游欧美十余国，久居五年，……盖全地之大，真惟中国人能知饮食，能调味耳。盖必大国而当大陆之地，乃能兼备百珍。……我国一统既久，承平又多，盖自周时八珍之馔已极精矣，酱豆笾至百二十，品物日多，后益增加，宜其用宏取精冠绝全球也。欧美人最称法国馔，其调任亦间有味，似中国。……凡文明之物必有自来，不能以一国尽创之。及游葡京，馔益佳，益近中国，而后尽得其故也。"在饮食传承上，他亦分出脉络，认为西班牙效法葡萄牙，而"葡人移植于澳门，澳门近师于粤城，祖所自出，益为茫昧而难知，亦何怪焉。然试观美国芝加高中国酒楼乎，自李鸿章游美后，有李鸿章杂碎之售，不三年而酒楼二百家岿然于蕞尔之芝市矣"，又说"然则今欧美人一饮一啄，醰醰有味，皆我国之所贻，用以报铁路、轮线、电线之功，交相酬报，不为薄矣"。他据此断言："大地饮食必全效中国，葡为嗣子，班为文孙，墨、法为曾、玄，而各国皆吾云来也。人莫不饮食，人以饮食为大举，中国关系地球之大事，嘉惠普天同胞之口腹，饮食乎，功最大矣！"他从自我阅历出发，放谈烹饪艺术之宏，细究源流次第之微，竟至还提到李鸿章访美时无心而成的杂烩菜，显示了眼光的深与远、学识的厚与博。

入匈牙利境。康有为认为该国的历史，可溯及匈奴，竟至映目景象都能相证："乡曲屋卑陋，白灰金字，颇有类中国北方，惟面目稍变。"出布达佩斯，愈添风味："京外东行二千里大原，麦已登场，极目无绿，时有羊牧骡车载货鞭尘在远远疏林中，时有帐幕在旷野间，极吾蒙古风景。"胸次豁然拓开。

从布达佩斯至塞尔维亚首都贝尔格莱德，途中所眺，一片平野而无寸山。近京城，突起冈峦，俯临多瑙河，"冈颠有城，如中国，皆兵房"。河山表里，颇得形胜，昔属罗马地。有古隧道，蓄水以备城防之用。罗马人能筑造如此巨大工程，"则吾中国不能及也"。城中室屋卑污，临街王宫仅如一户富人家宅。他听说该国内乱刺杀君王夫妇，很容易得手，"今观之，乱民一拥入室，即可行弑，如我国乡曲行劫富家，亦何难事？若以中国禁城之森严广大比之，则岂能顷刻成弑乎？故以中国人俗推外国，皆不类也"。游博物院，见塞尔维亚人服式，"蓝长衣开禊，如中国袍式"。他细观贝尔格莱德市街，"道皆粗石，尤泥泞，市以篷作廊，如中国"，大约同他惯见的浙、粤城镇的临河廊棚仿佛。这又能引出一缕乡愁。塞尔维亚捐税繁重，民甚贫苦，"则吾国未之及矣"，想到这里，他稍感心安。对此，因国情不同，他不能妄加苛评。该国多兵，以战卫国，"然则自老弱外，壮者几尽人皆兵矣。……然以蕞尔国自立，舍兵何恃？"康有为想起近世中国与外敌对战之失，不禁喟然而叹："岂有万里之大国如中华者，而畏人不敢言战，岂非异事哉！"悲慨顿生。虽一逞口舌意气，图一时之快，但他明白，断不可失去的是国格与民气。塞尔维亚"北部农业尤盛，无尺寸旷土，多五谷蔬果，园囿多植梅。塞人制梅酒佳绝，远过我国之青梅酒焉，吾客中饮此至乐，亦有故国之感也"。该国旧习，男尊而女卑，男逸而女劳，"故父母亦贪女之能力，不肯出嫁，于是迟婚之俗盛焉。于是男女逃走，因以私婚者多焉。此与吾苗俗同，盖犹未免于初民之遗欤！"该国人少地多，其分配制度"最可异者，每乡产业，归于村中，量丁口多少而均分之，有中国古井田及唐世口分、世业田之意"。他以北魏至隋及唐的均田制相比方。在这种授田之制下，按人口分田，曰"口分田"，不准买卖，身终应还；按品级分田，曰"世业田"，可买卖，身终不还。实行这一土地耕种制度，顺应实情，易于家给人足。他赞曰："然创此法者，必为才哲之仁人；甚倾慕之，惜未得其名也。"他仿佛从中看到自己向往的大同境界。生活在塞尔维亚南部的居民，因为绝少大都会，只能定时定地进行交易，"若吾国之墟市焉"。集市甫散，还要飨宴，于歌声中舞蹈，且"咏以通俗之史诗，和以一弦之琴声"，如睹东方国家乡俗。

观乐舞歌诗而知风尚。聆听简寡、明快而有意味的俗歌，康有为特别有感，说塞尔维亚"近代文学，虽不甚发达，然其文学结构，不拘形式而厚于感情，亦其特质也"。文学观念虽不尽同，简括之语，也能点出此国文学之要，可谓一段精切文论。

康有为从贝尔格莱德乘汽车前往保加利亚，翌日清晨抵达该国首都索菲亚。他的观察兴趣仍在文学艺术上。保加利亚人"好歌谣，其精妙虽不及塞耳维亚人之史诗，然多长篇。曾听一人士歌一诗而费一小时半者。诗歌多六句或八句为一节，而多生硬失韵。歌诗意多咏国中盗贼强悍之风，及男女恋爱缠绵之事，如吾国之《水浒》《西厢》矣"。沿巴尔干山而行，

"岩峰峻深，涧泉曲折，万壑秀绿，千岭盘回"。岩峦叠秀、云岫深碧之景虽好，"然仅比吾国匡庐，山势低横，未为雄拔"。又入平原，"道中百谷繁茂，菩提、西瓜尤多，菜果颇似中国也"。眼底风情，无陌生之感。

康有为离开保加利亚，入罗马尼亚，穿越巴尔干山而北，千里平原，绿野秀缛，多瑙河为两国分界。"多铙河流至此，曲折万里，汇合众流，遂泱泱浩荡，其广数里，有吾粤牂柯江之势，……吾足迹遍大地，此为江之广矣。次则印度恒河、安南湄江入海处，然皆远不能比吾长江也。故吾今敢谓长江之泱泱浩远，为大地第一大水。但南球未游亚马孙河，未知比吾长江何若耳？"语句激情洋溢，透出壮阔胸襟。

在罗马尼亚首都布加勒斯特，他游观王宫和议院，道中立贤相和内务大臣像，该国自立，二人功德可思。"何所无芳草，但问香远否耳！为低徊久之。"他动了情，恍如看见中国历史上的两位名贤："苻秦之有王猛，郭周之得王朴，岂易然耶？"王猛，十六国时期前秦丞相，辅佐苻坚统一北方，其理政竭忠尽智，为人气度雄远，遂能兴邦强国。王朴，五代十国时期后汉、后周大臣，治国料敌，功运帷闼，智谋绝俗，同契天人意。

康有为又入希腊教式王庙，"制似中国庙堂，比之罗马制则狭小甚矣"。为等候黑海船期，他优游于布加勒斯特园榭，"回溪曲折，柳阴路曲，繁花甚盛，至水榭作纯绿色，度以长桥，风景似中国"。坐食亭台间，"观凫游舟戏而听乐，亦旅人不得已之逍遥也"，人迹稀，唯闻鸟音。能沉醉山水而消磨光阴，"致足乐也"，这是真实的旅途体验。傍水午憩时，多情的他吟道："绝无人到忘身世，故国园亭梦似归。"水光中宛如浮映乡关之景。当他乘船泛海驶抵突厥京城时，自忖"未知中国人渡黑海者有几？"中外交通初开之世，中国以域外为奇，域外亦以中国为奇。茫茫黑海之上，他满怀桑梓之情。

在突厥，船入土耳其海峡（东北段为博斯普鲁斯海峡，又称伊斯坦布尔海峡；西南段为达达尼尔海峡），"入口处窄不及里，两岸为欧亚之界，两岸皆有古城斜墙，至海，欧岸圆，垒堞完好，高耸云表，亚岸大圮，仅余坏墙，……自此两山夹岸数十里，如江湖然。人家楼阁，弥山上下，汽舟帆樯，映带碧浔，风景之美，略似长江之武昌、汉口黄鹤楼前，晴川阁外。而碧海回环，岛屿外点，则为内地江山所无"。罗马帝国和奥斯曼帝国遗留的王宫旧影、古堡残垣，在草树中隐现。如此江山，让他大发思古之幽情。

突厥京城，希腊时期称拜占庭，东罗马帝国时期称君士坦丁堡，奥斯曼帝国时期称伊斯坦布尔，濒黑海入口，踞欧亚要冲。康有为描述道："此京既控扼山海之险要，而规模伟大，亦无伦。后山自巴根涌来至近海，多成冈阜，如洪涛之奔放，而枝叶重重环抱如竹之苞，扬州蜀冈之势颇肖之，但包裹不如之耳。"眺古城旧迹，不禁望中寄慨："盖将二千年物，英主遗构，大都壮观。中国自长城外，长安、洛阳久毁，今南北京比之既幼稚，南京大亦颇相仿，其雄伟精美亦逊之。……然则就一城论，雄伟亦当为大地冠焉。英雄作事令人惊，君士但丁在二千年，已能如此也。吾策马巡览城址，抚其颓垣断堑，拾其灰石，为之惊叹！"古城雄览山海之势，仁身其间的他，则心事浩茫，思接千载。让他颇感吃惊的是，"惟突京之污秽破坏，实为全欧所无。……盖恰与十年前北京无异。乃至夹道之店，执役之工，亦有类者，几若梦回故国，……故突与吾国之污，为人轻贱者，乃自治之制不行，非有他也"；宫庙圣迹古老而瑰玮，市街却非清整，"其大道中为墟，陈售器物，杂坐卧歌唱，占卜饮啖，北京旧状，几与迫真"。他遂怀大耻，再次表达久持的观点：宫室不宏丽，道路不整洁，定会损害国家形象。市场上"列肆骈阗，……亦有粥卖如中国"，虽有市井气息，大约也折损观感。临海冈边，东罗马故宫胜迹在焉，"今虽为古树疏林，如吾煤山草木，而遗堞皆存，故宫尚在，胜吾长安城上，汉唐陵阙，一无所有者远矣。宫城雉堞，如中国，内环数里"。他依稀想起明思宗朱由检殒命北京煤山的遗事，颇有秋风宿草之慨。突京的生苏非庙"可谓为地球华严第一"，度如此宏规而造庙，全为纪念一个谥为苏非的宗教先贤。庙虽古旧，又久经世变，难免剥泐，但保存尚好，以足迹遍全球自诩的康有为于观瞻中说，"吾敢定评，为全地第一华严楼阁矣"，遂赞其建筑之妙"宜其冠绝万国，独步古今，而为观止矣！"古精华之物，诚为大地之珍。他又深抱感叹："今吾国人有恶佛教者，乃并庙而毁之，如吾粤羊城长寿寺，实为全粤寺观之最伟丽而古者，若改为博物院，岂非至善？乃以第一妙庄严之古物，虽有巨工不可再得，乃毁之开街，是有何用？何地不可开街乎？甚矣！吾国人不知保存文物，故文明扫地，令外人游者无可凭证，后人起者无可感兴。此俗之奇，乃野蛮国之所无，而中国学士大夫，乃不知而甘蹈之，真可恨也！"这和他之前游览德国异服院、西班牙托莱多古庙时的感受是一样的。

行百步，入另一古宫室：厄灭庙，其内"多灯颇类中国庙"。葬着先王索立曼的庙宇，规模甚小，"陵庙外有园，花木楚楚，多贵侯将相陪葬之坟，……此如昭陵陪葬之功臣耶？"盖世之雄崩逝，陵寝是他们留在大地上的最后标识。康有为想起的是唐太宗李世民的长夜台，还是清太宗皇太极的九泉室？

他又游突厥前王摩诃末寝殿，"其陵纵民男女游，小女子以花相赠，此则尚胜吾国也"。他接花在手，体尝异国古俗，心飘余香。突厥国首都"庙寺凡三百，杰构相望，皆圆穹四塔，压诸冈峦。……如吾国，余游不胜游，书不胜书"，眼接目迎，可谓洋洋大观。

突京博物院分两所，各自展陈突式、欧式物件。墙面之饰，"近者欧美人专以缎绫或纸裱壁，则尤省费，以屋不呈材、墙不露形为主。我汉时富人墙屋被文绣，先开此制矣"。博物院集藏古精品中，"有瓦炉炕床几似中国，疑突人自东北来，而传吾俗也"。他体物尤细，面面俱到，百不漏一，稍显啰唆也毫不嫌厌，尽为中国文化张目。但他并非偏于一面，本国的不足之处也能道出，并不刻意遮掩。意识到弱处，又抱虚心态度，反能取他人之长，补自身之短，求得进步。

君士坦丁堡的古异之物，康有为称赏其瑰伟，赞佩"罗马人极能作巨工，天上飞渠，地中通隧，多百数十里者，以导今欧人之新制，亦有自来，此诚吾中国所愧也。盖吾国为政以德，导俗以俭，自无从产此，吾国之短，乃吾国之美也。虽然君士但丁之雄伟，令我庶几于秦皇、汉武矣！”突厥久弱，被英、俄、德、法、奥、意所凌，京城设六大国公馆，“六公使在突，有非常大权，尊严异常。……六国人之横行，突人无如之何也。……吾闻之，既病突人，亦自病也。望此公馆，回首燕京，真所谓同病相怜者矣！”此时的他，既责怪突厥人太能忍辱，也应该想到建在北京的外邦公馆，国人何尝不是在负屈？他的心情极沉重，文字浸泪。

突京博物院藏古衣冠，观其服制，康有为饶有心得，左右侍官“有衣皮袍褂，胸有补服，此则甚类中国矣”。有一种官服“其褡自肩垂下，如袍袴，则与吾国古制多同。盖突厥出自我，宜其类也。《曾劼刚日记》称突人衣似吾国，盖是时尚未改也”。

对于武备，康有为特别留意观察。“突以兵立国，故兵署最闳伟，署重楼，横百丈，前厂地百丈，尤壮丽，几冠各国。兵校亦奇大，兵房同于王宫，吾国尤愧焉。”他倡言的军事改革落空，却在异邦看到具体实践，能不喟叹？他大约相信，选练武卫，招募猛士，服习无敌的局面终会到来。

突京曾建造王宫四百座，临海冈巅筑新宫苑，林木森苍，“此宫有墙环之，如北京香山之静宜园也。禁人游”。康有为驻足宫外，幸而有人“以吾为中国人，特许游”，当为一段机缘。不过，游赏之后，他觉得“然规模狭小，尚不能比督抚将军辕门”。他又自得起来，云：“盖万国王宫之伟大，未有如中国者。盖数千年大国，一统之共主，积久致然，非各国所能望也。欧土各国皆起侯邦，即突厥雄武，亦争于群雄中，未有一统之宏模，故无由与我比盛。我虽未至波斯，而彼千万人之小邦，亦可推得之矣。”家国陷入危困之境，这般口气显得不适。一方面，文化心理上的过度自信，使他的以华夏为中心的观察视角难以调整，从而表现出思维的固执性；另一方面，生活中的强大事实重塑着他的思维模式，使他尝试着做出多向度的反思，渐次改变制度性基因造成的封建士人的孤傲秉性。

康有为过宰相宅第，"道上沙尘涨天，屋间敝旧，迎目极似吾京师"，对突京的印象，又要扯上北京。在欧亚古垒对峙的岸边，他"入洄溪深处，水滨草际，坐卧以嬉"，心情变得欣悦起来。这片风景里，每个星期都有活动，"如唐世之曲江矣"。长安的皇家园林，久为游冶胜境，曲江池上临煦风而赋韵，芙蓉园中听清乐而宴饮，一派盛唐气象。驾一叶小舟轻泛碧澜中，"甚似京师南河泡、十刹海，朴陋亦复相等，而士女及公使豪贵，舍此无之矣"。风情颇近雅人水畔禊集。故都最可堪恋，此刻的他，梦魂飞返什刹海的杨柳岸，凝眸田田莲叶、粼粼鱼浪，畅吸浮香的空气。

他登突京一岛，弥望云海天光。继而访先佐治故居。此君生活在一世纪，"在吾东汉，初以斩蛟著大名"，突人敬而祀之。康有为将先佐治比作中国西晋大臣周处。《晋书·周处传》和《世说新语》志其斩白额虎、杀蛟龙之事。除掉暴犯乡里的凶兽后，年少的周处自悔强蛮之性，慨然改励，修善，卒于沙场。周处为吴郡阳羡人，乡民筑周王庙以祭，正和先佐治一样。

四近林苑亭台、藤架花畦皆妙丽，康有为很有感触："然是日百里间，园林楼阁之多且美，居然欧化，则吾国甚愧之。然若无汽车汽舟以速缩其路，则京外百数十里之岛，岂能骤盛如此乎？此其繁盛之由，诚非古人所能想望也。"发达的交通业改变了旧有的时空感，长短远近的含义发生更易，直接影响着城乡景观的建设。对于岛上的整洁之美，他说："突犹如此，况吾国乎！"心存赶超之念。

突厥之行，素好美食的康有为亦饱口腹之欲。他说"突食品甚能调味，又能切碎，远过欧人，法、班、葡且不及，其他国无论也。其一切肉品并切粒片，且先下味，极类中国。其作饭必用鸡，或牛羊杂糅之，此则青出于蓝矣。盖突厥本出于中国北方，而得中国之调味也"。又说"突人举国皆食稻米饭，烹饪皆如中国，惟饭必加酱味，或肉粒，而加厘亦多。……其烧牛羊鸡鸭悬店中，香味皆似吾国，点心面食亦可口，盖皆于吾国为近，而日本自烧鱼外无一能比之也"。目视口尝，齿颊间溢出熟悉的乡味。

康有为说突厥宫室十分高大壮伟，"其屋制每间必门窗三列，而中作一凸廊临外，一律同之，又髹同一色，其无味正与中国同"。他以遍游世界的眼光看去，断定"大约欧北未兴时，班与突、印之民居，为万国最伟大者矣。吾国对之则大愧"。中国建筑多用木，为梁，为柱，为椽，为檩，少用石材，其间因由，他在印度游记中曾有述及。

突厥女人甚洁，"无一敝服垢面者，此胜吾国远甚。……既嫁后，岁仅一出省亲归宁。其婚祭之礼，亦多有与吾国同者"。成婚后仍要看望父母，以妇德孝尊亲，堪为瑰意琦行。这件事，中国和突厥类近。突厥"其女颇秀美，色黄白，亦有红者，其人色殆比吾江浙人"。但突厥之俗，尊男抑女"则过于吾国耳。观于古文明国，如印度、埃及、波斯、突厥，皆抑女如囚。男女同为天生人类，岂可如此？吾国不如欧人之纵肆，而比之诸古国者，又最为宽大矣"。据此推之，"故中国人类最繁，而埃及古种几绝，今与波斯人民不过千万，突厥亦不过三千万，略当吾一省人民之数"，也是根于此因。男尊女卑固属中国封建伦理观念，但比起称举的亚非古国，儒家礼教所倡，仿佛是宽仁的恕道了。

欧洲国家中，康有为尤对希腊有情，"希腊为欧洲文明之祖，向慕之久，欲游数矣"。登上克基拉岛，首先惊他眼目的，是希腊奇异的自然景观，"群山连亘，突兀起伏，变化波峭，雄秀奇妙，亭亭媚妩，宇内少有其比，惟意大利、那威及吾江浙间稍近之"。联想之下，倒生出亲切感。国民性格亦可相侔，希腊尝以战拒波斯，出数万之兵击百万师船，"雅人虽文乎，其武功之盛，惟项羽以三万人破章邯百万之师可比之，嗟乎！岂非山川奇秀，吞吐海波，有以致之耶！"章邯攻赵，项羽破之，巨鹿鏖兵，秦亡楚兴，他引述经典战例，以证雅典人勇不顾身，大有沉船破釜之心，以一敌万之力。中、希两国，古史悠邈，雄杰之才层出，他为之慕仰。

康有为登上雅典卫城的帕特农神庙，堂皇宏壮，为雅典最瑰之构。"此为雅典最高处。周望都邑，山海尤胜，如京师之煤山、钱塘之吴山、吾粤之粤秀山、桂林之独秀山、福建之乌石山矣。……吾徘徊览眺，感不能言矣！"居高望远，故国之景联翩而来，梓乡之情油然而生。

雅典戏院前耸立华表，不是中国人理解的供标指道路、呈示图腾、观察天文、书写谏言之用，"则戏院赏物之盛具也。一戏之美至微也，表之于众以荣之，盛饰其华表以重之，其效如此。然而美术之精即由此起，人民之乐利亦由此生，遂以音乐戏曲为全欧导师，余波及于大地矣"。华表具有艺术宣传的功能，此为浪漫之都的人文景观。他慨然置评，同时涉及大陆和海岛之国奢俭俗尚，曰："中国以尚俭为俗，必恶其为淫乐无度矣。相反甚远，无得而称焉。盖以农为国者，必尚劳俭；以工商为国者，必尚奢乐。而大陆国必以农立，海岛国易以工商著，亦根于地势不得已也。惟人道进化，必以文明为尚，文明则必以奢乐为表，若以少数豪贵，最极奢乐，则有败亡之虑，故君子戒之。然小人乐其乐而利其利，若与民同乐，举国皆富，凡民皆乐，同能审美以致文，则公理之至也，非奢也。今万国并较，若以尚俭为俗，其道太觳。吾中国宫室道路，皆不修饰，器用若窳，徒令人轻笑，比于野蛮，无治术甚矣。"此言又在重复地理环境的作用，以及批评国内建筑的敝陋。

有一尊古物为"赊拉觅"碑，康有为观其"长方丈许，有盖，制似中国"。所谓盖，应该指碑额，勒字刻纹于其上。此碑二千余年，完好无少缺，文亦存，真可宝也。在他眼里，"雅典古物以此为最珍异也"。

希腊王宫旁兴建公园，敞场之中植花木，设喷池，"其前则卖茶酒，夕时都人士咸集，灯火弦歌，如吾粤藩署前"。走到哪里，康有为都有乡园之思；走到哪里，都要为中国文物的残损与流失焦心。他眼观希腊文化遗产保护之功，遂老调重弹："有希腊车亦同罗马，而三层。戴东原辈终日注《考工记》，安得一周室之车存至今日乎！孔子之车在阙里，然毁之久矣，甚矣！中国之不知保存古物也。"他慕雅典盛名来游，印象是"然诸名迹皆二千余年物，瑰伟妙丽，又多完好，大地自埃及外，未有比焉。试问吾中国久号文明，万里之大，千年宫室无一存者，而此区区一城之地，备此二千余年之数十巨迹，岂非最难得者哉？希腊日有新出土之古物，其瓦器尊、罍、瓶、盘及人物像，二大店尚多有焉。真者颇昂，索百数佛郎，赝者贱甚，仅十数。吾遍观之，真者亦甚珍异，且多破裂，吾购得十数器，为二千余年希腊古尊罍入中国之始矣。吾所购者皆有画，如武梁祠堂画像，但论画已足珍矣"。他记录了一个细节："希腊国制禁购古物出口，欲寄不得，当请命于外部，吾速行无暇，乃挟之而行。"他请示的理由是，中国仰慕希腊文明，但缺少实物，为了在中国开设博物院，特意选购。这样，方得到允许，带着所购之物继续他的旅程。如何传承文明，希腊的举措使康有为印象深刻。

康有为接着在发掘的希腊古城中流连，觉得此城"或与罗马之邦俾（按：今译庞贝）并美，而古尤远过之"。城中堂室的修建年代"当吾春秋前矣"。又见石筑浴室，"在我周文武时矣"。绕山道路旁，"皆新开之堂室，堆石两旁无数，以吾所见各国搜出古城之大且多，此为第二矣，将来必为最名胜地。今以太僻，讥禁不严，吾得持多石以还"。当初他在印度遗墟，也携石而归。康有为又在草圃豆棚、瓜架粪道间看到散落的石像，珍为异宝。"皆堆古文石像，极精，而他处不可一靓者，此诚非希腊不得有此矣。吾国开博物院，若希腊石像为大地第一精妙物，必不可少者"，他建议可来此采购，"且宜速之，迟则恐不易买矣"。爱国心切，笔不能抑。

克基拉岛在希腊极北，公园甚大，"夹道繁花，林木幽深。中为王宫，据冈颠，可望海，其他曲径、砖砌、盛花，颇类中国"。园中敞台两旁"对立二铜人，乃西历前百年物。有白石圆规以测日，如中国"。纵使远隔大洋，文明古国的文化意匠，总能产生神奇的交融。

康有为在不同文化环境中发现中国的海外影响，记之如在心目。不失爱国之情，方能万里奔波，心仍惓惓。"无限事，萦心曲"（宋·周邦彦《满江红》），远别家山，云影会牵他的忧思，雨丝会撩他的离愁；他爱听天边飞雁的清唳，他爱看山后落日的余晖。过眼的种种，都会牵紧目光，

朝往家的方向。身处外洋，心系祖国，且以文字遥寄微旨，康有为是一个
情深的游子。

四

康有为是文学家。他的列国游记，承续古代述游传统，写作模式是：
记述为骨架，议论为眼目，抒情为魂魄。述游以架构，论说以显识，寄情
以骋怀。他纵笔挥写大地风物，思缕虽细，襟怀却是大的。尤其是议论部
分，出入经史，广证博考，使行文于峭峭笔致中透显学识的厚度，而丰富
的理性含量则建立起一个独特的意义空间，在作品的整体框架中占据结构
性优势。

康有为以游踪为主线，串联见闻。他的方位感、感受性和记忆力是超
强的，使述录的三要素——场景、氛围、时空皆备。他在游程中，进入最
多的就是建筑物。他能以营建眼光，详介其筑造形制、体式结构、尺寸格
局，犹似绘出复原图样，笔墨又极缜密，宛如画匠以工笔历历摹出，绣花
一般，很具耐心，庶几有建筑师的学养。在《印度游记》中，他对陵庙、
殿堂、宫室的记述，最为典型。巨制杰构奔至眼底，他气定神闲，用文字
驾驭景观，笔笔来得细，可为导览。宫宇塔刹犹抵心目，磅礴之气大可领
受。摹物难工、状难状之景如在目前，唯赖过人笔力。

偶有抒情。低回于印度舍卫城郊野，康有为寻觅佛之遗迹。鹫岭林麓
宛若黛眉一抹，恒河鳞浪仿似秋波一道。入寺观，抚摩残柱颓础、石墙花
篆，只觉得"旧址微茫，山川潆带，恒河滚滚，落日苍苍，佛迹霸图，扫
地净尽，华严弹指，皆在败壁断墙中。前不见古人，后不见来者，天地悠
悠，怆然泪下"。恰逢夕晖斜映百里山川，"旧事纷来，而今无像无僧，惟
付夕阳芳草而已！俯仰一空，他日大地诸教诸国土，皆当历此劫也，何况
吾一身乎！徘徊环绕不忍去"。今古相接，千载余情，尽是伤与愁。诗意
隽永深长。出于珍爱，以温温君子面貌示人的康有为，耐不住激动，和偕

游的康同璧做了一件事，有文字可证："幸二千五百余年之古物竟能遗留，同璧率从人捡拾柱础遗石，得十数枚，吾在角楼石柱分其一石。又捡石灰，同璧以刀斫得一石，有花者，怀归，此须长者自鹫岭移来磨斫而成者。须菩提营殿之年，为二千五百五十二年前，当春秋僖公十八年中国霸主齐桓公方卒之岁，孔子生前九十年也。是石可谓不世之瑰宝矣。"他甚为自得，云："手持此石还支那，自石鼓外，当为第二古物矣。"信笔而记，表露了性情，也留下了这个历史细节。康有为自谓他是第五个访游印度的中国人，此前则为上溯千年的秦景、法显、三藏、惠云，而以游记之体述录印度风物的，他可为第一人。

烟霞溢彩，泉石流光，映目胜景撩动康有为的心，他的景物描写，尤见天真性情。他描写瑞士湖景，如画师写意："登山顶而俯览之，碧泓一弓，澄于山曲，或长如带，或弯如弓，或曲如环，或方如规，或小如豆，或大如海，或泛汽船之浩渺，或容鹅鸭之呷喋，或青松绿柳，映带人家，或绝壁峭崖，澄浔湛冽，光景之奇，诚未有也。"取譬引喻，极尽比方。又迎着一幅山水图卷："过卑离烟士湖，湖山碧绿，有半岛突出湖中，岛上绝妙，楼阁隐林木焉，令人叹美。湖边人家桑麻鸡犬，亦皆幽绝，不知放翁经过能移家来此桃源否也。"一派田园牧歌式的农业社会景象，他饱含兴致，倾情指状，透出中国传统文人的审美眼光。再放眼："沿道千余里间，湖居其半，崖涧居其半，以近湖多瀑，故山树山草绿净不可唾。人家多植葡萄，环屋连坡，累累连树，滨湖桥路整洁，树影垂垂，艇波掠掠，自矶头崖际，陂陀冈陇，一绿极望，烟波与峰峦涧道相接，欲求其似，则桂林平乐道中颇有相仿佛，但无其广湖及极绿耳。未知绍兴、山阴、衢、严、桐庐间山水与此何若？然千里道中寸寸妙丽，无分毫枯槁平寂之处，真可谓千岩竞流，万壑争流，令人心醉。以吾所游五洲之道二十余万里，自瑞典之外，诚未见其比也。"此段略近郦道元状三峡、苏东坡绘赤壁、王思任摹剡溪笔意，犹得黄公望皴染富春江的雄秀气韵。他常常把舆地家的静观默察和写实笔法、山水画家的艺术眼光与写意手段妙相融合，创制出各色风景图卷。文辞之雅驯，风调之清逸，意境之悠远，只有经过严格文章训练之士，方能做出。

康有为的列国游记，大多侧重记述和议论，描写为主的篇章较少，故而旅德时所作《来因观垒记》、旅法时所作《登铁塔》和《杯伦园》诸章节，景观描写重于线性载叙，论说为辅，又因其结构整饬，可分作单篇赏读。

《来因观垒记》将游踪设为文脉，单纯、明晰，且纵且横；记述随着移动的空间展开，清通、条畅，不枝不蔓。

此篇在结构上可划分三段：首尾段落，皆属评说，中间则为记述。论说以对德法千年兵争的评判为基点，语气仿佛对人物作月旦评那般有锋芒。也是写给不谙底细，只凭臆断推想域外的国人看的，以匡谬识。

开首一段即云："垒也者，故侯之宫，而争战之场，欧人之白骨所筑，赤血所染而成之者也。伤心哉！吾国之古战场可吊者有几？而来因河畔则接目皆古战垒。"因而，他为能生活在靖晏的中国而庆幸。为此，他建议游人"鉴而采之，其庶几真有得于欧游而不入于迷途者乎？故游者不可不游来因河，而学者不可不读来因观垒记也"。忆想欧土之上的惨烈景状，他仰天发问，如此千年刀剑相杀，岂为中国人所见过？现身说法，可谓卒章显志，无枵响，无肤廓，其力自大，决非以悬拟为能事的文学。

既然是观垒，当然要极尽描摹，笔致是写意的。他以文字做镜头，移步易形，不断转换，焦距调整得亦极灵活。远近高矮，角度多变。千百年光阴里，扼险之战垒、控势之关隘虽有残颓，依然挺屹如坚骨，形制的圆与方，择势的低与昂，构成图画里的元素。四近散落着寺塔、茅亭、木阑，崇山危石间，更有村落人家。描写的近真也是他刻意的，尤重意境。写山，则"对河南岸人家百余，屋颇整峻，惟山石作大斧劈甚粗"，如赏水墨精神；写河，则"滩溜湍激，船过甚险，德人以为滟滪堆也"，似临三峡夔门；写城，则"当此群山之冲，扼河流处，有沙立曼（查理大帝）之连士古城，环长百余丈，垣堞如中国城"；写垒，则"在峭壁上，庄严华妙，前以双塔为拱门，最高之斜角大垒一，六角小垒三，下为平垒，六角者无数"。行走长河丛山，寻访鏖战遗痕，意象苍茫，文气自会不古自古。

"自嘻顺（按：黑森州首府威斯巴登）之冰靳（按：今译宾根）至可布录士（按：今译科布伦茨），……连山夹河，垒凡百数，地势至险，风景亦至佳，古迹至多，最令人留连感怀者也。自此开百里大原，别为境界。"走笔至此，意韵旁逸斜出，风神萧散，气象不俗。兵垒是战争的物质遗存，矗立在大地上。厮杀的呐喊被岁月的风卷走，永逝于时间深处，却留下人类历史上国家与民族的深久记忆。如此着墨，使人仿如身历其境，探百战之迹、溯千年之史的体验愈加深刻。

《登铁塔》一文，视角高起，意气勃勃，以此开篇，统摄全文，尽显岭南子弟风概：

> 天下之大观伟制，莫若巴黎之铁塔矣。当首登之，以望巴黎焉。吾游观，必先择高处以四望，可揽胜概。吾少从先祖述之公登五层楼，于连州登画不如楼，昔游江南登雨花台，游扬州吾登琼花楼、蕃厘观，游西湖先登吴山，游武昌吾登望江门巡城而至黄鹤楼，游桂林吾登独秀山，所至各国皆是。以吾所登之塔，若吾粤梁时之花塔，镇江金山之雷峰塔，北京则西苑内之白塔、城外之天宁寺塔、西山之碧云寺后魏氏白塔，而手扪西湖之净慈塔，多数千百年古物，而上海若龙华寺塔，则不足数。[①]

日本、缅甸、锡兰、印度、德国、瑞典、英国、美国也一一历数，"吾手扪其数塔焉。而宏规大起，杰构千尺，未有若巴黎铁塔之博大恢奇者。盖有意作奇，冠绝宇内，真可谓观止而蔑以加者也"。有此一节，读者顿时被带入四海之域和历史之境，而接下的述游段落，皆贯气韵。

---

① 康有为：《康有为列国游记》（下册），商务印书馆、中国旅游出版社 2016 年版，第 80 页。

此篇结构，康有为胸中早有排布，故能得其修整。

《杯伦园》一篇，以白描之笔撰之，最见状景之妙。如"园中为长岛，而后断之，通之以桥，环岛为溪湖，以小舟渡之。凫雁无数，呷喋湖中，游客棹小舟穿错其间，岛首尾尽处皆有亭。首处斜坡，种树植花"；再如"时方五月，海棠覆地，猩红照眼，与绿草相映"；又如"湖后又有石洞之山，堆石为洞，衣以草泥，激以飞波，倒沫激流，有如瀑布。泉声溅玉，冷气如秋。山阜上长松铁磴，夹以曲阑，待游客盘桓"。简逸轻倩，宛然画境。

康有为好为谠论。西班牙游记中写马德里远郊一处据山傍水的遗墟——托莱多，简笔勾绘大略景象后，专意雄论，俯仰天地，纵横中外，思绪于古今之间大幅度跨越，语词中浸入极浓的沧桑感，曰："盖欧洲封建之世诸侯千万，日寻干戈，故各依山据，筑垒而居，其垒大小方圆不一。然大概抗崇山，临危崖，俯河流，备极精险，其隶民即环其垒而居。吾所著德国来因观垒记述之已详。观此垒乎！极似吾国乱贼之据山寨，然思之可笑。然生当乱世，据险以自保，亦岂得已哉！《易》曰：王公设险以守国。固先圣所不能废。吾所游德、奥、英、意，观垒万千，率皆侯垒。若此垒为彼回王之都，而规模之狭小如此，乱世之难阜民，亦可慨也。以视吾古丰镐作洛，大王畿而为民止，一统宏规，岂彼崎岖山谷之土酋部落所可拟哉！"他遥忆西周王朝都城：文王依沣河之西建丰邑，武王傍沣河之东立镐京，成王又临瀍水之滨筑洛邑，以作新都。从诸侯国的角度看，周王朝的辖地就是王畿，这里的人民劳苦，盼得安康，周天子爱护百姓，抚定天下。《诗经·大雅·民劳》"民亦劳止，汔可小康。惠此中国，以绥四方"之句，康有为大概过目成诵。这里寄托着他的政治抱负，理应畅怀纵论，心理隐情是丝毫不掩的。此段昌昌大言，便可朝深处理解。

他在风景里的评说，尽是此种激扬之语。

康有为的行走中，眼前之景和心中之景常常互映，情感忽而在此，忽而在彼，犹似山峦冈阜，大幅度起伏。在表达手法上，过眼景观，多能类比，"近吾中国""类吾粤乡"等同一句式，在不同地点、场合累而用之，毫不惮烦，表达效果却足可尽意。他惯于把崇闳、瑰诡、雄丽、宏壮、奇异等形容词用到建筑物上，刻意加大状景语汇的密度，聚成语言的湍流，冲激着阅读想象，使感情浓度骤然增强。

康有为游历海外诸国，从自我立场出发，放览一切，鉴观一切，评骘一切，时而谨细，时而横肆，笔机飞舞，自由自得。在他身上，一方面，古国的自信之志未失，常引为骄傲，表现着一个传统知识分子的正常心态，意气浩然；另一方面，他不忘近世国家受辱之耻，历史性失败令他承受精神屈辱，长怀自伤之情，强烈的自尊又使他在国外各种场合，勉力用语言支撑大国体面，以选择性记忆和怀旧式美化，保持最后的尊严。这些，都反映了处于往昔和现今、繁盛和衰落的深刻矛盾与巨大冲突中的晚清士人自信同自卑相交织的文化心理，复杂而痛楚。

还要说到的是，康有为饱学而通晓四部，驱遣典故，铺排满纸，极富文史含量，谫识之夫，未易企及。如此做游记者，唯康氏一人耳。

政治家的眼光、学问家的识见、文学家的笔墨和赤子的情怀，熔铸成康有为述游的显明品格。中国近代风景散文史，因这部列国游记的出现而加深了文化底蕴，实现了整体水准的提升，并闪耀绚烂的创作光芒。

梁启超

涉洋穿越新大陆

梁启超作《新大陆游记》。他在这书的《凡例》里说："中国此前游记，多纪风景之佳奇，或宫室之华丽，无关宏旨，徒灾枣梨，本编原稿中亦所不免。今悉删去，无取耗人目力，惟历史上有关系之地，特详焉。"照一般理解，此番话的意思是：在这部书里，风景不记，琐屑不记，只记有分量的，比方史事来历、生平概略之类，更以议论为上。

这个想法，梁氏于行文中屡见流露。本书最末一章《归途》，两次申明：

> 余在美所见美国政俗，其感触余脑者甚多，丛稿满箧，欲理之为一美国政俗评，匆匆未能卒业，姑述其略。若夫全豹，愿以异日。①

> 其余琐屑风俗，有趣味者颇多。丛稿盈箧，检阅眼花，太费时日，兹并略之，读者谅焉。②

很明显，政俗、风俗的详状，都不是他要在这里着笔的。

一

梁启超意之所向，唯在最能摇撼心魄的地方。戊戌之年，后党与帝党

---

① 梁启超：《新大陆游记》，商务印书馆、中国旅游出版社 2016 年版，第 138 页。
② 同上，第 153 页。

的那场争衡，守旧派和洋务派大得其势，维新变法颓然告败。风暴卷过，刀剑的血影下，虽一时无力迎攻，维新派意气却未消泯。流亡日本后，梁启超应创设于加拿大的中国维新会之邀，从横滨渡航而去，开始为期九个月的美国之旅，时在清光绪二十九年（1903 年）二月。旅美华侨的生存状况是此次访察的内容，欲在新大陆寻索匡国济时的思想武器更是他所着意的，故而"兹编所记美国政治上、历史上、社会上种种事实，时或加以论断"。对于当时眼界未开的国人，薄物细故，未必没有知晓的兴味，仍是舍掉了。阔略不周，着眼到底还是在大处的。

欲兴社会革命，必以舆论导其先声。戊戌变法前，梁启超作政论之文《变法通议》，在他和黄遵宪、汪康年一同在上海创刊的《时务报》上连载。劈首一句"法何以必变？凡在天地之间者，莫不变"，又有"法者，天下之公器也。变者，天下之公理也"的断语涛浪般涌来，以新法治旧国的刚决之魂、勇毅之魄，一醒国人心神。赤心奉国的年轻士人，怀抱维新誓愿，令昏沉古国陡添振厉之气。

在变法者看，近效日本明治维新，废除几千年封建君主专制，代之以资产阶级君主立宪制，乃其荦荦大端。伸民权，争民主，开议院，定宪法，标设为创行新政嚆矢，中国近代宪政运动自此而开。梁启超对于美国的观察，专意此处。

当时，波士顿为美国位居第五的大都会，所遗影迹颇多，不乏观览的价值。他最初的感受是："波士顿者，美国历史上最有关系之地，而共和政治之发光点也"，"美国人合众自立之端绪，殆无一不发源于波士顿"。述游之际，梁启超抄引五年前著《饮冰室自由书》中一段话，略叙一群"苦英苛政"的清教徒移民，为逃离羁轭，维护宗教信仰的自由，实现精神生活的圣洁，"自窜于北美洲蓬艾藜蒿之地"，建成地球上独立之国的大略。垦辟蛮荒的先民"茧足而立于大西洋岸石上之时，其胸中无限块垒抑塞，其身体无限自由自在，其胸襟无限光明俊伟，殆所谓本来无一物者；而其一片独立之精神，遂以胚胎孕育今日之新世界"。崭新天地，梁启超久已神往，满怀热望地表白："吾梦想此境者有年，吾今乃得亲履其地，抚其遗迹，余欣慰可知矣。"而先民舍舟登岸处所立礁石，则以"新世界"命名，"二百年来，美之爱国家及外来游客至者，每椓凿少许怀之而归，以作纪念，原石损坏殆半"。流年似水，足见人与物的辉泽，久在古老的海湾放光。

梁启超略述"真为自由主义坚苦刻厉以行其志"的拓荒者的最初岁月："一六二〇年，抵菩利摩士，见其地饶沃，宜种植，遂定居焉，不隶于物尔吉尼。其始定制，通力合作，种植所得，悉存为公积，而同人亦衣食于公家，无有私财，实行柏拉图之共产主义。未几，故国人闻之，深相慕羡，来者日众。见共产之制不可以久，乃议每夫划田一亩为私有，建筑村邑，公议管理之法。首建议会……"小事由总统领处理，大事则公议公断，成年人拥有会议权。"至一六三八年，以居民分拓植于各地，散处不能悉赴会，乃行代议制度，是菩利摩士开辟之略史也。故美国共和政团，实托始于是。"菩利摩士，即今日马萨诸塞州的普利茅斯。此后百余年，逢英法之役、美英之战，谋事与决断，尤显集议制度的作用。

梁启超从纽约抵华盛顿，惊异于建筑之美："美国京都，亦新大陆上一最闲雅之大公园也。从纽约、波士顿、费尔特费诸烦浊之区，忽到此土，正如哀丝豪竹之后闻素琴之音，大酒肥肉之余嚼鲈莼之味，其愉快有不能以言语形容者。全都结构皆用美术的意匠，盖他市无不有历史上天然之遗传，而华盛顿市则全出于人造者也。"在他眼里，所有建筑以国会最宏丽庄严，地位至高。相形之下，"而还观夫大统领之官邸，即所谓白宫者，则渺小两层垩白之室，视寻常富豪家一私第不如远甚。观此不得不叹羡平民政治质素之风，其所谓平等者真乃实行，而所谓国民公仆者真丝忽不敢自侈也"。此段话仍不足尽意，又写道："全都中公家之建筑最宏敞者为国会，次为兵房，次为邮局，最湫隘者为大统领官邸。民主国之理想，于此可见。"此时，不知他会不会想起北京的紫禁城，想起汉白玉栏板环绕的须弥座和高踞其上的金銮殿。

提出民权论的梁启超，透过建筑外形而深加考察。他发现了制度设计和由此导致的国民观念上的巨大差异。"美国大统领之性质，其最与他国首长相径庭者有一焉，则在平时其权力甚小，在战时其权力甚大是也。"平时权力小，是因为：其一，行政权，各省政府和联邦政府的职权界定清晰，国内行政权多掌握于各省政府。立法权，亦由联邦议会与各省议会分掌，各有权限。外交、关税等归属联邦，其他归属各省。国权与省权，不可淆杂。其二，联邦政务大体由拥有立法权的上下议院以法律形式规定，总统所属行政部门无自由行动余地。在美国，总统不是议会成员，"故其宪法不许大统领及其阁臣提出法律案于议会。何以故？彼等无列议于国会之权力故。此亦政法上一有趣味之问题也。盖美国者，实行孟德斯鸠三权鼎立之义，而界限极分明者也"。美国总统不能参列于国会，这同"英国之大宰相，总揽立法、行政两大权"是迥异的。梁启超转述英人所著《美国政治论》一书观点，以佐其说："美国自建国以来，于专制武断政体，深恶痛绝。此等脑识，传数百年，入人最深。"观照美国总统选举以及就职与罢任的实践，梁启超的感受是："夫美国争总统之弊，岂直此而已，其他种种黑暗情状，不可枚举。吾游美国，而深叹共和政体，实不如君主立宪者之流弊少而运用灵也。若夫中美、南美诸国，每当选举时，必杀人流血以相从事者，更自郐无讥矣！"语多痛切。不难看出，他认定的理想政体，不是民主共和制（议会共和制、总统共和制），而是封建帝制与资产阶级代议制相结合的君主立宪制。

比起万民听命一人的君主国家，梁启超愈觉政治变革的迫切。以创法立制为己任的他在内心疾呼：或是"本朝变前代之法"，或是"本朝变本朝之法"。总之，在国家政权组织形式上，他渴望因时变制。为此，他期待新的社会运动到来。

对于民主宪政，梁启超并不抱迷恋的态度。他引述法国启蒙思想家卢梭的名言："欲行民主之制，非众小邦联结不可。"美国立国，以各共和自治国合为一联邦共和国，各省与联邦两重政府并存。"故美国国会之两议院，各代表此两原素之一。其下议院，则代表国民也。其上议院，则代表国民所构造之小国家也"，"必知此现象者，乃可以论美国之政治；必具此现象者，乃可以效美国之政治"。就是说，一国实行何种政治制度，无论陷于暴民专制，还是倒向帝政专制，皆由具体国情决定。这中间，历史文化传统乃至自然地理条件，都起着重要作用。选举中暴露的民主政治之弊，与此亦有关联："以余论之，则此弊实缘美国之地理上习惯上而生者。使美国而易他种政体，其腐败亦当若是。使民主政体而行于他国，其腐败或亦不至若是。"

总统参选人，政治气运尽由投票取决，念兹在兹，唯在票源。梁启超深知其中利害："专制国之求官者，则谄其上；自由国之求官者，则谄其下。专制国则媚兹一人；自由国则媚兹庶人。"不同国度，官意与民意角其轻重，几有天渊之别。

选举结果直接关系到官员的命运。一经审视，梁启超发现："美国自一八二八年以后，至一八八三年以前，其任用官吏法，殆如一市场。每当大统领易人之年，则联邦政府所属官吏，上自内阁大臣、各国公使，下及寒村僻县之邮政局长，皆为之一空。使新统领而与旧统领同党派也，则犹或不至此甚，若属异党，则真如风吹落叶，无一留者，此实千古未闻之现象也。"此种官场异状，美国为尤："夫一国中重要诸职，屡屡更迭，犹且不利，而况于各种之实务乎？官如传舍，坐席不暖，人人有五日京兆之心，事之所以多凝滞也。英国每次更易政府，其所变之职位，仅五十员内外耳。（大率皆中央政府各部重要之地位，日本诸国亦然。）而美国乃至举全体而悉易之，此实共和政治之最大缺点也。"

当选总统既执掌国柄，须以官职酬报选举时助己者之劳，"此风一开，遂为成例，故大统领林肯尝云，区区白宫，遂将为请谒者所踏倒。……除应酬党员之索官者，更无他事。纲纪泯棼，至是而极。盖数十年间，美国之官吏，成一拍卖场耳"。事势相因，梁启超深感"美国政治家之贪黩，此地球万国所共闻也"。在这种制度环境下，选举极易沦为一场利益角逐。

选举耗资其巨，选后必有双方的利益交换，金钱法则操弄着权力游戏的全程。出资者取偿于市，滥用职权而蹂躏公益，"故美国诸大市中，如纽约、费尔特费等，常为黑暗政治之渊薮，非无故也"。他的结论是："言美国民主政治之缺点居多。"正义的光芒一旦被遮去，阴影必会使社会沉黯。梁启超对纽约社会、生计粗粗一瞥，所得观感是"纽约诚人口最多、财力最厚、商务最盛、工业最繁盛之地"，但是"其贫民生活之艰难，可以想见"。他语含悲情地写道："杜诗云：'朱门酒肉臭，路有冻死骨。荣枯咫尺异，惆怅难再述。'吾于纽约亲见之矣。据社会主义家所统计，美国全国之总财产，其十分之七属于彼二十万之富人所有；其十分之三属于此七千九百八十万之贫民所有。故美国之富人则诚富矣，而所谓富族阶级，不过居总人口四百分之一。譬之有百金于此，四百人分之；其人得七十元，所余三十元，以分诸三百九十九人，每人不能满一角，但七分有奇耳，岂不异哉，岂不异哉！此等现象，凡各文明国罔不如是，而大都会为尤甚。纽约、伦敦，其最著者也。财产分配之不均，至于此极。吾观于纽约之贫民窟，而深叹社会主义之万不可以已也！"剜心怵目的社会情势促他放声一呼："观于此，而知社会之一大革命，其终不免矣。"革命的发生，也是"天演理势，相迫使然。愈遏之则其势愈盛，而弊亦愈深"。这仿佛来自底层的呐喊，尽是慷慨意气。

梁启超考察第二次工业革命后社会化和组织化程度很高的机器大工业。生产线上，分工日益精细，他顿生无穷之感，曰："近世之文明国，皆以人为机器，且以人为机器之奴隶者也。以分业之至精至纤，凡工人之在工场者，可以数十年立定于尺寸之地而寸步不移。其所执之业，或寸许之金，或寸许之木，磨砻焉控送焉；此寸金寸木以外，他非所知、非所闻也。……呜呼！天下之大势，竟滔滔日返于专制。吾观纽约诸工场，而感慨不能自禁也。"他厉声评断："天下最繁盛者宜莫如纽约，天下最黑暗者殆亦莫如纽约。"如此矛盾的印象，流露出了其对于这座城市，乃至这个国家的复杂心态。其间是蕴含政治考量的。

现代国家的宪制模式下，官吏的履新与罢黜，显现出敷设于选举政治和政党政治之间的逻辑链条。

梁启超明言："但美国支配政界之实权者，政党也。"又云："美国百余年来之政治史，实最有力之两大政党权力消长史而已。两大政党何自起？即起于会议宪法时也。"国会中，两党各占营盘，对垒攻讦，势力已划然分明：一为力主集权的"利帕璧力根"党，即共和党，其成员多为资本家；一为力主分权的"丹们奇勒"党，即民主党，其成员多为劳动社会。赢取总统职权、夺据议会席位，两党为之角力，"而美国卒以此两者之相竞争、相节制、相调和，遂以成今日之治。而国民对于此两党之感情，亦随时为转移"。选票得失，大有攸关。"要而论之，则美国建国以来之历史，可中分之。其上半期为地方分治党得意时代，其下半期为中央集权党得意时代。"这就是简述两党相争事略后，梁启超看法的综括了。

政党之战的参与者中，固有尽报国义务而投身政界之士，"其余大多数，则皆有所利而为之者也。其所利若何？则社交上之特权，其最歆者也"。更有庸碌之中下等人物跻身，"此辈于生计上学业上皆不能自树立，而惟以政治为生涯；其尽瘁于党事也，以是为衣食之源泉也。故此辈者，实政界之虱也"。曳白之徒滥竽官场而不自耻，菲才之士混迹宦海而无惭色，梁启超深为厌之。此番微辞妙论，以锐利词锋、严冷笔意，刺世疾邪。

二

梁启超在波士顿九个晨昏，每天行事程序：演说谈论占去半日，余下半日则访游历史遗迹。有处史迹刺痛了他的心，提笔记道："一七六七年，英国户部大臣汤欣厉行苛税，……其后汤氏新税虽废，而仍留茶税一项。印度茶必经由英国，由英廷抽税乃许入美。一七七三年，英茶至波士顿，起岸候验。居民闻之大哗，群起夺取茶箱，尽投诸海港，此实为美国人对于英廷宣战之第一着，则亦波士顿之倡也。"某天，梁启超往观夜袭英船、抛茶入海的港口，不禁忆及虎门销烟，深抱喟叹："斯事与林文忠在广东焚毁英人鸦片绝相类。而美国以此役得十三省之独立，而吾中国以彼役启五口之通商，则岂事之有幸有不幸耶？毋亦国民实力强弱悬绝之为之也。"悠悠国恨兜上心头，怎不眉间凝愁？

鸦片战争后，清廷与英国签署不平等的《南京条约》，开放广州、厦门、福州、宁波、上海对外通商，实行自由贸易。极意推行帝国主义的诸强始在中国租地开港，倾销商品。

甲午之年，战衅再启。中日交绥，北洋水师尽殁。中国清朝政府与日本明治政府签订《马关条约》。头等全权大臣李鸿章渡日媾和。春帆楼上，日本首相伊藤博文让中方割地赔款时的专横口气、骄矜神情，羞辱的岂止是屈身折节的李鸿章一人？酷苛的条约，加深了中国的半殖民地化，西方侵略者瓜分中国的狂潮愈烈。沙俄在长城以北，英国在长江流域，德国在山东，日本在福建，法国在广西、云南，中国被分割成多个势力范围。日为列强凌暴，民困殊甚，国土更陷于困弊之渊。国际政治威权渐向亚太地区转移，强霸法则之为祸，惨酷一至于此。

这时的美国，夺占了西班牙的殖民地菲律宾、关岛，在西太平洋上建起进犯中国的战略基地。美国国务卿海约翰分别向英、俄、德、日、意、法政府递交照会，提出"门户开放"政策，要求美国与其在华利益均沾。

在纽约，梁启超参加亚细亚协会举办的宴会，与会者有协会总干事和纽约知名实业家。他即席讲演，当面质疑门户开放政策。"席间总干事赫钦士先起演说，极言美国无利中国土地之意，惟愿保和平、兴商务。"梁启超对答："中国若不得良政府，则世界之平和，终不可得望。列强狃于现政府一日之安，欲在此乱机满地之市场殖其产业，非预备数倍之保险费不可。或又欲利用现政府之昏弱，而因以攫特别之权利，吾信其将来之或失，必不偿现在之所得云云。"约四十五分钟的讲演，语锋凌厉。对于天下经济大势，他已有觉察："今则新大陆者，已无复隙地可容欧洲产业之渗入。不宁惟是，且更皇皇然自求其尾闾。此竞争之舞台，所以日东渐也。"门户开放之策，实为谋求经济私利的最大化。

在华盛顿，梁启超曾"访外务大臣约翰海氏于其家，谈两点余钟"。一面之识，对其理政的经纶方略，应有浅知。"海氏号称美国第一政治家，任国务卿兼外务大臣者将十年，近年美国对外政策多由彼主持。"晤面所谈内容，未作缕述。

翌日，"访大统领卢斯福于白宫"。卢斯福，即第二十六任美国总统西奥多·罗斯福。"时卢氏巡行国内初归，坐客阗溢。导余别室，会晤约两刻。无甚深谈，惟言常接我会电报，且见章程，深佩其宗旨及其热诚。祝此会将来有转移中国之势力，且祝其现在有转移美国华侨之势力云云。又言，深以未得见康南海为憾事，嘱余代致意。"话中包含两层意思：一是对中国维新会的寄望，二是对康有为的器重。会面时短，梁启超对这位美国总统的人格略加评说："与德皇威廉第二相仿佛。并世各国首长中，其雄才大略，有开拓万古推倒一时之概者，惟此两人而已。"不掩赞佩之意。但在另一面，倍经苦难的家国，满布艰困的时世，使梁启超对其推行的扩张主义与强权政治，深不以为然。"美国自麦坚尼以来，共和党（即利帕辟力根党，现政府党也）即已倾心于帝国政略，卢氏更持极端之进取主义，雄心勃勃。其所著书，有《奋斗的生涯》一篇。其余所至演说，无不以战争为立国之大原，即此可见其为人矣。"美西战争之后，西奥多·罗斯福承续前任总统威廉·麦金利（麦坚尼）的涉外政策，"以门罗主义为外交上神圣不可侵犯之国是，此尽人所同知也"。门罗主义，梁启超在此书中论析较详。拿破仑帝国消亡后，欧洲各国君主建立"神圣同盟"，觊觎拉丁美洲，招致美国抗衡。第五任美国总统詹姆斯·门罗在国情咨文中宣称，欧洲诸国不应再殖民美洲，"明定北美合众国对于全美洲之权利及其义务，是即所谓门罗主义者是也。故门罗主义者，非国际法上一原则，而实对抗于神圣同盟之防守军也"。这一旨在开疆拓土的外交方针，创制者实为门罗总统的国务卿，后来也登上总统之位的约翰·昆西·亚当斯。

从"门罗主义"到"门户开放",站在美国人的本位立场看,分处不同时代的两位国务卿,在促进国家发展上均有建树;而在正义者的视野下,美国政府跟欧洲列强共同瓜分美洲和亚洲,暴露的是奉行大陆扩张主义的本心。新的国际体系朝着不平等的方向塑造,加速了国家关系的失序。

门罗主义初露头角时,还打着反对欧洲殖民统治的道德旗号,数十年后,掌控国柄的西奥多·罗斯福,公然以其作为行使美式殖民主义的依据,俨然升为国策。洵如梁启超所谓"八十年来随美国国势之进步,而此主义亦日变其形"。门罗主义的本相是:美洲,美洲人的美洲。其形生变:美洲,美国人的美洲。梁启超因而生叹:"而孰知变本加厉,日甚一日,自今以往,猿猿乎有'世界者美国人之世界'之意。而其所凭借以为口实者,仍曰门罗主义。"西奥多·罗斯福巡行全国,讲演中每不忘此。梁启超深有警觉:"吾读此演说,三复其'门罗主义所向无敌'一语,吾不禁矍然以惊,而未测卢斯福及美国国民之本意何在也。"照此看,美国竟以全球为其战略所图。"吾恐英国鸦片烟之役、法国东京湾之役、德国胶州湾之役,此等举动,不久又将有袭其后者也。"眼底现实与历史教训,令梁启超深感隐伏的危机。他的表达,并非杞人之忧,唯在引起天下惕厉。

西奥多·罗斯福的政略,梁启超曾有领教。赴美途上,他先入加拿大,在温哥华阅读报纸,"见美国总统卢斯福巡行太平洋沿岸,所至演说雄辩滔滔,其言有深足令吾国人猛省者"。这位总统在屈臣威尔市放言:"太平洋,洋中之最大者也。而此最大洋,在今世纪中,当为吾美国独一无二之势力范围。"不久,至旧金山,气焰更炽:"余之未亲睹太平洋也,余已为国中主张帝国主义者之一人(拍掌)。及今亲见之,而益信夫欲进吾美于强盛之域,为我子孙百年之大计,舍帝国主义其末由也(拍掌)。在今世纪中,惟能在太平洋上占优胜权者,为能于世界历史上占优胜权。"他自信地声言:"呜呼!天将以太平洋界其第一之骄子,今正其时矣。"继而展望:"海岸线之扩张,驯使吾美一跃而立于太平洋一等国之位置。"不乏激情的演说，光大着美国奠基之父约翰·温斯罗普的政治理念。二百多年前，那位英国庄园主率领千余信徒，迎着大西洋的风涛，从大不列颠岛驶往北美新英格兰。在阿贝拉号船上，他做了那次题为"基督仁爱的典范"的著名布道，宣示："我们应该想到，我们就如一座高地上的城，万众瞩目。"① 在马萨诸塞湾，初临新大陆的清教徒站在上帝面前，虔诚地仰望，神圣的宗教之光照亮山巅之城，也在历世美国人内心闪熠，更以平等博爱理想而自我夸耀。天授使命的优越感，让自命为神的宠儿的他们盲目自信而睥睨一切，汹涌的民族情绪主宰着理政思维，狂热代替了冷静，偏执战胜了理性。这种国民性格的表征，折射出难以更易的美式文化传统。以国家力量赢取世界地位，扮演新崛起的国际角色，是执政者信守的铁律，对外关系上，必定陷入迷恋武力，以炮舰施威称雄的境地。

十九世纪末，世界资本主义进入帝国主义阶段，"今者万国比邻，外竞日剧，美国方汲汲然扩张其帝国政略于新大陆以外"，中国亦为刀俎下的鱼肉。西奥多·罗斯福不掩锋芒的言论，难免令人戒惧。梁启超说："吾怵怵焉累日，三复之不能去焉。夫其曰'执世界舞台之大役'，曰'实行我怀抱之壮图'，其'大役''壮图'之目的何在乎？愿我国民思之。"他意识到："此虽卢斯福一人之言，实美国之公言也。"民意的力量、公众的情绪，可以创造一切，也能够毁灭一切。

费城历史上遗迹尚多，梁启超因"时日匆促，未能遍探"，可还是"往观海军造船所，美国第一军港也"。纵览世界海战史，从紧扼地中海和大西洋航路的西班牙"无敌舰队"，到英国皇家海军，西方殖民势力凭恃海洋霸略，蚕食鲸吞，谋求以武力改写世界版图。"考美国海军发达史，当以现任大统领卢斯福氏为功首矣。"此人屡次在演讲中鼓动国民情绪："而在今日世界大势，战之胜败，必以海军之优劣为衡。苟海军不完，则

---

　　① 　[美]约翰·温斯罗普:《基督仁爱的典范》,《我有一个梦想》,中国社会科学出版社1993年版,第5页。

不论我国民之富力进步何若，智力进步何若，其失败可计日而待也。故扩张海军者，我今日爱国之国民，所当每饭不忘也。""若吾果能得有力之海军而继续之扩充之乎，则敢信我国将来之国难，必永远销息。而海外诸国，更无复能与吾门罗主义争轻重者。诸君请悬此以验吾言。"这番话自然引起梁启超联想，远离西半球的东方也正在受到门罗主义的威胁："此论者在二十年前为卢氏一人之私言，在今日则已成全国之舆论矣。美国对外政略之变化，于此益可见。……岂其将以之向欧洲而行门罗主义之正反对耶？而汲汲焉何为？我同胞一念之。"控驭政柄者专意导引，将门罗主义上升为国家意志，正在成为美国的政治现实。有辽阔之幅员、丰饶之物产，因遭侵犯而国势凌夷的东方古国，实应早有所备。

此时，曾把训练海军列入变法内容的梁启超，思绪不由飞回国内，以为"曾文正之长江水师，置之今日，值一噱耳"。值得重视的是，怀着军事改革之志的梁启超，从中国所处地理空间而预见周边海陆战略意义的要紧，云：

> 世界大势日集中于太平洋，此稍知时局者所能道也。世界大势何以日集中于太平洋？曰：以世界大势日集中于中国故。此又稍知时局者所能道也。若是乎，其地位可以利用此太平洋，以左右世界者，宜莫如中国。中国不能自为太平洋之主人翁，而拱手以让他人，吾又安忍言太平洋哉？虽然，吾之所不忍言者，又宁止一太平洋哉？①

连发警世之问，可谓大眼界，大识见，大气魄，大格局。读此雄论，紧迫感山一般压上世人心头。百年之后，以梁启超的世纪之问而冷观今日太平洋，波谲云诡。

---

① 梁启超:《新大陆游记》,商务印书馆、中国旅游出版社 2016 年版,第 15 页。

三

维新之殇，使梁启超的美国观察，形成多向维度，除政治之外，尚衍及商业、基建、教育、报业这几面。

梁启超"居纽约凡两月余"，面对这座世界第一都会，仿佛茫然："今欲语其庞大其壮丽其繁盛，则目眩于视察，耳疲于听闻，口吃于演述，手穷于摹写，吾亦不知从何处说起。"他的视线，最终移向这里的商业。世界各大都会，如伦敦、柏林、巴黎、维也纳、罗马，集拢了政治、商业、文化多种功能。"独纽约不然，惟为商业之中心点而已。虽然，商业者，位于美国凡百事务之第一位者也。故观美国之菁英，于纽约焉可也。且纽约不徒为美国商业之中心点而已，又实为全世界商业之中心点。然则观二十世纪全世界生存竞争之活剧，亦于纽约焉可也。"活剧，他印象深刻者，是世纪之交产于这座商业城市的托拉斯，其势力扩张至全美国、全世界。托拉斯滥觞于1882年，"自兹以往，举国皆狂热于托辣斯。及于今日，而美国全国之资本，其在各托辣斯之支配下者殆十而八。夫美国者，今世界第一之资本国也。美国资本，殆占世界全部资本之半。然则现今世界资本总额之小半数，全归于此最少数之托辣斯梯诸人之手中也。嘻！岂不异哉，岂不伟哉！"此种集约管理企业的经营方式，梁启超设喻论之："托辣斯者，以政治上之现象譬之，则犹自各省并立而进为合众联邦也，自地方分治而进为中央集权也；质而言之，则由个人主义而变为统一主义，由自由主义而变为专制主义也。"他不惮烦，译录近年托拉斯资本表，数十家制造业公司在列。梁启超又陈其利弊，保持了危机意识："要之托辣斯实二十世纪之骄儿，必非以人力所能摧沮，此今世稍有识者所同知也。自今以往，且由国内托辣斯进为国际托辣斯，而受害最剧者，必在我中国。然则我辈不能以对岸火灾视此问题也明矣。至其起原、其利害、其影响，及吾国今后对之之策，吾将别著论论之。"在海外资本市场的强力挤压下，处于弱势的中国民族资本如何应对与生存，梁启超劳心忉忉。

梁启超前往华尔街，访托拉斯大王摩尔根。"余本无事与彼交涉，特以全美国最大魔力之人，以好奇心欲一见之耳。"梁启超有守礼之德，为了不耗费摩尔根的宝贵时间，"故入谈仅三余分钟而毕"。他记下对方赠言："凡事业之求成，全在未着手开办以前；一开办而成败之局已决定，不可复变矣。"这是摩尔根的人生经验，"殆可为彼一生成功之不二法门"，梁启超深为服膺。

发展铁路，以交通之利促进经济社会发展，是维新派提出的变法主张之一，亦关乎经济方略。梁启超在美国蒙大拿省"乘大北铁路之汽车行"。在他看，美国十余年来取得快速发展，大北铁路起到很大作用。"线长六千余英里。现新大陆之铁路中，除加拿大太平洋铁路外，以此路为最长。"大北铁路，五年筑成，其间极尽艰辛，实乃"耸一世观听"。梁启超写这一段，语调慷慨，难抑敬意：

> 美国诸铁路中，其工事之艰难，殆莫过于此路。其所经过者，有全洲最大之落机山，有大森林，有大湖沼，穿无数之大隧道；与积雪战，与坚冰战，与酷日战，与瘴雾战，与猛兽战，与土蛮战，乃至与饥渴战，与死亡战，其工程之几中止者屡矣。比儿氏卒以坚忍不拔之力，冒万苦，排万难，以底于成。嘻，亦伟人哉！铁路一成，而数万年来鸿荒黑暗之天地，遂放大光明。至是而此数千里之荒原，不十年间，而千数之大村落、百数之大都市，弹指涌现。岁岁产七千万石以上之小麦，供给世界市场；其余物产亦称是。至今全世界农业制度最完美之区，惟此为称首。而比儿氏在此诸省中，其受崇拜也，几与华盛顿同，尊之曰："大北之父"（华盛顿有国父之称）。嘻，岂不亦人杰哉！①

① 梁启超：《新大陆游记》,商务印书馆、中国旅游出版社 2016 年版,第 102 页。

比儿，即首倡兴造大北铁路的占士比儿。"比儿固窭人子，衣食尚不自给。年二十余，尚在密士瑟必河畔为一挑夫，每日得一二元之工价，仅以糊其口。"但是贫穷不能移其志，夺其气。大功完竣，足资见证此人所具远识，所怀大略，可与华盛顿比肩。梁启超会否想到筑路岁月里，华人劳工为这项浩大工程付出的血汗与生命！

大北铁路的构想中，其作用除了横通东西两部，使联络日固，还"可以与东洋航路衔接，为扩张美国势力于东方之地步"。铁路固属一国交通命脉，而与海上航路相接，陆上之车、海上之舟并发，辐射千万里，其功大矣哉。梁启超看出美国人的鸿猷，曰："大北铁路之经营日益庞，今复造世界第一大之汽船，以握太平洋航路之权，其影响于我中国者最大……"又云："二十世纪之世界，商战世界也。而商战之胜败，惟视其在泰东市场（即中国及东亚诸国）所占之地位何如，此又尽人所同认也。"苏伊士运河开通后，欧亚水程虽已缩短，但是比较太平洋水运，"其利便仍远有所不逮"。扫视地理环境，"然则美国之地势，已占世界商战上优胜之位置明甚矣"。面对"英、荷、班、葡、法诸国，竞张帜于海外，一以博名誉，一以谋大洋上利益之优先权耳"，美国之力逐渐向外膨胀，其战略意图梁启超看得清楚，"以故欲以太平洋线航利压制他线者，势不得不用大船"，只有大吨位方能适应当前及未来的海运之需，更为商品运销与资本输出赢取航权。

分析此状，梁启超祈盼帷幄之臣能怀抱宏图远略，以全球眼光筹谋对策。为发展中国实业计，乃应建造大船。变法受挫的他也日夜忧心：

> 吾国人于实业思想，毫未发达。闻吾喋喋论此，不隐几而卧者希矣。虽然，此太平洋上之航权，实我国应染指者也。而以吾招商局开设四十年，曾无丝毫之远虑。而其余商人，亦更无有起而图之者，吾

侪亦复何颜以责备政府耶？吾记此，吾有余悲，吾犹有余望云尔。[①]

一个中国知识分子的家国情怀，深浸字句间。对洋务运动中成立的江南机器制造总局，他或许有所寄望。

兴办邮政，曾列入维新派的变法设想。"美国太平洋海电告成，即以独立纪念日举行通信祝典。我太平洋彼岸人当此，其感更何如。"相隔万里之遥，人们可以通过电报相通信息。梁启超援引新闻报道云：晚十点五十分，"大统领卢斯福在纽约电报总局发一电于菲律宾总督达富特氏。……迨十一点二十分，达富特氏之覆电已至"。人们手持时表，眼盯表盘上长短指针而验测，确证发明的成功。距离如此之远，讯息瞬间相接，正是新世纪的伟观。电讯技术如同英国诗圣莎士比亚所吟："吾有宝带兮，以四十分钟一周地球。"科技力量的伟大，当然令梁启超惊异："此实三百年前理想家之一寓言耳。岂期物换星移，物质文明之发达，不可思议。"同时他又想："今吾美既得夏威夷、菲律宾，以东方诸国为吾市场，非在东方得一最迅速最直接最确实之交通机关，则事事将落人后。前此华盛顿政府与马尼剌之交通也，由迂回辽远之电路，当外国干涉之冲，虽幸而未尝遇意外之变，借或有焉，何以御之？故海电告成之日，即美国在东方势力范围始稳固之日也，云云。"科技文明加速改变人类发展进程和世界格局，他寄语国人，借势提升国力，实现自身进步，曰："然则此太平洋海电开通以后，东亚之纽约殆将出现，此亦推理而可征者矣。我国民若能利用之，其助我文明进步之速率，又岂浅鲜？而惜乎锦绣江山，他人入室，吾又安忍言哉！"虽则梁启超承认科技进步能使一国生产力骤增突进，而在态度上，是自守还是开放，犹纠结于心。

废书院，设学校，曾在维新派的筹划中。梁启超对美国教育的考察，说明他对文教改革未尝忘怀。

[①] 梁启超：《新大陆游记》，商务印书馆、中国旅游出版社 2016 年版，第 109 页。

位于纽约曼哈顿的哥伦比亚大学，"美国大学中之第一流也"。梁启超了解到，该校仅有中国学生一人，名严锦鲲，系北洋大学堂官费派遣，以政治法律为学业。

由纽约抵哈佛，"时容纯甫先生闵隐居此市，余至后一入旅馆，即往谒焉。先生今年七十六，而矍铄犹昔，舍忧国外无他思想、无他事业也。余造谒两时许，先生所以教督之劝勉之者良厚，策国家之将来，示党论之方针，条理秩然，使人钦佩"。梁启超应乡人邀请发表演说，容先生也到场，对梁氏颇为看重。容闳曾选率满汉子弟赴美，乃为中国政府派遣留学生之始。

"哈佛者，中国初次所派出洋学生留学地也，……实全美国最良之高等学校云。"梁启超入校游观，容闳为其向导。梁启超特别在这里记上一笔："余行后三月，康同璧女士来留学斯校。"康同璧，康有为次女，对于老师的女儿，梁启超以礼敬之。

校长出示校中记事资料，引得梁启超歔欷不已：

> 中国初次出洋学生，除归国者外，其余尚留美者约十人，余皆尽见之。舍叹息之外，更无他言。内惟一郑兰生者，于工学心得甚多，有名于纽约。真成就者，此一人矣，然不复能为中国用。以美国数百万学者中，多此一人，何补于美国？其次则容骙，现在我公使为头等翻译，笃诚君子，文学甚优，亦一才也，吾深望其将来有所效于祖国。自余或在领事署为译员，或在银行为买办，等诸自郐矣；人人皆有一西妇，此亦与爱国心不相容之一原因也，一叹！①

从纽约到哈佛的路上，要经过建在康涅狄格州纽黑文的耶鲁大学。"耶路为美国最著名之大学，吾国学生亦有三人在焉，曰陈君锦涛，曰王君宠佑，曰张君煜全，皆北洋大学堂官费生也。"梁启超本想参观此校，

---

① 梁启超：《新大陆游记》，商务印书馆、中国旅游出版社 2016 年版，第 47—48 页。

因迫于时日，又须另赴期约，故无暇下车。却听到一则消息，聊慰其情："闻耶路大学近拟开一分校于我上海，已有成议，或以明年秋冬间可开校云。"此举固然好，可他也心存顾忌：

> 虽然，我辈当思彼美人者果何爱于我，而汲汲焉乃不远千里而来教我子弟耶？人才未始不可以养成，特不知能为祖国用否耳？教育者何？国民教育之谓也，天下固未有甲国民而能教育乙国民者。不然，香港之皇仁书院，上海之圣约翰书院，其学科程度，虽不及耶路之高，然在中国固罕见矣，问其于我祖国前途作何影响耶？吾闻耶路开学之举，喜与惧俱矣。①

忧乐参半，是其真实心态。

北洋大学堂，甲午之役后（1895 年 10 月 2 日）创办于天津。倡建者为盛宣怀。此校曾与哈佛、耶鲁大学齐名，久享"东方康奈尔"美誉。该校的多位校长：蔡绍基、唐绍仪、梁敦彦、梁如浩，曾于 1872 年到 1874 年间，作为中国历史上最早的前三批官派留学生，以幼童之身随容闳赴美学习。哈佛、耶鲁、哥伦比亚大学和麻省理工学院，留下他们苦读的身影，因而深谙西学。按照规定，学成必得回国效力。李鸿章《派员携带幼童出洋并应办事宜疏》写明：卒业"然后回至内地，听候总理衙门酌量器使，奏明委用。此系选定官生，不准半途而废，亦不准入籍外洋。学成后，不准在华洋自谋别业"。时移世易，跟昔年光景一比，北洋大学官费生虽也属"派赴外洋，分途历练"（盛宣怀《拟设天津中西学堂请奏明立案》），然而完成学业后的实情现状却存差别。梁启超的怅叹，亦有根据。

"美国东部大学以哈佛、耶路、哥仑比亚三者最著名，其程度莫能轩轾。至科学，则仍以哈佛为最高云。吾中国始终未有一人卒业于此校。"梁启超往访哈佛大学后，没有详加述游，唯留喟叹。旧金山湾区的伯克利

---

① 梁启超：《新大陆游记》，商务印书馆、中国旅游出版社 2016 年版，第 48 页。

大学中，亦有中国留学生十余人，"大率皆前此北洋大学堂之学生也"。梁启超觉得星期日"渡海来谈，联床抵足，亦一快事也"。该校学生会，"凡姓名籍贯年岁及所在校皆备载于会籍"。他要来一册，"拟为此游记材料"。谁料"及理丛稿时，不知何往"。他只得凭着记忆将该校的中国留学生名单列于笔下，足见对海外学子的诚挚心意。梁启超很带感情地说："美洲游学界，大率刻苦沉实，孜孜务学，无虚嚣气，而爱国大义，日相切磋，良学风也。"青年向学之士，他无比喜欢。怀着愉快的心情，梁启超和留学生们一起粗览此校。身处异邦的他，也许会想起维新运动中建立的京师大学堂，变法几成空，唯此为硕果。

梁启超主编过《时务报》。变政失败，他流亡日本横滨，创办了《清议报》和《新民丛报》，力图导引新的社会走向。他承续王韬首倡的报章文体而立事功。百日维新，列其大端，创立报馆可以举之。访游美国，梁启超自会留意报界之事。他前往波士顿报馆参观，世界上最古的报馆或许就在这里。他很有兴致地查考新闻纸的起源，费时颇长："余往观经三点钟乃毕，内容繁颐，倦于笔记矣。"即便如此，他还是略述西方报馆库藏之状，以及美国报纸种类、发行数量、出版周期、收支总额的大概。华人聚集的旧金山，"报馆之多，亦冠绝内地，……以区区二万余人之市，而有报馆六家，内地人视之，能无愧死？此亦文明程度稍高之明证也"。把这一切看在心里，他大概想到康有为的《强学报》《万国公报》，谭嗣同、唐才常的《湘报》《湘学新报》，严复的《国闻报》。积极用世，以舆论传播手段引领新的社会思潮，让先进精神的光芒照彻神州，是一代忘躯志士夙怀的宏誓。

在波士顿，梁启超还参观了博物院，陈列品刺着他的心："所最令余不能忘者，则内藏吾中国宫内器物最多是也。大率得自圆明园之役者半，得自义和团之役者半。……余观其标签，汗颜而已。"忆想英法联军、八国联军先后带来的兵燹之厄，他何啻汗颜，更怀忧愤。

四

百日维新受创，梁启超思考其教训：未能在民众中实行思想发动，失去变革的民意基础，维新之举最终沦为宫廷内部的缠斗绞杀。美国之行，在以保皇理念为思想根基的海外中国维新会的安排下，他在多地演讲，鼓动革故鼎新的情绪。国民性的观察与批判，也是他运用笔墨的地方。

他先从华人生活状况着眼。在纽约，排斥华人的最大理由，是嫌其不讲卫生。梁启超观察后，不能认同："以吾所见之纽约，则华人尚非不洁者。其意大利人、犹太人所居之数街，当暑时，老妪、少妇、童男、幼女，各携一几，箕踞户外，街为之塞。衣服褴褛，状貌猥琐。……以外观论，其所居固重楼叠阁也，然一座楼中，傎居者数十家，其不透光不透空气者过半，燃煤灯昼夜不息，入其门秽臭之气扑鼻。"纽约市中，陷入此等生活环境的人，二三十万之数。他这样记写，是为了去除对待华人的偏见。

居住在纽约的华人约有两万，多在洗衣房、杂碎馆就业，"商店大小亦有数百家，自成一所谓'唐人埠'者"。唐人街上的杂碎馆，生意兴隆，这个局面还在李鸿章来过之后出现。因为关乎海外华人日常情状，梁启超不吝字句，述其来由：

> 杂碎馆自李合肥游美后始发生。前此西人足迹不履唐人埠，自合肥至后一到游历，此后来者如鲫。西人好奇家欲知中国人生活之程度，未能至亚洲，则必到纽约唐人埠一观焉。合肥在美思中国饮食，属唐人埠之酒食店进馔数次。西人问其名，华人难于具对，统名之曰"杂碎"，自此杂碎之名大噪。仅纽约一隅，杂碎馆三四百家，遍于全市。此外东方各埠，如费尔特费、波士顿、华盛顿、芝加高、必珠卜诸埠称是。全美国华人衣食于是者凡三千余人，每岁此业所入可数百万，蔚为大国矣。

中国食品本美，而偶以合肥之名噪之，故举国嗜此若狂。凡杂碎馆之食单，莫不大书"李鸿章杂碎""李鸿章面""李鸿章饭"等名。因西人崇拜英雄性及好奇性，遂产出此物。李鸿章功德之在粤民者，当惟此为最矣，然其所谓杂碎者，烹饪殊劣，中国人从无就食者。[①]

西方人不光嗜食杂碎，还深嗜中医。故此"华医在美洲起家至十数万以上者，前后殆百数十人。现诸大市，殆无不有著名之华医二三焉。……所用皆中国草药，以值百数十钱之药品，售价至一金或十金不等，而其门如市，应接不暇，咄咄怪事"。

在营商能力上，梁启超看出了中国人的弱点。他说："纽约者，全世界第一大市场，商业家最可用武之地也。中国至微至贱之货物，如爆竹，如葵扇，如草席，每岁销数皆各值美金数百万，大者无论矣。然大率由美国人手经办，中国人自办者寥寥。统计纽约全市，其与西人贸易之商店，仅两家而已。中国人对外竞争之无力，即此可见。谓中国人富于商务之天才者，亦诬甚矣。"赴美途中，梁启超在温哥华也见到相近状况，云："华人之在加拿大者，生计殊窘蹙，远不逮在美国。其工人之不得职业者十而五六，困苦不可言状。商人恃工人为生，工业衰故商业亦衰。"又曰"日本人之不能商务，尤甚于中国"。过去在澳大利亚某岛，他"见其地有日本人二千而极贫，有中国人不满一百而颇富。诘其由，则此数十中国人即恃彼二千余日本人之贸易以致富者也。而二千日本人中竟不能立一商店，因疑华人商务之天才过于日本人远甚，今观此地益信"。可是他依然认为："虽然，华人商务之天才，只能牟本国人之利，只能牟东方人之利；然与欧美人相遇辄挫败，则有此天才而不知扩充故也。"此语别具眼识。

在加拿大找工作甚难，"而华人来此络绎不绝者何也？盖由此偷过界以入美境也"。一些华人做起偷渡生意，"此间华商有专以导人偷过界为业

---

① 梁启超：《新大陆游记》，商务印书馆、中国旅游出版社 2016 年版，第 45—46 页。

者"，与他人分润，挣得微利。梁启超深以为憾："以祖国数万里膏腴之地，而使我民无所得食，乃至投如许重金以糊口于外，以受他族之牛马奴隶，谁之过欤?"真可谓"严词切责，怒发上指"（清·陈梦雷语）。

进入美国的移民群体中，以犹太人最得势力，权柄直控国家命脉："闻美国之银行业，犹太人居十之三四；其银行职员，犹太人居十之五六云。"纽约第一大街上，"大商店凡数千家，属于犹太人者十而六七，吾中国则仅一家而已"。再有，"纽约市政之权，一惟犹太人所左右，他无足与抗者。其他大市，亦大率类是"。

犹太人能在新大陆上成功，梁启超认为，在于他们特具凝聚力："犹太人何以能若是? 则以其团结力之大，为他种人所莫能及也。"不单经商，在政治上亦树勋业。纽约市中，财界之雄是犹太人，一等外交家是犹太人，法律名家是犹太人。"其余类此者，不可枚举"，当然会引发中国人的深思。梁启超顿生急进之想：

> 呜呼! 以数千年久亡之国，而犹能岿然团成一族，以立于世界上，且占其一部分之大势力焉，则其民族之特色之实力，必有甚强者矣。不然，彼巴比伦人、腓尼西亚人，今何在也? 即希腊人、罗马人，其今昔之感，又复何如也? 吾中国今犹号称有国也，而试问一出国门，外人之所以相待者，视犹太为何如? 而我国人之日相轧轹相残杀，同舟而胡越，阋室而戈矛者，视今之犹太人，又何其相反耶? 吾党犹嚣嚣然曰：中国将为犹太，将为犹太。呜呼! 其亦不惭也已矣。[①]

滔滔雄论，何其酣畅。

从波特兰至旧金山，梁启超到了华人最多之地。"吾以为欲观华人之性质在世界上占何等位置，莫如在旧金山。"在海外观照华人，眼光更为客观。他列出华人的长短。所长者为：爱乡心甚盛（爱国心所自出也）；

[①] 梁启超：《新大陆游记》，商务印书馆、中国旅游出版社 2016 年版，第 36 页。

不肯同化于外人（国粹主义、独立自尊之特性，建国之元气也）；义侠颇重；冒险耐苦；勤、俭、信（三者实生计界竞争之要具也）。所短者为：无政治能力；保守心太重；无高尚之目的。梁启超细列美国华人人数、华人在美国从事主要职业人数。他将旧金山华人团体分类：公立团体（会馆）、公共慈善团体、商家团体、各县慈善团体、族制团体、秘密团体、文明团体（中国维新会即其一）。寄命外洋的华人，在新的时空环境下自发结成民间社团。此类互益的集合体，表现出强烈的文化整体性，乡土的同源性又促成了相近的精神基点。层层节制的治理结构，保证了这些社会基层单位运行机制的严密与畅顺。特别是血亲或姻亲结成的家族，因袭传统中国政治社会的秩序和族群组织的架构。这些，必定影响其生存观念和日常行为。由此，梁启超归纳出中国人的缺点：一、有族民资格而无市民资格，皆因周代宗法之制遗传的家族观念重；二、有村落思想而无国家思想；三、只能受专制不能享自由，如此一来，"至其议事，则更有可笑者"，"更观其选举，益有令人失惊者"。这三条，皆说明无政治能力。梁启超叹曰："夫自由云，立宪云，共和云，是多数政体之总称也。而中国之多数大多数最大多数，如是如是。故吾今若采多数政体，是无以异于自杀其国也。自由云，立宪云，共和云，如冬之葛，如夏之裘，美非不美，其如于我不适何。"散沙之民，失去内聚力，决难开天辟地。他切盼伟人生于今日，"雷厉风行，以铁以火，陶冶锻炼吾国民二十年三十年乃至五十年，夫然后与之读卢梭之书，夫然后与之谈华盛顿之事"。至于保守心太重、无高尚之目的，也令他深为忧心。在梁启超看，满足衣食之需、安富尊荣而失去更大目标，实为中国人根本缺点。深陷半封建半殖民地苦境的中国，欲奋起图强，必须在板荡世局中，蠲除痼习，一新素质，淬炼钢的筋骨、铁的意志，乃能"日有进步，缉熙于光明"。

梁启超的第一襟抱，是以变革为业。他的《新大陆游记》，决不自絷于游程之述、风月之观。他要深入考察美国社会实状，用文字做出真实的载录，夹叙夹议，尤以议论夺人。因此，他的笔底才产生了"一部全面介

绍十九世纪末二十世纪初的美国政治、经济、文化、社会等情况的综合性
著作，国内秘密传布的维新立宪名著"①。

① 转引自吴必虎:《世界著名游记丛书(第二辑)导读》,《新大陆游记》,商务印书馆、中国旅游
出版社 2016 年版,第 15 页。

参考书目

1. 《中国近代史上的不平等条约》，谷云编写，人民出版社 1973 年 11 月第 1 版。

2. 《中国近代简史》，复旦大学历史系、中国近代史教研组编著，上海人民出版社 1975 年 5 月第 1 版。

3. 《中国近代史》，战士出版社 1983 年 6 月第 1 版。

4. 《走向世界丛书》，钟叔河主编，朱纯、杨坚校点，岳麓书社 1986 年 1 月第 1 版。

5. 《晚清文选》，郑振铎编，中国社会科学出版社 2002 年 9 月第 1 版。

6. 《文明与法治：寻找一条通往未来的路》，刘哲昕著，上海人民出版社 2011 年 4 月第 2 版。

后　记

我写《远行记》，费了一些力气。

先要阅读。我写的这十几位游历外洋的人物，皆有撰述，合在一起，二百多万字。他们的游踪、闻见、观感、评说，尽在里面了。我把这些书找齐，如学生对课文，态度自然是不苟的。宋儒谓："古人之求放心，不啻如饥之于食，渴之于饮，焦之待救，溺之待援。"我虽到不了这番地步，为求甚解，摊开书，字句不单过眼，而且过"笔"，还是能够做到的。我读得很细，很慢，常常会停下来，想上一阵子，铺纸记下点随感。光是《康有为列国游记》就看了好一阵子，看得头昏眼花。学问必从勤苦得，谁说的？一点不错。

写这本书，初起还在近代游记史的研究上。笔墨一朝深处去，就越过文学的边界，而向着宽广的畛域了。清季，社会变局的发生，必会引起新思想的萌发和国家意识的觉醒。这些，在最先接触外部世界的一些人那里有了真实的反映。他们观览异域的所记，比起历代游述多了新鲜见识，更多了政论色彩，也就呈示出强烈的现实意义，而这一切，完全基于那个时期的知识分子许国的赤心，而非一己的悲欢。将其看做不同年代游记作家境界上的差异，倒也无妨。

近代中国，西方的影响一天天大起来，唤起许多人，也迷倒许多人。面对影响国家命运的世纪较量，投身变法实践的康有为自具政治眼光，其言也透辟，直刺某些失去文化自尊的国人，云："欧人昔师我东方之灯烛以为光明，今人乃必欲舍光明而师欧人之黑暗，不辨得失，媚外而已，何文明之云。"在当时，这种观点的新颖感、识见的深刻性，虽然出于自我立场，视角也是单向的，却见警世的苦心。借用王国维的言语，实乃"彼于缠陷最深之中，而已伏解脱之种子"。听了这话的人，所思或可深入一层，承续文明传统的意气因之一振。对西方道术和器艺耽溺太痴，竟至病态般迷恋者，更似受了当头棒喝，或能从误入的尘网中挣出身。

览历景观，康有为不废评说。《来因观垒记》开篇曰："未游欧土者，想象而推测之，以为善见之天，妙音之国，极乐之土，金堂玉宇，神仙圣贤也。以吾遍游欧国，熟观其博物院，及王宫之珍储，则举目所见者，金铁之甲胄戈盾也。游于其国内山野之间，则接目而睹者，巍巍之战垒也。"在他看，"垒也者，故侯之宫，而争战之场，欧人之白骨所筑，赤血所染而成之者也。伤心哉！吾国之古战场可吊者有几？而来因河畔则接目皆古战垒"。由连年战祸给欧洲之民造成的惨剧，他"自庆生存于中国之治安也"。此段记游，着眼于小，放眼于大，笔意开廓，激厉抗扬，真是"意慷慨而自昂"，表露深挚的家国情怀。对于多元统一的中华文明的强大自信，构成他的主体叙述的精神基底。开导国内迷途的学者，大约也是康氏意之所向。

新思想同样表现在梁启超的游录中。久处封建统治的历史常态下的有些人，初闻西方宪政民主，为了走出历史困局，有了探究的心。游历美国的梁氏，对此抱有清醒的认知，谓："自由云，立宪云，共和云，如冬之葛，如夏之裘，美非不美，其如于我不适何。"所设譬方，是贴切的。这样的话便是放在现今来听，也有力量。判定一种政治制度的短长，要看它跟具体国情结合之后产生了什么，不去猜疑，也不去盲信，才是科学的，才能在理性的事实判断的基础上做出适应性变革，稳步建构理想的社会形态。

康梁那代人，怀抱天下之心，身历迥异的政治地理空间，特别关注政术与长技，倾情于制度文明和器物文明，描山画水不占很重的分量。这也是近代游记随时代之变而变所出现的创作特征，不光有文学史的意义，所涉益为深广。这样的作品，重在思想价值和真理含量，尤能开拓时人的历史与国际视野。

康有为的创作，主要在诗，而散文则破了传统古文的那一套，加之学养渊深，所倡扬的文学改良运动，守住了旧，也创出了新。他的异国旅行记，述游中援引古例，娴用旧典，放笔敷写，打开了学术视阈，殊显文化厚度。完粹的历史叙事，是他胜过前人的地方。梁启超倾力维新派的思想传播，他在《时务报》《新民丛报》上创出的新文体，有报章气，文白相杂，又通俗浅近，平易畅达，笔锋常带感情。说得郑重点，梁氏的探索性努力，促成晚清的文体解放，给五四后兴起的现代白话散文打了底。此种笔致用于记历，形成一种特别的风格。我做了大半辈子报人，对他的文章韵调，颇能体会。那种"纵笔所至不检束"的气派，最适于摹写眼底的千百风物。至于傲俗自放的王韬，行吟于扶桑，意态萧散，摛章绘句，才子格调尽从辞藻中透出，细细读来，醰醰有味。撩动的遐思虽不在书里，却久萦于心，烟浮霞映那般。近代文士的笔趣，在古代游记中是鲜有的。

我跟清末之人所处的年代有距离，拉近这个距离，才能体贴其内心。何如璋说：一盛一衰，物理之常。仿其句式，我要讲：一彼一此，古今之缘。隔着悠远岁月，相遇于风景中，妙矣哉。康有为游历丹麦，似临钧游旧地，云："坐小舟至深处，携女同璧步行花径中，幽深少行人，遥望楼台、花径、松塘，乃甚似吾西樵山北之银塘故乡澹如楼风景。"岭南的西樵山我曾登眺，也顺道去了康氏在苏村敦仁里的延香老屋。他的叔祖康国器卸任归乡后修造的澹如楼，不知为啥，我竟游屐未至，惜哉。康有为年少时入此楼，芸帙环积，静心博览，所谓"晨雨夕月，携册而吟"是也。有《澹如楼读书》诗："三年不读南朝史，琐艳浓香久懒熏。偶有遁逃聊学佛，伤于哀乐遂能文。忏除绮语从居易，悔作雕虫似子云。忧患百经未闻道，空阶细雨送斜曛。"尾联极沉郁，借凄凉之景，道忧悒之心。康有为在文字中站着，我恍若见到他了。进入这种乡梦似的情境，我好像不是写人物的旅行记，我在写散文，甚至有一点抒情。

吴昌硕给康有为治印，其句是："维新百日，出亡十六年，三周大地，游遍四洲，经三十一国，行六十万里。"这方珍钤，摆在康氏的青砖镂耳屋里。过眼的那会儿，我就想把他的列国游记找来，沉下气，通读一遍。多年过去，挂在心上的这个念头，有了着落。

破浪越洋的那些人，无论居官于朝，还是闲隐于野，远足的缘由固然有别，而相同的历史时点和共怀的济世志业，决定了抱持的意念应是接近的。"用一盏灯点燃另一盏灯"（莱布尼茨语），他们以翔实的述录把海外世界告诉国人，也完成了自我人格肖像的绘制。

先于我而出发的远行者，我只能在语句中寻其游痕，悟其心迹，且领略激荡心魄的晚清风云。

2022 年 10 月 22 日